D1878713

मध्यकालीन कविता का पुनर्पाठ

डॉ. करुणाशंकर उपाध्याय

राधाकृष्ण प्रकाशन

ISBN : 978-81-8361-990-5

मध्यकालीन कविता का पुनर्पाठ

© डॉ. करुणाशंकर उपाध्याय

पहला संस्करण : 2021
This book is printed on **Print on Demand** Technology : 2026

मूल्य : ₹895

प्रकाशक
राधाकृष्ण प्रकाशन प्राइवेट लिमिटेड
जी-17, जगतपुरी, दिल्ली-110 051
शाखाएँ : अशोक राजपथ, साइंस कॉलेज के सामने, पटना-800 006
पहली मंज़िल, दरबारी बिल्डिंग, महात्मा गांधी मार्ग, प्रयागराज-211 001
1, अनमोल सोराबजी संतुक लेन, धोबी तलाव, मरीन लाइंस, मुम्बई-400 002
वेबसाइट : www.radhakrishnaprakashan.com
ई-मेल : info@radhakrishnaprakashan.com

MADHYAKALEEN KAVITA KA PUNARPAATH
by Dr. Karunashankar Upadhyay

इस पुस्तक के सर्वाधिकार सुरक्षित हैं। प्रकाशक की लिखित अनुमति के बिना इसके किसी भी अंश को, फोटोकापी एवं रिकॉर्डिंग सहित इलेक्ट्रॉनिक अथवा मशीनी, किसी भी माध्यम से, अथवा ज्ञान के संग्रहण एवं पुन:प्रयोग की प्रणाली द्वारा, किसी भी रूप में, पुनरुत्पादित अथवा संचारित-प्रसारित नहीं किया जा सकता।

यह पुनर्पाठ क्यों?

वैश्वीकरण के वर्तमान दौर में जब साहित्य और आलोचना दोनों ही समसामयिक विषयों तथा विमर्शों को विशेष महत्त्व दे रहे हैं तब यह ज़रूरी हो जाता है कि हम समूचे मध्यकालीन साहित्य पर नये सिरे से दृष्टिपात करें। आज हिन्दी का आलोचक, प्राध्यापक एवं औसत छात्र मध्यकालीन साहित्य से बचने का प्रयास करता है जबकि आधुनिक भारतीय भाषाओं का श्रेष्ठतम लेखन इस दौर में हुआ है। आचार्य रामचन्द्र शुक्ल ने सम्पूर्ण मध्यकालीन साहित्य का एक प्रामाणिक पाठ तैयार किया था जिसे अब पाठ-केन्द्रित आलोचना पद्धतियों के आलोक में नये सिरे से उद्भासित करने की आवश्यकता है। इस बीच मानवीय जीवन के बहुतेरे सन्दर्भ बदल गए हैं लेकिन मध्यकालीन साहित्य अपनी मूल्यवत्ता तथा सामाजिक मंगलेच्छा के कारण और भी अधिक प्रासंगिक होता जा रहा है। चूँकि मध्यकालीन साहित्य में उस समय का समाज, संस्कृति, अर्थशास्त्र, इतिहास, शासन-व्यवस्था, दर्शन, भाषा, भूगोल, ज्ञान-विज्ञान की तमाम उपलब्धियाँ, भक्ति, प्रकृति-पर्यावरण उपासना पद्धतियाँ तथा जीवन और जगत के बहुविध सन्दर्भ उपस्थित हैं अत: इसमें निहित सार्वभौम-शाश्वत सन्दर्भ अपनी प्रासंगिकता के कारण वर्तमान आ0लोचकों को भी चुनौती देते हैं। यह हिन्दी साहित्य के इतिहास का सर्वाधिक महत्त्वपूर्ण रचनात्मक आन्दोलन है जिसे भारतवर्ष का नवजागरण अथवा लोकजागरण भी माना जाता है। इसमें नवजागरण की प्रतिध्वनि तथा दलितों, पीड़ितों, उपेक्षितों और स्त्रियों के प्रति अशेष सहानुभूति तथा संवेदनशीलता परिलक्षित होती है। इसमें प्रकृति और पर्यावरण की चिन्ता द्वारा धरती पर रहनेवाले मनुष्य तथा तमाम प्रजातियों के प्रति भी गहरा आत्मीय भाव व्यक्त हुआ है। मध्यकाल का साहित्य अपने समय एवं समाज को दिशा देने के साथ-साथ अपने समसामयिक बोध, जीवन बोध, समाज बोध तथा विश्वबोध के कारण भी पुनर्पाठ की माँग करता है। इसके लिए ज़रूरी है कि हम इस साहित्य को समाज, वस्तु, घटना, विचार, परिवर्तन, अन्तरवृत्तियों और व्यक्तियों की सापेक्षता में पढ़ें। उसका एक वस्तुनिष्ठ एवं मानक पाठ तैयार करें।

मध्यकालीन साहित्य की अद्वितीयता को सही ढंग से विश्लेषित करने के लिए उसका पुनर्पाठ हिन्दी आलोचना की अपरिहार्य माँग है। हमें पाठ केन्द्रित आलोचना

पद्धति के आधार पर एक ऐतिहासिक रणनीति के अन्तर्गत इस पूरे साहित्य को नये सिरे से देखने की ज़रूरत है। भक्ति साहित्य और रीति साहित्य दोनों ही हिन्दी काव्य-साहित्य की श्रेष्ठतम काव्यात्मक उपलब्धि हैं। हमें अब तक प्रतिष्ठित श्रेणीकरण के प्रतिमानों से मुक्त होकर इसमें अन्तर्निहित शक्तियों एवं सम्भावनाओं का निर्वचन करना होगा। यदि भक्तिकाव्य सार्वभौम-शाश्वत मूल्यों की प्रतिष्ठा और सन्देशों के कारण कभी अप्रासंगिक नहीं हो सकता है तो रीतिकाव्य में भी युग-युगान्तर को प्रेरित-प्रभावित और रसमग्न करने की अपूर्व क्षमता है। यदि भक्तिकाव्य में योगियों की समाधि, सज्जनों की सहजता, भक्तों की भावविह्वलता, लोकजीवन की बहुविध छवियाँ, प्रेम के उदात्त स्वरूप की व्यंजना, सामाजिक-सांस्कृतिक जीवन के सूक्ष्म और वृहद फलकीय चित्र मिलते हैं तो रीतिकाव्य में भी नायक-नायिका भेद, नख-शिख वर्णन, शृंगार, नीति और वीरता के जो सूक्ष्म भेदोपभेद तथा काव्य के समस्त पक्षों पर गहन एवं मौलिक विचार व्यक्त किया गया है वह काव्यशास्त्र और आलोचना के लिए अन्यतम उपलब्धि है। इसके अलावा जाम्भाणी साहित्य की तरह ऐसी अनेक इकाइयाँ हैं जिनका सम्यक् मूल्यांकन अभी शेष है। अत: सम्पूर्ण मध्यकालीन साहित्य को एक समग्र इकाई के रूप में देखकर यदि हम उसकी बहुस्तरीयता तथा कालजयता का वस्तुनिष्ठ विश्लेषण करते हैं तो सम्भव है कि हम बहुतेरे अद्‌भुत निष्कर्षों तक पहुँच जाएँ। इसके लिए वर्तमान पाठ-केन्द्रित उत्तर-आधुनिक समीक्षा पद्धतियाँ हमें मूल्यांकन का नया औज़ार उपलब्ध कराती हैं। गुण और परिमाण दोनों ही दृष्टियों से मध्यकालीन साहित्य इतना उत्कृष्ट और विपुल है तथा अनेक ऐसी विश्वस्तरीय काव्यात्मक उपलब्धियों का कोश है कि यदि हम सतर्क पाठ-विश्लेषण द्वारा उसके बहुस्तरीय एवं गहन अर्थ को उद्‌घाटित करते हैं तो उसका सर्वथा नया पाठ तैयार हो सकता है। इसमें अर्थ की ऐसी अनेक सुनी-अनसुनी अनुगूँजें हैं जिन्हें सुनने-सुनाने का कार्य उत्तर-आधुनिक समीक्षा पद्धतियाँ बखूबी कर सकती हैं। यह सम्पूर्ण साहित्य अपने वैविध्यपूर्ण स्वरूप में एक विशिष्ट अन्तरपाठ का समुच्चय है जिसके हरेक रेशे को अलग करके इसे विराट अर्थदीप्ति प्रदान की जा सकती है।

मध्यकालीन साहित्य शास्त्रीय रूढ़ियों, सामाजिक वर्जनाओं, धार्मिक संकीर्णताओं के विरुद्ध लोकचेतना के स्वाभाविक उन्मेष का प्रतिफलन है। यह कविता और काव्यशास्त्र की सबसे बड़ी प्रयोगशाला है। काव्य अपने समस्त भाव वैभव और शास्त्र-सम्पन्नता के साथ इसमें ही प्रकट हुआ है। इस काव्य में मध्ययुगीन समाज, संस्कृति, सामन्ती समाज की विसंगतियाँ, जातीय गौरव को प्राप्त करने की आकांक्षा, चराचर जगत के प्रति अभेदता, तत्कालीन भयावह यथार्थ की विद्रूपता, उच्चतम मानवीय मूल्यों की प्रतिष्ठा, लोकधर्म का सम्यक् निर्वाह, वीर एवं शृंगार की सूक्ष्म व्यंजना, प्रकृति एवं पर्यावरण की चिन्ता, काव्यचिन्तन की पराकाष्ठा और साहित्य की अधिकतम प्रवृत्तियाँ मौजूद हैं। यहाँ साहित्यिक रूपों का भी अद्‌भुत आयोजन

परिलक्षित होता है। इसमें संत जाम्भोजी का काव्य अपने उनतीस नियमों, नारी विषयक विचारों तथा पर्यावरणीय चिन्ता के कारण आज और भी प्रासंगिक हो गया है। ऐसी स्थिति में मध्ययुगीन काव्य की बहुस्तरीय अर्थवत्ता पूर्वाग्रह मुक्त अपने पाठ के विखंडन की माँग करती है। यदि हम समकालीन सन्दर्भों एवं सरोकारों के अनुरूप उसका नया पाठ तैयार करते हैं तो इससे सम्पूर्ण मनुष्यता के कल्याण का मार्ग प्रशस्त हो सकता है। यह हमारे द्वारा उन जिम्मेदारियों का निर्वाह है जिसे आचार्य रामचन्द्र शुक्ल जैसे आलोचकों ने विरासत के रूप में हमें सौंपा है। अत: यह हिन्दी आलोचना की अनिवार्य माँग है कि हम समूचे मध्यकालीन साहित्य को एक समग्र इकाई के रूप में देखें, उसकी बहुस्तरीयता एवं कालजयता का वस्तुनिष्ठ विश्लेषण करें और उसमें निहित सार्वभौम-शाश्वत महत्त्व के सन्दर्भों को आलोकित करें। इसके लिए वर्तमान पाठ केन्द्रित आलोचना पद्धतियाँ हमें विश्लेषण तथा मूल्यांकन का नूतन प्रतिमान उपलब्ध कराती हैं। मध्यकाल के कवियों, संतों और भक्तों ने जिस तरह से चराचर जगत के प्रति समदृष्टि, उपेक्षित एवं असहाय मनुष्यता के प्रति अशेष सहानुभूति, जल, जंगल, जमीन और प्रकृति के संरक्षण एवं संवर्धन का आदर्श उपस्थित किया वह उसे अपने व्यापक और प्रशस्त रूप में आधुनिक बनाता है। फलत: वह हमें वैचारिक आग्रह से मुक्त होकर वर्तमान समय की प्रासंगिकता के अनुरूप पुनर्पाठ की प्रबल सम्भावना का सुअवसर उपलब्ध कराता है।

मध्यकालीन साहित्य अपनी सम्पूर्ण संरचना में विचार, दर्शन, भाव-भक्ति, आदर्श-यथार्थ, समय-समाज, व्यष्टि-समष्टि, शास्त्र-लोक, उच्चतर नैतिक मूल्यों और चराचर जगत की चिन्ताओं का बहुरंगी समुच्चय है। इसमें जीवन और जगत की कोई ऐसी गति तथा कोई ऐसा प्रश्न नहीं है जिससे जूझते हुए हमारे कवि उन अनुगूँजों तथा आशयों तक न पहुँचे हों जो मनुष्यमात्र के उज्ज्वल भविष्य के प्रति विवेकपूर्ण संकेत करते हैं। इन कवियों ने जीवन और जगत की मार्मिक झाँकी प्रस्तुत करने के साथ-साथ काव्यचिन्तन, काव्यरूप, काव्यभाषा, काव्यशिल्प तथा कलात्मक अभिव्यक्ति के नए क्षितिज उद्घाटित किए हैं। यह ग्रंथ सम्पूर्ण मध्यकालीन साहित्य में निहित बहुआयामी साभिप्रायता को उजागर करने के उद्देश्य से उसमें गहरे छिपे अनेक स्तरों तक जाकर उसके पुनर्पाठ का गम्भीर प्रयास है। हमने हिन्दी आलोचना एवं पाठकों के काव्य-विवेक को समृद्ध और ऊपर उठाते हुए अर्थ की मुक्त-क्रीड़ा का प्रतिमान प्रतिष्ठित किया है। इस कविता में किस तरह कवियों की निजी अनुभूति 'स्व' से 'पर' और 'पर' से 'सर्व' में रूपांतरित होकर लोकसत्ता में लीन हो गयी है और उसकी जटिल संरचना में किस तरह अन्त:प्रकृति और बाह्यप्रकृति का सामरस्य उपस्थित हुआ है यह इस पुनर्पाठ का केन्द्रीय वैशिष्ट्य है। हमारा प्रयास रहा है कि सम्पूर्ण मध्यकालीन काव्य की शक्ति एवं सम्भावना का सही दिशा में निर्वचन किया जाए। इस लक्ष्य को साधने के लिए 'भक्तिकाव्य और उत्तर-आधुनिकता',

वैश्वीकरण के दौर में संत नामदेव की प्रासंगिकता, कबीर साहित्य में गुरु का वर्तमान सन्दर्भ, रामचन्द्र शुक्ल के कबीर सम्बन्धी मूल्यांकन का पुनर्पाठ, सूफी काव्य का समाजशास्त्र और वर्तमान समय, जायसी का विरह-वर्णन, पुष्टिमार्ग और सूरदास, रामचरितमानस : आदर्श सामाजिक व्यवस्था का महाकाव्य, सामाजिक प्रतिबद्धता का लोकवृत्त, हिन्दी के पहले नारीवादी कवि हैं तुलसी, जिसमें सब रम जाएँ वही राम हैं, रामलीला की परम्परा और तुलसीदास, तुलसीदास और ताजमहल, तुलसी की भाषा, आचार्य कवि गोस्वामी तुलसीदास, वैश्विक सन्दर्भ में गुरु जाम्भोजी की वाणी की प्रासंगिकता, भारतीय पर्यावरणीय दृष्टि और संत जाम्भोजी का चिन्तन, वर्तमान सन्दर्भ में संत वील्होजी के काव्य की प्रासंगिकता, भक्तिकालीन कवियों का काव्य चिन्तन, रीतिकालीन कवियों का काव्य चिन्तन, मनीषी परम्परा के साहित्यिक आचार्य नित्यानन्द शास्त्री तथा मराठी रामकाव्य परम्परा का स्वरूप नामक अध्यायों में सम्पूर्ण मध्यकालीन साहित्य को नए सिरे से विश्लेषित किया गया है। हमने हर अध्याय में मौलिकता, नवीनता तथा गहनता के माध्यम से इस साहित्य की अन्तरवृत्तियों तथा आत्मा को उद्घाटित करने का भरसक प्रयत्न किया है। यदि इस ग्रंथ के प्रकाशन से मध्यकालीन साहित्य के पढ़त की नई प्रविधि विकसित होती है और हिन्दी जगत विशेष रूप से आलोचकों, प्राध्यापकों एवं छात्रों में उसके अध्ययन के प्रति प्रेरणा मिलती है तो मैं अपने श्रम को सार्थक समझूँगा। चूँकि इस ग्रंथ के परिपूर्ण होने में कोरोना संकट और लॉकडाउन के दौरान मिले समय की भी भूमिका है अत: मैंने मध्यकालीन महामारी एवं संकटों को भी ज़्यादा तन्मयता से समझा है। इस दृष्टि से गोस्वामी तुलसीदास के विवेचन में विशेष सहायता मिली है। हमने अपने समय के कठिन दौर को मध्यकाल के भयावह यथार्थ की सापेक्षता में देखा है।

अन्त में, इस ग्रंथ को प्रकाशित करने के लिए मैं राजकमल प्रकाशन समूह के प्रबन्ध निदेशक श्री अशोक महेश्वरी के प्रति विशेष रूप से आभारी हूँ जिन्होंने आप पाठकों तक इसे पहुँचाया है। मुझे पूर्ण विश्वास है कि हिन्दी जगत इस ग्रंथ का खुले मन से स्वागत करेगा और मध्यकालीन साहित्य को नए सिरे से पढ़ने की दिशा में अग्रसर होगा।

—डॉ. करुणाशंकर उपाध्याय

अनुक्रम

भक्तिकाव्य और उत्तर-आधुनिकता

भक्तिकाव्य को लेकर एक खुला विमर्श आज के उत्तर-आधुनिक दौर की अपरिहार्य माँग है। भक्तिकाव्य में अर्थ की ऐसी अनेक सुनी-अनसुनी अनुगूँजे हैं जिन्हें सुनने-सुनाने का कार्य उत्तर-आधुनिक समीक्षा पद्धतियाँ बखूबी कर सकती हैं। यह हिन्दी साहित्य के इतिहास का सर्वाधिक महत्त्वपूर्ण रचनात्मक आन्दोलन है जिसे भारतवर्ष का प्रथम नवजागरण भी माना जाता है। गुण और परिमाण दोनों ही दृष्टियों से यह साहित्य इतना उत्कृष्ट और विपुल है कि उसकी श्रेष्ठता को लक्षित करने के लिए 'स्वर्ण युग' जैसे शब्दबन्ध का प्रयोग किया जाता है। इसमें नवजागरण की प्रतिध्वनि तथा दलितों-पीड़ितों, उपेक्षितों के प्रति अशेष संवेदनशीलता परिलक्षित होती है। भारतवर्ष के इतिहास में यह वह दौर है जब समाज के सबसे उपेक्षित वर्ग के रचनाकार सृजन के क्षेत्र में विशेष रूप से सक्रिय दिखलाई पड़े जो उत्तर-आधुनिकता का भी एक महत्त्वपूर्ण अभिलक्षण है। भक्तिकाव्य शास्त्रीय रूढ़ियों, सामाजिक वर्जनाओं, धार्मिक संकीर्णताओं के विरुद्ध लोक चेतना के स्वाभाविक उन्मेष का प्रतिफलन है। काव्य अपने समस्त भाववैभव और शास्त्रसम्पन्नता के साथ इस काव्य में ही प्रकट हुआ। इसमें न केवल मध्ययुगीन समाज, संस्कृति, सामन्ती समाज की विसंगति और साहित्य की अधिकतम प्रवृत्तियाँ मौजूद हैं अपितु युग-युगान्तर को प्रेरित-प्रभावित और रसमग्न करने की क्षमता है। इसकी विविधतापूर्ण सर्जनात्मक उपलब्धि, जीवन और जगत के लौकिक-अलौकिक आयामों का चित्रण तथा जीवन मूल्य और सन्देश सार्वभौम-शाश्वत महत्त्व के अधिकारी हैं। इसमें दर्शन काव्य सम्पत्ति बन गया है और दोनों का अन्तराल लगभग मिट गया है। भक्तिकाव्य में बहुत कुछ ऐसा है जो काव्य समीक्षा के बदलते प्रतिमानों के समक्ष चुनौती प्रस्तुत करता है तथा हर नई विश्लेषण पद्धति को समीक्षण के लिए सर्जनात्मक और बौद्धिक उत्तेजना प्रदान करता है। आज हम उत्तर-आधुनिक समीक्षात्मक प्रतिमानों के आधार पर उसका पुनर्पाठ तैयार करके उक्त चुनौती को स्वीकार कर सकते हैं। भक्तिकाव्य कभी अप्रासंगिक नहीं हो सकता। उसमें जो प्रश्न उठाए गए हैं वे हमारे समय में आज और भी प्रभावी रूप में उपस्थित हैं। अत: हमें उसकी वर्तमान सन्दर्भ सापेक्षता का संधान करके उसके पुनर्पाठ की दिशा में ठोस क़दम उठाने की ज़रूरत

है। तभी हम उसकी बहुस्तरीयता एवं कालजयता का सम्यक् विश्लेषण कर सकते हैं। इसमें निहित मानवीय मूल्य, लोकमंगल का भाव, चराचर जगत के प्रति अभेद दृष्टि, सहज एवं निर्लिप्त जीवन की प्रतिष्ठा, सामान्य एवं अलौकिक चरित्र-सृष्टि, काव्यरूपों का वैविध्य तथा भाषिक एवं शिल्पगत अनुप्रयोग जैसे तत्त्वों का नए सिरे से पुनर्विश्लेषण हमारे समय की माँग है। सर्वप्रथम आचार्य रामचन्द्र शुक्ल ने भक्तिकाव्य को लेकर एक वैज्ञानिक पाठ तैयार किया जिसे बाद का कोई भी आलोचक ख़ारिज़ नहीं कर सका। यदि हम समूचे भक्तिकाव्य का एक नया पाठ तैयार करना चाहते हैं तो इसके लिए ज़रूरी है कि हम तर्क, तथ्य और नवीनतम आलोचना-पद्धति का प्रयोग करें। हमें भक्त कवियों के परवर्ती प्रभाव-सन्दर्भों का भी विश्लेषण करना होगा। इन कवियों ने राजनेताओं तक को प्रभावित किया है। यदि कबीर का प्रभाव डॉ. भीमराव आंबेडकर पर पड़ा तो गोस्वामी तुलसीदास ने महात्मा गांधी समेत तमाम आधुनिक राजनेताओं को प्रेरित-प्रभावित किया है। अत: हमें अत्यन्त व्यापक दृष्टिकोण के साथ इसके समस्त आयामों पर नये सिरे से पुनर्विचार करना होगा। हमने समूचे भक्तिकाव्य को उत्तर-आधुनिक पाठ-केन्द्रित आलोचना पद्धतियों के आलोक में उसकी अन्तर्वर्तिनी शक्तियों को उद्भासित करने का एक विनम्र प्रयास किया है।

आज उत्तर-आधुनिकतावादी लेखन और समीक्षा पद्धति का बोलबाला है। यद्यपि उत्तर-आधुनिकता एक विराट सांस्कृतिक आन्दोलन है जिसकी व्याप्ति तमाम राजनीतिक, सामाजिक, आर्थिक, सांस्कृतिक, साहित्यिक तथा प्रौद्योगिकीय सन्दर्भों तक समान रूप से है। पाश्चात्य जगत में उत्तर-आधुनिकता को साहित्य से दो रूपों में सन्दर्भित किया जाता है। जहाँ एक ओर इसका सरोकार रचनात्मक लेखन से है वहीं दूसरी ओर इसका सम्बन्ध उसके मूल्यांकन की आलोचनात्मक प्रक्रिया से है। पाश्चात्य जगत में उत्तर-आधुनिकता के अभिलक्षण के आधार पर तमाम आधुनिक और मध्ययुगीन बड़े रचनाकारों के साहित्य की पुनर्मीमांसा की गयी जिसमें अनेक रोचक तथ्य सामने आए। इस प्रक्रिया से उनकी समीक्षा दृष्टि का अपेक्षित संवर्धन एवं परिष्करण हुआ जिनसे उनकी मौलिकता का विश्वव्यापी आतंक पैदा हुआ। जबकि सचाई इसके विपरीत है। भक्तिकाव्य और संस्कृत साहित्य में ऐसी अनेक प्रवृत्तियाँ विद्यमान हैं जिनका सादृश्य उत्तर-आधुनिकता के वैशिष्ट्य से भलीभाँति स्थापित हो जाता है। फलत: उत्तर-आधुनिक सैद्धान्तिकी उतनी मौलिक एवं नवीन नहीं है जितनी कि उसके सन्दर्भ में चर्चा हो रही है। इस तरह उत्तर-आधुनिक मीमांसा साहित्य समीक्षा के सम्पूरक के बतौर उभरी है जिसे समीक्षा पद्धति के क्षेत्र में एक अभिनव आविष्कार माना जा रहा है।

वस्तुत: उत्तर-आधुनिकता एक जटिल प्रत्यय है जिसकी बौद्धिक मीमांसा अत्यन्त चुनौतीपूर्ण एवं साहसिक कार्य है। प्राय: हर बड़े बौद्धिक आन्दोलन की तरह इसके

भी उभय पक्ष हैं। यदि वह एक तरफ परम्परागत प्रतिष्ठित मूल्यों को खारिज करती है तो दूसरी तरफ बौद्धिक मीमांसा एवं मानवीय चिन्ता को आगे बढ़ाती है। सीमाहीन खुलापन उसकी केन्द्रीय विशेषता है। कदाचित इसी कारण वह आधुनिकतावाद द्वारा प्रतिष्ठित राष्ट्र-राज्य की सीमाओं के रेखांकन का अतिक्रमण करती है और राष्ट्रीयता से अन्तर्राष्ट्रीयता की ओर प्रयाण कर भूमंडलीकरण, विश्वग्राम और विश्वनागरिकता की दिशा में अपने कदम बढ़ाती है। उत्तर-आधुनिकता न केवल स्थलीय धरातल पर अपितु सामाजिक एवं सांस्कृतिक स्तर पर भी राष्ट्र की हदबन्दी को तोड़ती है। वह हर प्रकार की वैचारिक और धार्मिक कट्टरता को काटती है। संक्षेप में, वह प्रौद्योगिकीय क्रान्ति के रथ पर सवार होकर समयानुकूल उपस्थित एक ऐसा बहुआयामी बौद्धिक आन्दोलन है जिसने परम्परागत प्रादर्शों को चकनाचूर करते हुए मनुष्य को अपने अनुसार जीने, सृजन करने और नवनिर्माण करने के लिए खुला छोड़ दिया है। जहाँ मनुष्य तकनीकी कौशल के सहारे असम्भाव्य को सम्भाव्य बना सकता है। मानव जीवन का कायाकल्प करते हुए उसमें निहित तमाम सम्भावनाओं को साकार कर सकता है। उत्तर-आधुनिकतावाद के अनेक अभिलक्षण और अन्तर्वृत्तियाँ भक्तिकाल में मौजूद हैं और यह भक्तिकाव्य का शक्ति-सामर्थ्य है कि वह उत्तर-आधुनिक समीक्षात्मक प्रतिमानों के आधार पर अपना पुनर्मूल्यांकन करवा सकता है। उत्तर-आधुनिकता के केन्द्र में 'इच्छा' है और वह सीमाहीन खुलेपन की हिमायती है। इसका विलक्षण अनुप्रयोग भक्तिकाव्य में भी हुआ है। भक्तिकाव्य की मानवीय चिन्ता और समदृष्टि उत्तर-आधुनिकता का भी केन्द्रीय वैशिष्ट्य है। उत्तर-आधुनिकता की जो केन्द्रीय विशेषताएँ भक्तिकाव्य में विद्यमान हैं वे इस प्रकार विवेचित की जा सकती हैं—

1. कालातीत दृष्टिकोण और कालिक व्यतिक्रम की प्रतिष्ठा— उत्तर-आधुनिकता कालगत क्रमबद्धता का अतिक्रमण करते हुए कालातीत दृष्टिकोण का परिचय देती है। वह शुद्ध इतिहास के निषेध द्वारा बीती हुई घटनाओं के क्रमागत प्रस्तुति का विरोध करती है। यह इतिहास की मृत्यु की घोषणा करते हुए विगत घटनाओं के आभ्यन्तर को नकारती है। यह कालेन्द्रिकता और बिन्दुवारिता के बजाय घटनीयता, असमयपरकता और कालिक व्यतिक्रम को प्रतिष्ठित करती है। उत्तर-आधुनिकता की कालिक अवधारणा काल को निरवधि रूप में देखने की है। वह सीमाहीन काल की संकल्पना प्रस्तुत करती है। साथ ही, भूत, वर्तमान एवं भविष्यकाल को अलग न मानकर युगपत अथवा समानान्तर मानती है। संस्कृत साहित्य में भी निरवधि काल तथा वृत्तीय काल का चिन्तन उपलब्ध होता है जिसकी अनुगूँज भक्ति काव्य में सुनी जा सकती है। भक्तिकालीन कवियों का कालचिन्तन कालिक व्यतिक्रम की प्रतिष्ठा करते हुए कालातीत दृष्टिकोण का परिचय देता है। समूचे भक्तिकाव्य में उपलब्ध अनेक जन्म-जन्मान्तरों की चर्चा,

पुनर्जन्म में विश्वास, जन्म-मरण के बन्धन से छुटकारा पाने की आकांक्षा तथा मोक्ष प्राप्ति के विविध उपायों का प्रतिपादन इन कवियों के कालातीत दृष्टिकोण का परिचायक है।

वैसे तो भक्ति आन्दोलन का अभ्युदय ही अनेक कारणों से अलग-अलग स्थानों पर 6-7वीं, 12-13वीं तथा 15वीं शताब्दी में हुआ जिससे उसकी कालिक संरचना ही विपर्यस्त है। भक्तिकाव्य काल के आयामों को सीमाओं में बाँटकर नहीं परखता वह इतिहास को अविच्छिन्न अथवा प्लुत घटना प्रवाह के रूप में भी देखता है जिससे उत्तर-आधुनिकता की यह स्थापना कि भूत, वर्तमान और भविष्य समानान्तर चलते हैं—प्रकारान्तर से भक्तिकाव्य में पहले से ही विद्यमान है। भक्तिकाव्य का कालबोध बहुस्तरीय है जो उत्तर-आधुनिकतावादी कालचिन्तन से स्वाभाविक रूप से जुड़ जाता है। इस युग के पहले बड़े कवि कबीर भी 'जनम अनेक गया अरु आया' कहकर पुनर्जन्म को अपनी स्वीकृति प्रदान करते हैं। यद्यपि वे सृजन और लय का कारणभूत तत्त्व परमात्मा को मानते हैं परन्तु, सृष्टि रचना के क्रम और व्यतिक्रम पर प्रश्नचिह्न लगाने से भी नहीं चूकते जो उन्हें उत्तर-आधुनिक चिन्तकों के कालचिन्तन से अनायास ही जोड़ देती है। इस दृष्टि से कबीर की निम्न पंक्तियाँ विशेष रूप से अवलोकनीय हैं—

प्रथमे गगन की पुहिम प्रथमे प्रभू, प्रथमे पवन की पॉणी।
प्रथम चन्द की सूर प्रथमे प्रभू, प्रथमे कौन बिनाँगी।
प्रथमे प्राण की प्यंड प्रथम प्रभू, प्रथमे रकत की रेत।
प्रथमे पुरिष की नारी प्रथमे प्रभू, प्रथमे बीज की खेत॥
प्रथमे दिवस की रैणि प्रथम प्रभू, प्रथम पाप की पुण्य।
कहै कबीर जहाँ बसहु निरंजन, तहाँ कछु आहि कि सुन्यं॥

कबीर का कालचिन्तन कबीर ग्रंथावली के सम्पादकों द्वारा 'काल कौ अंग' के अन्तर्गत रखा गया है जिसमें चाक्रिक अथवा वृत्तीय कालबोध का स्वरूप उभरता है। यह अनेक दृष्टियों से उत्तर-आधुनिकतावादियों के कालचिन्तन से अद्भुत साम्य रखता है। उत्तर-आधुनिकतावादी जिस अप्रमाणिक इतिहास अथवा कालदोषता का प्रतिपादन करते हैं उसका अच्छा-खासा दृष्टान्त जायसी, सूर, तुलसी तथा अन्य भक्तिकालीन कवियों के काव्य में उपलब्ध होता है। इन्होंने मनीषी की भाँति कालचिन्तन किया है। उत्तर-आधुनिक विचारकों का मानना है कि कालदोषता विख्यात घटनाओं के नकली लेखा-जोखा, अनुमान अथवा काल्पनिकता से अनुप्राणित होता है। जायसी के महाकाव्य 'पद्मावत' के पूर्वार्द्ध की घटनाओं को तो पूर्णत: काल्पनिक ही माना जाता है उसके उत्तरार्द्ध के अनेक प्रसंग भी इतिहास-सम्मत नहीं हैं। यहाँ तक कि पद्मिनी की कथा को भी इतिहासकार पूर्णत: अप्रामाणिक मानते हैं और यह प्रतिपादित करते हैं कि जायसी ने उसे लोक से ग्रहण किया था और अपने काव्यत्व द्वारा उस

काल्पनिक सत्य को ऐतिहासिक सत्य की विश्वसनीयता प्रदान कर दी। जायसी का कालबोध रहँट के रूपक द्वारा अत्यन्त मर्मस्पर्शी बन पड़ा है—

मुहमद जीवन जल भरन, रहँट घरी के रीति।
घरी सो आई ज्यों भरी, ढरी जनम गा बीति॥

जहाँ तक सूर, तुलसी समेत तमाम वैष्णव कवियों का सवाल है तो उनके काव्य में कालदोषता के अनेक अभिलक्षण विद्यमान हैं। सूरदास ने अपने एक पद में तत्कालीन मानव जीवन का समग्र चित्र खींचा है जो अपनी प्रस्तुति में कालजयी होकर सनातन मनुष्य-जीवन का प्रतिनिधित्व कर रहा है। इस पद में माता के गर्भ में शिशु के आगमन से लेकर मृत्युपर्यंत जो चित्र खींचा गया है वह जीवन की विफलता की मनोरंजक दास्तां है—

गौपरि जगत मढ़े जुग बीते।
गुन पाँसा क्रम अंक चारि गति सारि न कबहूँ जीते॥
मातु गर्भ थिति पाई पिता दस दस मास उदर से डारै।
जनम छठी छक और बधाई दूइँ ठक दुई पुनि पारै॥
मुंडन करन बेध ब्रज बन्ध विवाह गवन गृहवासी।
आलिंगन चुम्बन परिरम्भन नखछत चारु परस्पर हासी॥

तदुपरान्त— *जोबन मद जन मद मादक मद धन मद विध मद भारी।*
काम बिबस परनारि भजत दुइ पंचसरहि फिरि मारी॥

और अन्त में— *सुत बनिता हित पाँचो नेहू नातो सब ही टूटे।*
दाद कुदाद परे दुह पचंत जोरा दुइ जुग फूटे॥
बालक तरुन बिरध अधजर जर जिति सारी ढिग ढारी।
सूर एक यों नाम बिना नर फिरि-फिरि बाजी हारी॥

सूरदास ने काल की वृत्तीय अथवा चाक्रिक अवधारणा द्वारा अपने समय की विलासिता का अद्भुत उपयोग किया है। उन्होंने सूरसागर में कालिक व्यवस्था का आवश्यकतानुसार अतिक्रमण किया है। उसमें श्रीकृष्ण के सम्पूर्ण चरित्र का क्रमानुसार अंकन उपलब्ध नहीं होता और कथा का शृंखलाबद्ध प्रवाह तथा कार्यव्यापार का विविध अवस्थाओं के साथ घटनाचक्रों की लड़ी में सूत्र की तरह संचरण नहीं मिलता। सूरसागर की कथावस्तु का विशृंखलन उत्तर-आधुनिक कालचिन्तन से समायोजित हो जाता है। प्राय: सभी वैष्णव कवियों के काव्य में ब्रह्म के अवतारों, सृष्टि और जीव की उत्पत्ति तथा विकास, लीला वर्णन तथा तत्कालीन परिस्थितियों के सांकेतिक चित्रण में कालदोषता के अभिलक्षण मौजूद हैं। गोस्वामी तुलसीदास के साहित्य में यह प्रवृत्ति कुछ ज़्यादा ही मुखर है। वे लिखते हैं कि सत्तासी हजार वर्ष बीत जाने पर अविनाशी शिवजी ने समाधि खोली—

बीते संबत सहस सतासी। तजी समाधि संभु अबिनासी॥

इसी तरह तुलसी पार्वती द्वारा शिव को वर रूप में प्राप्त करने के लिए जिस तपस्या का वर्णन करते हैं वह भी अतिशयोक्तिपूर्ण अथवा कालदोषता से युक्त है। वे लिखते हैं कि एक हजार वर्ष तक पार्वती ने मूल और फल खाए, फिर सौ वर्ष साग खाकर व्यतीत किये। तदुपरान्त कुछ दिन जल और वायु का भोजन किया और फिर कुछ दिन कठोर उपवास किये। फिर तीन हजार वर्ष उन्होंने सूखकर धरती पर गिरे हुए बेलपत्र खाकर बिता दिये। इसके बाद उन्होंने सूखे पद्मो भी छोड़ दिये, जिससे उनका नाम 'अपर्णा' हो गया—

संबत सहस मूल फल खाए। सागु खाइ सत बरस गवाँए॥
कछु दिन भोजन बारि बतासा। किए कठिन कछु दिन उपवासा॥
बेल पाती महि परइ सुखाई। तीनि सहस संबत सोइ खाई॥
पुनि परिहरे सुखानेउ परना। उमहि नामु तब भयउ अपरना॥

तुलसीदास के राजा स्वयंभू मनु और उनकी रानी शतरूपा द्वारा वृद्धावस्था में किया गया तप वर्णन भी कालदोषता से परिपूर्ण है। जहाँ वे लिखते हैं कि उन दोनों ने केवल जल ग्रहण कर 6,000 वर्ष काट दिये फिर और 7,000 साल तक वे वायु के आधार पर जीवित रहे। तदुपरान्त 10,000 वर्षों तक वायु का आश्रय नहीं लिया और एक पैर पर खड़े रहे। इस तरह यह वृद्ध दम्पती 23,000 वर्षों तक तपस्यारत रहा। यही नहीं तुलसीदास तो उस समय और भी बड़ा खेल काल के साथ खेलते हैं जब राजा दशरथ को चौथेपन अर्थात् 75 से 100 वर्ष के बीच की अवस्था में चार पुत्ररत्न प्राप्त हुए। वे लिखते हैं कि अयोध्या में दशरथ पुत्रों का जन्मोत्सव देखने के लिए स्वयं सूर्य भगवान भी एक महीने तक वहीं ठहरे रहे और सौरमंडल की सबसे विस्मयकारी घटना के रूप में एक माह का दिन हुआ—

कौतुक देखि पतंग भुलाना। एक मास तेइँ जात न जाना॥
मास दिवस कर दिवस भा, मरम न जानइ कोइ।
रथ समेत रवि थाकेउ, निसा कवन बिधि होइ॥

यदि राम और उनके भाइयों के जन्म के समय राजा दशरथ की उम्र 75 वर्ष भी मानी जाए तो रामादि के विवाह के काफी समय बाद उनकी आयु न्यूनतम 95 वर्ष ठहरती है। परन्तु, आश्चर्य यह कि तुलसी ने उस समय भी दशरथ के कुछ बाल सफेद बतलाये हैं। एक दिन जब राजा दशरथ मुकुट ठीक करने के लिए दर्पण के समक्ष मुखातिब हुए तब उन्हें अपने कानों के समीप थोड़े से श्वेत केश दिखाई दिये—

राय सुभायँ मुकुरु कर लीन्हा। बदनु बिलोकि मुकुट सम कीन्हा॥
श्रवन समीप भए सित केसा। मनहुँ जरठपनु अस उपदेसा॥
नृप जुबराजु राम कहुँ देहू। जीवन जनम लाहु किन लेहू।

सारांश यह है कि भक्तिकालीन कवियों का कालबोध अनायास ही उत्तर-आधुनिकतावादियों के कालिकव्यतिक्रम, ऐतिहासिकता के अतिक्रमण तथा कालदोषता

से जुड़ जाता है। इस तरह उत्तर-आधुनिक समीक्षा पद्धति के इस प्रतिमान पर भक्तिकाव्य पर्याप्त सीमा तक खरा उतरता है। उत्तर-आधुनिक कालिक अवधारणा का एक विशिष्ट रूप भक्तिकाव्य में पाया जाता है जो उसकी गत्यात्मकता का स्वयंसिद्ध प्रमाण है।

2. सांस्थानिक शैथिल्य तथा सर्वसत्तावाद अथवा एकाधिकारवाद के स्थान पर बहुलता को प्रोत्साहन— उत्तर-आधुनिकता सांस्थानिक शैथिल्य तथा सर्वसत्तावाद अथवा एकाधिकारवाद के स्थान पर बहुलतावाद को प्रोत्साहन देती है। यह केन्द्रहीनता अथवा विकेन्द्रीकरण की पक्षधर है। यह किसी की भी निरंकुशता को चुनौती देती है। उत्तर-आधुनिकता इस तथ्य की प्रतिष्ठापक है कि सर्वाधिकारवाद की परिणति निरंकुशता, एकरसता एवं एकरूपता में होती है जो रचनात्मकता का सबसे बड़ा शत्रु है। सच्चा सृजन स्वत: स्फूर्त व्यवस्थारहित तथा निर्बाध होता है। इसके लिए खुले, निर्बन्ध एवं स्वच्छन्द वातावरण का होना जरूरी है। यदि रचनात्मकता ही यांत्रिक एकाधिकारवाद के अधीन होगी तो उसका अस्तित्व ही ख़तरे में पड़ जाएगा।

उत्तर-आधुनिकता साहित्यिक कृति की संरचनात्मक अन्विति अथवा रचनात्मक एकरूपता में भी विश्वास नहीं रखती। इस दृष्टि से यह विश्रृंखलन के शिल्प की हिमायती है। यह एक आधिकारिक कथा के इर्द-गिर्द रचना विधान निर्मित करने के बजाय प्रासंगिक कथाओं के संश्लेषण पर ज़ोर देती है। कदाचित इसी कारण ल्योतार ज़ोर देकर कहता है कि महावृत्तांत का युग समाप्त हो चुका है और उनका स्थान लघुवृत्तांत ले रहे हैं। इस बात पर विचार करने की ज़रूरत है कि लघुवृत्तांत भी महत्त्वपूर्ण हैं। उत्तर-आधुनिकता ने संसार की बहुकेन्द्रीयता का राग अलाप कर बहुध्रुवीय विश्व का मार्ग प्रशस्त किया है। यह कलाकृति को बहुरूपता, बहुस्तरीयता एवं बहुआयामिता प्रदान करने की पक्षधर है जिससे कि जटिल संरचना केन्द्रगत शैथिल्य को विरचित करते हुए सर्वाधिकारवाद का अतिक्रमण कर सके।

जब हम उक्त प्रतिमानों पर भक्तिकाव्य का मूल्यांकन करते हैं तो पाते हैं कि उसमें सांस्थानिकता से पलायन और हर प्रकार की निरंकुशता को हतोत्साहित किया गया है। संतमत में समाज, विवाह, परिवार, धर्म, राष्ट्र, राज्य समेत प्राय: सभी संस्थाओं की जड़बद्धता का अतिक्रमण किया गया है। प्राय: सारे संतकवि पारिवारिक आभिजात्य तथा जाति-पाँति और वर्णव्यवस्था के स्वत: खंडन थे। संतकवि रैदास ने तो बड़े ही खुले मन से अपनी पारिवारिक बद्धमूलता और जातिगत वास्तविकता के अतिक्रमण का ज़िक्र किया है—

जाके कुटुम्ब सब ढोर ढोवंत,
फिरहि अजहुँ बानारसी आसपासा।
आचार सहित ब्रिप करहिं डंडउति,
तिन तनै रविदास दासानुदासा॥

तथा— *जाति ओछा पाती ओछा, ओछा जनमु हमारा।*
रामराज की सेवा कीन्ही, कहि रविदास चमारा॥

कबीर ने तो स्पष्ट तौर पर कुल परिवार की श्रेष्ठता को चुनौती दी और यह प्रतिपादित किया कि अगर करनी ऊँची नहीं है तो व्यक्ति ऊँचे कुल में जन्म लेकर भी छोटा ही बना रहेगा—'ऊँचे कुल क्या जनमिया, जे करनी ऊचि न होई।' संत कवियों के अनुसार हिन्दू-मुसलमान का भेदभाव व्यर्थ है, क्योंकि अन्ततोगत्वा दोनों एक ही हैं। एक ही ख़ुदा की संतान हैं। संतकवि रज्जब कहते हैं—

सब हम देख्या सोधिकरि, पूजा नहीं आन।
सब घट एकै आत्मा, क्या हिन्दू, क्या मुसलमान॥

संत कवि हर प्रकार की धार्मिक संकीर्णता पर चोट करते हैं और ऐसे समाज की संकल्पना करते हैं जिसमें न कोई हिन्दू हो न मुसलमान, न पूजा हो न नमाज, न पंडित हो न मुल्ला, सिर्फ़ इनसान हो। एक ऐसी व्यवस्था जो पूरी तरह मानवीय समता पर आधारित व्यवस्था हो तथा जिसमें हरेक व्यक्ति को अपने सर्वांगीण विकास के अवसर उपलब्ध हों। इन कवियों ने सामन्तवाद की जकड़न पर करारा प्रहार किया। संत काव्य धार्मिक पाखंड, जाति-पाँति, शोषण तथा बाह्याडम्बर के विरोध द्वारा सांस्थानिकता, संस्कृति एवं परम्परा से पलायन की उत्तर-आधुनिकता को बखूबी दिखाता है जो संतकाव्य में निहित भाव, विचार, शिल्प, भाषा आदि सभी दृष्टियों से उभरकर उपस्थित होता है। संत कवि हर क्षेत्र में सर्वाधिकारवाद का विरोध करके स्वतंत्रता, समता, सहजता और शुद्धता जैसे मूल्यों का प्रतिपादन करते हैं जो प्रकारान्तर से उन्हें उत्तर-आधुनिक अवधारणाओं से जोड़कर अत्यधिक प्रासंगिक बनाती है। संत कवि अपने समय एवं समाज के प्रति सचेष्ट थे। वे अत्याचारी और अधिनायकवादी शासकों द्वारा किए जा रहे धर्मांतरण पर प्रखर काव्यात्मक आक्रमण करते हैं। संत रविदास तो लोदी वंश के शासकों द्वारा प्रस्तावित प्रलोभनों का दृढ़तापूर्वक तिरस्कार करते हैं और धर्मांतरण के विरुद्ध पूरी ताक़त से अलख जलाए रखने का आह्वान करते हैं। वे रविदास रामायण में स्पष्ट उल्लेख करते हैं कि—

वेद धर्म सबसे बड़ा अनुपम सच्चा ज्ञान,
फिर क्यों छोड़ इसे पढ़ लूँ झूठ कुरआन।
वेद धर्म छोड़ूँ नहीं, चाहे गल पर चले कटार,
तिल-तिल काटो चाहि, गला काटो कटार।

सूफी कवियों ने भी परिवार, समाज, धर्म, राजनीति, राष्ट्र, राज्य आदि सभी संस्थाओं की जड़ता का अतिक्रमण किया। सूफी काव्यधारा के अधिकांश नायक अपना घर-बार, राज-पाट, धन-धरती, सुख-ऐश्वर्य को ठुकराकर प्रेम मार्ग के साधक बनकर निकल पड़ते हैं। नूरमुहम्मद की 'इन्द्रावती' का नायक सामन्ती भोगविलास

और दैहिक सुख का अतिक्रमण कर इसी राह का अनुगमन करता है। 'पद्मावत' का रत्नसेन और 'कँवलावती' के नायक का योगी रूप मध्यकालीन सामन्ती संस्कृति की अर्गलाओं पर ज़बरदस्त प्रहार है। सूफ़ी कवि तत्कालीन सामन्तवादी व्यवस्था और सांस्कृतिक द्वन्द्व के दौर में सौमनस्य और सामरस्य के सबसे बड़े पैरोकार हैं। इन्होंने जीवन के हरेक क्षेत्र में निरंकुशता और एकाधिकारवाद का विरोध किया। साथ ही, 'मानुष प्रेम भयउ बैकुंठी' जैसे आदर्श की प्रतिष्ठा सांस्कृतिक अन्तरावलम्बन द्वारा की। सूफ़ी कवियों ने प्रेम की प्रतिष्ठा के लिए घर-परिवार, धर्म, कर्मकांड, ज्ञान, ध्यान, जप, तप, संयम एवं नियम को मध्यम बतलाते हुए उसके अतिक्रमण का परामर्श दिया है। उसमान का अभिमत है—

ज्ञान ध्यान मद्धिम सब, जप तप संजम नेम।
मान सो उत्तम जगत जन, जो प्रतिपारै प्रेम॥

सूफ़ी कवियों के नायक अपने कर्तव्य के प्रति अत्यन्त सजग हैं और सूफ़ी कवियों ने उनके चरित्र का उत्कर्ष दिखाते समय अनेक प्रकार की सामाजिक, सांस्कृतिक, धार्मिक एवं परम्परागत अधिनायकत्व का यथासम्भव अतिक्रमण भी किया है। यह अतिक्रमण संस्कृति, सिद्धांत, संस्थान एवं परम्परा की सीमाबद्धता को तोड़कर सीमातीतता की ओर प्रयाण करता है।

कृष्ण काव्यधारा में सांस्थानिकता से पलायन कुछ ज़्यादा ही मुखर है। वहाँ कुल, परिवार, जाति, समाज, धर्म, राजनीति, राष्ट्र, राज्य किसी के भी अंकुश को स्वीकार नहीं किया गया है। सूरदास जाति निरपेक्षता की बात बार-बार रेखांकित करते हैं—

जाति, गोत, कुल, नाम गनत, नहिं एक होय कै रानौं

× × ×

कौन जाति अज पाँति विदुर की, ताही कै पग धारत।

वे अन्यत्र भी लिखते हैं कि 'जाति-पाँति कुल-कानि न मानत वेद पुरानन साखै।'

कृष्ण काव्य में पारिवारिक सीमाओं का भरपूर अतिक्रमण हुआ है। वहाँ समूचा ब्रजमंडल ही एक परिवार के रूप में उपस्थित है। साथ ही, गोपिकाएँ जिस तरह कुल-हानि छोड़कर श्रीकृष्ण के प्रेम में तन्मय होती हैं वह उन्हें उत्तर-आधुनिक प्रवृत्ति से बड़ी सहजता से जोड़ देता है। आख़िर, उत्तर-आधुनिकता भी तो परम्परागत प्रादर्शों, मर्यादाओं एवं परम्पराओं के अतिक्रमण का ही तो विधान करती है।

कृष्ण काव्यधारा के कवियों ने धार्मिक जड़ता और सांप्रदायिक कट्टरता का अतिक्रमण करते हुए अपने हृदय की आर्द्रसंवेदनशीलता का तारल्य अपनी कविता में निछावर कर दिया है। सूरदास ने तो श्रीकृष्ण प्रेम को ही हर तरह की सांस्थानिक और सांसारिक वर्जनाओं के अतिक्रमण का प्रधान समान माना है—

प्रेम प्रेम ते होई प्रेम ते पराहिं पइये।
प्रेम बँध्यो संसार, प्रेम परमारथ लइये।

एकै निश्चय प्रेम को, जीवन मुक्ति रसाल।
साँचौं निश्चय प्रेम को, जेहि रे मिलै गुपाल॥

भक्तिकाव्य की कृष्णाश्रयी धारा सामन्तवाद के विरुद्ध लोक संस्कृति और कृषक संस्कृति की प्रतिष्ठा करती है। यहाँ कवियों ने हर प्रकार के अभिजातपन को तोड़ते हुए श्रीकृष्ण को ग्वालबालों, चरवाहों, गोपियों इत्यादि के बीच ही लीलारत दिखाया है। यहाँ मध्यकाल का सामन्ती ढाँचा पूरी तरह टूट जाता है। श्रीकृष्ण के निर्देश पर इंद्र के एकाधिकारवाद के विरुद्ध गोवर्धन की पूजा उत्तर-आधुनिकता के समान ही सर्वाधिकारवाद का अतिक्रमण करती है। यह परम्परागत अधिनायकत्व को लोक जीवन की तरफ से दी जानेवाली सबसे बड़ी चुनौती है। मथुरा नरेश कंस की अत्याचारी और निरंकुश सत्ता का अन्त उत्तर-आधुनिक सर्वसत्तावाद अथवा अधिनायकवाद विरोधी प्रवृत्ति से अद्भुत साम्य रखता है। यह तत्कालीन परम्परागत अधिनायकत्व और सामन्तवादी सत्ता के क्षणजीवी होने का गहरा संकेत भी है। कृष्णकाव्य के अन्तर्गत मीराबाई का व्यक्तित्व और कृतित्व दोनों ही सामन्ती व्यवस्था के समक्ष सबसे बड़ी चुनौती पेश करते हैं। कुंभनदास ने तो मध्यकाल के सबसे शक्तिशाली सम्राट अकबर द्वारा उन्हें फतेहपुर सीकरी बुलाने पर बड़ी ही गम्भीर टिप्पणी की—

भक्तन को कहा सीकरी सों काम।
आवत जात पन्हैया टूटी बिसरि गयो हरिनाम॥

कृष्णभक्ति धारा के अन्य महत्त्वपूर्ण कवि रसखान भी आभिजात्यपन का मुखौटा उतारते हैं और उच्चवर्गीय मर्यादाओं को तोड़ते हैं—

देखि गदर हित साहिबी, दिल्ली नगर मसान।
छिनहि बादसा-बंस की, ठसक छोरि रसखान॥

इनका ब्रज प्रेम अत्यन्त विख्यात है जहाँ ये अपनी धार्मिक सीमाओं का अतिक्रमण करते हुए मनुष्य, पशु-पक्षी, पत्थर कुछ भी हों तो ब्रज के ही होने की आकांक्षा व्यक्त करते हैं। कृष्णकाव्य अपने वास्तविक रूप में धार्मिक, नैतिक, सामाजिक एवं सांस्कृतिक मान्यताओं तथा वर्जनाओं के प्रति भावलोक का स्वाभाविक विद्रोह है।

रामभक्तिधारा के कवि तो लोकधर्म के प्रतिष्ठाता ही रहे हैं। वे 'सुरसरि सम सब कहँ हित होई' जैसे आदर्श की प्रतिष्ठा के लिए हर प्रकार की सांस्थानिक जड़ता से उबरने की सलाह देते हैं। गोस्वामी तुलसीदास घर-परिवार की सीमाओं का अतिक्रमण करने की सलाह तो देते हैं परन्तु उसके स्थान पर लोकनिरपेक्ष एकान्त जीवन से बचकर मध्यम मार्ग के अनुसरण का पथ भी प्रशस्त करते हैं—

घर छोड़े घर जात है, घर राखे घर जात।
तुलसी घर बन बीच ही, राम प्रेम पुर छाय॥

तुलसी अपने समय की सामाजिक जड़ता और जातिवाद पर करारा प्रहार करते हैं। 'कवितावली' में जातिगत वर्जनाओं के प्रति उनकी तीखी प्रतिक्रिया 'काहू की बेटी सों बेटा न ब्याहब' के माध्यम से मुखरित हुई है। उनका कलिकाल वर्णन तत्कालीन सामाजिक विसंगतियों और मध्यकाल के भयावह सामाजिक यथार्थ पर बड़ी कठोर टिप्पणी है। उनके राम का वनवासी रूप सामन्ती सुख और भोगप्रधान संस्कृति का सीधा विकल्प है। उनकी दृष्टि में कुल, परिवार और जाति की श्रेष्ठता निरर्थक है जो राम का भक्त नहीं है उसके श्रेष्ठ होने का सवाल ही नहीं उठता—

तुलसी भगति स्वपच भलो भजे रैनि दिन राम।
ऊँचे कुल केहि काम को जहाँ न हरि को नाम॥

विवेच्य धारा के कवियों ने अपने समय की धार्मिक संकीर्णताओं, अन्तर्विरोधों, अनर्गल विधानों का अतिक्रमण करके सच्चे और सरल मन से राम भक्ति की धारा में अवगाहन करने की सलाह दी है। यह धार्मिक जड़ता तथा सांस्थानिक सीमाबद्धता को सीधी चुनौती है। तुलसी लिखते हैं कि—

सूधे मन, सूधे वचन, सूधी सब करतूत।
तुलसी सूधी सकल विधि, रघुवर प्रेम प्रसूत॥

तुलसी ने तो दार्शनिक मतवादों और चिन्तन पद्धतियों द्वारा फैलाये जा रहे भ्रम से भी बचने की सलाह दी है—

कोउ कह सत्य, झूठ कोऊ, जुगल प्रबल कोई मानै।
तुलसीदास परिहरै तीन भ्रम, सो आपन पहिचानै॥

गोस्वामी तुलसीदास अपने साहित्य में सर्वसत्तावाद और अधिनायकवाद के प्रबल विरोधी रहे हैं। वे दंड व्यवस्था पर आधारित उस समय की राजनीतिक व्यवस्था पर कठोर प्रहार भी करते हैं। उनके अनुसार ऐसे पाप परायण तथा दंडविधान द्वारा प्रजा को सतानेवाली राजाओं की व्यवस्था पूरी तरह अराजकता में तब्दील हो चुकी थी—

काल कराल नृपाल महि, यवन महा महिपाल।
साम न दाम न भेद कलि, केवल दंड कराल॥

तथा— *नृप पाप परायन धर्म नहीं। करि दंड विदंड प्रजा नितहीं॥*

इन आतंकवादी राजाओं के कर्मचारी अत्यन्त उद्दंड हो गये थे और वे गुण्डों की सहायता से लूटमार करवाने में भी नहीं चूकते थे। तुलसी का निम्न कथन इस तथ्य का स्वयं सिद्ध प्रमाण है—'मारग मारि, महीसुर मारि, कुमारग कोटिक कंचन लीओ।' तुलसी उत्तर-आधुनिकतावादियों की भाँति शक्ति, सुविधा और अधिकारों के विकेन्द्रीकरण के प्रबल समर्थक थे। वे राजसत्ता और नागरिक अधिकारों के बीच सन्तुलन कायम करते हुए दोनों के मध्य निम्नलिखित प्रकार का सम्बन्ध निरूपित करते हैं—

मुखिया मुख सो चाहिए, खान पान कहुँ एक।
पालइ पोषइ सकल अंग, तुलसी सहित विवेक॥

तुलसीदास शक्ति के विकेन्द्रीकरण पर विशेष ज़ोर देते हैं। राजा दशरथ अपने सभासदों से राम को युवराज पद देने का प्रस्ताव करते हुए कहते हैं कि यदि आप सबको यह मत अच्छा लगे तो हृदय में हर्षित होकर आप लोग श्रीरामचन्द्र का राजतिलक कीजिए। इसी तरह आज के इस उत्तर-आधुनिक दौर में तथाकथित लोकतांत्रिक और कल्याणकारी राजव्यवस्था में भी जनता जिन अधिकारों का आनन्द नहीं ले सकती उन अधिकारों से प्रजा को सम्पन्न बनाने का प्रस्ताव तुलसी के राम करते हैं। वे अभिव्यक्ति की स्वतंत्रता का जो आदर्श निर्धारित करते हैं वह आज भी दुर्लभ है—

जो अनीति कछु भाखहु भाई। तौ मोहि बरजहु भय बिसराई॥

इस प्रकार भक्ति काव्य की प्राय: सभी धाराओं के कवियों ने सांस्थानिकता की सीमाओं का निर्धारण करते हुए सर्वसत्तावाद के स्थान पर बहुलता को प्रोत्साहित किया है। साथ ही जाति, धर्म, परिवार, देश आदि की सीमाबद्धता को तोड़ते हुए सीमातीतता एवं विश्वबन्धुत्व का आदर्श प्रस्तुत किया है। मीराबाई ने सामन्तवाद के गढ़ चित्तौड़ के राजमहल में रहते हुए सामाजिक जड़ता पर करारा प्रहार किया और पर्दा प्रथा जैसी सामाजिक बुराई को धता बता दिया। वे कहती हैं कि वे राणा जी की हटकी अर्थात् राणाजी का हठ, मर्यादा और उनका आदेश सबका उल्लंघन करती हैं। उनकी दृष्टि में जो निश्चल मन तथा पवित्र दृष्टि वाले हैं उनके लिए घूँघट जैसे कृत्रिम आवरण का कोई मोल नहीं है। ऐसी स्थिति में वे साधु-संतों की संगति को प्यारी लगना कहकर घूँघट की अवज्ञा करती हैं। वस्तुत: ये सारे कवि लोकजीवन के अत्यधिक निकट थे, मानवीय संघर्ष के चित्रकार थे और प्रजाजन के हितों के प्रति वचनबद्ध थे। वे लोकचिन्ता और लोकमंगल के प्रति संकल्पित थे।

3. उत्पादन के स्थान पर लीलाभाव का आह्लादक समारोह— उत्तर-आधुनिकता साहित्यिक कलाकृति को वास्तविकता के उत्पादन के रूप में नहीं देखती अपितु वह लीलाभाव की ऐन्द्रजालिकता को ही वास्तविकता के रूप में रूपायित करती है। इस सन्दर्भ में डॉ. पाण्डेय शशिभूषण 'शीतांशु' लिखते हैं कि 'लीलाभाव में उपस्थिति अनुपस्थिति, प्रकटन और विलोपन की मुग्धकर क्रीड़ा है यह जादुई और ऐन्द्रजालिक विमोहनकारी लीला है। यह क्रीड़ा विवेक के ज्ञानोदय के विपरीत और वैज्ञानिक तथ्यपरकता के विपरीत चलती है। साहित्य में अब उत्पादन जैसा प्रस्तुतीकरण नहीं है बल्कि छलनाभरी विमोहिनी लीला-ही-लीला है। साहित्य अब आह्लादक लीलाभाव है।' समकालीन फ्रेंच और अंग्रेज़ी साहित्य में यह आह्लादक लीलाभाव समारोहपूर्वक उपस्थित है। भक्तिकाव्य में इस विमोहनकारी ऐन्द्रजालिक लीलाभाव की बड़ी ही कमनीय छटा परिलक्षित होती है क्योंकि उसे कालिदास, जयदेव, श्रीमद्भागवत पुराण, विद्यापति इत्यादि

की सम्मोहक एवं मसृण परम्परा विरासत के रूप में प्राप्त हुई है। आदिकाल एवं भक्तिकाल के संधिस्थल पर अवस्थित फ़ारसी महाकवि अमीर खुसरो ने मधुयामिनी के दौरान नायिका की मन:स्थिति का चित्रण इस प्रकार किया है—

खुसरो रैनि सुहाग की, जागी पी के संग।
तन मेरो मन पियो को, दोउ भए एक रंग॥

संत काव्य अपनी तमाम ज्ञानात्मक संवेदना और बौद्धिक नीरसता के बावजूद लीलाभाव की छलना का मनोरम विन्यास है। कबीर की भक्तिरूपिणी जीवात्मा मिलन की तन्मयता में कभी-कभी प्रियतम को पलकों में बसाने-रिझाने की अनुभूति करती है—

नैनों की करि कोठरी, पुतली पलंग बिछाइ।
पलकों की चिक डारि कै, पिय को लिया रिझाइ॥

—कबीर बचनावली, पृ. 104

इस मुग्धकर लीलाभाव की चरम अतिशयता उस समय देखने को मिलती है जब कबीर जीवात्मा और परमात्मा के प्रथम मिलन की मधुयामिनी (सुहागरात) का चित्र अंकित करते हैं। कबीर मधुयामिनी में फूलों से सजी मिलन-शैया, प्रतीक्षा में अलसायी आँखें, प्रणयिनी का काम-कातर और सुख-शिथिला गात, लज्जा से विगलित नायिका द्वारा खम्भ का आश्रय इत्यादि के द्वारा ऐन्द्रजालिक वातावरण की सृष्टि करते हैं। वे दिखाते हैं कि नायिका इस भय से—कहीं ननद-जिठानी जाग न जाएँ—सुख-सेज पर बहुत आहिस्ता-आहिस्ता पाँव रखती है। वे प्रथम मिलन के समय की मुग्ध भयभीत धड़कनों, लोकलाज के कारण सहमी-सहमी साँसों, संयोग सुख प्राप्ति हेतु अनुनय और सुहागरात के माधुर्य की बहुरंगी छवियों का बड़ा ही मनोरम चित्र उपस्थित करते हैं—

ये अखियाँ अलसानी हो, पिय सेज चलो।
खम्भ पकरि पतंग अस डोले बोले मधुरी बानी।
फूलन सेज बिछाय जो राखी पिया बिना कुम्हलानी।
धीरे पांव धरो पलंगा पर जागत ननद जिठानी।
कहत कबीर सुनो भई साधो लोकलाज बिछलानी।

—कबीर बचनावली, पृ. 166

संतमत के दूसरे महत्त्वपूर्ण कवि दादूदयाल भी इस छलनाभरी विमोहिनी लीला का विलक्षण चित्र खींचते हैं। उनके अनुसार नायिका स्वयं सुख-सेज सजाती है। वह सेज सँवारते हुए अपने प्रियतम की व्याकुलभाव से प्रतीक्षा करती है। वह मुग्धा अपने प्रियतम की दासी है, उस पर तन-मन सहित सर्वस्व निछावर करने को प्रस्तुत है—

बाला सेज हमारी रे, तू आव हौं वारी रे।
हौं दासी तुम्हारी रे।

तेरा पंथ निहारूं रे, सुन्दर सेज सँवारूँ रे।
जियरा तुम पर वारूँ रे।

—संतदादू, पृ. 52

सूफ़ी काव्य में विमोहक लीलाभरी रतिकेलि की विलासप्रिय प्रकृति अपने समूचे वैभव के साथ उपस्थित है। उसमें इतिहास है, तो मिथक भी, फैंटेसी है तो मध्यकालीन जीवन का झिलमिलाता हुआ सच भी। इन कवियों के प्रेम दर्शन में एक खुलापन है, साहस है, सौन्दर्योपभोग की ललक है, रूप दर्शन की अतृप्त प्यास के साथ-साथ वेदना की अतिशयता है। इसमें लीलाभाव की छलना है जो उसे उत्तर-आधुनिकता से सन्दर्भित करती है। सूफ़ी कवियों ने उन सभी चेष्टाओं, भावों, हावों, संचारियों और अनुभावों का चित्रण सफलतापूर्वक किया है जो लीला एवं रतिभाव को विशिष्ट छवियों से आलोकित करते हैं। यहाँ लज्जा, क्रीड़ा, संकोच, विनोद, चपलता, आशंका, भय के अतिरिक्त आलिंगन, चुम्बन, कटाक्ष, अनुनय, छेड़छाड़, तन्मयता इत्यादि भरपूर मात्रा में उपलब्ध है। जायसी का मन पद्मावती के सौन्दर्य चित्रण में विशेष रूप से रमा है। वे उसके सौन्दर्य में पारस रूप की सम्भावना व्यक्त करते हुए उसमें सृष्टिव्यापी उत्प्रेक्षा, ज्योतिर्मयता और तरंगायितता का आरोप करते हैं। जायसी सौन्दर्य के प्रति पवित्र और सौन्दर्यशास्त्रीय दृष्टिकोण का परिचय देते हैं। ये रत्नसेन-पद्मावती के संयोग वर्णन में अभिसार से लेकर तमाम लीला परक क्रिया-कलापों का सविस्तार वर्णन करते हैं। मिलन के चरम क्षणों में दोनों सोने और सोहागे की तरह मिलकर एकाकार हो जाते हैं। उनमें अभेद की स्थिति उत्पन्न हो जाती है और वे एकरूप होकर जीवन सौन्दर्य के अगाध सागर में गहराइयों तक डुबकी लगाते हैं—

कहि सत भाव भई कंठ लागू। अणु कंचन औ मिला सोहागू।
चौरासी आसन पर जोगी। खटरस, बन्धक चतुर सो भोगी।
कुसुम माल असि मालति पाई। जन चंपा गहि डाइ ओनाई।
केली बेधि जनु भँवर भुलाना। हन राहू अरजुन के बाना॥
कंचन करी जरी गन जोती। वरमासौं वेधा जनु मोती॥
नारंग जानि कीर जख दिये। अधर आमरस जानहुँ लिये।
कौतिक केलि करहिं दुख नंसा। खूँदति कुटलहिं जनु रस हंसा॥
रही बसाइ बासना चोवा चन्दन भेद।
जेहि अस पद्मिनी रानी सो जानै यह भेद॥

—जायसी ग्रंथावली

इसी तरह कतिपय अन्य दृष्टान्त भी बड़े सुन्दर बन पड़े हैं—

साजन लेइ पठावा आयसु जाइ न मेट।
तन मन जोबन साजि कै देह चली लेइ भेंट॥

साथ ही मिलन के चरमक्षणों का तन्मयीभाव विशेष रूप से अवलोकनीय बन पड़ा है जहाँ सृष्टि लय हो जाती है, दो पदार्थ एकरूप हो जाते हैं—

जनहुँ औटि कै मिलि गए, तस दूनौ भये एक।
कंचन कसत कसौटी, हाथ न कोऊ टेक॥

—जायसी ग्रंथावली, पृ. 140

संयोग के चरमक्षणों में अद्वैत स्थिति का, रतिक्रीड़ा की विलासप्रियता का अत्यन्त सुन्दर चित्रण मंझन की मधुमालती में भी उपलब्ध होता है—

अधर उधर उर उर सौं, मेरे रहे मुख सोइ।
देखि समुझि ना मन परै, दहु हहिं एक कि दोइ॥

—मधुमालती, पृ. 101

सूफ़ी काव्य में लीलापरक क्रिया-कलापों के केन्द्र में इच्छा सक्रिय है। यहाँ लीलात्मकता विवेक को कहीं पीछे छोड़कर इच्छा से निर्दिष्ट हो रही है। इसलिए नायक-नायिका एकरूप हो जाते हैं—दोनों में से कौन किस पर रीझे और किसे रिझाये—इस स्थिति का भी तिरोभाव हो जाता है—

रीझ रिझावनहार रिझ, रीझ भये जो एक।
को रीझे रिझवावई, जहँ मिलि मिट्यों विवेक॥

—पुहुपावती, हुसेनअली, पृ. 199

सूफ़ियों की दृष्टि में सृष्टि के सारे उपादान उस चरमसत्ता के अप्रतिम सौन्दर्य की झलक हैं। वह चरमसत्ता नारी रूप में सौन्दर्य की साकार प्रतिमा है अत: साधक उस परमात्मा रूपी प्रियतमा की प्रसन्नता के लिए बहुत प्रयत्न करता है और उसके हाथ की शराब पीने के लिए तरसता है। वह सृष्टि में प्रतिबिम्बित उस चरमसत्ता के अलौकिक सौन्दर्य से एकाकार हो जाना चाहता है—

तै जो समुंद लहरि मैं तोरी। तैं रबि तो मैं किरनि अँजोरी॥
मोहि आपुनि जै जानु निनारी। मैं सरीर तैं प्रान पियारी॥

—मधुमालती, पृ. 27

जायसी के यहाँ प्रथम भेंट में सौन्दर्य के सहसा साक्षात्कार से बेताब हो नायक आनन्द सम्मोहित हो जाता है। उसे संयोग-सुख, काम-कातरता और सौन्दर्यानुभूति के कारण एक विचित्र प्रकार की जड़ता आ जाती है। धीरे-धीरे परिचय प्रगाढ़ होने पर उनमें संकोच, जड़ता और झिझक की आवर्जना दूर होती है और वे परस्पर प्रीतिकर मनोविनोद में डूबने-उतराने लगते हैं—

सकुचै डरै मनहि मन बारी। गहु न हाथ रे जोगि भिखारी॥
औहट होसि जोगी तोर चेरी। आवै बास कुरकुटा केरी॥
हौं रानी तू जोगि भिखारी। जोगिह भोंगिक कौन चिन्हारी॥

—जायसी ग्रंथावली, पृ. 134

सूफी कवि अनेक स्थलों पर मधुयामिनी में मिलन और संभोग का वर्णन करने में उस सीमा तक रति-क्रीड़ा का चित्रण करता है जहाँ यह सारी लीला वात्स्यायन के कामसूत्र की प्रदर्शनी बन जाती है। सुहागरात के अभूतपूर्व सुख और पति प्रेम की जो सुखद अनुभूति प्रेयसी को होती है, कतिपय स्थलों पर उसके आध्यात्मिक संकेत भी मिलते हैं। नायक-नायिका का मिलन आध्यात्मिक मिलन है। प्रेयसी का अधरामृतपान जीवन को अमरत्व दान करता है—

अधर घूँट सो अमिरित पीया। तेहि के पियत अमर भा हीया।

—चित्रावली, पृ. 204

इस तरह सूफ़ी काव्य भी अत्यन्त विशदता के साथ साहित्य को उत्पादन के स्थान पर आह्लादक लीलाभाव के रूप में उपस्थित करने की उत्तर-आधुनिकता को भी दिखाता है। उसके अनुकूल आदर्श पर्यावरण उपस्थित कराता है। प्रेम एवं सौन्दर्य अपने सम्पूर्ण भाव-वैभव एवं व्यंजनाओं के साथ यहाँ उपस्थित है।

जहाँ तक कृष्णकाव्य का सवाल है तो समूचा कृष्णकाव्य ही लीलाभाव के महापर्व का अभूतपूर्व आयोजन है। श्रीकृष्ण तो लीला पुरुषोत्तम ही हैं। कृष्णकाव्य का यह वैशिष्ट्य उत्तर-आधुनिकता को अपने से सन्दर्भित करता है। इसे दूसरे शब्दों में इस प्रकार भी कहा जा सकता है कि उत्तर-आधुनिकता में जिस आह्लादक लीलाभाव की अन्त:सलिला विद्यमान है उसका मूल उत्स कृष्णकाव्य है। क्योंकि कृष्णकाव्य में गुण और परिमाण दोनों ही दृष्टियों से इस आह्लादक लीलाभाव के महोत्सव का आयोजन जिस उत्कर्ष के साथ हुआ है उसका कोई जवाब नहीं। आज भी सम्पूर्ण उत्तर-आधुनिक साहित्य इस दृष्टि से कृष्णकाव्य के समक्ष पानी भरे। श्रीमद्भागवतपुराण के अनुसार, "पूर्ण पुरुषोत्तम परमरूप परब्रह्म श्रीकृष्ण गोलोक या अक्षरधाम में नित्य आनन्दलीला में मग्न रहते हैं। वहाँ नित्य वृन्दावन, नित्य यमुना, नित्य गोपी, नित्य विहार का आनन्द रहता है। उनकी यह नित्यलीला अवतार दशा की लीला कही जाती है। अवतार दशा में उनका गोलोक ब्रज में पृथ्वी पर उतर आता है और वे गोपांगनाओं के साथ ब्रज की आनन्द केलि में मग्न दिखाई देते है। उनकी यह लीला भी बिना किसी प्रयोजन के लीला के आनन्द के लिए ही होती हैं। इसलिए इसे अहेतु लीला कहते हैं। इस रूप में श्रीकृष्ण रसेश और पुष्टि पुरुषोत्तम कहे गये हैं। वे लोक-वेद की मर्यादा से अतीत हैं। श्रीकृष्ण का इस रूप में ब्रज में प्रकट होना न तो गुणावतार है, न अंशावतार या कलावतार। वे तो स्वयं साक्षात् भगवान हैं।" ब्रजमंडल में श्रीकृष्ण की लीला भावभेद के अनुसार दास्य, वात्सल्य, सख्य और माधुर्यभाव की होती है। इस सन्दर्भ में डॉ. ब्रजेश्वर वर्मा लिखते हैं कि "इन प्रभेदों के आधार पर भक्तों की प्रीति प्रेम अनुरूपा है और कान्ता या मधुररति के लिए भगवान अपनी अनेक प्रकार की लीला का विस्तार करते हैं। उनकी बाललीला प्रीति-रति की, गोचारणलीला प्रेम-रति की और कैशोरलीला जो

गुप्त और रहस्यपूर्ण है काता या माधुर्यरति की पोषक है। दास्यभाव की प्रीति-रति तो वस्तुत: भगवान के ऐश्वर्य के प्रति होती है अत: कृष्णभक्ति सम्प्रदायों में उसे विशेष महत्त्व नहीं दिया गया है।"

ऐसा माना जाता है कि लीलापुरुषोत्तम श्रीकृष्ण लीलारस के विस्तार के लिए एक साथ ही बाल, पौगंड, किशोर और यौवन किसी भी अवस्था में प्रकट हो सकते हैं। वे इन सब अवस्थाओं में एक साथ उपलब्ध हो सकते हैं। भाव के अनुसार वे अभीस्पित अवस्था में भक्तों को प्राप्त हो जाते हैं परन्तु उनका किशोर रूप ही कृष्णभक्तों में विशेषरूप से लोकप्रिय है। श्रीकृष्ण की किशोरलीला के प्रधान रूप से दो भेद हैं—(1) कुंजलीला, (2) निकुंजलीला। इन प्रभेदों की अत्यन्त सारगर्भित व्याख्या करते हुए डॉ. ब्रजेश्वर वर्मा लिखते हैं कि "कुंजलीला का स्थायीभाव श्रीकृष्ण रति है, आलम्बन श्रीकृष्ण तथा आश्रय गोपियाँ हैं। गोपियाँ उपपति (जार) के रूप में श्रीकृष्ण से परकीया भाव की विरह प्रधान रति करती हैं। राधावल्लभ सम्प्रदाय में इस लीला के रस को ब्रज-रस कहा गया है। कुंजलीला का ही दूसरा नाम ब्रजलीला भी दिया गया है। यह ब्रज-रस का क्रीड़ा-विनोद श्रीकृष्ण अवतार की लीला है, अवतारी की लीला नहीं। अत: यह नित्य नहीं है, अवतार दशा में ही प्रकट होती है। इससे भिन्न नित्य बिहारी श्रीकृष्ण की निकुंजलीला देश और काल से परे अखंड एकरस होती है। निकुंजलीला का नाम निकुंज-रस या वृन्दावन-रस है। यह लीला अत्यन्त गोप्य और रहस्यपूर्ण है। इस लीला में प्रेमतत्त्व रूप श्रीकृष्ण अपनी चार अंगों—श्रीराधा, श्रीकृष्ण, श्रीवृन्दावन तथ सखियों के साथ प्रकट होकर निरन्तर प्रेमकेलि में मग्न रहते हैं।...नित्य और अवतरित लीला के अतिरिक्त लीला का एक रूप अनुकरणात्मक भी है। इसमें भक्तगण श्रीकृष्ण की आनन्दलीला का अभिनय करके अपने-अपने भाव को दृढ़ करते हैं। अनुकरणलीला श्रीकृष्ण की रासलीला के रूप में प्रस्तुत की जाती है।" कृष्णभक्त कवियों ने कृष्ण के आह्लादक लीलाभाव का अत्यन्त रमणीय चित्र विधान प्रस्तुत किया है। सूरदास के शब्दों में प्रभु की वृन्दावन लीला शाश्वत है। साक्षात् गोलोक ही गोकुल में प्रविष्ट है। गोपियों के मध्य प्रभु नित्य लीला में मग्न रहते हैं—

जहँ वृन्दावन आदि अजर जहँ कुंज लता विस्तार।
तहँ विहरत प्रिय प्रियतम दोऊ निगम भृंग गुंजार॥

—सारावली-3

जहँ गोवर्धन पर्वत मणिमय सघन कंदरा सार।
गोपिन मंडल विराजत निसिदिन करत विहार॥

—सारावली-4

यमुना कूल, करीलकुंजों, तमाल वनों और गोचारणभूमि में राधा अथवा किसी गोपी से कृष्ण की भेंट एवं छेड़छाड़, गोदोहन और गोरसदान, प्रथम दर्शन और

पूर्वराग का उन्मेष, काम-कातरता, मान-मनुहार, वेणुवादन, चीरहरण, ऐन्द्रजालिक लीलाएँ हैं। सूरदास के अनुसार रसिक शिरोमणि श्रीकृष्ण पहली मुलाकात में ही भोली राधिका पर अपना जादू चला देते हैं। वह इनके साथ हँसते हुए खेलने के लिए तैयार हो जाती है। धीरे-धीरे हँसते-खेलते एवं विविध मनोविनोदों द्वारा राधाकृष्ण का प्रेम परवान चढ़ता है और एक दिन तो—

नीबी ललित गही जदुराइ।
जबहि सरोज धर्यो श्रीफल पर, तब जसुमति गई आइ॥
तत्छन रुदन करत मनमोहन, मन में बुधि उपजाइ।
देखो दीठी देत नहिं माता, राख्यों गेंद चुराइ।

—सूरसागर, पृ. 1300

इसी तरह उस विकट स्थिति में श्रीकृष्ण की प्रत्युत्पन्नमति एवं बुद्धि चातुरी देखते ही बनती है। वे अपने 'नागर' होने का प्रमाण पेश करते हुए कहते हैं— "देखो माँ, इसने मेरी गेंद चुरा ली, ढीठ बनकर देती नहीं", तब राधा हंसकर बोली—"काहे को झकझोरत नोखे चलहु न देउँ बताइ।"—सूरसागर, पद 1300। लोक में ऐसी मान्यता है कि बछड़े को सींग निकलना उसके जवान होने का प्रमाण-पत्र है। इसे लक्ष्य करके आचार्य विश्वनाथ ने कहा था कि कामदेव के उद्भेद (अंकुरण) को 'शृंग' कहते हैं और इस उद्भेद की उत्पत्ति का कारण 'शृंगार' कहलाता है—

शृंग हि मन्मथोद्भेद भेदस्तदागमनहेतुक:।
...रस, शृंगार इष्यते॥

—साहित्य दर्पण, 3/183

राधाकृष्ण के जीवन रूपी वन में भी यौवनरूपी मधुमय वसंत का आगमन होता है। वे दोनों नित्य-यौवन की छवि से दीप्तिमान हो उठते हैं। उनमें सब कुछ नवीन था—नन्दकिशोर नवल थे, राधा नवल थी, नेह नया था, रस नया था, पीताम्बर नया था, चुनरी भी नई थी। सूरदास कहते हैं कि ऐसी स्थिति में उनकी लालसा उद्दाम रूप क्यों न धारण करती! परस्पर चुम्बन में जब वे रत होते हैं तो उनकी शोभा कितनी दर्शनीय बन पड़ती है, 'चुम्बत अंग परस्पर जनु जुग, चन्द करह हित-चार।' इसी तरह कृष्ण को आलिंगन करते समय हार विघ्न बनने लगा तो राधा ने उसे उतार दिया और—

नवलकिसोर नवल नागरिया।
अपनी भुजा स्याम भुज ऊपर, स्याम भुजा अपने उर धरिया।
क्रीड़ा करत तमाल तरुन तर, स्यामा स्याम उमंगि रस भरिया।
यौं लपटाइ रहे उर-उर क्यों मरकत मनि कंचन मैं जरिया॥

—सूरसागर, 10/687, 688

यह प्रेमविलास यूँ ही अबाध जारी रहा और एक दिन जब वे दोनों यमुना तट के सघन वन-प्रान्तर में लीलारत थे तभी आकाश में काले बादल उमड़ आए और हड़बड़ाहट में—'यारी की सारी आपुन लै, पीताम्बर राधा उर लाइ' —सूरसागर, 10/692। ऐसी स्थिति में अपनी-अपनी माताओं के सवालों का जवाब देते हुए उन पर क्या गुजरी होगी, इसका अनुमान भी हृदय की धड़कनें बढ़ा देता है।

कृष्णभक्त कवियों ने राधाकृष्ण एवं गोपिकाओं के पारस्परिक आकर्षण यौवन की रंगीनियाँ, रूपोल्लास, प्रेम-स्फुरण, चेष्टा, चपलता, गोदोहन, गोचारण, हास-परिहास, पनघट पर छेड़छाड़, प्रथम दर्शन, पूर्वराग अभिसार आदि के चित्रण में अद्‌भुत तल्लीनता का परिचय दिया है। इन कवियों के अनुसार जब काम-सुख की कामना दुर्दम बन जाती है, तब नायिका का मिलन प्रयत्न अभिसार में प्रकट होता है। शास्त्रीय शब्दावली में नायिका सोलह श्रृंगार करके संकेत स्थल पर नायक से मिलने का अभिसार करती है और दूती भी उसे सजाकर अभिसार के लिए प्रेरित करती है—वह पथ प्रदर्शक बनकर नायिका को संकेत स्थल पर ले जाती हैं। कवि उस सखी या दूती द्वारा राधिका को मिलन कुंज में पहुँच कर विलास सुख पाने की प्रेरणा दिलाता है—

सुनि राधे! एक बात भली।
तू जिन डरै रैनि अँधियारी मेरे पाछै आउ चली।
तहाँ लै जाउँ जहाँ मनमोहन, मैं देखी एक बंक गली।
सघन निकुंज सेन कुसुमनि रचि, भूतल छाही विटप तली।
हरि की कृपा कौ मोहि भरोसो, प्रेम चतुर चित करत अली।
परमानन्द स्वामी कौं मिलि किन, मित्र उदै जैसे कमल कली॥

—अष्टछाप-परिचय, पृ. 20

इन कवियों ने राधा के मान वर्णन में भी अद्‌भुत कला-चातुरी का परिचय दिया है। सूरदास ने राधा के मान के दो कारण बतलाये हैं—(1) राधा का अपने यौवन और सौन्दर्य पर अभिमान तथा (2) कृष्ण का बहुवल्लभ एवं परकीया प्रेमी होना, जिससे मान के अनुकूल स्थितियाँ स्वतः उपस्थित हो जाती हैं। एक दिन कृष्ण के अंगों पर राधा ने रतिन्हिनों को देखा तो वह मान कर बैठी। कृष्ण संकोचवश दबे पाँव वापस लौट आए पर उनकी बेचैनी बढ़ गयी। दूती को भेजा, पर व्यर्थ और अन्त में व्याकुलभाव से स्वयं क्षमा-याचना के लिए पहुँचे। वे राधा के स्वर्णकलश उरोजों पर हाथ रखकर शपथपूर्वक कहते हैं कि अगर तुम्हारे सिवा किसी रमणी से मेरा प्रेम हो तो तुम्हारा हार-सर्प मुझे डस ले। तदुपरान्त वे अपने अपराध के लिए जिस दंडविधान का परामर्श देते हैं वह तो कमाल का है। आख़िर, जंघाओं से ताड़ित करने, उरोजों के आघात मारने, बाँहों में बन्दी

बनाने तथा होंठों एवं दाँतों से डसने के बाद किस नायिका का मान टिकेगा? क्या इतने ख़ूबसूरत एवं गुदगुदानेवाले दंडविधान के बाद वह नायिका पिघलकर मोम की पुतली नहीं बन जाएगी? आख़िर सूर की राधिका तो अत्यन्त तरल एवं प्रगीतात्मक चरित्र है तो वह भला कैसे अपने मान को कायम रख पाती? यह सूर की कला-चातुरी का प्रकर्ष है—

अब मोहिं जानिये सो कीजै।
सुनि राधिका कहत माधो यों, जो बूझिये दंड सो लीजै।
उर उर चाँपि, बाँधि भुज बन्धना, नख नाराच मरम तकि दीजै।
भौंह चढ़ाइ, अधर दसननि दंसि, अधर सुधा अपने मुख पीजै।
अब जनि के-विलम्ब भामिनी, सोइ करै जिहिं गात पसीजै॥"

—सूरसागर, पृ. 2184

कृष्णकाव्य में मुरलीवादन को केन्द्रीय स्थान मिला है। यदि आचार्य वल्लभ ने उसे आध्यात्मिक रूप दिया है तो गोपियों ने लौकिक दृष्टि से उसके साथ जमकर खिलवाड़ भी किया है। चूँकि मुरली कृष्ण की योग माया है इसलिए कृष्ण की उस पर विशेष अनुरक्ति है। यही कारण है कि इन कवियों ने गोपियों से उसका सौतिया डाह निरूपित किया है। नन्ददास के अनुसार मुरली नादब्रह्म है। उसी से आगम-निगम प्रकट होते हैं। वह कृष्ण की आनन्द विधायिनी कला है। उसका जादू अपरिमित है। जिसके कानों में उसकी मादक ध्वनि पड़ी, वह लोक की मर्यादा, कुल की लाज तथा समाज के भय को तिलांजलि दे बैठा—

जाकी धुनि ते निगम अगम प्रकटित ब्रजनागर।
नाद ब्रह्म की जानि मोहिनी सब सुख सागर।
सुनि सब चली ब्रजवधु गीत धुनि को मारग गहि।
भवन भीत द्रमकुंज कितहूँ अटकी नहि॥

—नन्ददास ग्रंथावली, पृ. 5, पद 49

महाकवि सूरदास भी वेणु प्रसंग का मार्मिक चित्र उरेहते हैं। उनके अनुसार बाँसुरी की आवाज़ सुनते ही गोपियाँ अपनी सुध-बुध भूलकर कृष्ण की दासी ही बन गयीं और जिस दिशा से बांसुरी की ध्वनि आ रही थी उस दिशा में सारी मर्यादाओं का अतिक्रमण करते हुए बढ़ चलीं—

जा दिन तें मुरली कर लीन्ही।
ता दिन तें स्रवननि सुनि सुनि सखि, मन की बात सबै ले दीन्ही।
लोक बेद कुल लाज कानि तजि, अरु मरजाद वचन मिति खीनी।
तबहीं ते तन सुधि विसराई, निसि दिन रहत गुपाल अधीनी।

—सूरसागर, पद 1863

मुरली के प्रभाव से जड़-चेतन समेत सृष्टि के सारे पदार्थ रसविभोर हो उठे हैं। उसके दिव्य स्वरों की तरंगों से पाषाण भी रस-द्रवित हो जाते हैं, सूखे वृक्ष भी फलों से लद जाते हैं, पशु-पक्षी स्तम्भित हो वेणुराग सुनते रह जाते हैं—

मुरली सुनत अचल चले।
थके चर जल झरत पाहन विफल वृक्ष फले॥

—सूरसागर, पद 1686

कविवर रसखान ने भी वेणु-प्रसंग पर अपनी लेखनी चलाई है। उनके अनुसार राधिका सखी के कहने पर सारे स्वाँग करने को प्रस्तुत है। वह कृष्ण की तरह मोरपंख सिर पर रखने, गले में गुंजा की माला पहनने उनके जैसी वेश-भूषा धारण करने को तैयार है; परन्तु वह किसी भी स्थिति में अपने अत्यन्त संवेदनात्मक अवयव यानी अधरों पर श्रीकृष्ण के अधरों पर रखी हुई मुरली को रखने के लिए तैयार नहीं है—

भावती वोहि मेरो रसखानि सौं तेरे कहै सब स्वाँग करौंगी।
या मुरली मुरलीधर की अधरान धरी अधरा न धरौंगी।

इन प्रसंगों के अतिरिक्त कृष्णकाव्य में पनघट-लीला, दान-लीला, रास, हिंडोल-लीला, वसंत, फागुन, होली-लीला एवं जलक्रीड़ा में भी राधाकृष्ण के ऐकान्तिक प्रणय का मनोरम चित्र खींचा गया है। साथ ही सूरसागर पर एक सरसरी निगाह डालने से यह स्पष्ट हो जाता है कि केवल चीरहरण-लीला में राधा को स्थान नहीं मिला है। सूरसागर के अनुसार गारुड़ी रूप में कृष्ण राधा का विष उतारकर उसकी लहर गोपियों पर डाल देते हैं। फलस्वरूप वे उन पर मुग्ध होकर उन्हें वर रूप में पाने के लिए व्रत रखती हैं और नित्य यमुना-स्नान करती हैं। षोडश सहस्त्र रूप धारण करके कृष्ण कभी उनकी पीठ मलते हैं, कभी वस्त्र चुराकर उनके गिड़गिड़ाने से प्रसन्न होते हैं और कभी नग्नावस्था में उनसे हाथ उठवाकर नमस्कार कराते हैं। अन्तत: गोपियों की साधना सिद्धावस्था को प्राप्त होती है। कृष्ण शरदपूर्णिमा की रात को उनके साथ रास रचाने का वचन देते हैं।

कृष्णकाव्य में वर्णित रासलीला का प्रसंग लोकातीत आनन्द का विधायक है। महाकवि सूरदास तथा अष्टछाप के कवियों के पदों और भजनों में संगीत एवं काव्यानन्द का मणिकांचन योग उपस्थित हुआ है। रासलीला में राधा-कृष्ण गोपियों के मंडलाकार रूप में गीत एवं नृत्य के साथ श्रृंगारिक क्रीड़ाओं का समावेश है। इन कवियों के अनुसार प्रकृति श्रीकृष्ण के महारास के आयोजन में परम सहायक है। शरदपूर्णिमा की शुभ्र ज्योत्स्ना में प्रकृति की शोभा विचित्र रमणीयता से भर जाती है। समूचे वृंदावन में पुष्प-वृन्द खिल उठते हैं, वृक्ष फल-संभार से झुक जाते हैं, यमुना-पुलिन परम रमणीय हो उठते हैं और त्रिविध समीर बहने के कारण आनन्द छा जाता है—

सरद-निसि देखि हरि हरष पायौ।
बिपिन बृन्दा रमन, सुभग फूले सुमन, रास रचि स्याम के मनहिं आयौ।

परम उज्ज्वल रैनि, छिटकि रही भूमि पर, सद्य फल तरुनि प्रति लटकि लागे।
तैसोई परम रमनीन जमुन-पुलिन, त्रिबिध बहै पवन आनन्द जागे॥

इस तरह प्रकृति के अत्यन्त सुरम्य, सुगंधित, सुरुचिपूर्ण एवं उन्मुक्त वातावरण में महारास की लीलात्मक प्रस्तुति सम्पन्न होती है। पीयूष-सीकरों से अभिषिक्त यमुनाकूल और कुन्द-कलियों के सुगंध-संभार से सिहरती-पुलकती रोमांचित-सी डोलती समीरण एवं निर्मल आकाश से बरसती दुग्धधवल शीतल ज्योत्स्ना जन-मन को उन्मुक्त बना देती है। रसिक शिरोमणि श्रीकृष्ण अपने सुधा-वर्षक होंठों पर मुरलीधर पुनीत मदिरा-पगे स्वर निकालते हैं। मुरली के एक-एक स्वर-कम्पन में निगम-आगम के सारे रहस्य खुल जाते हैं। मुरली के स्वर में ऐसा सम्मोहन है, ऐसी मादकता है, ऐसा चुम्बकीय आकर्षण है कि उसकी ध्वनि-तरंगों के कान में पड़ते ही ब्रजबालाएँ लोक-वेद की मर्यादा छोड़ यमुना-पुलिन पर पहुँच जाती हैं। राधा एवं अन्य ब्रजांगनाओं के मंडलाकार सह-नर्तन के साथ श्रीकृष्ण का महारास सम्पन्न होता है, जिसका विस्तार बाहर कोस की परिधि तक था—

बिरहत रास रंग गोपाल।
नवल स्यामा संग सोहति, नवल सब ब्रज बाल।
सरद निसि अति नवल उज्ज्वल, नवलता बन धाम।
परम निर्मल पुलिन जमुना, कल्पतरु बिसराम।
कोस द्वादस रास परिमित, रच्यो नन्दकुमार।
सूर प्रभु सुख दियो निसि रमि, काम कौतुक हार।

—सूरसागर, पद 1752

इस मंडलाकार रासनृत्य में कृष्ण केन्द्र में रहते हैं और गोपियाँ उनके चारों ओर एक या तीन मंडल बनाती हैं। नृत्य संचालन एवं कृष्ण की चरण-चाप इस तरह होता है कि प्रत्येक गोपी कृष्ण को अपने साथ नृत्य करते हुए समझती है। आनन्दलीला के इस महापर्व की प्रस्तुति का प्रभाव सृष्टिव्यापी है। उस समय पाषाणी- प्रकृति भी आनन्द सुधा-रस से आप्लावित हो उठती है। प्रकृति के समस्त उपादान उस अलौकिक सौन्दर्य की झाँकी देखने के लिए ठहर जाते हैं। रास के प्रभाव से यमुना विपरीत दिशा में बहने लगती है, सुर-नर-मुनि-जन की समाधि भंग हो जाती है, चन्द्रमा आनन्दविभोर हो मार्ग भूल जाता है—

सिला सलिल ह्वै सलिल ह्वै रह्या सिलापुनि।
पवन थक्यौ ससि थक्यौ, थक्यौ उड़मंडल सिगरो।
पाछे रविरथ थक्यो चढ्यो नहि आंवे डगरो।
रीति सरद की रात न जाने कितिइक बाढ़ी।

—नन्ददास-ग्रंथावली, पृ. 18, पद 22-24

सूरदास तथा अन्य कवियों ने महारास के अतिरिक्त राधाकृष्ण के सम्पूर्ण-

मिलन एवं यौन-सम्बन्धों का भी अत्यन्त उद्दाम चित्र खींचा है। कृष्ण एवं राधा का लुब्ध लीला-विलास सुरतारम्भ, सुरतावस्था और सरतान्त के कवित्वपूर्ण पदों में परमपुरुष और प्रकृति के पारस्परिक आत्मसमर्पण, अन्तरावलम्बन, आनन्दमय लय, आनन्दभाव, ऐक्यरूप और आधिभौतिक निकटता द्वारा प्रकर्ष पर पहुँचता है।

रामकाव्यधारा में यह आह्लादक लीलाभाव तीन स्तरों पर सक्रिय है जिसमें युगल-विलास के अन्तर्गत सीताराम के पारस्परिक आकर्षण केलिविलास, नृत्य-गान, फाग, रास, झूलना इत्यादि का चित्रण रहता है। राम काव्यधारा के शिखर कवि गोस्वामी तुलसीदास नीति एवं मर्यादा के उन्नायक हैं जिससे उनके काव्य में सीता-राम के लीला-विलास का अत्यन्त संयत एवं शालीन वर्णन मिलता है। तुलसी ने जनकपुर की पुष्पवाटिका में सीता-राम के प्रथम साक्षात्कार एवं जादुई आकर्षण का कुछ खुला-सा और कुछ-कुछ डूबा-सा चित्रण किया है। सर्वप्रथम सीता के मुखचन्द्र को निहारने के समय राम की मनोदशा का अंकन हुआ है। वे अनुभव करते हैं कि सीता का रूप सँवारने में विधाता ने अपनी समूची कलात्मक-प्रतिभा और सौन्दर्य राशि का सार्थक नियोजन कर दिया है। जो सुन्दरता को भी सुन्दर करनेवाली है तथा छवि-गृह में दीप-शिखा बन जगमगाती है, उसकी शोभा का अंकन कर ही कौन सकता है? यथा—

अस कहि फिर चितए तेहि ओरा। सिय मुख ससि भए नयन चकोरा॥
भए बिलोचन चारु अचंचल। मनहुँ सकुचि निमि तजे दिगंचल।
देखि सीय सोभा सुखु पावा। हृदयँ सराहत बचनु न आवा॥
जनु बिरंचि सब निज निपुनाई। बिरचि बिस्व कहँ प्रगटि देखाई॥
सुन्दरता कहुँ सुन्दर करई। छबिगृहँ दीपसिखा जनु बरई॥

तदुपरान्त राम के दर्शन का सीता पर पड़नेवाला अलौकिक प्रभाव भी द्रष्टव्य है—

लता ओट तब सखिन्ह लखाए। स्यामल गौर किसोर सुहाए॥
देखि रूप लोचन ललचाने। हरषे जनु निज निधि पहिचाने॥
थके नयन रघुपति छबि देखें। पलकन्हिहूँ परिहरीं निमेषें॥
अधिक सनेह देह भै भोरी। सरद ससिहि जनु चितव चकोरी॥
लोचन मग रामहि उर आनी। दीन्हे पलक कपाट सयानी॥

लेकिन तुलसी के अतिरिक्त दूसरे कवियों ने सीता-राम के युगल-विलास का लगभग वैसा ही चित्रण किया है जैसा कि कृष्णभक्त कवियों ने राधाकृष्ण-विलास का। रामभक्त कवि सीता की सखी, सेविका और अंगजा के रूप में उनकी अष्टयाम सेवा करता, उनका रंजन करने के लिए वीणा बजाता, संगीत सुनाता, चँवर डुलाता है, कभी चन्दन-उबटन लगाता, स्नान कराता, पाँव धोकर महावर लगाता है और कभी राम-सीता के युगल रूप-सौन्दर्य पर मोहित होकर उनके लीलाभाव का

बखूबी रूपायन भी करता है—

आजु रस केलि मचावोंगी।
इन पिय पयारे को रस वस करि हिय तपनि बुझावोंगी।
करि नव सप्त सिंगार मनोहर अंग असंग भूषण सजि कै।
गाय बजाय लगाय लाल उर संग मचावोंगी॥"

—ज्ञानअलि, सियकेलि पदावली, रा.म.उ., पृ. 318

इन कवियों ने अवसर निकालकर सीता-राम की सक्रिय रति-क्रीड़ा का खुला चित्रण किया है। 'प्रिय हंसि रसरस कंचुकि खोले' और 'नीबी करषत बरजत प्यारी' से लेकर हर तरह की रति-चेष्टाओं का अत्यन्त उत्तेजक अश्लील चित्रण कृपानिवास के मिलन शृंगार में मिलेगा। विगलति कुन्तल राशि, अलसाये नयन, अंगड़ाई-जमुहाई, चुम्बनांकन, रदनचिह्नित अधर-कपोल, मसली हुई पुष्पमाला, नखक्षत, निर्वसन उरोज, अस्त-व्यस्त साड़ी, लज्जा से झुकीं पलकें, आलिंगन जन्य शिथिलता इत्यादि का दृप्तचित्रण कृपानिवास पदावली में उपलब्ध होता है। रामभक्त कवि राम-सीता के गोपनीय शृंगार-लीला-लोक में शृंगारिक क्रीड़ाओं का दर्शन करने के उपरान्त उसका यथावत् चित्रण करता है—

रसिक सिरोमनि स्याम राम अभिराम नेह निधि।
जुगल करज दे चिबुक चीज चुम्बन दे बहुविधि।
कलित कपोल अमोल वाम निज प्रिय संजुत करि।
चाखत सुधा समूह अधर-रस अति उमंग भरि।

—युगलानन्यशरण, युगल विहार, रा.म.उ., पृ. 285

रामभक्ति काव्यधारा में कतिपय प्रसंग ऐसे भी है जहाँ कृष्ण की राधा के समान रास की आह्लादिनी शक्ति सीता स्वयं भी उद्दाम वासना के वशीभूत होकर केलि-विलास के लिए सक्रिय होती हैं—

करत फिरत सैनन से बतियाँ।
सुरति सुहागिन केलि समय की लिखी मदन पतियाँ।
उर उरोज नख रद कपोल की कोर उधर छतियाँ।
मुसकन सकुचन सिय नैनन में नमत दृष्टि करियाँ।
सकुचन मुसकन पिय प्यारी उर शुभशीला बिकियाँ॥

—सीतारामशरण शुभशीला, युगलोत्कंठित प्रकाशिका, पृ. 27

विवेच्यधारा के श्रेष्ठतम कवि गोस्वामी तुलसीदास ने भी गीतावली के कतिपय पदों में इस दिशा में अपनी अभिरुचि का आभास दिया है। बावजूद इसके उनका वर्णन अपेक्षाकृत ज़्यादा सांकेतिक एवं अपने भावबन्ध में मर्यादित ही है—

भोर जानकी जीवन जागे।
सूत मागध प्रवीण वेणु धुनि द्वारे गायक सरसराग रागे।
श्यामल सलोने गात आलसबस जम्हात प्रिया प्रेम रस जागे।

× × ×

तुलसीदास निसिवासर अनूप रूप रहत प्रेम अनुरागे।

—गीतावली उत्तरकांड, पद-2

वर्षा कवियों की सबसे प्रिय ऋतु है क्योंकि वह प्राणिमात्र में प्रणय भाव को उद्दीप्त करने में सर्वथा समर्थ है। प्राकृतिक परिवेश की इन्द्रधनुषी झाँकी, घहराती घटा, झमकती वर्षा, लहराती हरियाली, सिहरन जगाती पावस की पवन, अमराइयों में पड़े झूले, उन्माद भरी स्वर लहरी, वातावरण को अभिषिक्त करती बहुरंगी परिधानों में सजी सखियाँ तथा रेशमी झूले में पेंग बढ़ाते उल्लास बिखराते युगल सरकार मानव मन पर जादुई प्रभाव डालते हैं—

झूलें सिय पिय संग हिंडोरे।
प्रियतम के संग रमक बढ़ावत रंग भरी सखियाँ चहुँओरे।
घन गरजत बिजुली अति चमकत रिमझिम पवन झकोरें।
रसमालिन प्रियतम मन मोहत बोलत खगरव मोर चकोरें॥

—रामभक्ति में रसिक सम्प्रदाय, पृ. 396

इसी प्रकार विवेच्यधारा के कवियों ने वसंत विहार एवं फाग के प्रसंग में सीता को राम के कपोलों पर गुलाल मलते तथा रंग में सराबोर करते हुए भी चित्रित किया है। फाग के अवसर पर सरयूतट एवं प्रमदवन नृत्यगान एवं वाद्यों की झनकार से आपूरित हो उठते हैं। फाग के अवसर पर सीता राम की रंगक्रीड़ा देखते ही बनती है—

अहो पिय राम पकरि सिय लीनी कटिपट सखियन छीनी।
होरी समय राममंडल में मन भायो सो कीनी।
मुख सो मसलि गुलाल मैथिली अंखियन अंजन दीनी।
रामसखे लखि अवधलाल प्रभु प्यारी के रंग भीनी।

—रामसखे पदावली, रा.म.उ., पृ. 325

रामकाव्यधारा के कतिपय कवियों ने इस आह्लादक लीलाभाव की स्वाभाविक परिणति बहुरमणी-विलास में दिखलाई है जो राम के पत्नीव्रत को सिरे से खारिज कर देता है। रासविहारी राम का 'कोटि मनोज लजावनिहारे' रूप कामिनियों में उन्माद पैदा करता है। उन्हें जब कोई रमणी देखती है तो अपना दिलदार मान बैठती है और उनके दर्शनमात्र के लिए दीवानी हो उठती है—

सुन री सखी उस इश्क की कहानी।
दिलदर्दी दिलदार दरश बिनु देखि नजर भर करत दीवानी।
दिन अरु राति बात प्यारे की जात गई पर हाथ बिकानी।
कृपानिवास श्रीराम सजन की सूरति हेरि मैं हार हिरानी॥

—कृपानिवास, लगनपचीसी, रा.म.उ., पृ. 115

दूसरी तरफ श्यामसखे की नायिका सरयू तट पर जल भरने जाते समय निर्दयी

श्याम से नैन लड़ा बैठी। जिसकी परिणति इस रूप में होती है कि वह गगरी भरना भूल जाती है। उसके हृदय की धड़कनें राम के लिए बेचैन हो उठती हैं परन्तु सास का डर उसे भयभीत भी करता है। लेकिन सच्चा प्रेम लोकलाज एवं समाज की परवाह कब करता है? वह घरबार और लोकलाज छोड़ अपने प्रियतम राम की हो जाती है—

निरदई श्याम से नैन लगी जल भरन भूल गयी गागरिया।
इस छैल के छौ रस ते छकी भारी डर है उत सासरिया।
इतहू ते गई उतहू ते गई बदनामी लई सिर सागरिया।
पिय के कारन छाड़ि दियो सारे घर लाज उजागरिया।
बदनामी उठाई के श्यामसखे रसिया से मिली गरे लागरिया॥

—श्यामसखे पदावली, रा.म.उ., पृ. 369-370

विवेच्यधारा के कतिपय कवियों ने सीता-राम के ऐकान्तिक विलास के चित्रण में अपनी अभिरुचि का परिचय दिया है। राम सखे के अनुसार भक्त की आत्मारूपी प्रियतमा भाव-विह्वल, काम-कातर, रस-तृषित, मिलन-आकुल हो प्रियतम राम के अलौकिक सौन्दर्य, अप्रतिम यौवन तथा अनिर्वचनीय सुषमा-सुकुमारता पर मोहित हो उनके दर्शन के लिए अत्यधिक उत्कंठित रहती है—

नैन में आनि समान्यो मेरे अवधविहारी।
मृदु मुसकाय छोड़ि जुल्फे मुख चेटक सो पढ़ि डारो।
कहा करो कित जाऊँ सखि री चित ते टरत न टारो।
रामसखे घर लगत दुखद अब भयो मन छवि मतवारो॥

—रामसखे पदावली, रा.म.उ., पृ. 325

इस एकनिष्ठ एवं ऐकान्तिक प्रेम के बल पर जीवात्मा रूपी प्रियतमा को श्रीराम के रंगमहल में प्रवेश करने का अधिकार मिल जाता है परन्तु वह जिस लीला-विलास की कामना में मर-मर कर जीती है उसके प्राप्ति की सम्भावना होते ही उसके शरीर के नस-नस में मूर्च्छना राग गूँज उठता है, रोम-रोम मादकता एवं सिहरनजन्य शिथिलता से भर उठते हैं और उस चरम सुख के स्वागत के लिए उसका अटरिया पर चढ़ना दूभर हो जाता है—

अटरिया कैसे कै चढ़ि जाऊँ।
तीन महल को लाल अटरिया सैंया सेज लजाऊँ।
पाँच सखे मेरे बैर परी है पाँचे देखि डेराऊँ।
श्यामसखे मैं तो बारी सुहागिनी ठाढ़ी भई पछिताऊँ।

—श्यामसखे पदावली, रा.म.उ., पृ. 373

सारांश यह है कि समूचा भक्तिकाव्य लीलाभाव के आह्लादक समारोह का ऐन्द्रजालिक सृजन है। प्राय: सभी धारा के कवियों ने लीला-विच्छित्ति-भरी रति-क्रीड़ा को पूरी आह्लादक विलासप्रियता में उपस्थित किया है। भक्तिकाव्य का यह

सर्जनात्मक वैशिष्ट्य उत्तर-आधुनिकता की केन्द्रीय प्रवृत्ति है जिससे यह स्पष्ट होता है कि उत्तर-आधुनिकतावादियों द्वारा जिस छलनाभरी विमोहिनी लीला का मनोरम रूप उद्घाटित किया जा रहा है, उसका अत्यन्त समुन्नत, कलात्मक एवं रमणीय उत्पादन के स्थान पर वास्तविकता का रूपायन लीलाभाव की ऐन्द्रजालिकता के रूप में हुआ है जहाँ भारतीय लोकधारा के स्वप्न, मिथक, फैंटेसी, अध्यात्म, प्रादर्श अपने सर्वोत्तम रूप में उपस्थित होकर उत्तर-आधुनिकता को भी अपने से सन्दर्भित होने के लिए प्रेरित करते हैं। उत्तर-आधुनिक रचनात्मकता के आयोजक-संयोजक जिस मुग्धकर लीलाविलास के चित्रांकन पर ज़ोर देते हैं उसका अत्यन्त समुन्नत एवं भव्यतम भंडार भक्तिकाव्य है।

4. दृश्यपरकता के स्थान पर श्रवणशीलता पर ज़ोर—उत्तर-आधुनिकतावाद दृश्यपरकता के स्थान पर श्रवणशीलता पर ज़ोर देता है। आधुनिकतावाद रूप पर आधारित था। वहाँ सृजन के केन्द्र में रूप था। वस्तु एवं रूप के द्वैत को लेकर बीसवीं शती में काफी चर्चा हुई। गत शताब्दी के आरम्भ में ही फ्रांस, इंग्लैंड एवं अमरीका में बिम्बवादी आन्दोलन चला जो शब्द-चित्र एवं रूपात्मकता पर आत्यन्तिक रूप से आश्रित था। हिन्दी में छायावाद चित्रपरकता एवं बिम्बधर्मिता पर ज़ोर देता था। ठीक इसके विपरीत उत्तर-आधुनिकतावाद श्रवणशीलता एवं ध्वन्यात्मकता पर विशेष ज़ोर देता है। वह रचना को पाठ (Text) एवं अन्तर-पाठ (Inter-Text) के रूप में देखने की सलाह देता है। उत्तर-आधुनिक साहित्य में अन्तर-पाठीय भाषा का रचाव यह प्रतिपादित करता है कि रचना में अनुभव के रूपायन अथवा चाक्षुष-प्रत्यक्ष होने के बाद भी जो उनकी अनसुनी गूँज रह जाती है उसे सुनने-सुनाने का प्रयास ही हमारा लक्ष्य है। इस सन्दर्भ में डॉ. पाण्डेय शशिभूषण 'शीतांशु' लिखते हैं कि "उसके यहाँ इस श्रवणशीलता की अपनी निश्चित दार्शनिक सैद्धान्तिकी और संक्रियात्मकता है, जो विसंरचनावाद (Deconstuctionism) की है। विसंरचनावाद कृति की अनसुनी गूँजों को सुनता और उद्घाटित करता है। उसके लिए जो स्पष्ट कहा जा रहा है वह नहीं कहा जा रहा है और जो रचना के तल से, उसकी आन्तरिकता से ध्वनित हो रहा है, वास्तव में वही कहा जा रहा है। इसलिए इस विसंरचनावादी दृष्टि से उत्तर-आधुनिकता साहित्य को चिह्न मानती हैं विसंरचनावाद साहित्य में इस चिह्न को तलाश करता है। ये चिह्न वस्तुत: अर्थ-चिह्न होते हैं, जिनको सुनने से ही रचना की समझ खुल पाती है। उत्तर-आधुनिकता की यह विसंरचनावादी दृष्टि मूलत: 'पाठ' को महत्त्व देती है और पाठ के भीतर चल रही अर्थ-क्रीड़ाओं के बीच से ही अर्थ-सम्भावनाओं को सुनती और उन्हें उद्घाटित करती है। यहाँ विसंरचनावाद अपनी यह मान्यता भी प्रस्तुत करता है कि कोई भी पाठ अपने-आप में शुद्ध पाठ नहीं है, बल्कि प्रत्येक पाठ की रचना अन्तर-पाठों से होती है। जूलिया, क्रिस्तवा, देरिदा—इन सबकी मान्यता विसंरचनावाद का प्रमुख पारिभाषिक अन्तर है, जो

विभेदकता, स्थान और विकीर्णता—तीन अर्थों को ज्ञापित करता है। इसके अतिरिक्त उसके दो और प्रमुख पारिभाषिक है—(1) आवृत्ति और (2) प्रतीपता/आलोच्य। साहित्य में श्रवणशीलता का अभिलक्षण अपने इन तीन सूत्रों के द्वारा सक्रिय होता है।" उत्तर-आधुनिकता जिस यथार्थ और जीवंत संगीत के अनुकरण-अनुरूपण की बात करती है हमारा भक्तिकाव्य उसका गुणात्मक विग्रह है।

इस प्रकार उत्तर-आधुनिक साहित्य-सिद्धान्त रचना के पाठ, अन्तर-पाठ, पाठ की आवृत्ति और श्रवणशीलता को बतौर प्रतिमान पेश करता है। यह रचना पाठ द्वारा उसकी अर्थगूँजों को उभारने के लिए प्रयास करता है। भक्तिकालीन काव्य-भाषा में बिम्ब हैं, उनकी सघन माला भी है, पर उससे उभरती गूँजों-अनुगूँजों का महत्त्व बिम्बमाला से कहीं अधिक है। समूचा भक्तिकाव्य भारतवर्ष की वाचिक परम्परा में आता है। वह सर्वथा गेय एवं सांगीतिक गुणों से अनुप्राणित है। आज तो कबीर, सूर, तुलसी एवं मीरा के भजन कर्नाटक संगीत तक पहुँच गये हैं। सर्वप्रथम संत नामदेव ने राग आसा, राग गूजरी, राग सोरठ, राग धनासरी, राग टोड़ी, राग तिलंग, राग बिलावल, राग गोंड, राग रामकली, राग माली गौड़ा, राम मारू, राग भैरव, राग बसंत, राग सारंग, राग मल्हार, राग कानड़ा तथा राग प्रभाती का सफल प्रयोग किया है। उनके द्वारा प्रयुक्त राग कानड़ा का एक उदाहरण दर्शनीय बन पड़ा है—

ऐसो राम राइ अंजरजामी।
जैसे दरपन महि बदल परवानी॥ रहाउ॥ पृ. 1318

संतकाव्य का सृजन न केवल वाचिक रूप में हुआ अपितु वह वाचिक परम्परा में ही जीवित रहा है। कबीर के काव्य में न केवल लोक-परम्परा का अनुपालन परिलक्षित होता है अपितु उसमें जनसमूह की शब्दावली की भरमार भी है। वह लोक संगीत की गूँजों-अनुगूँजों में विस्तार प्राप्त करता है। रोते बालक को माता का दुलारना, पालने में झुलाते वक्त गाई जानेवाली लोरी, चक्की पीसती ग्राम नारियों का गान, बैलों की घंटियों और खुरों की आवाज़ के साथ किसान का स्वर में स्वर मिलाना, गाड़ीवान का बैलों की घंटियों के साथ गुनगुनाना, बर्तन माँजनेवाली स्त्री का बर्तनों की खनखनाहट और अपने कंगनों के क्वणन के सहारे गुनगुनाना तथा करघा चलाते समय 'झीनी-झीनी चदरिया' के सहारे आध्यात्मिक रूपक के चित्रण में लोक-संगीत व्याप्त है। इन्हीं संगीत तर्जों को कबीर के गेय पदों में देखा जा सकता है। कबीर काव्य में अनेक राग-रागनियों के भी संकेत हैं—

सातों सबद जु बाजते, घरि घरि होते राग।
ते मन्दिर खाली पड़े, बैसण लागे काग॥

उत्तर-आधुनिकतावादी सौन्दर्यशास्त्रीय दृष्टि शास्त्रीयसंगीत एवं लोकसंगीत के मध्य मणिकांचन संयोग पर अवस्थित है। यह 'अर्थ चिह्नों' की मुक्तक्रीड़ा द्वारा पाठालोचन पर ज़ोर देती है। उसके अनुसार पाठ की आवृत्ति द्वारा ही कृति

के निहितार्थ तक पहुँचा जा सकता है। जो स्थान कभी ग्रीक समीक्षा में अनुकरण का था वही स्थान उत्तर-आधुनिक समीक्षा पद्धति में पाठ की आवृत्ति का है। इस आवृत्ति के द्वारा किसी भी पाठ का अनन्त वाचन और अर्थापन सम्भव है। यहाँ उपर्युक्त दोहे के पाठ की आवृत्ति द्वारा ही समझ सकते हैं कि इसमें पहले व्यक्ति की दशा बतायी गयी है। अब उस व्यक्ति के निवास महल की दशा का प्रतिपादन है। जिस मन्दिर में कभी सातों स्वर बजते थे। प्रत्येक क्षण राग-रागनियों की ध्वनि उठती थी। वह मन्दिर अब खाली पड़ा है। उस पर कौए बैठने लगे हैं। यहाँ पाठ की बारम्बार आवृत्ति द्वारा ही यह समझा जा सकता है कि यह घर, शरीर एवं संसार का संश्लिष्ट वर्णन है। आख़िर शरीर और संसार भी तो घर ही हैं। कौआ बैठना मुहावरा है जिसका अर्थ है घर का नाश होना। यहाँ कविता पाठ की भाषिक संरचना पाठक को अर्थ की मुक्तक्रीड़ा का अवकाश प्रदान करती है। इसी तरह कबीर के अनेक प्रख्यात पदों की सांगीतिक लय -गूँज श्रोताओं को गहरे तौर पर प्रभावित करती है। मसलन, 'मेरा हीरा हेराय गयो कचरा में', 'चली है कुलबोरनी गंगा नहाय', 'रमइया की दुलहिन लूटे बाजार', 'मन ना रँगाये, रँगाये जोगी कपड़ा', 'झीनी-झीनी बीनी चदरिया', 'संतो देखौ जग बौराना'—जैसे अनेक पद आज भी उतने ही ताजे लगते हैं, टटकेपन से युक्त प्रतीत होते हैं, कबीर की राग विलावल पर आधारित निम्न पद गूढ़ोक्तियों से भरपूर है जिसके पाठ की बारम्बारता से ही उसके तल में निहित अर्थसौष्ठव का संस्पर्श सम्भव है—

परोसनि माँगे कंत हमारा, पीव क्यूँ बौरी मिलहि उधारा॥ टेक॥
मासा माँगे रती न देऊँ, घटा मेरा प्रेम तो कसनि लेऊँ।
राखि परोसनि लरिका मोरा, जे कछु पाऊँ सु आधा तोरा॥
बन बन ढूँढ़ौं नैन भरि जोऊँ, पीव न मिलै तो बिलखि करि रोऊँ।
कहै कबीर यहु सहज हमारा, बिरली सुहागनि कंत पियारा॥

इसी तरह प्रख्यात गायिका लता मंगेशकर की जादू-भरी आवाज़ में नरसी मेहता का 'वैष्णवजन तो तेने कहिये, जे पीर पराई जाणै रे' नामक गीत अपना अबूझ अर्थ भी खोलने लगता है। उसमें निहित संवेदनात्मक मसृणता को उभार देता है। पाठक उसके स्वर-संभार के स्वर में बँध जाता है।

संतकाव्य निर्वचन प्रधान है। यहाँ 'सबद' को विशेष प्रतिष्ठा प्राप्त है। संतों ने सबद की रचना राग-रागिनियों में की है। 'आदि ग्रंथ' में 'बानी' शब्द 'सबद' के सन्दर्भ में प्रयुक्त हुआ है। संत काव्य में प्रयुक्त प्रमुख राग-रागनियों के नाम हैं—राग केदार, राग सोरठ, राग मलार, राग मारू, राग टोडी, राग भैरूँ, राग रामकली, राग सारंग, राग विलावल, राग ललित, राग बसंत, राग मालीगौड़ी, राग कल्याण, राग धनाश्री आदि। इन कवियों ने अपने काव्य में गेयता को विशेष महत्त्व दिया है। इसी कारण इनके सबद लोकप्रियता की तमाम सीमाएँ लाँघ गये। संत रज्जब ने सबद के

महत्त्व को रेखांकित करते हुए लिखा है कि वेद एवं देववाणी संस्कृत कूपजल सदृश हैं जिन्हें प्राप्त करना किसी विरले का ही काम है किन्तु साखी और सबद सुन्दर सरोवर सदृश हैं जिनका सुमधुर जल प्राणिमात्र के लिए उपलब्ध है—

वेद सुवाणी कूपजल, सुख सू प्रापति होय,
सबद साखि, सरवर सलिल, सुख पीवै सब कोय

—संत सुधासार, भाग पृ. 538

सबद के सम्बन्ध में संत कबीर का अभिमत है कि शरीर में सदगुरु द्वारा बताए मार्ग से बिना किसी डोरी या तार के बाजा बज रहा है। बाहर और भीतर एक प्रकार का नाद हो रहा है। बाहर जो गुरुशब्द है। भीतर वही अनाहत नाद है। किन्तु यह बिना गुण के निर्गुण शब्द है। यह शब्द बाहर-भीतर भर गया है जिससे संसार को सत्य समझने का भ्रम दूर हो गया है—

कबीर सबद सरीर मैं बिननि गुण बाजै तंति।
बाहरि भीतरि रम रह्या, ताथे छूटि भरन्ति॥

इस प्रकार संतों ने विविध भावों की अभिव्यंजना वाणियों के रूप में की है फिर चाहे वह नानकवाणी हो अथवा रोहलदासवाणी या फिर कबीरवाणी। ये वाणियाँ श्रोताओं के चित्त में रसोद्रेक करती है। आत्म-स्वरूपात्मक सत्य की स्मृति बोधात्मक रूप में या तो चेतावनी के रूप में प्रकट होती है या फिर भावप्रवणता के चलते 'परिचय' का रूप धारण कर लेती है। उपदेश एवं परिचय संतों की कहन शैली के प्रमुख प्रतिमान हैं। मलूकदास की 'सुमिरन ऐसा कीजिए दूजा लखै न कोय, ओट व फरकत देखिए, प्रेम राखिए गोय' वाणी उपदेश का उदाहरण है। कबीर का अजपा जाप भी इसी कोटि में आता है। दादू की निम्नवाणी 'परिचय' का मनोरम दृष्टान्त उपलब्ध कराती है—

तेज पुंज की सुन्दरी तेज पुंज का कंत।
तेज पुंज की सेज पर, दादू बन्या बसंत॥

संत कवियों द्वारा हरिनाम स्मरण अथवा अजपा जाप पर विशेष ज़ोर इस बात का परिचायक है कि वे पाठ की आवृत्ति के समर्थक थे (कबीरदास तो आदि-अन्त तथा संसार के सभी लोक-वेद के शोधन के उपरान्त इस निष्कर्ष पर पहुँचते हैं कि हरिनाम का स्मरण ही सार तत्त्व एवं सनातन है। शेष सारे सांसारिक प्रपंच विनाशकारी काल हैं—

कबीर सुमिरण सार है, और सकल जंजाल।
आदि अन्ति सब सोधिया, दूजा देखौं काल॥

सूफी काव्य में भी घटनाओं की चाक्षुषता अथवा दृश्यपरकता के साथ-साथ श्रवणशीलता निरन्तर जारी है। यहाँ पाठीयता के लिए विशेष अवसर उपलब्ध होता है क्योंकि इन कवियों ने जीवनी, इतिहास, फैंटेसी, तत्त्व-मीमांसा, लोककथा समेत

अनेक ज्ञानानुशासनों का समन्वय उपलब्ध कराया है। इसलिए उनकी कृतियों में पाठीयता एवं अन्तरपाठीयता के लिए पर्याप्त गुंजाइश है। जहाँ इतिहास, कल्पना के साथ-साथ साम्प्रतिक जीवन स्थितियों एवं मनोदशाओं का भी चित्रण मिलता है। इस कारण सूफीकाव्य पाठालोचन तथा पाठ की आवृत्ति के लिए सर्वथा अनुकूल है। यह अन्तर पाठ को अनेक सन्दर्भों से जोड़ता है, उसे सम्पुष्ट करता है तथा आवश्यकता पड़ने पर विपर्यस्त कर देता है। सूफी काव्य उत्तर-आधुनिकता के दौर में देरिदा द्वारा प्रतिष्ठित विसंरचनावादी श्रवणशीलता की गूँजों-अनुगूँजों से अनुप्राणित है। इस प्रवृत्ति को शाह बरकतुल्ला की निम्न पंक्तियों में लक्षित किया जा सकता है जहाँ वे ईश्वर को प्रियतम, प्रियतमा एवं प्रेम के रूप में निरूपित करते हैं—

कहीं माशूक कर जानां कहीं आशिक सितां माना।
कहीं खुद इश्क ठहराना सुनो लोगों सुना बानी॥

सूफी कवियों ने भी आवश्यकतानुसार अपनी सांगीतिक प्रतिभा का परिचय दिया है। यहाँ क्षणिक राग-रागिनियों के बजाय अनहद नाद के दिव्य एवं सनातन स्वर का प्रतिपादन है। जायसी रत्नसेन के पद्मावती से मिलने पर निम्न पंक्तियों द्वारा इसी बात का निर्वचन करते हैं—

आजु इन्द्र अछरी सौं मिला। सब कविलास होहि सोहिला।
धरती सरग चहूँ दिसि, पूरि रहे मसियार।
बाजत आवै मन्दिर, जहँ होई मंगलाचार॥

—जायसी ग्रंथावली, पद्मावत, पृ. 122

कहना न होगा कि कथित पंक्तियाँ न केवल लयात्मक अनुगूँजों से अनुप्राणित हैं अपितु वे अन्तरपाठीयता का मार्ग भी प्रशस्त करती हैं। उनके पाठ की बारम्बारता द्वारा उनमें विद्यमान अर्थ की लय को पकड़ा जा सकता है। सूफी साधना सांगीतिक साधना के महत्त्व को रेखांकित करती है। यहाँ वर्णित अनहद नाद इतना मधुर होता है कि मानो छत्तीसों राग-रागनियाँ संयुक्त हो गयी हों—

बाजत अनहद बाँसुरी, तिरवैनी के तीर।
राग छतीसो होइ रहे, गरजत गगन गँभीर॥

—संतवानी संग्रह, पहला भाग, पृ. 120

महाकवि जायसी ने पद्मावत के राजा-बादशाह-युद्ध-खंड में विभिन्न राग-रागिनियों का परिचय दिया है। डॉ. वासुदेवशरण अग्रवाल का अभिमत है कि "छह राग और छत्तीस रागिनियों के नाम सोहलवीं शती से कई शती पहले प्रसिद्धि पा चुके थे। किन्तु रागमाला या रागरागिनी परिवार की कल्पना 15वीं शती में किसी समय की गई।" जायसी ने जिन रागों का परिचय दिया है वे हैं—भैरव, मालकौश, हिंडोल, मेघ-मलार, पंचमश्री, दीपक, कल्याण, कन्हारा, विहाग, केदार, प्रभाती, आसावरी, घनाश्री, विलावल, माऊ, रामकली, नर, गौरी आदि। उन्होंने संगीत कला

के अन्तर्गत बजते हुए ढोल, दुंदुभी, भेरी, मादर, तूर, झांझ, किंगरी, नगाड़ा, वंशी, शंख, सिंगी आदि का उल्लेख किया है—

बाजहिं ढोल दुंदभी भेरी। मादर, तूर, झांझ, चहु फेरी।
सिंगी, संख, डफ बाजन बाजे। बंसी, महुअर सुर संग साजे॥
और कहिय जो बाजन भले। भाँति-भाँति सब बाजत चले॥

जायसी के कतिपय दोहे लोकगीतों की सुपरिचित प्रश्नोत्तर शैली में गुंजरित हैं। जहाँ सवालों और जवाबों को तर्कसंगत बनाने के बजाय भावों को रंगीनी प्रदान करके अत्यधिक मर्मस्पर्शी रूप में प्रस्तुत किया गया है। इस सांगीतिक लय को तरलता प्रदान करने के लिए निम्न दोहे में सुआ के स्थान पर सुअटा और बीच में रे का प्रयोग किया गया है जो सर्वथा उपयुक्त है। आचार्य शुक्ल ने भी नागमती वियोग वर्णन के 'पिय सों कहेउ सँदेसड़ा' में 'ड़ा' के प्रयोग को इसी तरह औचित्य प्रदान किया है। ऐसे शब्द उस समय मुँह से अनायास ही निकल पड़ते हैं जब हृदय प्रेम, माधुर्य, अल्पता, तुच्छता आदि में से कोई भाव लिए होता है। यहाँ 'सुअटा' शब्द प्रेम और स्नेह जनित अल्पता का अर्थचिह्न बनकर उभरा है जब पद्मावती अपनी सखियों से कहती है—

उड़ि वह सुअटा कहँ बसा खोजहु सखी सो बासु।
दहुँ है धरति की सरग गा पवन न तावै तासु॥

सखियों का उत्तर भी भावों और विचारों का सम्मिलित उद्रेक है—

जहाँ न राति न देवस है जहाँ न पौन न घानि।
तेहिं बन होइ सुअटा बसा को रे मिलावै आनि॥

यदि जायसी के 'पद्मावत' में माधुर्यगुण युक्त वर्ण-योजना की प्रधानता है तो 'कन्हावत' में प्रसादगुण युक्त शब्दावली की भरमार। कथित ग्रंथों में कलात्मक वर्ण-योजना, अनुप्रास-विधान तथा वर्णमैत्री द्वारा कतिपय स्थल अत्यन्त श्रुति-मधुर एवं संगीतमय हो गए हैं। अपनी आलंकारिक प्रकृति एवं संगीतमयता के कारण निम्न दोहे विशेष रूप से दर्शनीय बन पड़े हैं—

पावा नवल वसंत बन बहु आरति बहु चोप।
अैस न जाना अन्त होइ पात झरहिं होइ कोंप॥

—पद्मावत

चन्दन अगर कुमकुमां, नित जस खेलहिं फाग।
हरखि अनन्द रहहिं नित, जानहिं नहि बैराग॥

—कन्हावत

कहना न होगा कि कथित दोहों की अर्थसम्पन्नता सांगीतिक प्रस्तुति तथा पाठावृत्ति पर निर्भर है। जायसी के समय होली, वसंत आदि के अवसर पर ग्राम गीतों की नृत्यमयी सांगीतिक प्रस्तुति विशेष रूप से आकर्षण पैदा करती थी। ये ग्राम-गीत विभिन्न प्रकार

की राग-रागनियों पर आधारित होते थे। जिन पर निश्चित स्वर-लय ताल के अनुरूप नृत्य होता था। वसंत खंड में पद्मावती व सभी सखियाँ एक-दूसरे से मनोरा फाग गाने का आग्रह करती है, "चहूँ मनोरा झूमक होई फर ओ फल लिए सब कोई।" घमारी होली की एक विशेष प्रकार की क्रीड़ा है और इसी अवसर पर मनोरा झूमक गाया जाता है। ऐसा लगता है कि 'घमारी' का कार्यक्रम कई दिनों तक चलता रहता था। नारियाँ दुंदुभी, भेरी, मादर, ढोल, तूर, झाँझ, सिंगी, शंख, डफ, बंसी, महुवर जैसे अनेक वाद्ययंत्रों के साथ घमारी किया करती थीं—चांचरि नृत्य किया करती थीं—

फर फूलन्ह सब डार ओढ़ाई। झुंड बाँधि के पंचम गाई।
नवल बसन्त नवल सब बारी। सेंदुर बुक्का होइ घमारी।
खिलहि चलहिं दिन चांचारि होई। नाच कूद भूला सब कोई॥

चांचरि, झूमर, घमारी मूलत: लोकशैली के नृत्य-गीत हैं जो फाग के अवसर पर प्रस्तुत होते हैं। इसलिए उन्हें ऋतु गीत भी कहा जा सकता है। जायसी समेत तमाम सूफ़ी कवियों ने लोकधुनों पर आधारित गीतों, ऋतु गीतों तथा विवाह आदि के अवसर पर गाये जानेवाले गीतों की बखूबी चर्चा की है। इस प्रकार हम कह सकते हैं कि सूफी काव्य में भी दृश्यपरकता अथवा घटनाओं की चाक्षुषता के साथ-साथ श्रवणशीलता अन्तरवर्तिनी धारा के रूप में मौज़ूद है जो पाठ की आवृत्ति के द्वारा अर्थ की मुक्त-क्रीड़ाओं के लिए अवसर उपलब्ध कराती है।

जब हम भक्तिकाल की कृष्ण-काव्यधारा पर दृष्टिपात करते हैं तो देखते हैं कि सम्पूर्ण कृष्णकाव्य ही राग-रागनियों से समन्वित गीतों में उपस्थित है। कृष्ण-काव्यधारा के अधिकांश कवि न केवल संगीतशास्त्र के अच्छे-खासा ज्ञाता रहे हैं अपितु वे स्वयं भी गायन कला में निपुण रहे हैं। सूरदास तो संगीत के महान आचार्य होने के साथ-साथ उच्चकोटि के गायक के रूप में प्रतिष्ठित हैं। उनके पदों की गेयता अप्रतिम है। उनमें शास्त्रीय राग-रागनियों के स्वर-ताल इतनी सही मात्रा में उपलब्ध हैं कि कवि के संगीत ज्ञान के समक्ष नतमस्तक हो जाना पड़ता है। इन्होंने स्वयं ही सूरसागर में पदों के साथ राग-रागनियों के नाम भी दिये हैं। सूरदास स्वयं अनेक राग-रागिनियों के स्रष्टा माने जाते हैं। सूरसारावली के छन्द संख्या 1012 से 1017 तक सोरठ, मलार, केदारी, जयतश्री आदि विविध रागों के नाम दिये गये हैं जिन्हें संगीतशास्त्र का निष्णात पंडित ही समझ और समझा जा सकता है। सूरसागर के पृ. 352 पर संगीत के सातों स्वरों का परिचय दिया गया है। सूरसागर के ही पृ. 646 पर उपंग, ताल, मुरज, रवाष, बीना, किन्नरी, मृदंग आदि वाद्ययंत्रों के नाम गिनाये गये हैं। इसमें सन्देह नहीं कि काव्य और संगीत की नवनवोन्मेष शालिनी भाव धारा में ही अपना परम विशुद्ध प्रश्रय पाती है। इस दृष्टि से सूर-साहित्य अपना प्रतिमाान आप ही है। सूर के काव्य में संगीत-तत्त्व की उपलब्धता के सम्बन्ध में डॉ. मनमोहन गौतम का अभिमत है कि "सूर के पदों में कवित्व संगीत का दास नहीं है, संगीत कवित्व का सहायक बनकर

आया है। सूरदास के पदों में संगीत पद की भावुकता को अभिवृद्ध करने, सरसता का संचार करने और अनुकूल भावभूमि का निर्माण करने मात्र का कार्य करता है। संगीत शब्द-सौन्दर्य या अर्थ-सौरस्य में किसी प्रकार का विघ्न उत्पन्न नहीं करता। वह तो शब्दों की रमणीयता, ध्वन्यात्मकता और स्वर-लहरी से अर्थ में सौष्ठव और कल्पना में कमनीयता भरता है। यही कारण है कि एक ओर सूर के पदों में संगीत-रचना के तत्त्व मिलते हैं तो दूसरी ओर उनमें काव्यात्मक वर्ण-योजना, अलंकार-विधान, लक्षणा व्यंजना के चमत्कार और रसावयवों की अनवार्य योजना प्राप्त होती है। संगीत-तत्त्व की रक्षा के लिए सूरदासजी प्रसाद-गुण-प्रधान शब्दावली को अधिक ग्रहण करते हैं, किन्तु जब संस्कृतगर्भित शब्दावली को ग्रहण करते हैं तो उन पर स्वरों के अनुरूप ऐसी रंगत लाते हैं कि वह भी नाद-सौन्दर्य के अनुरूप हो जाती है।"

सूर साहित्य के अतिरिक्त अष्टछापकाव्य गेय पदों में लिखा गया है और श्रीनाथजी के समक्ष इस काव्य का कीर्तन भी होता था। इसलिए इन कवियों की भाषा संगीतमयता के गुण से अनुप्राणित है। सूरदास के अतिरिक्त नन्ददास भी गान विद्या में निपुण थे। इस निपुणता का प्रकटन उनके पदों में हुआ ही है, उनकी छन्द रचना में भी संगीत का अभूतपूर्व मनोरम समारोह उपस्थित हुआ है। नन्ददास के उपरान्त स्वामी हरिदास अपने समय के महान संगीतज्ञ भी इनके शिष्य रहे हैं। इनके पदों की भाषा अनगढ़ होने पर भी शास्त्रीय राग-रागिनियों में गाने योग्य है। वह लालित्य एवं माधुर्य से आप्लावित है। निम्न पद में उसकी कमनीयता विशेष रूप से दर्शनीय है—

अद्‌भुत गति उपजति, अति नाचत, दोऊ मंडल कुँवर-किसोरी।
सकल सुगन्ध अंग भरि झोरी, पियनृत्यति, मुसुकति मुख मोरी॥
ताल धरैं बनिता मृदंग, चन्द्रा-गति-घात बजैं थोरी-थोरी।
मधुर भाव-भाषा विचित्र अति, ललित गीत गावैं चितचोरी॥
श्री वृन्दावन फूलनि फूल्यो, पूरब ससि, समीर गति थोरी।
गति विलास, रस-हास परस्पर, भूतल अद्‌भुत जोरी॥
श्री जमुना-जल विथकित, पुदुपनि, छबि रतिपति डारत तृन तोरी।
श्री 'हरिदास' के स्वामी-स्यामा, कुंजबिहारी जू कौ रस रसना कहै कोरी।

जहाँ तक मीराबाई का सवाल है वह तो कृष्ण प्रेम की दीवानी थीं। मीरा को गीत-संगीत तथा नृत्यकला का अद्‌भुत ज्ञान था। उन्हें वाद्ययंत्रों को बजाने का अभ्यास भी था। वह न केवल अच्छी गायिका-कवयित्री थीं बल्कि कृष्ण प्रेम में बावली होकर स्वच्छन्द भाव से नाचती भी है—

पग घुँघरू बाँध मीराँ नाची रे।
मैं अपने नारायण की आपहि हो गई दासी रे।
लोग कहैं मीराँ भई बावरी, न्यात कहैं कुलनासी रे॥

यह मीराबाई और उनके पदों की लोकप्रियता ही है कि न केवल उन पर

चलचित्र बने बल्कि उनके गीतों का फिल्मों एवं कैसेटों में रूपांतरण भी हुआ। इस तरह समूचा कृष्णकाव्य ध्वन्यात्मकता एवं नादसौन्दर्य की दृष्टि से अद्वितीय है। उसकी गेयता ने उसे अमरत्वदान किया है। उत्तर-आधुनिकतावादी समीक्षा पद्धति पाठ की आवृत्ति द्वारा कृति की सुनी-अनसुनी गूँजों को जिस प्रकार तलाशती है कृष्णकाव्य उसका एक सार्वभौम-शाश्वत प्रतिमान है। वह गायन एवं वाचन परंपरा का श्रेष्ठतम निदर्शन है।

भक्तिकाल की रामकाव्य धारा भी अपनी गेयता एवं पठनीयता के लिए ख़्यात है। तुलसी का 'रामचरित मानस' तो कीर्तनियों, गायकों एवं सामान्य जनों से लेकर भक्तों, काव्यरसिकों तक गेयत्व प्राप्त करता रहा है। उसके अखंड पाठ की परम्परा भी है जो लगातार नवीनतम सांगीतिक धुनों के साथ समायोजित होते हुए नित्य नया विस्तार प्राप्त कर रही है। यह रामचरित मानस की लोकप्रियता का सबसे बड़ा प्रमाण है कि वह न केवल हिन्दी जगत का कण्ठहार है अपितु उसमें जीवन के किसी भी पक्ष एवं क्षण से सम्बन्धित दोहे एवं चौपाइयाँ हैं जिससे वह समस्त हिन्दी भाषा-भाषी जनता की जिह्वा पर किसी-न-किसी रूप में विद्यमान है। तुलसी का समूचा काव्यसाहित्य काव्य एवं संगीत के मणिकांचन प्रयोग का अनुपम निदर्शन है। लेकिन, उन्होंने अपने सांगीतिक ज्ञान एवं गेय प्रतिभा को प्रकट करने के लिए 'गीतावली', 'कृष्णगीतावली' तथा 'विनयपत्रिका' जैसे विशुद्ध संगीत प्रधान ग्रंथों की भी रचना की जिनमें संगीतशास्त्र की राग-रागिनियों का अद्‌भुत उत्कर्ष दिखलाई पड़ता है। इन पदों में कोमलकान्त भावों को प्रश्रय आत्माभिव्यंजना तथा संगीतात्मकता को विशेष स्थान मिला है। इसमें 21 रागों की योजना है जो संगीतशास्त्र के सर्वथा अनुकूल हैं। अत: संगीतज्ञों के कण्ठहार बने हुए हैं। गीतावली में राम के ऐश्वर्य एवं सौन्दर्य का अत्यन्त कोमलकान्त शब्दावली में चित्रण किया गया है। वे राम को ललित धन का रूपक देकर मलार राग द्वारा उनके सौन्दर्य का अद्‌भुत चित्रण करते हैं—

देखे राम-पथिक नाचत मुदित मोर।
मानत मनहु सतड़ित ललित धन धनु सुर धुन, गरजनि टँकोरा॥

तुलसी द्वारा विरचित श्रीकृष्ण गीतावली में 61 पद हैं जो विभिन्न राग-रागिनियों में अनुस्यूत हैं। इसमें श्रीकृष्ण की कथा गाई गई है जो गीतिकाव्य की समस्त विशेषताओं—आन्तरिक प्रेरणा, भावावेग तथा आत्माभिव्यंजन से युक्त है। यह सूरसागर की परम्परा का गीतिकाव्य है। विनयपत्रिका में गीतिकाव्य उस ऊँचाई पर पहुँचता है जिसके सम्बन्ध में कहा जा सकता है कि 'जिसके आगे राह नहीं'। इसका कोई भी ऐसा पद नहीं है जिसमें किसी राग-रागिनी का शास्त्रानुमोदित निर्वाह उपलब्ध न होता हो। विनयपत्रिका के पद भावुक भक्तों, सहृदय पाठकों एवं गुणग्राही संगीतज्ञों के गले का समान रूप से हार बने हुए हैं। इन पदों में उपलब्ध तुलसी की तरल भावुकता और आत्माभिव्यक्ति विनयपत्रिका को जो काव्योत्कृष्टता प्रदान करते हैं

उसका कोई सानी नहीं। इस दृष्टि से उनका निम्न पद अवलोकनीय बन पड़ा है—

जाउँ कहाँ तजि चरन तुम्हारे
काको नाम पतित-पावन जग, केहि अति दीन पियारे॥
कौन देव बराइ विरद हित हठि-हठि अधम उधारे।
खग, मृग, ब्याधपषान, विटपजड़, जवन कवन सुर तारे॥
देव, दनुज, मुनि, नाग, मनुज, सब माया बिबस बिचारे।
तिनके हाथ दास तुलसी प्रभु, कहा अपनपौ हारे॥

इसी तरह विनयपत्रिका के सारे गीत संगीतमयता से भरपूर हैं, जिन्हें विभिन्न रागों में गाया जा सकता है। विनयपत्रिका का निम्न पद श्री रामानन्दी वैष्णव-जन द्वारा आरती के अनन्तर नित्य भक्तिपूर्वक गाया जाता है। यह आध्यात्मिक राग का गीत है। यह गीत स्वर साम्राज्ञी लता मंगेशकर की आवाज़ में लयबद्ध किया गया है जिसे सुनकर मानवमन विभोर हो उठता है और उसकी आवृत्ति, शब्दों की झंकृति तथा गूँजों-अनुगूँजों द्वारा अर्थ की परतें स्वत: खुलने लगती हैं—

श्रीरामचन्द्र कृपालु भजुमन, हरन-भव-भय-दारुणं।
नवकंज-लोचन, कंजमुख, करकंज, पदकंजारुणं॥
कंदर्प-अगणित-अमित-छबि, नवनील-नीरद-सुन्दरं॥
पटपीत मानहुँ तड़ित रुचि सुचि नौमि जनक-सुतावरं॥
भजु दीनबन्धु दिनेस दानव-दैत्य-बंस निकंदनं।
रघुनन्द आनन्द कंद कोसलचन्द दसरथ-नन्दनं॥
सिर मुकुट, कुण्डल तिलक चारु, उदारु अंग विभूषणं।
आजानुभुज, सर-चाप-धर, संग्राम-जित-खरदूषणं॥
इति बदति तुलसीदास संकर-सेष-मुनि-मन-रंजनं।
मम हृदय-कंज-निवास कुरु, कामादि-खल-दल-गंजनं॥

तुलसी की विनयपत्रिका में भाव एवं संगीत का अद्‌भुत सामंजस्य दिखाई पड़ता है। उसमें संस्कृतनिष्ठ कोमलकान्त पदावली तथा ब्रजभाषा की माधुरी का अत्यन्त रमणीय विनियोग परिलक्षित होता है। विनयपत्रिका का पाठ एवं संगीतात्मक प्रस्तुति पाठ के गहरे स्तरों एवं अनुगूँजों से सम्बन्धित है जो उत्तर-आधुनिक समीक्षात्मक पैटर्न को खुराक प्रदान करता है। उसे गहरे स्तरों तक प्रेरित एवं प्रभावित करके अर्थ के साथ मुक्त क्रीड़ा करने का अवसर उपलब्ध कराता है। रामभक्ति धारा के दूसरे कवियों की रचनाएँ भी पठनीयता एवं संगीतात्मकता से ओतप्रोत हैं जिससे पाठ के दुहराव तथा राग-रागिनियों के सम्यक सन्धान द्वारा वे अर्थ की मुक्तक्रीड़ा की कारगुजारी का अवसर उपलब्ध कराती हैं। इन कविताओं का वाचन अथवा बारम्बार पाठ अपने आप में एक गतिशील-रंगीन अर्थ-किरणों की तरंगों को उत्क्षिप्त करनेवाले प्रिज़्म जैसा है जो अनिश्चित तथा अकथित अर्थ को वाणी देता है। ये कविताएँ राम

की जादूभरी नजरिया तथा उनके नटवर वेश को अत्यन्त कोमलकान्त पदावली एवं शब्द विन्यास द्वारा प्रस्तुत करती हैं—

जादुभरी राम तुमरी नजरिया।
जेहि चितवत तेहि बस करि राखत, सुन्दर श्याम राम धनु धरिया॥
जुलफन युत मुखचन्द्र प्रकाशित, नासामणि लटकन मन हरिया।
युगलप्रिया मिथिलापुर वासिन, फँसी जाल विच मानो मछरिया॥

—जीवाराम 'युगलप्रिया', रा.म.उ., पृ. 255

इस प्रकार रामभक्ति काव्यधारा संगीतात्मकता एवं गेयता का अद्भुत उदाहरण है। जिसके पाठ और अन्तरपाठ द्वारा तथा गायन और वाचन की बारम्बारता द्वारा उसकी सुनी-अनसुनी गूँजों को सुना जा सकता है और उसमें निहित अर्थ की तमाम सम्भावनाओं का विदोहन किया जा सकता है। उत्तर-आधुनिकता पाठ एवं अन्तरपाठ के जिस संरचनात्मक संश्लेष की बात करती है, समूचा भक्तिकाव्य उसी का अपूर्व निदर्शन है। हम भक्तिकाव्य में निहित श्रवणशीलता की बात करें और प्रख्यात गुजराती संतकवि नरसी मेहता के गीत की चर्चा न करें तो हमारा विश्लेषण अधूरा रह जाएगा। 15वीं शती में लिखा गया यह भजन संत-भक्तों के अभिलक्षण, आदर्श और अभिवृत्ति का निर्वचन करता है। यह महात्मा गांधी का भी पसन्दीदा भजन था जिसे स्वर कोकिला लता मंगेशकर ने अपनी जादुई आवाज़ में गाकर सीमाहीन लोकप्रियता प्रदान की है—

वैष्णव जन तो तेने कहिये जे पीड पराई जाणे रे,
पर दु:खे उपकार करे तो ये मन अभिमान न आणे रे॥
सकल लोकमां सहुने वंदे निन्दा न करे केनी रे,
वाच काछ मन निश्चल राखे धन धन जननी तेनी रे॥
समदृष्टि ने तृष्णा त्यागी, परस्त्री जेने मात रे,
जिह्वा थकी असत्य न बोले, परधन नव झाले हाथ रे॥
मोह माया व्यापे नहिं जेने, दृढ़ वैराग्य जेना मनमा रे,
राम नाम शुं ताली रे लागी, सकल तीरथ तेना तनमा रे॥
वणलोभी ने कपट रहित छे, काम क्रोध निवार्या रे,
भणे नरसैयो तेनुं दरसन करतां, कुल एकोतेर तार्या रे॥

इसे राग मधुमती पर गाया जाता रहा है।

सारांश यह कि समूचा भक्तिकाव्य उत्तर-आधुनिक समीक्षात्मक प्रतिमानों के आलोक में खुले विमर्श की माँग करता है जिससे भक्तिकाव्य के अकादमिक मूल्यांकन से आगे जाकर उसके प्रदेय का समुचित एवं सही सन्दर्भ में विवेचन किया जा सके। उसका बदलते आलोचनात्मक प्रतिमानों के निकष पर पुनर्पाठ तैयार किया जा सके। साथ ही उसमें निहित सार्वभौम शाश्वत महत्त्व के सन्देशों का वर्तमान सन्दर्भ में

समायोजन हो सके। यह भी विचारणीय है कि भक्तिकाव्य न केवल अपनी उपर्युक्त विशेषताओं के कारण उत्तर-आधुनिकता के लिए अक्षुण्ण स्रोत का कार्य करता है अपितु उसकी कतिपय अन्य विशेषताएँ भी उत्तर-आधुनिकता में विद्यमान हैं। जिससे भक्तिकाव्य की कालजयता परिपुष्ट होती है और उत्तर-आधुनिकता की तथाकथित अत्याधुनिकता कठघरे में खड़ी हो जाती है। मसलन, यदि उत्तर-आधुनिकता परम्परा को नकारती है, मूल्य-मीमांसा को ख़ारिज करती है तथा राष्ट्र-राज्य की सीमाओं के रेखांकन का अतिक्रमण करती है और राष्ट्रीयता से अन्तर्राष्ट्रीयता की ओर प्रयाण कर भूमंडलीकरण, विश्वग्राम और विश्वनागरिकता की दिशा में अपने कदम बढ़ाती है तो भक्तिकाव्य भी प्रकारान्तर से इन्हीं प्रादर्शों का रूपायन है। उसमें उत्तर-आधुनिकता के अनेक आयाम न केवल प्रतिष्ठा प्राप्त करते हैं अपितु साहित्य के पाठक को इस दृष्टि से विस्मय में भी डाल देते हैं कि आख़िर जो भक्तिकाव्य शताब्दियों पूर्व लिखा गया उसमें उत्तर-आधुनिकता की तमाम अन्तर्वृत्तियाँ कैसे मौजूद हैं। इसी तरह यदि उत्तर-आधुनिकता नारी अधिकारवाद एवं काले लोगों के संघर्ष का समर्थन करती है तो भक्तिकाव्य भी नारी के अधिकारों और समाज के उपेक्षित, दलित एवं अन्त्यज लोगों को गले लगाने की बात करता है। तुलसी के रामचरितमानस में बहुपत्नी प्रथा का विरोध है जो प्रकारान्तर से नारी अधिकार का समर्थन करने जैसा है। साथ ही, वशिष्ठ, राम एवं भरत जैसे आदर्श पात्रों द्वारा निषाद, केवट, वन्यजातियाँ तथा शबरी आदि को दिया गया स्नेह, सम्मान एवं आत्मीय प्यार उसी प्रकार की मनुष्यता एवं उदारता का द्योतक है जिस प्रकार की बात काले लोगों के संघर्ष एवं दलित विमर्श के सन्दर्भ में उत्तर-आधुनिक अवधारणा में परिलक्षित होती है। यदि इस उत्तर-आधुनिक दौर में अनेक दलित रचनाकार रचनारत हैं और अपने जीवन के निजी अनुभवों का रूपायन कर रहे हैं तो भक्तिकाल के अधिकांश संत दलित वर्ग के ही थे। फलत: जाति-पाँति एवं ऊँच-नीच का भेदभाव वहाँ पूर्णत: तिरोहित है। मानवीय समता एवं विश्वबन्धुत्व की सम्यक प्रतिष्ठापन है। वहाँ मनुष्य-मनुष्य में किसी भी प्रकार के भेद-भाव की गुंजाइश न रखते हुए प्राणिमात्र के कल्याण की कामना की गई है।

दूसरी तरफ़ यदि उत्तर-आधुनिकता सीमाहीन खुलेपन की हिमायती है तो भक्तिकाव्य भी खुलेपन का चरम निदर्शन है। इस दृष्टि से न केवल सूफी काव्यधारा अपितु कृष्णकाव्यधारा भी अपना जवाब नहीं रखती। उत्तर-आधुनिकता पर्यावरण के प्रति जागरूकता दिखाती है और वर्तमान युग में हरित राजनीति तथा वातावरण में हरियाली क़ायम रखने पर ज़ोर देती है तो यह बात किसी-न-किसी रूप में भक्तिकाव्य में भी विद्यमान है। तुलसी के रामराज्य में पर्यावरण पूर्णत: सन्तुलित था। तुलसी के राम भूपाल हैं जो सम्पूर्ण धरती का पालन करते हैं। यदि उत्तर-आधुनिक पर्यावरणविद प्राकृतिक संसाधनों, नैसर्गिक सौन्दर्य, वातावरण की स्वच्छता तथा मनुष्य एवं प्रकृति के मध्य सन्तुलन बनाए रखने पर विशेष ज़ोर देते हैं तो यह बात

भक्तिकाव्य में पहले से ही विद्यमान है। तुलसी द्वारा परिकल्पित रामराज्य में मनुष्य प्रकृति के साथ सन्तुलन की अवस्था में था जिससे प्रकृति लोगों की सुख-सुविधा के अनुकूल अपना पूरा ख़ज़ाना लुटा देती थी। यह प्रकृति एवं मानव सभ्यता के बीच आत्मीय रिश्ते एवं व्यावहारिक सन्तुलन का ही प्रतिफल था कि तुलसी के रामराज्य में सम्पूर्ण धरती धन-धान्य से परिपूर्ण थी, सागर आवश्यकतानुसार तटों पर रत्न डालते थे; सूर्य और चन्द्र लोगों की ज़रूरत के मुताबित धूप एवं शीतलता प्रदान करते थे तथा बादल माँगने पर जल बरसाते थे। कुल मिलाकर भक्तिकाव्य में वे सारी विशेषताएँ प्रकट अथवा प्रच्छन्न रूप में विद्यमान हैं जिन्हें लेकर उत्तर-आधुनिकता संकल्पित है। भक्ति आन्दोलन लोकोन्मुखी आन्दोलन है जो मानवमात्र को तमाम धार्मिक पाखंडों, सामाजिक कुरीतियों, सांस्कृतिक विकृतियों तथा राजनीतिक विवर्तनों से बचने की सलाह देता है। भक्ति आन्दोलन न केवल मानवाधिकार की हिमायत करता है अपितु हर प्रकार के छद्‌म, पाखंड, अत्याचार एवं शोषण का विरोध करता है। इस तरह उत्तर-आधुनिकता जिन प्रादर्शों एवं मानवीय मूल्यों का पुरस्करण कर रही है वे प्रकारान्तर से भक्तिकाव्य में शताब्दियों पूर्व अपना स्थान बना चुके हैं। उत्तर-आधुनिकता जिस लोकप्रिय, जनतांत्रिक एवं जनोन्मुख साहित्य तथा संस्कृति की हिमायत करती है, भक्तिकाव्य का समूचा स्थापत्य उसी का एक बेहतरीन नमूना है। उसमें न केवल स्थानीयता वैश्विकता में रूपांतरित हो जाती है अपितु लोक अपनी भव्यतम उपस्थिति द्वारा अभिजन संस्कृति के वर्चस्व के समक्ष चुनौती प्रस्तुत करता है। वर्तमान उत्तर-आधुनिक दौर में उपेक्षितों, तिरस्कृतों तथा वंचितों को जिस तरह सांस्कृतिक मुख्यधारा में स्थान मिल रहा है भक्तिकाव्य अपनी अन्तरात्मावान अन्तश्चेतना में इस आयाम को गहरी संवेदनशीलता के साथ समेटे हुए है। यह भक्तिकाव्य की शक्ति एवं सामर्थ्य का परिचायक ही है कि उत्तर-आधुनिक समीक्षा पद्धति जिस पाठ, अन्तरपाठ, वाचन, गायन तथा पाठ की आवृत्ति द्वारा कृति में निहित अर्थों का सन्धान करना चाहती है, उनके साथ मुक्तक्रीड़ा करना चाहती है उसके लिए भक्तिकाव्य आदर्श पर्यावरण उपलब्ध कराता है। वहाँ उत्तर-आधुनिक समीक्षा पद्धति के सारे प्रतिमान किसी-न-किसी रूप में अपना पोषण प्राप्त करते हैं और भक्तिकाव्य को अपने निकष पर कसकर उसकी कालजयता और समकालीन अर्थवत्ता का जयघोष करते हैं। यहाँ भक्तिकाव्य की बहुस्तरीय अर्थवत्ता अपने पाठ के विखंडन की माँग करती है और जिसे पूर्वाग्रह से मुक्त होकर उत्तर-आधुनिक विमर्श के माध्यम से सही सन्दर्भ में विरचित किया जा सकता है। ऐसा करके हम समूचे भक्तिकाव्य का समकालीन सन्दर्भों के अनुकूल पुनर्पाठ तैयार कर सकते हैं। उसके उपयोगी तत्त्वों को समकालीन जीवन की चुनौतियों के अनुरूप ढालते हुए सम्पूर्ण मनुष्यता के कल्याण का मार्ग प्रशस्त कर सकते हैं। यह मानवीय वृत्तियों को उदात्त बनानेवाला और जीवन-मूल्यों का प्रतिष्ठापक साहित्य है। यह भारतीय

सभ्यता, संस्कृति, धर्म-दर्शन, जाति, समाज तथा राष्ट्र के चैतन्य तथा अस्मिताबोध को उद्‌भासित करनेवाला साहित्य है। इसमें सत्यं, शिवं और सुन्दरं अपने समुच्चय का भान कराते हैं। भक्तिकाव्य इस बात का प्रमाण है कि यह किसी भी देश के धर्म, संस्कृति एवं लोकविश्वासों के वरेण्य पक्षों को आत्मसात् करके अपने को और भी सम्पन्न बना सकता है। इसमें व्यष्टि एवं समष्टि, सूक्ष्म तथा विराट, श्रेय एवं प्रेय, अन्तर्दृष्टि और विश्व सन्दृष्टि का ऐसा सामंजस्य हुआ है कि इसके बहुस्तरीय पाठ के विखंडन की चुनौती हर आलोचक को स्वीकारनी पड़ती है।

वैश्वीकरण के दौर में संत नामदेव के काव्य की प्रासंगिकता

वर्तमान वैश्वीकरण के युग में भक्ति काव्य को लेकर एक खुला विमर्श आवश्यक है। उसमें अर्थ की ऐसी अनेक सुनी-अनसुनी अनुगूँजें हैं जिन्हें सुनने-सुनाने का कार्य वर्तमान समीक्षा पद्धति बखूबी कर सकती है। यह हिन्दी साहित्य के इतिहास का सर्वाधिक महत्त्वपूर्ण रचनात्मक आन्दोलन है। इसे भारतवर्ष का प्रथम नवजागरण भी माना जा सकता है। गुण और परिमाण दोनों ही दृष्टियों से यह साहित्य इतना उत्कृष्ट और विपुल है कि उसकी श्रेष्ठता को लक्षित करने के लिए 'स्वर्ण युग' जैसे शब्द बन्ध का प्रयोग किया जाता है। इसमें नवजागरण की प्रतिध्वनि तथा दलितों-पीड़ितों, उपेक्षितों के प्रति अशेष संवेदनशीलता परिलक्षित होती है। चूँकि भक्ति का उद्‌भव सबसे पहले दक्षिण में आलवार संतों द्वारा हुआ जो रामानन्द और संत नामदेव के माध्यम से उत्तरभारत पहुँचती है। अत: भक्तिकाव्य के इस आरम्भिक शिखर का सम्यक् मूल्यांकन करके हम उसके पुनर्पाठ का प्रस्थान बिन्दु तय कर सकते हैं। यह वह दौर था जब खिलजी एवं तुगलक वंश की धर्मांधता से जनता संत्रस्त थी। उनके द्वारा किए जा रहे बलात धर्म परिवर्तन तथा देवालयों के विध्वंस से साधारण जनता सकते में थी। सम्पूर्ण समाज चोरों, डकैतों, बटमारों तथा हिंसक आतंकियों के निशाने पर था। उस समय जनसामान्य साधारण मानवीय अधिकारों से भी वंचित था। ठीक उसी समय महाराष्ट्र में संत नामदेव का आगमन होता है जो यह विश्वास लेकर आते हैं कि ईश्वर भक्ति द्वारा नीच समझे जानेवाले लोग भी ऊपर उठ सकते हैं। उनका आत्मिक और भौतिक उन्नयन हो सकता है। वे समता, प्रेम, बन्धुता तथा परमेश्वर के प्रति अनन्य भक्ति की प्रतिष्ठा द्वारा देश और समाज के मुरझाये मनों पर पानी का छींटा डालने का कार्य करते हैं। भारतवर्ष के इतिहास का यह वह दौर है जब समाज के सबसे उपक्षित वर्ग के रचनाकार सृजन के क्षेत्र में विशेष रूप से सक्रिय दिखलाई पड़े। भक्तिकाव्य शास्त्रीय रूढ़ियों, सामाजिक वर्जनाओं, धार्मिक संकीर्णताओं के विरुद्ध लोकचेतना के स्वाभाविक उन्मेष का प्रतिफलन है। काव्य अपने समस्त भाव वैभव और शास्त्र सम्पन्नता के साथ इसमें ही प्रकट हुआ। इस काव्य में न केवल मध्ययुगीन समाज, संस्कृति, सामन्ती समाज की विसंगतियाँ, तत्कालीन भयावह यथार्थ की विद्रूपता,

उच्चतम मानवीय मूल्यों की प्रतिष्ठा, लोकधर्म का सम्यक निर्वाह तथा साहित्य की अधिकतम प्रवृत्तियाँ मौजूद हैं अपितु इसमें युग-युगान्तर को प्रेरित-प्रभावित और रसमग्न करने की क्षमता भी है। इसकी विविधतापूर्ण सर्जनात्मक उपलब्धि जीवन और जगत के लौकिक-अलौकिक आयामों का चित्रण, जीवन-मूल्य, सन्देश तथा मंगलाशा सार्वभौम-शाश्वत महत्त्व के अधिकारी हैं। यहाँ दर्शन काव्य सम्पत्ति बन गया है और दोनों का अन्तराल लगभग मिट गया है। इस कारण मानव जाति को दिया गया प्रबोधन कालजयी हो गया है।

भक्ति काव्य सही मायने में एक राष्ट्रीय आन्दोलन था जिसमें देश के हर एक क्षेत्र से संत भक्त कवि आते हैं और मनुष्यता की व्यापक भावभूमि पर कविता रचते हैं। जब हम मध्यकालीन संत काव्य परम्परा पर दृष्टिपात करते हैं तो पाते हैं कि संत नामदेव का आगमन सबसे पहले होता है। इनकी वाणी में संत परम्परा के आदि सूत्र मिलते हैं अत: नामदेव को ही संत काव्य का प्रवर्तक मानना चाहिए। हम कबीर को उसे व्यवस्थित रूप देने का श्रेय दे सकते हैं। ऐसा करके इन दोनों कवियों के साथ न्याय किया जा सकता है। संत नामदेव की रचनाएँ मराठी और पुरानी हिन्दी तथा ब्रज में उपलब्ध होती हैं। यदि मराठी में उसकी घटना ज्ञानेश्वर तुकाराम, समर्थ रामदास और एकनाथ के साथ की जाती है तो हिन्दी में कबीर दास पर उनका सीधा प्रभाव दर्शनीय है। कबीर अपने वैचारिक तेवर और संवेदनात्मक पोषण के लिए नामदेव के ऋणी रहे हैं। यही कारण है कि वह नामदेव को अपना अग्रज स्वीकार करते हैं। सर्वप्रथम नामदेव ने ही हिन्दुओं और मुसलमानों के पाखंड पर प्रखर काव्यात्मक आक्रमण किया और दोनों को ही पथभ्रष्ट मानकर उनके पूजा स्थलों से भिन्न परमतत्त्व की उपासना करने का प्रादर्श रखा। उन्होंने लिखा है कि—

हिन्दू पूजै देहुरा, मुसलमानु मसीत।
नाम सोई सेविआ जहं देहुरा ना मसीत॥ [1]

कबीर ने भी सांसारिक प्रपंच, धार्मिक मायाजाल तथा सांप्रदायिक संकीर्णता में जकड़े हुए मनुष्य को सचेत किया—

हिन्दू मुआ राम कहि मुसलमाना खुदाई।
कहै कबीर सो जीवंता, जो दुहुं के निकटि न जाइ। [2]

इसी प्रकार नामदेव ब्राह्मण और शूद्र के भेद को व्यर्थ सिद्ध करते हुए वर्णाश्रम व्यवस्था पर प्रहार करते हैं वे जात-पात ऊँच-नीच के भेदभाव का अतिक्रमण करते हुए मानवीय समता का प्रदर्शन उपस्थित करते हैं।

नाना वर्ण गवा उनका एक वर्ण दूध
तुम कहाँ के ब्राह्मन हम कहाँ के सूद। [3]

कबीर ने भी समाज में व्याप्त जाति प्रथा छुआछूत एवं ऊँच-नीच की भावना पर प्रहार किया। उन्होंने अत्यन्त तीखे स्वर में कहा जब ब्राह्मण और शूद्र की रगों में

बहनेवाले खून में कोई भेद नहीं है तो फिर उन में जातिगत भेद क्यों है? क्या ब्राह्मण की नसों में दूध बहता है, रक्त नहीं बहता?

हमारे कैसे लोहू, तुम्हारे कैसे दूद।
तुम कैसे बामन पांडे, हम कैसे सूद॥

संत नामदेव ने केवल जातिवाद, तप, तीर्थ, व्रत इत्यादि के विरोध और हिन्दुओं एवं मुसलमानों की कुरीतियों पर प्रहार करने तक ही कबीर को नहीं प्रभावित किया अपितु गुरु महिमा, नामस्मरण, अजपा जाप और पुस्तकीय ज्ञान के विरोध तक अपनी प्रभाव शक्ति का परिचय दिया। नामदेव का कदाचित सर्वाधिक प्रत्यक्ष प्रभाव कबीर पर ही दिखाई पड़ता है। ये दोनों संत सहज, सरल तथा नैतिकता से अनुप्राणित जीवनयापन पर ज़ोर देते हैं। संत नामदेव ने अपने भक्ति सम्बन्धी दृष्टिकोण द्वारा, जिस सहज अनुभूतिजन्य और सर्वजन सुलभ भक्ति मार्ग का प्रतिपादन किया उसने कबीर का कार्य आसाान कर दिया। ऐसे भी अनेक स्थल हैं जहाँ दोनों की शब्दावली और भाषिक अनुप्रयोग में भी अद्‌भुत साम्य मिलता है। नामदेव अपने एक पद में कहते हैं कि मैं पगली हूँ राम मेरे प्रिय स्वामी हैं मैं उन्हीं के लिए रच-रच कर शृंगार करती हूँ। भले ही लोग हमारी निन्दा करें परन्तु हमने तो अपना तन-मन ही प्रियतम को अर्पित कर दिया है—

मैं बऊरी मेरा राम भतारू।
रचि रचि ताकड करऊ सिंगारू।
भले निन्दऊ भले निन्दऊ भले निन्दऊ लोग
तनु मनु राम पियारे जोग।[4]

कबीर भी ठीक ऐसी ही शब्दावली में उस परम तत्त्व के प्रति अपनी प्रणयानुभूति का निर्वचन करते हैं। कबीर कहते हैं कि—

भलो निन्दो भले निन्दो भले निन्दो लोग।
तन-मन राम पियारे जोग॥
मैं बौरी मेरे राम भरतार।
ता कारनि रचित करौ स्यंगार॥'[5]

नामदेव कबीर को दर्शन के धरातल पर भी प्रभावित करते हैं। इन्होंने ब्रह्म और जीव में अद्वैत माना है। दोनों को ही शुद्ध चैतन्य माना है। इनका स्पष्ट कथन है कि—

जलते तरंग तरंग ते, है जल कहन सुनन को दूजा।
कहत नामदेव तू मेरा ठाकुर जन अधूरा तू पूरा॥"[6]

कबीर भी ज्ञान दशा अथवा जाग्रत अवस्था के ब्रह्म और जीव की एकता को मानते हैं इनका कहना है कि—

जैसे जलहि तरंग तरंगनी, ऐसैं हम दिखलावहिंगे।
कहै कबीर स्वामी सुख सागर, इंसहि इंस मिलावहिंगे॥[7]

संत नामदेव के प्रेरक प्रभाव को कबीर ने पूरे सद्भाव के साथ स्वीकार भी किया। यहाँ तक कि नामदेव के इष्ट विट्ठल नाम से भी अपने आराध्य को पुकारा है। अपने अग्रज कवि के प्रति आन्तरिक संलग्नता का यह अनुपम उदाहरण है। इससे इतना तो स्पष्ट है कि कबीर भी संत नामदेव की तरह ही बहुश्रुत थे और उनके काव्य सृजन से लेकर राग-रचना तक के सोपानों से परिचित भी थे। फलत: दोनों ही राम नाम की खेती करते हैं। नामदेव तो स्पष्ट शब्दों में कहते हैं कि—

राम नाम खेती राम नाम बारी।
हमारै धन बाबा बनवारी॥ [8]

कबीर के लिए भी राम नाम खेती बारी है, धन-सम्पत्ति है, पूजा अर्चन है बन्धु-बांधव है—

नाउँ मेरी खेती, नाउँ मेरी बारी।
भगति करौं जन सरनि तुम्हारी॥ [9]

अपने आराध्य के प्रति ऐसा दृष्टिकोण कबीर को नामदेव के बेहद क़रीब ले जाता है। ये दोनों कभी सामाजिक सम्पृक्ति और क्रान्तिकारी चेतना के धरातल पर ही निकट नहीं है अपितु भगवद्भक्ति, दार्शनिक दृष्टिकोण तथा सहज जीवनानुभूति को काव्यानुभूति बनाने के कारण भी अत्यधिक समरूप हैं। इन दोनों कवियों की प्रासंगिकता समाज में व्याप्त विसंगतियों, कुरीतियों, रूढ़ियों और अंधविश्वासों की मुखर आलोचना के कारण ही नहीं अपितु अनुभवजन्य सत्य की प्रतिष्ठा के कारण भी है। दोनों ही कवियों ने स्वानुभूत सत्य के उद्घाटन पर ज़ोर दिया है और काग़ज़ की लेखी से बचने का परामर्श दिया है। हमारे आज के कवि जिस भोगे हुए सत्य की बात करते हैं और दलित एवं स्त्री विमर्श के आयोजक संयोजक जिस स्वानुभूति की बात करते हैं उसी स्वानुभूत सत्य के उद्घाटन को काव्य प्रतिमान के रूप में संत नामदेव और कबीर बहुत पहले प्रतिष्ठित कर चुके थे। संत नामदेव इस अर्थ में भी विशिष्ट हैं कि वह संगीत की पारिभाषिक शब्दावली से पूर्णत: परिचित थे। उन्होंने अपने काव्य में राग-रागिनियों तथा संगीत तत्त्व का विलक्षण प्रयोग किया है। वह कृष्ण भक्ति और सांगीतिक योजना के कारण सूरदास को भी प्रभावित करते हैं। सूर के पहले नामदेव ही ऐसे कवि हैं जिन्होंने संगीत के स्वर संभार से अपने पदों के गीत-संगीत और राग-रागिनियों से प्रभावी बनाने के लिए लोक प्रचलित विशिष्ट संगीतमय शब्दों का अनुपयोग किया। उनके पदों में संगीत शरीर और त्वचा की भाँति सहजात है। वह कहीं भी आरोपित नहीं लगता। फलत: पाठक स्वाभाविक रूप से उससे जुड़ जाता है।

संत नामदेव के लिए तो गोविंद ही संगीत भी हैं। उनके लिए माँ-बाप जात-पाँत, गुरु गोविंद, ज्ञान-ध्यान, गान, नृत्य सब कुछ गोविंद ही हैं। गोविंद ही पात्र और पूजा

हैं। उनके बिना जीवन व्यर्थ है। अत: नामदेव के लिए उनके अलावा कोई दूसरा साध्य नहीं है। वह कहते हैं कि—

माइ गोव्यंदा, बाप गोव्यंदा।
जाति-पाँति गुरुदेव गोव्यंदा॥ टेक॥
गोव्यंद ग्यान गोव्यंद ध्यान।
सदा आनन्दी राजाराम॥
गोव्यंद गावै, गोव्यंद नाचै।
गोव्यंद भेष सदा नृति काछै॥
गोव्यंद पाती गोव्यंद पूजा।
नामा भणै मेरे देव न दूजा॥ [10]

अपने आराध्य के प्रति भक्त का यह पूर्ण समर्पण और प्रणति भाव एकान्त विरल है। यह पद 'त्वमेव माता च पिता त्वमेव' का स्मरण कराता है। आगे चलकर गोस्वामी तुलसीदास ने भी अपने आराध्य श्रीराम के प्रति प्रणत होकर लिखा कि—

एक भरोसो, एक बल, एक आस-बिस्वास।
एक राम घनस्याम हित, चातक तुलसीदास॥[11]

यह भक्ति की चरम स्थिति है, नामदेव भक्ति की इस उच्चतम स्थित में पहुँचकर द्वन्द्वातीत हो जाते हैं। जत्र जाऊँ तत्र बीठल भैला, बीठलियो राजाराम देवा' के माध्यम से ईश्वर की सर्वव्यापकता और सर्वनिरपेक्षता का उद्घोष करते हैं। वह निर्मल चित्त होकर ईश्वर का साक्षात्कार करते हैं। इनकी हरि के प्रति आन्तरिक संलग्नता और भक्ति रस में सराबोर जीवन आत्माराम को देह धारण करने के लिए विवश करते हैं। वह साक्षात्कार के रूप में उन्हें दर्शन देते हैं—

भाई रे इन नयननि हरि पेषो।
हरि की भक्ति साधु की संगति सोई दिन धनि लेष्यो॥ [12]

इस तरह नामदेव अपनी भक्ति साधना को सिद्धावस्था तक ले जाते हैं। वह भक्ति द्वारा सर्वव्यापी परम तत्त्व का साक्षात्कार करते हैं। उस अनिवर्चनीय अनुभूति को संगीत के विभिन्न सोपानों पर आरोह-अवरोह कराते हुए अभिव्यंजित करते हैं। इनकी हिन्दी पदावली चिन्तन की प्रौढ़ता और अनुभूति की गम्भीरता से युक्त है। नामदेव सगुण से निर्गुण अर्थात बाहर से भीतर की यात्रा करते हैं। इस यात्रा को सफल बनाने में इनके गुरु की विशेष भूमिका रही है फलत: ये गुरु के प्रति श्रद्धावनत हैं उनके विशेष रूप से ऋणी हैं।

सारांश यह है कि वैश्वीकरण के वर्तमान दौर में संत नामदेव का काव्य और भी ज़्यादा प्रासंगिक हो जाता है। इनके द्वारा प्रतिपादित भक्ति, कीर्तन, स्वतंत्रता, समता, बाह्य और आन्तरिक शुचिता जैसे मूल्य मानव जाति के लिए और भी ज़्यादा प्रासंगिक हो जाते हैं। वर्तमान समय के जिस दौर में उत्तर-आधुनिकतावाद के आयोजक-संयोजक

मूल्य मीमांसा को ही सिरे से ख़ारिज़ कर रहे हों उस दौर में मनुष्यता के उच्चतम मूल्यों की रक्षा और भक्ति के चरम आदर्शों की प्रतिष्ठा द्वारा उनका काव्य मनुष्यता के व्यापक उद्देश्य को पा सकता है। जब हमारे समय में सामाजिक विद्रूपताएँ और धार्मिक कुरीतियाँ भेष बदलकर नाना रूपों में प्रकट हो रही हैं तब हमें इनके द्वारा निर्मित जीवन के आदर्शों की प्रतिष्ठा धार्मिक, सामाजिक आडम्बरों पर प्रखर काव्यात्मक आक्रमण और भी ज़्यादा अपरिहार्य हो गया है। मध्य काल की पीड़ित प्रताड़ित मनुष्यता के समक्ष सहज-स्वाभाविक भक्ति मार्ग की काव्यात्मक प्रतिष्ठा द्वारा इन कवियों ने न केवल लोक कल्याण को साधा अपितु उनका मानासिक एवं भावनात्मक उन्नयन भी किया। इस दृष्टि से नामदेव का अवदान अधिक महत्त्वपूर्ण है। उन्होंने न केवल भारतीय साधना पद्धति के श्रेष्ठ विचारों और जनजीवन में व्याप्त लोक मान्यताओं का समन्वय किया अपितु अपनी प्रखरता के बल पर समाज में व्याप्त बहुस्तरीय पाखंड का पर्दाफाश किया। अपनी काव्य वाणी द्वारा भारतवर्ष के विविधतापूर्ण जीवन सन्दर्भों के अनुरूप सामाजिक मूल्य से अनुप्राणित भक्तिमार्ग का सन्तुलित आदर्श रखा। इन्होंने अपने पदों और उपदेशों के द्वारा बहुसंख्यक समुदाय को धर्मांतरण के दबावों से बचने का मार्ग उपलब्ध कराया। अत: इनकी साहित्यिक और ऐतिहासिक महत्ता के साथ-साथ भक्तिपरक सांगीतिक महत्ता भी असन्दिग्ध है। हमें समय-समय पर इनके अवदान का विश्लेषण करना चाहिए।

सन्दर्भ

1. हिन्दी को मराठी संतों की देन, पद 29, पृ. 251
2. कबीर ग्रंथावली सम्पादक पारसनाथ तिवारी, साखी 9, पृ. 210
3. नामदेव की वाणी, पद 184, पृ. 87,
4. हिन्दी को मराठी संतों की देन, पृ. 255
5. कबीर ग्रंथावली, सम्पादक डॉ. माता प्रसाद गुप्त, पद 17, पृ. 350
6. हिन्दी और मराठी वैष्णव साहित्य का तुलनात्मक अध्ययन, पृ. 376 पर उद्धृत
7. कबीर ग्रंथावली, पद 148, पृ. 230
8. संत नामदेव की हिन्दी पदावली, सम्पादक डॉ. भगीरथ मिश्र, पृ. 81
9. वही
10. वही, पृ. 95
11. रामचरितमानस, गोस्वामी तुलसीदास, पृ. 11
12. संत नामदेव की हिन्दी पदावली, डॉ. भगीरथ मिश्र, पृ. 110

भारतीय योग परम्परा और कबीर

कबीर भक्तिकाल के संत कवियों में श्रेष्ठतम स्थान रखते हैं। इन्होंने अपने काव्य में भारतीय योग दर्शन का समुचित प्रयोग किया। योग तन, मन, आत्मा समेत चेतना की सभी स्थितियों के उन्नयन और परिमार्जन का एक सशक्त माध्यम है। वह शारीरिक और मानसिक स्वास्थ्य दोनों के लिए औषधि स्वरूप है। डॉ. हजारीप्रसाद द्विवेदी ने कबीर के काव्य में भक्ति पर विचार करते हुए लिखा था कि 'कबीर की भक्ति योग के क्षेत्र में प्रेम का बीज पड़ने से अंकुरित हुई थी। कहने का आशय यह है कि उनकी भक्ति का मूलाधार योग ही था। वस्तुत: कबीर के काव्य में योग, प्रेम, भक्ति इत्यादि अन्तर्भुक्त हैं। उनमें एक विचित्र प्रकार की समरसता है। यही कारण है कि कोई उन्हें ज्ञानी कहता है तो कोई भक्त अथवा संत। योग भारत की सम्पूर्ण विश्व को अद्‍भुत देन है। योग दर्शन में 'योगश्च चित्तवृत्ति निरोध:' कहकर योग को पारिभाषित किया गया है। अर्थात मन की वृत्तियों का शान्त हो जाना ही योग है। कबीर न केवल योग की महिमा से सुपरिचित थे अपितु अपने काव्य द्वारा उसे नवीन प्रतिष्ठा भी दिलाते हैं। वे सहज योग की प्रतिष्ठा द्वारा उसे जनसुलभ बनाते हैं। कबीर को योग सम्बन्धी सूक्ष्म विषयों का ज्ञान था। वे अपने काव्य में जिस स्वानुभूत सत्य का उद्‍घाटन करते हैं वह योगानुभव पर ही आधारित है। कबीर परिपक्व ज्ञान और भक्ति में कोई तात्विक अन्तर नहीं मानते। क्योंकि यह ज्ञान शु चित्त होने के उपरान्त ही प्राप्त होता है जो योग द्वारा ही सम्भव है। कबीर योग साधना के क्षेत्र में गुरु की भूमिका को विशेष महत्त्व देते हैं। कबीर की दृष्टि में मनुष्य योग साधना द्वारा अहंकार रहित और सांसारिक विषयों से उदासीन हो जाता है। यह आत्मिक पवित्रता ही उसे अच्छे कार्यों और ईमानदार प्रयासों की ओर उन्मुख करती है।

जब हम कबीर के योग चिन्तन पर विचार करते हैं तो पाते हैं कि इन्होंने पिंड और ब्रह्मांड की जिस एकता का निर्वचन किया है उसकी सर्वप्रथम चर्चा अथर्ववेद में हुई है। हमारे मंत्रद्रष्टा मुनियों ने अथर्ववेद की रचना के समय ही ब्रह्मांड और पिंड की अभेदता का विरहस्यीकरण कर लिया था। अथर्ववेद में एक स्थान पर कहा गया है कि—

अष्ट्रचक्रा नवद्वारा देवेन्द्र पूरयोध्या।
तस्याम् हिरण्यमय:कोश: स्वर्गो ज्योतिषावृत:॥

—अथर्ववेद 10-1, 2, 31 मंत्र 7

कबीर का योग चिन्तन इस दृष्टि से भी महत्त्वपूर्ण है कि उसके माध्यम से वे मनुष्य के भीतर की अनन्त सम्भावनाओं को टटोलकर जगाने और सक्रिय करने का भी उपक्रम करते हैं। कबीर के लिए कुंडलिनी का जागना प्रकारान्तर से मनुष्य की सुषुप्त आन्तरिक शक्ति का जागना है। बिना जागे न तो मनुष्य स्वयं को विकसित कर सकता है और न ही समाज अथवा राष्ट्र को। योग हमें जगा कर अपनी शक्तियों के सदुपयोग का मार्ग प्रशस्त करता है। वह मनुष्य के मन को शुद्ध, सात्विक और निश्छल बनाता है। यदि मनुष्य का मन बदल जाए तो समय और समाज के बदलने में देर नहीं लगेगी। कबीर योग साधना द्वारा मानव-मन का परिष्कार करना चाहते हैं। इस दृष्टि से ही उसे लोककल्याण से जोड़ा जा सकता है। पेशे, रहन-सहन और सामाजिक हैसियत से कबीर इस देश के ठेठ आम आदमी थे। वे बुनकर थे और कामगार होने का तनिक भी मलाल उन्हें नहीं था। उनके चिन्तन के केन्द्र में जनसाधारण ही था। फलत: वे जनसामान्य के अनुरूप योग और भक्तिमार्ग का प्रवर्तन करते हैं। वे सारे धर्म-सम्प्रदायों के कर्मकांड से मुक्त होकर सहज साधना और भक्ति का आदर्श उपस्थित करते हैं। इस देश का सामान्य नागरिक जिन नियमों का स्वाभाविक रूप से पालन कर सकता है, कबीर उसी को आदर्श मानकर चलते हैं। उनके लिए योग पद्धति मानवीकरण की प्रक्रिया का ही अंग है। अपने मानवीय दृष्टिकोण के कारण कबीर स्वयं को बौद्ध-सिद्धों और नाथों से अलग कर लेते हैं। वे योग के साथ- साथ अपने आराध्य के प्रति समर्पण और भावाकुलता भी लाते हैं। उनके अनुसार राम से प्रेम करना साधना के क्षेत्र की खरी कसौटी है। इस पर कोई खोटा व्यक्ति अर्थात सांसारिकता में लिप्त व्यक्ति नहीं टिक सकता। इस साधना के लक्ष्य को प्राप्त करने के लिए कबीर को सारे संसार में मात्र दो प्रतीक उपयुक्त प्रतीत हुए—सती और शूर। जिस तरह शूरवीर युद्ध क्षेत्र में अपने पैर पीछे नहीं रखता। जरूरत पड़ने पर अपने प्राणों की आहुति देकर लक्ष्य सिद्ध करता है। वह धीरबुद्धि और स्थिर मन वाला होता है। उसका संकल्प अविचल होता है। ठीक उसी तरह साधक को भी दृढ़ निश्चयी और निर्भय होना पड़ता है। कबीर के लिए साधना का क्षेत्र भी एक प्रकार का युद्ध क्षेत्र ही है। काम, क्रोध, लोभ, मोह इत्यादि को जीतकर ही सिद्धि तक पहुँचा जा सकता है। कबीर के अनुसार इसी तरह सती का मन भी अविचल होता है। वह सारे प्रलोभनों और आकर्षणों को त्यागकर मन में मात्र अपने प्रियतम के मिलन की भावना संजोकर कुर्बान हो जाती है। यह सात्विक उत्सर्ग उसे प्रेम-साधना के उच्चतम स्तर पर पहुँचा देता है। कबीर साधक से यही अपेक्षा रखते हैं। ऐसा करके ही वह सिद्धि तक पहुँच सकता है। वे अभेद दृष्टि प्राप्त करने के लिए भी साधना को अनिवार्य मानते हैं। उनका स्पष्ट अभिमत है कि जब सारे संसार में एक ही तत्त्व व्याप्त है तो यह भेदभाव व्यर्थ है। कबीर मनुष्य मात्र के लिए इसी स्थिति की कामना करते हैं। इस तरह कबीर के लिए योग साधना केवल ईश्वर प्राप्ति का माध्यम ही नहीं है

अपितु मानवीय समता और समदृष्टि स्थापना का मूल सूत्र भी है। कबीर की साधना आत्यन्तिक तथा आन्तरिक है। वे आत्मा-परमात्मा की अभेदता की चर्चा करते हुए भी उसे अन्तर्जगत में ढूँढ़ने की बात करते हैं। उनके अनुसार—'ज्यों तिलमांही तेल है, ज्यों चमक में आगि। तेरा साईं तुझमें है,जागि सके तो जागि॥' उनका निवृत्ति मार्ग वैराग्य पर आधारित है। योगमार्ग की सिद्धि माया से मुक्ति के बगैर सम्भव नहीं है। इसके लिए चित्त की निर्मलता ज़रूरी है। मनुष्य निर्मल चित्त द्वारा ही स्वबोध की स्थिति को प्राप्त करता है। कबीर के अनुसार साधक का आत्मबोध अथवा स्वबोध ही सहज दशा को प्राप्त करता है। संत का स्वबोध तथा जगत बोध उसे सांसारिक प्रपंचों से मुक्त रखता है। अत: इनका योग चिन्तन प्रेम का आश्रय पाकर सहज योग बन गया है। कबीर कविता द्वारा उस चरम सत्य के उद्घाटन का कार्य करते हैं। इस तरह भौतिक संतापों से मनुष्य की रक्षा करना और उससे बचने का मार्ग बताना भी कबीर के काव्य का अभिप्रेत है।

वस्तुत: योग शब्द का प्रयोग कई अर्थों में होता है। इसका सामान्य अर्थ सम्बन्ध अथवा मिलन है। दर्शनशास्त्र में योग का अर्थ जीवात्मा और परमात्मा के मिलन के सन्दर्भ में होता है। इस सम्बन्ध को प्राप्त करने की प्रक्रिया को योग कहते हैं। भारतीय परम्परा में सर्वप्रथम पतंजलि ने योगसूत्र की रचना की। उनके द्वारा प्रतिपादित योग को राजयोग की संज्ञा दी गई है। इससे भिन्न हठयोग है जिसकी उत्पत्ति तंत्र ग्रंथों से हुई है। योग की उत्पत्ति को लेकर विद्वानों में मतभेद भी है। कतिपय विद्वान इसका सम्बन्ध वैदिक परम्परा से जोड़ते हैं तो कुछ इसे जैन ग्रंथों से निकला हुआ मानते हैं। ऐसे विद्वान भी हैं जो योग की उत्पत्ति बौद्ध दर्शन में ढूँढ़ते हैं। भारतीय विद्वानों का एक वर्ग योग को स्वतंत्र परम्परा में रखकर प्राचीन काल से उसका सम्बन्ध जोड़ता है। इसी तरह उक्त चार परम्पराओं में योग भी चार प्रकार से व्याख्यायित हुआ। यदि राजयोग का सम्बन्ध वैदिक परम्परा से है तो हठयोग का तंत्रशास्त्र से है। जैन और बौद्ध परम्परा में इन दोनों का ही स्वरूप बदल जाता है। हिन्दी साहित्य के इतिहास में सबसे पहले गोरखनाथ हठयोग का प्रवर्तन करते हैं। योग सूत्र में यम, नियम, आसन, प्राणायाम और प्रत्याहार को सिद्धि का बाहरी साधन माना गया है। जबकि अन्तिम तीन ध्यान, धारणा और समाधि को आन्तरिक साधन माना गया है। कबीर काफी हद तक गोरखनाथ से प्रभावित थे और अपनी कविता में हठयोग की शब्दावली का प्रयोग भी करते हैं। लेकिन वे स्वतंत्रचेता थे जिसके कारण स्वयं को हठयोग से मुक्त कर लेते हैं। वे अनेक स्थलों पर हठयोग की निन्दा भी करते हैं। वस्तुत: कबीर का योग चिन्तन पतंजलि और गोरखनाथ दोनों से भिन्न है। उनका योग भक्ति योग है जो जनसुलभ है। कबीर की दृष्टि अत्यन्त व्यावहारिक थी। वे जनसाधारण को ध्यान में रखकर ही योग की प्रतिष्ठा करते हैं। उनका अद्वैतवाद इसी अर्थ में विलक्षण है कि वे अपने समय की आवश्यकता के अनुसार उसके स्वरूप में परिवर्तन कर देते

हैं। वे भलीभाँति जानते थे कि इस देश का सामान्य नागरिक कठोर साधना नहीं कर सकता। फलतः उन्होंने साधना पद्धति को सरस और सरल बनाया। वे इस अर्थ में विशिष्ट हैं कि वे अपने विचारों से मानवता के कल्याण का मार्ग प्रशस्त करते हैं। वे मनुष्यता के लिए शाश्वत मूल्य और मर्यादाएँ निर्धारित करते हैं। उन्होंने मनुष्य की समस्त विभाजक रेखाओं को अस्वीकार करते हुए मानव मात्र की एकता, समता तथा बन्धुत्व का प्रादर्श रखा। उनके अनुसार किसी भी साधना पद्धति का अन्तिम लक्ष्य मानव जाति का कल्याण होना चाहिए। यही कारण है कि कबीर की विचारधारा हर वर्ग को जोड़ती है। वह आज भी प्रासंगिक बनी हुई है।

यह हमारे लिए अत्यन्त हर्ष का विषय है कि इस देश के मनीषियों द्वारा पुरस्कृत योग अब अन्तर्राष्ट्रीय योग दिवस के रूप में सम्पूर्ण मानव जाति का कल्याण कर रहा है। वह विश्व स्तर पर प्रचारित-प्रसारित हो रहा है। कबीर जैसे कवियों, योगियों की साधना आज अन्तर्राष्ट्रीय स्तर पर सार्थकता प्राप्त कर रही है। वह सम्पूर्ण विश्व के तन, मन, प्राण, आत्मा का परिष्कार और उन्नयन कर रही है। भारतीय योग परम्परा में कबीर का योगदान इसलिए भी महत्त्वपूर्ण है कि उन्होंने उसे लोकानुभव से परिपुष्ट किया है उसे लोकोपकारी बनाया है। वर्तमान दौर की मनुष्यता ही नहीं बल्कि उसमें युग-युगान्तर तक की मनुष्यता का उपकार करने की सम्भावना निहित है। मुझे पूर्ण विश्वास है कि वह भावी पीढ़ियों को और भी ज़्यादा प्रेरित और प्रभावित करेगा। इस समय योग विश्वस्तर पर स्वीकार्यता प्राप्त कर रहा है। वह तनावग्रस्त मनुष्यता के कल्याण का सबसे सुगम उपाय है। यदि मनुष्य तनावमुक्त और तन-मन से पुष्ट होना चाहता है तो उसके लिए योग से बढ़कर दूसरा सहज मार्ग नहीं है। भारतीय योग परम्परा और कबीर के अवदान को सही सन्दर्भ में समझने की ज़रूरत है। यह परम्परा के पुनर्पाठ तथा कबीर के सही मूल्यांकन के लिए ज़रूरी है। आज सम्पूर्ण विश्व समुदाय इसके महत्त्व से परिचित हो रहा है जो इनकी प्रासंगिकता को और भी शक्तिशाली बनाता है।

कबीर साहित्य में गुरु का वर्तमान सन्दर्भ

भारतीय संस्कृति में गुरु और शिष्य के बीच सदा-सर्वदा से तरल रिश्ते रहे हैं। गुरु वेदोक्त स्वर का आधार बतलाया गया है। गुरु स्वर, अक्षर 'ग' बीज का ओज है। 'गकार' अन्धकार का प्रतीक है तथा 'रकार' प्रकाश का प्रतिनिधित्व करता है। अन्धकार का निरोधन तथा प्रकाश की प्रतिष्ठापन/अज्ञान रूपी अन्धकार से ज्ञान रूपी प्रकाश की ओर चलने के लिए ही गुरु है। 'आगमसार' में गुरु का गकार सिद्धि प्रदान करनेवाला बतलाया गया है, 'रेफ' पाप का दाहक है तथा उकार शिव (कल्याण) का रूप है। सद्गुरु में इन तीनों का समुच्चय परिलक्षित होता है—

गकार: सिद्धि: प्रोक्तो रेफ पापस्व दाहक:।
उकार: शिव इत्युक्तास्त्रितयात्मा गुरु पर:॥

भारतीय परम्परा में गुरु को ब्रह्मा, विष्णु एवं महेश के समकक्ष अथवा उनसे भी बढ़कर बतलाया गया है। गुरु अज्ञान को दूर करनेवाले तथा जन्म-कर्म का निवारण करनेवाले रहे हैं। वे मनुष्य के व्यक्तित्व का सर्वतोन्मुखी विकास करनेवाले रहे हैं। उनकी तुलना स्वयं पूर्णपरात्पर परमेश्वर से होती रही है। कौलसाधना तथा नाथसम्प्रदाय में भी गुरु की अपरिहार्यता बतलाई गई है। समूचा भक्तिकाव्य सद्गुरु के प्रति प्रणतिभाव से आपूरित है। लेकिन संतकाव्य में उसका स्थान सर्वोपरि है क्योंकि वह साधक को उसके लक्ष्य के प्रति निष्ठावान बनाता है। सद्गुरु के सम्यक मार्गदर्शन के बिना कोई भी साधक ईश्वर की प्राप्ति नहीं कर सकता।

जहाँ तक कबीर का सवाल है तो ऐसा माना जाता है कि उनकी वाणी में हमारी जातीय अस्मिता बोलती है। वे परम्परानुमोदित गुरु महिमा के समर्थ व्याख्याता के तौर पर उभरते हैं। रामानन्द कबीर के मानस गुरु थे और कबीर ने स्थान-स्थान पर सतगुरु की बात कही है। वह साक्षात् भगवान के सम्बन्ध में है। कबीर ऐसे परिवेश की उपज है जिसमें गुरुओं के अपने-अपने पूर्वाग्रह हैं। कबीर को विधिवत शिक्षा नहीं मिली। उन्होंने मानस गुरु के रूप में भक्ति आन्दोलन से सम्बद्ध उदारचेता व्यक्तित्व रामानन्द को स्वीकार किया। स्वयं कबीर ने 'काशी में हम प्रगट भये हैं

रामानन्द चेताये' कहा है। जिससे कतिपय विद्वान यह स्थापित करते हैं कि रामानन्द ही कबीर के गुरु थे। लेकिन यदि कथित पंक्ति पर गम्भीरतापूर्वक विचार किया जाए तो यही माना जाना चाहिए कि 'चेताये' शब्द से रामानन्द के सिद्धान्तों से प्रभावित होना अथवा प्रेरणा ग्रहण करना भी अर्थ लिया जा सकता है। रामानन्द के समय के सम्बन्ध में इतिहासकारों में मत-भिन्नता है। एक वर्ग का मानना है कि कबीर के जन्म के पूर्व ही रामानन्द का देहावसान हो गया था। जबकि दूसरे वर्ग के इतिहासकारों का मानना है कि कबीर की उम्र 14-15 वर्ष से अधिक नहीं रही होगी जब रामानन्द जी की मृत्यु हुई। मेरा अभिमत है कि कबीर के सम्बन्ध में लौकिक गुरु का सन्धान करना ही बेतुका है क्योंकि उनका साहित्य ही इसकी अनुमति नहीं देता। कबीर ज्ञान के लिए गुरु की अपरिहार्यता स्वीकार करने के बावजूद उसके भौतिक साक्षात्कार को कोई महत्त्व नहीं देते। कबीर जैसा व्यक्ति-जिसके व्यक्तित्व का एक-एक रेशा क्रान्ति से निर्मित हो, वह किसी लौकिक गुरु से दीक्षित होने का विचार सपने में भी नहीं ला सकता। अत: यह मानना ही अधिक समीचीन होगा कि कबीर रामानन्द के सिद्धान्तों से गहराइयों तक प्रभावित थे लेकिन यह ज़रूरी नहीं कि वे उनके बाकायदा शिष्य रहे हों।

डॉ. मोहन सिंह ने 'कबीर एण्ड हिज बायोग्राफी' में कबीर के किसी लौकिक गुरु का होने का खंडन किया है। डॉ. भण्डारकर भी रामानन्द को कबीर का गुरु मानने से इनकार करते हैं। ऐसी स्थिति में कबीर साहित्य का अन्त:साक्ष्य ही हमारा दिशा-निर्देशक हो सकता है। डॉ. धर्मवीर ने अपनी पुस्तक 'हिन्दी की आत्मा' और 'कबीर के आलोचक' नामक कृतियों में चुनौतीपरक वृत्तिकता का परिचय देते हुए रामानन्द को कबीर का गुरु मानने से इनकार किया है। उन्होंने लिखा है कि 'मेरे मत में कबीर के गुरु मक्खी और मच्छर हो सकते थे, कबीर के गुरु कुत्ते और बिल्ली हो सकते थे लेकिन रामानांद ब्राह्मण उनके गुरु कभी नहीं हो सकते।' यहाँ धर्मवीर जी की बात तत्कालीन सामाजिक परिप्रेक्ष्य में महत्त्वपूर्ण हो सकती है परन्तु इस प्रकार की प्रतिक्रिया के बजाय कबीर साहित्य के सम्यक अनुशीलन द्वारा उनके सतगुरु के स्वरूप की मीमांसा की जाए तो बेहतर होगा। मेरा मानना है कि ऐसी स्थिति में कबीर साहित्य का अन्त:साक्ष्य भी हमारा दिशा-निर्देश कर सकता है। कबीर संघर्षशील बौद्धिकता के कवि हैं। वे गुरु के स्वरूप का चित्रांकन करते समय भी गलदश्रु भावुकता का परिचय नहीं देते। उनकी दृष्टि में अशेष 'तत्त्वज्ञ' ही सतगुरु का अभिव्यंजक है जो प्रकारान्तर से उस परमचैतन्य की प्रतिकृति है। वे कहते हैं कि गौरवशाली गुरु व उनके शब्दमंत्र मिले हैं जिससे मैं व्यापक चैतन्य में तथा 'गुरु' मुझमें उसी प्रकार एकाकार हो गये हैं जैसे आटे में नमक। सांसारिक भेद करनेवाली जाति-पाँति की सब उपाधियाँ समाप्त हो गई हैं। नाम-रूप सब विलीन हो गये हैं। ऐसी स्थिति में मुझे किसी संज्ञा से अभिहित

करोगे? अर्थात् इस अवस्था में व्यक्तिवाचक संज्ञा रूप का अतिक्रमण कर बैठती है। कबीर की यह साखी ही 'सतगुरु' और 'परमात्मा' में अभेद सिद्ध करने के लिए पर्याप्त है—

कबीर गुरु गरवा मिल्या, रति गया आटैं लूण।
जाति पाँति कुल सब मिटे, नाव धरौगे कोण॥[1]

गुरु सम्बन्धी यह अवधारणा ही कबीर को दृढ़ आत्मविश्वास के साथ यह कहने की क्षमता प्रदान करती है कि जिन्हें सतगुरु नहीं मिले, उनकी शिक्षा अपूर्ण रह गयी। उन्हें सच्चा वैराग्य नहीं हुआ। वे केवल यती का वेश धारण कर घर-घर भीख माँगते हैं—

कबीर सतगुरु नाँ मिल्या, रही अधूरी सीख।
स्वाँग जती का पहरि करि, घरि घरि माँगे भीख॥[2]

कबीर अपनी इस स्थिति से नितांत सन्तुष्ट हैं कि उन्हें गुरु की प्राप्ति हो गयी अन्यथा वे भी अन्य जीवों के समान इस माया और वासना रूपी दीपक की लौ में पतंगे की तरह जलते रहते—

भली भई जु गुरु मिल्या, नहीं तर होती हाँणि।
दीपक दिष्टि पतंग ज्यूँ, पड़ता पूरी जाँणि॥[3]

कबीर का अभिमत है कि गुरु से स्वरूप प्रतिष्ठा का उपदेश मिला जिससे उनकी स्वरूप में स्थिति हो गयी। गुरु ने उस स्वरूप के प्रति निष्ठा दृढ़ कर दी। अब शिष्य कबीर मानसरोवर के तट पर हीरे का वाणिज्य करने लगा है। 'हीरा वणजिया मानसरोवर तीर' संत समाज में बहुप्रचलित प्रतीक है जो उस परम आनन्द की अवस्था की अभिव्यक्ति के लिए प्रयुक्त होता है। यथा—

थापणि पाई थिति भई, सतगुरु दीन्हीं धीर।
कबीर हीरा वणजिया, मानसरोवर तीर॥[4]

कबीर सतगुरु के रूप में साक्षात् भगवान का ही स्मरण करते हैं। कबीर की दृष्टि में गुरु गोविंद का प्रतिरूप है। जब साधक अपने अहं शून्य होकर समर्पण की स्थिति में पहुँचता है तभी परमात्मा का साक्षात्कार कर लेता है। कबीर का कथन है—

गुरु गोविन्द तो एक है, दूजा यह आकार।
आपा मेटि जीवित मरे, तो पावे करतार॥[5]

गीता में कहा गया है कि 'श्रद्धावांल्लभते ज्ञानम्' अर्थात श्रद्धा रखनेवाले को ही ज्ञान प्राप्त होता है। इसलिए कबीर में भी गुरु के प्रति अटूट श्रद्धा है। वे गुरु के समान किसी को हितैषी एवं सगा-सम्बन्धी नहीं मानते हैं। गोविन्द को बतानेवाले सतगुरु ईश्वर से भी बढ़कर है—

गुरु गोविन्द दोनों खड़े काके लागों पाय।
बलिहारी गुरु आपणें गोविन्द दियो बताय॥[6]

जिस प्रकार नाथसम्प्रदाय में 'निगुरे' को कोई स्थान प्राप्त नहीं है और साधना-मार्ग में गुरु की उपस्थिति अनिवार्यतम शर्त है। ठीक उसी तरह कबीर ने भी गुरु का होना अपरिहार्य माना है। कबीर की दृष्टि में सतगुरु शिष्य का सर्वतोन्मुखी विकास करनेवाला है इसलिए उसका गौरव असीम है। वह अनादि है, अनन्त है। वह प्रकाशपुंज है, सर्वशक्ति सम्पन्न है। दूसरे शब्दों में वह आत्माराम है। उसे केवल आत्मा के धरातल पर ही जाना जा सकता है। उसका कोई लौकिक अस्तित्व नहीं है।

कबीरदास मानते हैं कि शिष्य में सच्चे गुरु के पहचान की क्षमता होनी चाहिए। वे अनाड़ी गुरु का निषेध करते हैं। संसार में झूठे गुरु भी बहुत होते हैं जिनके मुख में राम होता है और मन माया-मोह में फँसा रहता है। ऐसे गुरु से कल्याण की अपेक्षा शिष्य का अशुभ ही अधिक होता है। यदि गुरु अंधा है और शिष्य भी दृष्टि-शून्य तो अंधा अंधे को ढकेलेगा और दोनों ही पुन: भवसागर रूपी माया मोह के अँधेरे कुएँ में गिर पड़ेंगे—

जा का गुरु भी अंधला, चेला खरा निरन्ध।
अंधा अंधे ठेलिया, दून्यूँ कूप पड़न्त॥[7]

कबीर का यही विवेकपूर्ण दृष्टिकोण उनकी गुरु सम्बन्धी अवधारणा को वर्तमान सन्दर्भों से जोड़ देता है।

इसी प्रकार गुरु द्वारा शिष्यत्व प्रदान करने के पूर्व अपने शिष्य की परीक्षा सावधानीपूर्वक करनी आवश्यक है। शिष्य पूर्ण रूप से योग्य होने के पश्चात् ही गुरु के रहस्य को समझने का अधिकारी होता है। व्यक्तित्व-शून्य शिष्य पर गुरु का कोई विशेष स्थायी प्रभाव नहीं होता—

सदगुरु वपुरा क्या करे, जे सिषही माँही चूक।
भावें त्यूँ प्रबोधि ले, ज्यूँ बंसि बजाई फूँक।[8]

गुरु में सर्वप्रथम योग्यता साधन के अध्यात्म मार्ग का पूर्णज्ञान व अनुभव होना अनिवार्य है। उसे इस मार्ग में आनेवाली बाधाओं का ज्ञान और उनसे उबरने के उपायों का ज्ञान भी होना चाहिए। उसमें उच्चकोटि के धार्मिक संस्कार और आचरण में प्रेम तथा करुणा झलकनी चाहिए।

कबीर तो मानते हैं कि वे लोक और वेद की प्रचलित रीतियों के पीछे-पीछे चले जा रहे थे कि आगे से सतगुरु मिले, उन्होंने ज्ञान का दीपक हाथों में पकड़ा दिया। वह दीपक भी तेल से भरा हुआ था और बाती भी समाप्त न होनेवाली थी। इसलिए इस संसार रूपी हाट का व्यापार शीघ्र पूरा करके फिर वहाँ से न लौटने की स्थिति-मुक्ति प्राप्त हो गयी। मगर यह गुरु भी गोविन्द कृपा से ही मिलते हैं जिसमें ज्ञान का आलोक प्रदीप्त होता है—

ज्ञान प्रकास्या गुरु मिल्या, सो जिनि बीसरि जाइ।
जब गोविन्द कृपा करी, तब गुरु मिलिया आइ॥[9]

आचार्य हजारीप्रसाद द्विवेदी के शब्दों में, "कबीर के साहित्य में जो महान् प्रकाशपुंज है वह बौद्धिक आलोचना का विषय नहीं, म्यूजियम की चीज़ नहीं बल्कि जीवित प्राणवान् वस्तु है।" और यह महान् प्रकाशपुंज उन्हें मिला कहाँ से? गुरु कृपा से ही तो? तभी तो वे अलमस्त हुए और कह उठे कि सम्पूर्ण विश्व विभिन्न प्रकार के संशयों से ग्रस्त है और प्रत्येक प्राणी को संशय खा रहा है, परन्तु सच्चे गुरु के वचनों से जो भी बँधा उसने संशय को चुन-चुनकर खा लिया। आरम्भ में तो कबीरदास भी दुविधा में डूबते-उतराते चल रहे थे। परन्तु जैसे ही गुरु का संकेत मिला वे जर्जर नाव देखकर कूद पड़े और पार हो गये—

बूड़े थे परि ऊबरे, गुरु की लहरि चमंकि।
भेरा देख्या जरजरा, (तब) उतरि परयो फरंकि॥[10]

कबीर को संसार से अनाशक्ति और ज्ञान के प्रति अप्रतिहत गति गुरुकृपा से प्राप्त हुई। गुरु ने उन्हें राम नाम का मंत्र दिया जो उनके लिए कारगर ब्रह्मास्त्र साबित हुआ। नामरूपी चुनरी की मलिनता सद्गुरु रूप रंगरेज के द्वारा धुल गयी। गुरु ने उन्हें सिद्धि तक पहुँचा दिया।

कबीर की दृष्टि में गुरु मुक्ति प्राप्ति के समवयि हेतु हैं। गुरु के बिना ज्ञान नहीं और ज्ञान के बिना शक्ति नहीं और भक्ति के बिना मुक्ति असम्भव है। विधि-निषेध का सम्यक् ज्ञान गुरु कृपा से ही मिलता है। आचरण की पवित्रता के लिए विधि-निषेध ज़रूरी है। कबीर के जिस गुरु ने उन्हें एक क्षण में ही मनुष्य से देवता बना दिया वे उस पर प्रतिदिन कितनी बार न्योछावर हो जाने के लिए आकुल हैं—

बलिहारी गुरु आपणै, द्यौं हाड़ी कै बार।
जिन मानिष तैं देवता, करत न लागी बार॥[11]

संत कबीर ने गुरु को दूती अथवा भेदी कहा है। इस भेदी के सान्निध्य में ही ब्रह्म का भेद ज्ञान हो सकता है—

वस्तु कहीं ढूँढ़े विविध, नाही आवे हाथ।
कहत कबीर तब परगां, भेदी लीजे साथ॥
गगन मंडल पै सेज पिया की, मोसों चढ़ा न जाय।
दूती सद्गुरु मिले बीच में, दीन्हों भेद बताय॥[12]

कबीर का गुरु परमात्मा तक ले जाने वाला रास्ता है वह कबीर का सच्चा रक्षक है, उन्हें भवसागर से उबारनेवाला है। साथ ही, अपने अलौकिक प्रकाश से उन्हें साधनावस्था से सिद्धावस्था में रूपांतरित करनेवाला है।

महाकवि बाणभट्ट का कथन है कि "गुरुओं का उपदेश मनुष्य के लिए सम्पूर्ण मल धोने में समर्थ बिना जल का स्थान है—'गुरुपदेशश्चानाम् पुरुषाणाम्

अखिल मल प्रक्षालनं अजलस्नान।'[13] कबीर गुरु के उपदेश को अष्टरूपी प्रेम बाण से व्यंजित करते हैं। वे कहते हैं कि सद्गुरु साखी रूपी धनुष लेकर ज्ञान का तीर चलाने लगे हैं। उन्होंने एक तीर तो प्रेमपूर्वक तथा पूरी शक्ति के साथ चलाया है कि तीर मुझ लक्ष्य के भीतर ही समा गया है। उसके एक तीर के लगते ही शिष्य भूमि में मिल गया अर्थात् उसका अहं नष्ट हो गया। उसके हृदय में छेद अर्थात् ज्ञान-विरह का घाव हो गया। सद्गुरु का बाण शिष्य के नंगे शरीर पर लगा है। इससे शिष्य के शरीर में दावाग्नि-सी जल उठी है अर्थात् ज्ञान और विरह की अग्नि प्रज्वलित हो गई है। इसमें विषय वासनाएँ सब भस्म हो जाएँगी तथा काया का कंचन तपकर निखर उठेगा—

सतगुरु मारया बाण भरि, धरि करि सूधी मूठि।
अंगि उघाड़ै लागिया, गई दवा सूं फूटि॥[14]

कबीर का कहना है कि सद्गुरु के हथियार से उनका अन्त:करण इस प्रकार भिंद गया है कि मन की चंचलता पूर्णत: समाप्त हो गयी। अब जीव आवरण-विक्षेप वाले मन से ऊपर की सहज स्थिति रूप उन्मन अवस्था को पहुँचा हुआ है। ऐसी स्थिति में जीव न हँसता है और न बोलता है अर्थात् वह परांगमुख हो गया है। इंद्रियों के विषय में उल्लास में तन्मय होकर अब वह अपने आपको भूलता नहीं है। वह स्वरूप में स्थित है अत: मौन है। उसकी बोलने की स्थिति नहीं रही है—

हँसे न बोले उनमनी, चंचल मेल्ह्या मारि।
कहै कबीर भीतर भिद्या, सतगुरु के हथियार॥[15]

गुरु कृपा के कारण ही प्रभु के प्रेम का बादल बरसता है। कबीर कहते हैं कि सद्गुरु ने हमसे प्रसन्न होकर प्रभु भक्ति की ऐसी मनोरम चर्चा छेड़ी कि प्रेम का बादल बरस गया जिससे शरीर का अंग-प्रत्यंग उस प्रेम जल से सिक्त हो गया—

सतगुरु हमसूँ रीझि करि, कह्या एक प्रसंग।
बरस्या बादल प्रेम का, भीजि गया सब अंग॥[16]

कबीर को प्रसन्नता इस बात की है कि सर्व समर्थ गुरु से उनका परिचय हो गया है जिससे उन दुखों के अभाव में आत्मा निर्मल होकर प्रभुशक्ति संलग्न हो गई। वह प्रभुमय हो गयी है।

सारांश यह कि महात्मा कबीर गुरु को ही महापुरुष के रूप में देखते हैं। वह ईश्वर से बढ़कर है। वह शूरवीर एवं समर्थ गुरु है। काया को कंचन बनानेवाला, साधक को धैर्य प्रदान करनेवाला, अहं को मिटानेवाला आदि रूपों में कबीर ने गुरु को देखा है। सद्गुरु ही पूर्ण पुरुष से परिचय करानेवाला है। इसलिए कबीरदास गुरु के ज्ञान स्वरूप के साथ ऐक्य का अनुभव करने के पक्षधर हैं। क्योंकि हर के रूठने

से गुरु की शरण प्राप्त हो सकती है पर गुरु के रूठने पर फिर कहीं स्थान मिलना सम्भव नहीं है—

कबीर ते नर अंध है, गुरु को कहते और।
हरि रूठे गुरु ठौर है, गुरु रूठे नहिं ठौर॥[17]

इसमें सन्देह नहीं कि कबीर ने गुरु के स्वरूप को अलौकिक आभा से दीप्त उदात्त गरिमा प्रदान की है। उनके अनुसार सतगुरु ही शिष्य के व्यक्तित्व को विविध आयाम एवं आकार प्रदान करता है। वे अपनी एक साखी में गुरु को कुम्हार और शिष्य को मिट्टी से बननेवाला घड़ा कहते हैं। जिस प्रकार कुम्हार अपने हाथों के कौशल से मिट्टी से बननेवाले घड़े को सुन्दर और सुगढ़ आकार देता है उसी प्रकार सतगुरु अपने उपदेश के प्रभाव से शिष्य के व्यक्तित्व का सर्वांगीण विकास करता है। उसे ईश्वरोन्मुख बनाता है तथा जन्म-मरण के बन्धन से मुक्ति दिलाता है। मनुष्य सतगुरु के उपदेशों को ग्रहण करके ही आत्मोन्नयन द्वारा सांसारिकता का अतिक्रमण कर सकता है और अपने आपको सदा-सर्वदा के लिए जन्म-मरण के बन्धन से छुटकारा दिला सकता है। कबीर के गुरु को इन्हीं सन्दर्भों के आलोक में देखना ज़्यादा समीचीन होगा तभी हम सतगुरु की सटीक अर्थवत्ता को पहचान सकते हैं। चूँकि कबीर किसी भौतिक गुरु के बजाय सतगुरु की चर्चा बार-बार करते हैं इसलिए उनकी संवेदनात्मक ईमानदारी तथा गुरुसम्बन्धी अवधारणा का बिना किसी पूर्वाग्रह के तथ्यपरक विवेचन करना वर्तमान समय की अनिवार्य माँग है। प्रस्तुत लेख इस दिशा में किया गया एक विनम्र प्रयास है। यदि इससे कबीर के सतगुरु के स्वरूप को समझने में न्यूनाधिक सहायता भी मिलती है तो इस प्रयास को सफल माना जा सकता है। मेरा प्रयास रहा है कि कबीर ने जिस अकुंठ भाव से सद्गुरु का स्मरण किया है, उसका वर्तमान जीवन की सापेक्षता में पूर्णतः विश्लेषण किया जाए।

सन्दर्भ

1. कबीर ग्रंथावली—सम्पा. बाबू श्यामसुन्दर दास, पृ. 2
2. वही, पृ. 3
3. वही, पृ. 2
4. वही, पृ. 3
5. वही
6. वही
7. वही, पृ. 2
8. वही

9. वही
10. कबीर—आचार्य हजारीप्रसाद द्विवेदी, पृ. 67
11. कबीर ग्रंथावली—सम्पा. बाबू श्यामसुन्दर दास, पृ. 3
12. वही, पृ. 1
13. कबीर—आचार्य हजारीप्रसाद द्विवेदी, पृ. 74
14. कबीर ग्रंथावली—सम्पा. बाबू श्यामसुन्दर दास, पृ. 1
15. वही, पृ. 1
16. वही, पृ. 3
17. वही, पृ. 4

रामचन्द्र शुक्ल के कबीर सम्बन्धी मूल्यांकन का पुनर्पाठ

आचार्य रामचन्द्र शुक्ल हिन्दी ही नहीं सम्पूर्ण भारतीय भाषाओं के श्रेष्ठतम आलोचक माने जाते हैं। वे विश्व के तीन श्रेष्ठतम आलोचकों में से एक हैं। मेरा मानना है कि अरस्तू, मैथ्यू आर्नल्ड और आचार्य रामचन्द्र शुक्ल विश्व के तीन सर्वश्रेष्ठ आलोचक हैं जिन्होंने काव्यालोचन के क्षेत्र में युगान्तरकारी कार्य किया है। हिन्दी आलोचना के क्षेत्र में शुक्लजी का अवतरण एक युगान्तरकारी घटना है। एक ऐसा प्रस्थान प्रवर्तक व्यक्तित्व जो अतीत से लेकर वर्तमान तक को नूतन बना दे और भविष्य के लिए विवेकपूर्ण संकेत कर जाए, वही आचार्य कहलाने का अधिकारी है। आचार्य रामचन्द्र शुक्ल ऐसे ही आचार्य हैं। आप हिन्दी जगत की साहित्यिक अभिरुचि को ऊपर उठाने के साथ-साथ ज्ञान-विज्ञान की दूसरी विद्याशाखाओं को आलोचना के अन्तरपाठ के साथ अनुस्यूत करते हैं। उनका आलोचकीय व्यक्तित्व इतना विराट और गम्भीर रहा है कि कोई दूसरा आलोचक उनके समकक्ष प्रतीत नहीं होता। उनका आलोचनात्मक लेखन गुण और परिमाण दोनों ही दृष्टियों से अतिशय उत्कृष्ट तथा उपयोगी है। उनके आलोचकीय व्यक्तित्व की गुरुता आज तक महसूस की जा सकती है। फलत: बाद के आलोचकों ने अपनी बहुत सारी शक्ति उनकी स्थापनाओं से टकराने में जाया की है। इस दृष्टि से आचार्य हजारीप्रसाद द्विवेदी हिन्दी के पहले महत्त्वपूर्ण आलोचक हैं जो शुक्लजी की मान्यताओं से सर्वप्रथम टकराते हैं। हिन्दी आलोचना के क्षेत्र में इनका आगमन भी आचार्य शुक्ल के तुरन्त बाद होता है। जिस तरह आचार्य शुक्ल संस्कृत और अंग्रेज़ी से हिन्दी में आए थे उसी तरह हजारीप्रसाद द्विवेदी संस्कृत और अपभ्रंश से हिन्दी में आते हैं। लेकिन आचार्य शुक्ल की आलोचनात्मक मान्यताएँ उस समय के किसी व्यक्ति-विशेष से प्रेरित और प्रभावित नहीं थीं जबकि द्विवेदीजी की आत्मा पर रवीन्द्रनाथ टैगोर कुंडली मारकर बैठे थे। द्विवेदीजी के लिए उनका अतिक्रमण लगभग असम्भव था। इन्होंने एक स्पष्ट ऐतिहासिक दृष्टि तथा विश्व मानवतावाद का प्रतिमान लेकर हिन्दी आलोचना के भव्य प्रासाद में प्रवेश किया। चूँकि आचार्य शुक्ल की आदिकाल, कबीर और छायावाद सम्बन्धी मान्यताएँ अपनी दृष्टिगत मर्यादा और उपलब्ध सामग्री की सीमा के कारण विवाद का विषय रही हैं फलत: हजारीप्रसाद द्विवेदी ने उन्हीं

विषयों को अपने विवेचन का आधार बनाया। आपने 'हिन्दी साहित्य की भूमिका' लिखकर आचार्य शुक्ल की कतिपय मान्यताओं को चुनौती देने का कार्य किया। इनका मानना था कि भक्ति काव्य भारतीय चिन्ता धारा का स्वाभाविक विकास है उसे इस्लाम की प्रतिक्रिया मानना सही नहीं होगा। उन्होंने स्वयं लिखा है "मैं ज़ोर देकर कहना चाहता हूँ कि यदि इस देश में इस्लाम न भी आया होता तो भी भक्ति काव्य का बारह आना वैसे ही होता जैसा कि आज है।"[1] यहाँ विचारणीय है कि द्विवेदी जी ने आचार्य शुक्ल की जिन मान्यताओं का खंडन करना चाहा वहाँ उनके आधे-अधूरे कथन को उद्धृत किया अथवा उतने ही पक्ष को उद्धृत किया जो उनके विवेचन में सहायता करते हों। इसे उनका व्यावहारिक चातुर्य माना जाएगा क्योंकि एकबारगी पाठक उसके प्रवाह में बह ही जाता है। इस कार्य में उनकी व्यास शैली भी सहकारी भूमिका में है।

आचार्य शुक्ल ने भी भक्ति के उद्भव पर सूरदास अथवा भ्रमरगीतसार की भूमिका नामक पुस्तक में सविस्तार लिखा है। उन्होंने यह प्रतिपादित किया है कि भक्ति के उद्भव का सम्बन्ध किस तरह श्रीमद्भागवत पुराण, नारद भक्ति सूत्र और आलवार भक्तों से जुड़ जाता है। उनकी भेदक इतिहास दृष्टि एवं गम्भीर लेखनी का संस्पर्श पाकर भक्ति की समूची परम्परा उद्भासित हो उठी है। हिन्दी साहित्य के इतिहास में आचार्य शुक्ल के जिन वक्तव्यों को द्विवेदी जी ने विवादास्पद बनाने का प्रयास किया वह इस प्रकार हैं—

"देश में मुसलमानों का राज्य प्रतिष्ठित हो जाने पर हिन्दू जनता के हृदय में गौरव, गर्व और उत्साह के लिए वह अवकाश न रह गया। उसके सामने ही उसके देव मन्दिर गिराए जाते थे, देव मूर्तियाँ तोड़ी जाती थीं और पूज्य पुरुषों का अपमान होता था और वह कुछ भी नहीं कर सकते थे। ऐसी दशा में अपनी वीरता के गीत ना तो वे गा ही सकते थे ना बिना लज्जित हुए सुन सकते थे। आगे चलकर जब मुस्लिम साम्राज्य दूर तक स्थापित हो गया तब परस्पर लड़नेवाले स्वतंत्र राज्य भी नहीं रह गए। इतनी भारी राजनीतिक उलटफेर के पीछे हिन्दू जन समुदाय पर बहुत दिनों तक उदासी छाई रही। अपने पौरुष से हताश जाति के लिए भगवान की शक्ति और करुणा की ओर ध्यान ले जाने के अतिरिक्त दूसरा मार्ग ही क्या था"?[2]

आचार्य द्विवेदी ने यह बताने की कोशिश की है कि मुसलमानों के आगमन के पूर्व ही देश में अनेक जातियाँ आ रही थीं और इस देश की संस्कृति का अभिन्न अंग बन गई थीं। उन्होंने सूर साहित्य में शुक्ल जी के उपर्युक्त उद्धरण पर प्रतिक्रिया व्यक्त करते हुए लिखा है कि "मुसलमानों के आगमन के पहले भी सैकड़ों जातियाँ इस देश में आकर हिन्दू धर्म का कवच पहन चुकी थीं। नई-नई जातियों के आने से नई नई समस्याएँ खड़ी हो गईं और हिन्दू शास्त्रकारों ने नई-नई स्मृति और नए-नए रूप में पुराण रचकर इन समस्याओं को हल करने की चेष्टा की थी। उस समय तक हिन्दू

जाति के अंदर अदम्य जीवनी-शक्ति और सम्पूर्ण सत्य की अवधारणा वर्तमान थी। इस जीवनी शक्ति के कारण ही वह नई व्यवस्था बना सकी थी परन्तु मुसलमानों के आने से वह शक्ति स्तंभित सी हो गई। अब तक जो जातियाँ आई थीं उनकी अपनी कोई जबरदस्त संस्कृति न थी पर मुसलमानों की संस्कृति केवल सशक्त और संयत ही नहीं थी उसमें भारतीय संस्कृति के विरोधी उपादान भी थे, यह बड़ी विकट समस्या थी?"[3] क्या हिन्दू जाति के भीतर की अदम्य जीवनीशक्ति के स्तंभित अर्थात जड़वत होने तथा अपने पौरुष से हताश जाति जैसे पदबन्ध में अर्थ के धरातल पर कोई भेद हो सकता है। यदि नहीं तो इसका आशय यह है कि द्विवेदीजी शुक्लजी की ही बात को उनका प्रतिवाद करते हुए कह रहे हैं।

इस प्रकार हम कह सकते हैं कि द्विवेदी जी यह बताने की कोशिश करते हैं कि भारतीय जन समुदाय जो कुछ सोच रहा था हिन्दी साहित्य उसे जानने का सबसे बड़ा साधन था। वह भारतीय जनमानस की स्वाभाविक चिन्ताधारा थी। जबकि आचार्य शुक्ल इसके पहले ही जनता की चित्तवृत्ति के संचित प्रतिबिम्ब को ही साहित्य बतला चुके थे। इसी तरह द्विवेदीजी यह भी कहते हैं कि हिन्दी साहित्य हतदर्प पराजित जाति की सम्पत्ति नहीं है, जबकि आचार्य शुक्ल ने ऐसा कहीं नहीं कहा है। ठीक इसी तरह द्विवेदी जी भक्ति काव्य में चार आना अर्थात पचीस प्रतिशत मुसलमानी प्रभाव स्वीकार भी करते हैं। कहने का आशय यह कि वे आचार्य शुक्ल की किसी भी मान्यता को तर्क अथवा प्रमाण के आधार पर ध्वस्त नहीं कर पाते, यह दूसरी बात है कि इससे हिन्दी आलोचना में एक नई बहस आरम्भ होती है। आचार्य शुक्ल ने भक्तिकाल के तीन बड़े कवियों जायसी, सूर और तुलसी पर स्वतंत्र पुस्तकें लिखी थीं और उनकी कविता के मर्मस्थल की मार्मिक पहचान की थी। उन्होंने उक्त कवियों की कविताओं के भावपक्ष और कलापक्ष का जो सूक्ष्म तथा सन्तुलित विवेचन किया है वैसा पाठ विश्लेषण अन्यत्र दुर्लभ है। वह किसी कारणवश कबीर पर पूरी पुस्तक नहीं लिख पाये और इसी कमी को पूरा करने के लिए द्विवेदी जी आगे आते हैं। लेकिन हमें यह नहीं भूलना चाहिए कि आचार्य शुक्ल ने जितना भी कबीर पर लिखा है वह व्यावहारिक आलोचना का अद्भुत नमूना है। उन्होंने कबीर के रचनात्मक व्यक्तित्व की जो छवि निर्मित की है वह अपनी वस्तुनिष्ठता के कारण खारिज नहीं हो सकी। यही कारण है कि आज आचार्य शुक्ल के कबीर सम्बन्धी मूल्यांकन का पुनर्पाठ तैयार करने की महती आवश्यकता है। आचार्य शुक्ल ने कबीर के सन्दर्भ में जो स्थापनाएँ दी उनमें निम्नलिखित बातें विचारणीय हैं—

1) "जो ब्रह्म हिन्दुओं की विचार पद्धति में ज्ञानमार्ग का एक निरूपण था उसी को कबीर ने सूफियों के ढर्रे पर उपासना का ही नहीं प्रेम का भी विषय बनाया और उसकी प्राप्ति के लिए हठयोगियों की साधना का समर्थन किया।

2) कबीर ने ज्ञान मार्ग की जहाँ तक बातें की हैं वह सब हिन्दू शास्त्रों की हैं जिनका संचय उन्होंने रामानन्द जी के उपदेशों से किया।
3) ज्ञान मार्ग की बातें कबीर ने हिन्दू साधू-संन्यासियों से ग्रहण कीं जिसमें सूफ़ियों के सत्संग से उसमें प्रेम तत्व का मिश्रण किया और अपना एक अलग पंथ बनाया।
4) उपासना के बाह्य-स्वरूप पर आग्रह करनेवाले कर्मकांड को प्रधानता देनेवाले पंडितों और मुल्लों दोनों को उन्होंने खरी-खरी सुनाई और राम-रहीम की एकता समझाकर हृदय को शुद्ध और प्रेम में करने का उपदेश दिया।
5) यद्यपि वे पढ़े-लिखे ना थे पर उनकी प्रतिभा बड़ी प्रखर थी जिससे उनके मुँह से बड़ी चुटीली और व्यंग्य चमत्कारपूर्ण बातें निकलती थीं।
6) कबीर अपने श्रोताओं पर अच्छी तरह भाषित करना चाहते थे कि हमने ब्रह्म का साक्षात्कार कर लिया है, इसी से वह प्रभाव डालने के लिए बड़ी लम्बी-चौड़ी गर्वोक्तियाँ भी कभी-कभी कहते थे।
7) कबीर के बीजक में वेदांत तत्व, हिन्दू मुसलमानों को फटकार, संसार की अनित्यता, हृदय की शुद्धि, प्रेम साधना की कठिनता, माया की प्रबलता, मूर्ति पूजा, तीर्थाटन आदि की असारता और नमाज, व्रत, आराधन की निन्दा इत्यादि प्रसंग हैं। सांप्रदायिक शिक्षा और सिद्धान्त के उपदेश मुख्यत: साखी के भीतर हैं जो दोनों में हैं। इसकी भाषा सधुक्कड़ी अर्थात राजस्थानी पंजाबी मिली खड़ी बोली। पर रमणीय शब्द में गाने के पद हैं जिनमें काव्य की ब्रजभाषा और कहीं-कहीं पूर्वी बोली का व्यवहार है।
8) भाषा बहुत परिष्कृत और परिमार्जित ना होने पर भी कबीर की उक्तियों में कहीं-कहीं विलक्षण प्रभाव और चमत्कार हैं, प्रतिभा उनमें बड़ी प्रखर थी इसमें सन्देह नहीं।"[4]
9) इसमें कोई सन्देह नहीं है कि कबीर ने नैतिक मोर्चे पर जनता के बड़े भाग को संभाला जो नाथपंथियों के प्रभाव से प्रेम भाव और भक्ति रस से शून्य और शुष्क पड़ता जा रहा था। उनके द्वारा यह बहुत बड़ा कार्य हुआ। इसके साथ ही मनुष्य की एक सामान्य भावना को आगे करके निम्न श्रेणी की जनता में उन्होंने आत्मगौरव का भाव जगाया और उसे भक्ति के ऊँचे से ऊँचे स्थान की ओर बढ़ने के लिए बढ़ावा दिया।[5]

आख़िर कबीर के अवदान का इतना बहुमुखी और वैज्ञानिक विश्लेषण और किसने किया है? शुक्लजी कबीर की प्रतिभा की प्रखरता का दो बार उल्लेख करते हैं। क्या हम शुक्लजी जैसे आलोचक से यह अपेक्षा रखते

हैं कि वह वस्तुनिष्ठ विश्लेषण के बजाय किसी कवि का करतार लेकर यशगान करे? आचार्य शुक्ल ने अवसर मिलने पर अपने विश्वविख्यात निबन्ध-काव्य में रहस्यवाद में भी कबीर पर विशेष रूप से लेखनी चलाई है। वे लिखते हैं कि—

10) "ब्रह्म, माया, पंचेन्द्रिय, जीवात्मा, विकार, परलोक आदि को लेकर कबीरदास ने अनेक मूर्तस्वरूप खड़े किए हैं। इन मूर्त रूपकों में ध्यान देने की बात यह है कि जो रूप योजना केवल अद्वैतवाद, मायावाद आदि वादों के स्पष्टीकरण के लिए की गई है उसकी अपेक्षा वह रूप योजना जो किसी सर्वस्वीकृत, सर्वानुभूत तथ्य को भावक्षेत्र में लाने के लिए की गई है, कहीं अधिक मर्मस्पर्शी है। उदाहरण के लिए मायावाद-समन्वित अद्वैतवाद के स्पष्टीकरण के लिए कबीर की यह उक्ति लीजिए—

"जल में कुंभ, कुंभ में जल है, बाहिर भीतरि पानी।
फूटा कुंभ, जल जलहि समाना, यह तत कथो गियानी ॥"

यह वेदांत ग्रंथों में लिखा हुआ दृष्टान्त कथन मात्र है। अच्छा, इसी ढंग की एक दूसरी कुछ और विस्तृत रूप योजना देखिए—

"मन न डिगै ताथै तन न डराई।
अति अथाह जल गहिर गम्भीर, बाँधि जंजीर जलि बोरे हैं कबीर।
जल की तरंग उठी, कटी है जंजीर, हरि सुमिरत तट बैठे हैं कबीर

11) इसमें ज्ञानोदय द्वारा अज्ञान का बन्धन कटने और भव सागर के पार लगने का संकेत है। यह बन्धन हरि की कृपा से कटा है, इससे कबीरदास अब उनका स्मरण करते और गुण गाते हैं। यह एक निरूपित सिद्धान्त का वास्तव में घटित तथ्य के रूप में चित्रण मात्र है। ज्ञान से मुक्ति होती है और ज्ञान ईश्वर के अनुग्रह से होता है। यह एक वाद या सिद्धान्त है। कबीरदास जी इस बात को इस रूप में सामने पेश करते हैं मानों यह सचमुच हुई है—वे भव सागर के पार हो गए हैं और फूले नहीं समा रहे हैं। हम जानते हैं कि इसकी व्याख्या के लिए ऐसे बँधे और मँजे हुए वाक्य मौज़ूद हैं कि यह तो साधक की उस दिव्य अनुभूति की दशा है जिसमें वह अपने को इस भौतिक कारागार से मुक्त और बाह्य की ओर अग्रसर देखता है।" पर यदि कोई कहे कि यह सब कुछ नहीं, यह एक सांप्रदायिक सिद्धान्त का काव्य के ढंग पर स्वीकार मात्र है, तो हम उसका मुँह नहीं थाम सकते।"[6]

इस तरह आचार्य शुक्ल यह प्रतिपादित करते हैं कि कबीर की काव्य पंक्तियाँ दार्शनिक धारणाओं, सूत्रों, अनुभवों को परम्परा में केवल दुहराती हैं। इसमें बहुत कुछ मार्मिक कविता भी विचारों की एकरसता से दब -सी गयी है। शुक्ल जी इसके

बरक्स लोकजीवन से अनुप्राणित पंक्तियों पर भी टिप्पणी करते हैं जिनमें अपेक्षित काव्य-सौष्ठव है। वे अपनी बात को आगे बढ़ाते हुए कहते हैं कि—"अब देखिए कि उक्त पंक्तियों की अपेक्षा कबीरदास जी नीचे दी हुई उक्तियाँ, जो लोकमत या अनुभव सिद्ध तथ्यों को सामने रखती हैं, कितनी मर्मस्पर्शिणी हैं। देहावसान सबसे अधिक निश्चित एक भीषण तथ्य है। उसके निकट होने की कैसी मूर्तिमान चेतावनी इस साखी में है—

"बाढ़ी आवत देखि करि तरिवर डोलन लाग।
हमें कटे की कुछ नहीं, पंखेरू घर भाग॥"

हवा में हिलता हुआ पेड़ मानों बढ़ई को आता देख काँपता है—बुढ़ापे से हिलता शरीर मानों काल को पास पहुँचता देख थर्राता है। शरीर कहता है कि हमारे नष्ट होने की परवाह नहीं, हे आत्मा! तू अपनी तैयारी कर!

"मेरो हार हिरानो मैं लजाऊँ।
हार गुह्यो मेरो राम ताग, बिचि बिचि मानकि एक लाग।
पंच सखी मिली हैं सुजान, चलहु त जइए त्रिवेनी न्हान।
न्हाइ धोइ के तिलक दीन्ह, ना जानूँ हार किनहि लीन्ह।
हार हिरानो, जन बिलम कीन्ह, मेरो हार परोसिनी आहि लीन्ह।"

यह उस मन के खो जाने का पछतावा है जो ईश्वर का स्मरण किया करता था। जीवात्मा कहता है कि 'मुझे पंचेन्द्रियाँ बहकाकर त्रिगुणात्मक प्रवाह में अवगाहन कराने ले गईं जहाँ मन फँस गया। उसी मन के प्रेम को लेकर मुझे उस प्रिय के पास जाने का अधिकार था। अब उसके बिना जाते नहीं बनता। इंद्रियों ने बेतरह ठगा। इस पद में ईश्वर और परलोक माननेवाले मनुष्य मात्र की सामान्य भावना का अनुसरण करके बड़ा ही मूर्त विधान है। कुछ खटकनेवाला शब्द त्रिवेणी (त्रिगुणात्मक प्रवाह) है क्योंकि प्रकृति के तीन गुण एक दर्शन विशेष के भीतर की निरूपित संख्या है। पर इस शब्द से अध्यवसान में बड़ा सुन्दर समन्वय हो गया है।

अन्योक्ति पद्धति का अवलम्बन कबीरदास जी ने कम ही किया है। अधिकतर स्थानों में उन्होंने विकारों, भूतों, इंद्रियों, चक्रों, नाड़ियों इत्यादि की शास्त्रों में बँधी हुई केवल संख्याओं का उल्लेख अध्यवसान रूपकों में करके पहेली बुझाने का काम किया है। उनकी जो अन्योक्तियाँ या अध्यवसान प्रहेलिका के रूप में नहीं हैं और वादमुक्त हैं वे शुद्ध काव्य के अन्तर्गत आ सकती हैं। वाद या सिद्धान्त के रूप में प्रतिपादित बातों को स्वभाव सिद्ध तथ्य के रूप में चित्रित करना और उनके प्रति अपने भावों का वेग प्रदर्शित करके औरों के हृदय में उस प्रकार की अनुभूति उत्पन्न करने की चेष्टा करना, हम सच्चे कवि का नहीं मानते, मतवादी का काम मानते हैं। मनुष्य का हृदय अत्यन्त पवित्र वस्तु है। उसे प्रकृत मार्ग से यों ही इधर-उधर भटकाने की चेष्टा, चाहे वह निष्फल ही क्यों न हो, उचित नहीं।"[7]

यहाँ इतने बड़े उद्धरण को प्रस्तुत करने का मूल कारण यह है कि आचार्य शुक्ल ने जिस वैज्ञानिक चेतना और वस्तुनिष्ठता के साथ कबीर की सृजनात्मकता तथा रचनात्मक दृष्टि का विश्लेषण किया है वैसा दूसरा और कौन आलोचक कर पाया है? उन्होंने कवि के व्यक्तित्व, विचार, दर्शन, रहस्य-चेतना, संवेदना एवं कलात्मक सन्दर्भों के विश्लेषण में जिस तटस्थता और सहृदयता का परिचय दिया है वह अन्यत्र दुर्लभ है। कबीर के काव्य के अभावात्मक पक्षों का निर्वचन करते हुए उसमें निहित काव्यात्मक शक्तियों का जिस खुले मन से शुक्लजी ने प्रशंसा की है वह हिन्दी आलोचना की विशिष्ट उपलब्धि है।

इसके ठीक विपरीत जब द्विवेदीजी कबीर पर विचार करते हैं तो उन्हें आचार्य शुक्ल की उक्त स्थापनाएँ बेहद नागवार लगती हैं। फलत: वे उक्त विषय पर अपना भिन्न दृष्टिकोण प्रस्तुत करने का प्रयास करते हैं। द्विवेदीजी ने कबीर को योगी के बजाय भक्त माना जिसे आचार्य शुक्ल पहले ही कह चुके थे।

आचार्य शुक्ल की कबीर सम्बन्धी मान्यताओं पर घोर असहमति व्यक्त करते हुए द्विवेदी जी ने निम्नलिखित बातें कही हैं—

1. "कबीर योगियों के द्वारा प्रभावित तो बहुत हैं पर वह स्वयं वही नहीं जो योगी हैं। हम यहाँ फिर एक बार कहते हैं कि कबीर दास यौगिक क्रियाओं को भी बाह्याचार्य ही मानते थे।"[8]
2. "उनका केन्द्रीय विचार भक्ति था। वे भक्ति को प्रधान मानते थे। उसके रहने पर बाह्याचार का होना ना होना गौण बात है।"[9]
3. "जिस दिन से महा गुरु रामानन्द ने कबीर को भक्ति रूपी रसायन दी उस दिन से उन्होंने सहज समाधि की दीक्षा ली। आँख मूँदने और कान सूँघ के टंटे को नमस्कार कर लिया मुद्रा और आसन की गुलामी को सलामी दे दी।"[10]
4. "कबीर ने ही इस इतने बड़े विश्व व्यापार को निरर्थक नहीं समझा। उन्होंने उसे इस असीम प्रियतम की लीला का उन्मेषयिता माना है।"[11]
5. "कबीर ने कविता लिखने की प्रतिज्ञा करके अपनी बात नहीं कही थी। उनकी छन्दयोजना, उक्तिवैचित्र्य और अलंकार विधान पूर्ण रूप से स्वाभाविक और अयत्नसाधित है।"[12]
6. "भाषा पर कबीर का जबरदस्त अधिकार था। वे वाणी के डिक्टेटर थे। जिस बात को उन्होंने जिस रूप में प्रकट करना चाहा है उसे उसी रूप में भाषा से कहलवा लिया है—बन गया है तो सीधे-सीधे नहीं दरेरा देकर। भाषा कुछ कबीर के सामने लाचार सी नज़र आती है।"[13]

इस प्रकार हम देखते हैं कि आचार्य द्विवेदी शुक्ल जी से एकदम अलग हटकर कबीर के सम्बन्ध में बातें कहने का प्रयास करते हैं लेकिन उनकी स्थापना शुक्ल

जी की स्थापना को निरस्त नहीं कर पाती। द्विवेदी जी भले ही कबीर को वाणी का डिक्टेटर कहते हैं। लेकिन हिन्दी का सामान्य पाठक आज भी आचार्य शुक्ल द्वारा प्रतिपादित सधुक्कड़ी अर्थात राजस्थानी, पंजाबी मिली खड़ी बोली को ही उनकी भाषा मानता है। साथ ही रमैनी और सबद के गीतों में ब्रजभाषा और कहीं-कहीं पूरबी बोली का व्यवहार परिलक्षित होता है। द्विवेदी जी की बात उसके गले नहीं उतरती। उसमें केवल भावोद्गार है कोई तटस्थ आलोचकीय विश्लेषण नहीं। डॉ. नामवर सिंह ने 'दूसरी परम्परा की खोज' लिखकर द्विवेदीजी को आचार्य रामचन्द्र शुक्ल से अलग बताने का प्रयास किया है परन्तु वस्तुस्थिति इससे कोसों दूर है। द्विवेदीजी तथा बाद के अन्य आलोचकों ने शुक्लजी के कबीर पर लिखे गए समस्त लेखन को पढ़े बगैर अपने काम की कुछ पंक्तियों को उद्धृत करके आचार्य शुक्ल को कबीर विरोधी सिद्ध करने का प्रयास किया है जो तथ्यात्मक दृष्टि से गलत है। ऐसी स्थिति में शुक्लजी के कबीर सम्बन्धी मूल्यांकन का नया पाठ तैयार करना वैज्ञानिकता का तकाजा है। इसे हम हिन्दी आलोचना के अविवेक को दर्शानेवाला एक ज्वलंत पृ. कहेंगे कि जिस आचार्य शुक्ल ने कबीर के व्यक्तित्व एवं कृतित्व की सम्पूर्ण शक्ति, प्रतिभा, रचनात्मक सन्दर्भों और अभावात्मक आयामों को पूरी नि:संगता एवं तटस्थता के साथ विश्लेषित किया उसे ही कबीर के विरोधी के रूप में प्रचारित किया गया। आचार्य शुक्ल ने कबीर की रचनाओं के आभ्यन्तर से लेकर उसके भाषिक और शिल्प-सौष्ठव तक के विवेचन में जिस आलोचनात्मक विवेक का मानक उपस्थित किया है वह अन्यत्र दुर्लभ है। शुक्लजी ने कबीर की प्रखर प्रतिभा की प्रशंसा करते हुए उनके काव्य के मार्मिक स्थलों की पहचान और तलस्पर्शिनी व्याख्या जिस स्तर पर की है उसकी तुलना में कबीर के तथाकथित शुभचिन्तक आलोचक कहीं नहीं ठहरते। आचार्य शुक्ल ने कबीर द्वारा सामाजिक विसंगतियों, साम्प्रदायिक भेदभाव, बाह्याडम्बर, पाखंड, हिंसा आदि पर किए गए काव्यात्मक प्रहार को भी रेखांकित किया है। उन्होंने कबीर की लोकधर्मिता को सराहा भी है। ऐसे दृष्टि-सजग, न्यायप्रिय आलोचक को कबीर के विरोधी के रूप में प्रचारित करने का जो अपकर्म हिन्दी आलोचना ने किया है वह बेहद चिन्तनीय है। इस भ्रम का निराकरण करने तथा शुक्लजी के अवदान को सही सन्दर्भ में समझाने की कोशिश हमने की है। मुझे पूर्ण विश्वास है कि मेरे इस प्रयास से शुक्लजी के कबीर सम्बन्धी मूल्यांकन पर खुला विमर्श आरम्भ होगा। यह कबीर के मूल्यांकन के वैज्ञानिक प्रयास को बढ़ावा देगा।

सन्दर्भ-ग्रंथ-सूची

1. हिन्दी साहित्य का इतिहास, आचार्य रामचन्द्र शुक्ल, पृ. 2
2. वही, पृ. 60

3. सूर-साहित्य, आचार्य हजारीप्रसाद द्विवेदी, पृ. 44-45
4. हिन्दी साहित्य का इतिहास, आचार्य रामचन्द्र शुक्ल, पृ. 681
5. वही, पृ. 56
6. आचार्य रामचन्द्र शुक्ल के श्रेष्ठ निबन्ध, सम्पा. सत्यप्रकाश मिश्र, पृ. 144-145
7. वही, पृ. 145-146
8. कबीर, आचार्य हजारीप्रसाद द्विवेदी, पृ. 93
9. वही, पृ. 135
10. वही, पृ. 151
11. वही, पृ. 213
12. वही, पृ. 217
13. वही, पृ. 170

सूफी काव्य का समाजशास्त्र और वर्तमान समय

भारतीय इतिहास का मध्यकाल दो भिन्न संस्कृतियों में पारस्परिक द्वन्द्व तथा सामंजस्य स्थापना के प्रयास का युग है। यद्यपि प्रारम्भ में यह संघर्ष अपने उग्र रूप में दिखलाई पड़ता है पर धीरे-धीरे कुछ शताब्दियों तक साथ-साथ रहने के कारण दोनों की एक दूसरे पर परस्पर निर्भरता बढ़ती है। दोनों के बीच अन्तरावलम्बन की अन्तहीन प्रक्रिया आरम्भ होती है। मुसलमानों की संकीर्णता में कमी आने के उपरान्त समन्वय की चेष्टा ज़ोर पकड़ती है। मुस्लिम शासकों को यहाँ की जनता का सहयोग प्राप्त करने के लिए हिन्दुओं को राज-काज में शामिल करने के लिए विवश होना पड़ा। यहीं से सांस्कृतिक समन्वय की प्रक्रिया का श्रीगणेश हुआ। इतिहास गवाह है कि कई उदार मुस्लिम शासकों ने दोनों धर्मावलम्बियों में परस्पर सहयोग का सराहनीय प्रयास किया। इस सांस्कृतिक समन्वय का दूसरा प्रयास विद्वानों और सूफी-संतों द्वारा हुआ जिन्होंने रागात्मक और वैचारिक सम्बन्ध विकसित करने में सफलता हासिल की। दो विपरीत ध्रुवों के मध्य सांस्कृतिक संवाद की पीठिका तैयार की। सूफियों का दर्शन और सिद्धान्त उदार था, वे 'मानुष प्रेम भयउ बैकुंठी' जैसे आदर्श के प्रतिष्ठाता थे। उनका सारा जीवन उच्च एवं आदर्शमय था। धार्मिक संकीर्णता से वे दूर थे। उन्होंने हिन्दू-समाज की प्रेम-गाथाओं को आधार बनाकर तत्कालीन लोकभाषा में अपने सिद्धान्तों की काव्यात्मक प्रस्तुति की। उनकी उदारता ने हिन्दू-मुसलमानों को निकट लाने में महत्त्वपूर्ण भूमिका निभायी। हिन्दी के सूफी कवियों ने जिस काव्य की रचना की, उसका उद्देश्य इस्लाम का प्रचार अथवा सूफी सिद्धान्तों का क्रमबद्ध निरूपण नहीं था। वे लोग मानवीय प्रेम का उदात्तीकरण कर उसे स्वर्गीय गरिमा प्रदान करने के कायल थे। वे 'इश्के मजाजी' को 'इश्के हकीकी' में तब्दील करने के लिए लालायित थे। उनके काव्य का विस्तृत और मनोरम प्रासाद प्रेम और सांस्कृतिक सौमनस्य की सुदृढ़ भित्ति पर खड़ा है। ऐसा माना जाता है कि कवियों, दार्शनिकों, मीमांसकों, समाजशास्त्रियों और शिक्षाविदों के समक्ष सबसे बड़ी चुनौती समाज की वास्तविकता को जानने और उसके निर्वचन की है। चूँकि वास्तविकता के अन्तरतम में जनसाधारण का हित निहित है अत: हमारे समाजशास्त्री विश्वसनीय सिद्धान्तों के निर्माण को लेकर चिन्तित रहते हैं।

किसी भी सिद्धान्त निर्माण में सबसे बड़ी कठिनाई प्रविधि (Method) की होती है। कोई भी सिद्धान्त समाज की वास्तविकता को जानने का माध्यम होता है फिर चाहे वह सूक्ष्म (Micro) केन्द्रित हो अथवा वृहद (Mecro) केन्द्रित। उसकी एक सुनिश्चित प्रविधि का होना अपरिहार्य है। कविता का समाजशास्त्र भी एक विशिष्ट पद्धति और ठोस प्रतिमान की अपेक्षा रखता है। वैसे तो समाजशास्त्र का एक अनुशासन के रूप में अध्ययन आधुनिक काल की देन है। यह मूल रूप से पाश्चात्य जगत् और विशेष रूप से अमेरिकी अध्ययन की शाखा है। मेरा मानना है कि भारतवर्ष में सम्पूर्ण यूरोप से भी अधिक भौगोलिक, सांस्कृतिक, भाषिक, सामाजिक, जातिगत तथा वर्णगत विविधता मिलेगी। ऐसी स्थिति में हिन्दी कविता के समाजशास्त्रीय विश्लेषण हेतु एक उच्चस्तरीय एवं गम्भीर प्रयास की दरकार है। इसके लिए ज़रूरी है कि हम पश्चिम की नक़ल करने के बजाय स्वायत्त भारतीय प्रतिमानों की निर्मिति करें। इस दिशा में हिन्दी के सर्वश्रेष्ठ एवं विश्स्तरीय आलोचक आचार्य रामचन्द्र शुक्ल द्वारा दिया गया 'लोकधर्म' शब्द अपने आपमें एक श्रेष्ठतम प्रतिमान सिद्ध हो सकता है। इसके अलावा भारतीय काव्यशास्त्र और दर्शन में बहुप्रयुक्त 'श्रेय' और 'प्रेय' शब्द भीं हैं, जो कविता का साध्य होते हैं। इनका कविता के समाजशास्त्रीय विश्लेषण के लिए बतौर मानदंड वैज्ञानिक उपयोग सम्भव है। हिन्दी का सूफी काव्य तत्कालीन जटिल एवं विविधतापूर्ण समाज-व्यवस्था का जिस संलग्नता से चित्रण करता है, वह सहृदय पाठक के लिए रमणीय वस्तु है। सूफी कवियों द्वारा चित्रित प्रेम-दर्शन और लोकजीवन की बहुविध छवियाँ तनाव प्रबन्धन (stress management) का आधार निर्मित करती हैं। इन कवियों ने अपने उदार दृष्टिकोण के कारण न केवल सामन्ती-प्रेम का मुखौटा उतारा है अपितु तत्कालीन मुस्लिम शासकों के सांस्कृतिक छल को भी उजागर किया है।

चूँकि सूफी कवियों का लक्ष्य लौकिक प्रेम के माध्यम से अलौकिक प्रेम की व्यंजना करना रहा है अत: उन्होंने परमात्मा को प्रियतमा का प्रतीक बतलाकर जगत के समस्त रूपों को उसी की छाया से उद्भासित माना है। इनकी दृष्टि में मनुष्य का सारा प्रयत्न सुन्दर और पूर्ण होने के लिए ही है। ईश्वर सर्वोत्कृष्ट सौन्दर्य है इसलिए वही पूर्ण है और मनुष्य का आदर्श है। इसी पूर्णता की प्राप्ति के लिए मनुष्य उस पूर्ण और चरम सौन्दर्य में अनुरक्त होता है। उसके साक्षात्कार की कामना करता है। उसके सौन्दर्य सागर में डुबकी लगाना चाहता है। सूफियों का यही प्रेम मनुष्यता की उस भाव-भूमि का आदर्श प्रस्तुत करता है जहाँ सांप्रदायिक संकीर्णता की क्षुद्र धारा एक धीर-गम्भीर-प्रशान्त एवं शीतल महासमुद्र में बदल जाती है। इसी भाव-भूमि पर खड़े होकर जायसी योग और प्रेम को एक सूत्र में पिरो देते हैं और हिन्दू-मुसलमान के बीच की नफ़रत की दीवार तोड़कर उसमें व्यापक भारतीय संस्कृति की धारा

प्रवाहित कर देते हैं जिसमें मातृभूमि का प्यार और अपनी राष्ट्रीय संस्कृति का प्रेम ही प्रधान है। सूफियों की व्यापक प्रेम-भावना एवं उदार समन्वयात्मक दृष्टिकोण को प्राय: सभी संत-भक्त कवियों ने अपने-अपने ढंग से पुरस्कृत किया। जायसी का विचार है कि हिन्दू और मुसलमान एक ही वृक्ष की दो डालें हैं, उनमें किसी भी तरह का मतभेद उचित नहीं—

बिरिछ एक लागी दुइडारा। एकहिं ते नाना परकारा।
मातु के रकत, पिता के बिन्दू। उपने दुवौ तुरक और हिन्दू॥

—जायसी ग्रंथावली, पृ. 313

भारतीय दर्शन की भी तो यही अवधारणा है कि सभी उस परात्पर सत्ता का अंश है। उनमें परस्पर कोई भेद-भाव नहीं। प्रत्येक जीव एक ही अलौकिक सत्ता का अंश होने के कारण समान है। गीता में श्रीकृष्ण ने पहले ही कहा था—

'ईश्वर: सर्वभूतानां हद्देशेऽर्जुन तिष्ठति।'

जायसी की भाँति दादूदयाल भी कहते हैं कि—

हम सब देख्या सोधि करि, दूजा नाहीं आन।
सब घर एकै आतमा, क्या हिन्दू क्या मुसलमान॥

गुरुनानक देवजी भी यह कहने के लिए विवश हो जाते हैं कि—

बन्दे एक खुदाय है, हिन्दू मुसलमान,
दावा राम रसूल कर, लड़दे बेईमान॥"

हिन्दू-मुस्लिम ऐक्य से प्रेरित होकर बुल्लेशाह को लिखना पड़ा कि—

दुई दूर करो कोई सोर नहीं, हिन्दू तुरक कोई होर नहीं।
सब साधु लखो कोई चोर नहीं, घट-घट में आप समाया है।

संत कवि पलटूदास को मुसलमान रबी और हिन्दू खरीफ की फसल प्रतीत होता है। वे लिखते हैं कि—

मुसलमान है रब्बी मेरा, हिन्दू भया खरीफ,
हिन्दू भया खरीफ दोऊ हैं फसिल हमारी।
दोनों को समझाया ज्ञान के दफतर खोल,
मुसलमान है रब्बी मेरा हिन्दू भया खरीफ॥

कविवर मलूकदास की दृष्टि में हिन्दू और मुसलमान एक ही सृजेता का सृजन हैं, उनका भरण-पोषण और प्रतिपालन करनेवाला एक ही ब्रह्म है। उस ब्रह्म की महिमा अनन्त है और वह सर्वव्यापी है—

सर्वव्यापी एक को हारा, जाकी महिमा और न पारा,
हिन्दू तुरक का एकै करता, एकै ब्रह्म सबन को भरता।

इस तरह जायसी आदि सूफी कवियों की विचारधारा का प्रभाव संत-भक्त कवियों पर काफी गहरा है। यहाँ तक कि गोस्वामी तुलसीदास के "माँगि के खैबो मसीत को

सोइबो" पर भी। प्राय: सभी सूफी कवियों ने हिन्दू-मुसलमानों पर शासन करनेवाले मुस्लिम शासकों को समदृष्टि अपनाने के लिए चेताया है। किसी के लिए जजिया कर और किसी के लिए रियायतें ऐसा करने से शासन नहीं चलता। इसलिए 'मुहम्मद एकै होइ रहै' अर्थात् एक ही विचार, एक ही विधान उस सत्ता की भाँति होना चाहिए जो समूची मानव जाति का संचालक है। शासन व्यवस्था की तरफ़ से बिना किसी भेद-भाव के सभी के प्रति समान रवैया अपनाया जाना चाहिए—

एकहिं ते दुइ होइ, दुइ सों राज न चलि सकै।
बीचु ते आपुहिं खोई, मुहम्मद एकै हुइ रहै॥

मध्यकालीन समाज में केवल हिन्दुओं और मुसलमानों में ही विवाद नहीं था, अपितु हिन्दू धर्म के अनेक पंथों एवं उपासना पद्धतियों की तरह स्वयं मुस्लिम धर्म में भी अनेक सम्प्रदाय थे जो एक दूसरे को नीचा दिखाने की भरसक कोशिश कर रहे थे। यहाँ तक कि स्वयं सूफी धर्म में भी ऐसे अनेक संगठन थे—(1. चिश्तिया सम्प्रदाय, 2. कादिरिया सम्प्रदाय, 3 नक्शबन्दिया सम्प्रदाय, 4. सुहरवर्दिया सम्प्रदाय) जो अपनी बात मनवाने के लिए और संगठनों पर दबाव डालते थे। यद्यपि जायसी ने कबीर की भाषा में तो उनकी ख़बर नहीं ली, परन्तु इतना संकेत ज़रूर कर दिया कि हे मनुष्यो! जिसने इस संसार में तुमको भेजा है वह एक दिन हिसाब माँगेगा कि तुम अपने ही लोगों के साथ अन्याय और शोषण क्यों करते हो? तुम्हें अपने किए गये कर्मों का फल भुगतना पड़ेगा और यह सत्य है कि जो जैसा करता है वैसा ही पाता है। कोई बबूल का वृक्ष उगाकर धन प्राप्त करना चाहे तो असम्भव है—

गरब करै जो हौंहौं करई। बैरी सोइ गोसाई की अहई॥
जो जानै निश्चय है मरना। तेहि कहँ मोर-तोर का करना॥
सो जब पूछिहिं मैं जो दीन्हा। तै ओह करकस अवगुन कीन्हा॥
कौन उतरू का करब बहाना। बोवै बबुर लहै कित धाना॥

कहना न होगा कि 'कौन उतरु का करब बहाना' में गहरी पीड़ा का अहसास है, अनुनय है, दर्द है, दूसरे के दु:ख में दु:खी होने का भाव है। यह उस समय के शासकों से लेकर जनसामान्य तक को अपनी कट्टरता छोड़ने और बेहतर मनुष्य बनने के लिए प्रेरित करता है। जायसी को बड़े ही स्पष्ट शब्दों में कहना पड़ा कि जन-सामान्य की रक्षा और कल्याण के लिए समान कानून की आवश्यकता होती है; तभी किसी प्रकार के मतभेद की गुंजाइश नहीं बचती—

अस मन बूझि छाड़ को तोरा। होहु समान करहु मति मोरा॥
दुइ हुति चलै न राज न रैवत। तब वे सीख जो होइ मगैवत॥

राजा और रैयत दो होकर नहीं चल सकते, यह जायसी का लोकतांत्रिक सामाजिक सरोकार है।

जायसी मानव-मात्र के लिए कल्याण-कामना करनेवाले साधक थे। इसीलिए उन्होंने प्रेमतत्व को चुना। उनके प्रेम का स्वरूप अपने प्रशस्त रूप में अत्यन्त व्यापक था। उन्हें चराचर जगत में प्रेम के अतिरिक्त कुछ दिखाई ही नहीं देता था—

तीन लोक चौदह खंड, सबै परै मोहि सूझि।
प्रेम छाँड़ि नहिं लेन किछु, जो देखा मन बूझि॥

मौलाना दाउद से लेकर कुतबन, मंझन, जायसी, नूर मुहम्मद, उसमान, शेखरहीम, कासिमशाह आदि ने अपनी रचनाओं में प्रेम-निरूपण को ही काव्य-रचना का प्रयोजन बताया है। वस्तुत: प्रेम के उदात्त और गहन स्वरूप का अत्यन्त प्रभावकारी चित्रांकन इनका साध्य है। नूर मुहम्मद ने बड़े ही स्पष्ट शब्दों में कहा कि—

नूर मुहम्मद यह कथा, अहै प्रेम की बात।
जेहि मन होइ प्रेम रस, पढ़ै सोय दिन रात॥

सूफी कवियों में नारी जाति के प्रति बड़ी ही उदात्त भावना पायी जाती है। नारी जीवन के विविध आयामों का चित्रण जिस संलग्नता से सूफी कवियों ने किया है वह काबिलेतारीफ़ है। प्रथम सूफी कवि मुल्लादाउद का 'चन्दायन' तो विशुद्ध रूप से लौकिक धरातल पर रचित प्रेमाख्यान है जिसमें कवि ने नारी मन के मर्मस्पर्शी दशाओं के चित्रण में अभूतपूर्व सफलता अर्जित की है। मुल्लादाउद ने बेहद सीधी-सादी लोक कथा में नारी हृदय की कोमलतम झाँकी प्रस्तुत की है। वे लिखते हैं कि "चाँद को ब्याहे वर्षों हो गए, परन्तु उसने अभी तक पति की छाँह तक नहीं देखी। नपुंसक पति से उसकी साधें कैसे पूरी हो सकती थीं—'वह नाक तक पानी रहते हुए भी प्यासी मर रही हैं'—कितनी सार्थक, मार्मिक और व्यंजनात्मक अभिव्यक्ति है—

एको साध न हियें बुझानी। मुयौ पियासन नांक लहि पानी॥

इसी प्रकार कवि ने मैना की वियोग वेदना का बारहमासा पद्धति द्वारा बड़ा ही मार्मिक चित्र खींचा है। उसके दु:ख से—"निसि दुख मैनहि रोइ बिहाई। सम दिन रहै मैन पंथ लाई॥"—सावन की झड़ी लग गई। भादो की अन्धकारमयी रात्रि में किसी संगी-साथी के न रहने पर उसका हृदय विदीर्ण हुआ चाहता है—"संग न साथी न सखी सहेली। देखि फाटि हिय मन्दिर अकेली॥" इसी तरह धीरे-धीरे बारहों महीने बीत गये परन्तु उसका प्रियतम नहीं आया। उसके मन की व्यग्रता और हृदय की व्याकुलता इन पंक्तियों में अवलोकनीय है—

काहे कहँ विधि हौं औतारी। बरु औतरतहिं मरतिउं बारी॥
यह दुख भार सहै को बारी। तिहि निसि रोइ देवस मंहजारी॥

प्राय: सभी सूफी कवि अत्यन्त उदारचेता, महान समन्वयवादी सांस्कृतिक कवि हैं। इन कवियों ने हिन्दुओं की कहानी का, हिन्दुओं की भाषा में, हिन्दुओं की श्रद्धा और महान आस्था के साथ वर्णन किया है। जायसी के 'पद्मावत' और 'कन्हावत' में न केवल हिन्दुओं के सांस्कृतिक मूल्य, मान, मर्यादा एवं आस्थाएँ अक्षुण्ण हैं

अपितु उनका यथावश्यक उन्नयन तथा विस्तारण भी हुआ है। जायसी ने इन दोनों ग्रंथों में भारतीय संस्कृति के चारों अंगों का बड़ा सुन्दर समाहार किया है। धर्म-दर्शन, कला-विज्ञान, साहित्य-परम्परा और राजनीतिक-सामाजिक जीवन के विविध परिपार्श्वों का स्पर्श करते हुए यह कवि भारतीय संस्कृति के भास्वर स्वरूप को इतनी संलग्नता से रेखांकित करता है कि हम उसे भारतीय संस्कृति के रस में रसे-पचे एक महान रचनाकार के रूप में स्मरण करने के लिए विवश हो जाते हैं। यद्यपि इन्होंने अपनी संस्कृति के अभिजात और लोक दोनों की रूप छवियों को उजागर किया है परन्तु, इन पर ग्रामीण चेतना और लोक संस्कृति का इतना जबर्दस्त दबाव है कि ये बार-बार अभिजन संस्कृति का मुखौटा उतारने के लिए विवश हो जाते हैं। लोक जीवन को सच्ची पारदर्शिता प्रदान करते हुए उसकी अन्त:क्रिया का चित्रवत निरूपण करते हैं। सूफी कवियों ने लौकिक-सी दिखनेवाली कहानी का आश्रय लेकर जिस अलौकिक प्रेम-भाव का चित्र खींचा है, वह प्रकारान्तर से मध्यकालीन शरीरी मूल्यों को अस्वीकृत करता है। रत्नसेन का योगी-रूप सामन्ती भोग-विलास का निषेध है। अलाउद्दीन यही नहीं कर सका जिसके कारण उसे पद्मावती रूपी पारसमणि के बदले एक मुट्ठी राख से संतोष करना पड़ता है। कवि अपने व्यापक एवं मानवीय दृष्टिकोण के चलते रत्नसेन और पद्मावती की तुलना राम और सीता से तथा अलाउद्दीन खिलजी की तुलना रावण से करता है। उन्होंने अलाउद्दीन खिलजी के साम्राज्यवादी लालची दृष्टिकोण और भोगलिप्सा का जिस साहस के साथ प्रतिरोध किया है वह समूचे मध्यकाल की अपूर्व निधि है। वे लिखते हैं कि—

'चितउर हिन्दुन कर अस्थाना। शत्रु तुरुक हठि कीन पयाना॥"

आख़िर अपने सामाजिक सरोकार तथा मौलिक रूप में इससे गहरा मानव-प्रेम और देश-प्रेम कहाँ मिलेगा? इन्होंने प्रेम को जीवन के लक्ष्य और चरम पुरुषार्थ के रूप में निरूपित किया है जो समूची मनुष्यता के लिए अनुपम निधि है। कबीर हिन्दू-मुस्लिम संघर्ष के प्रत्यक्ष चित्रण से बचते हैं। जायसी पद्मावत में हिन्दू-मुस्लिम के संघर्ष प्रत्यक्ष चित्रण द्वारा अत्यधिक साहस का परिचय देते हैं। वे चित्तौड़ को हिन्दुओं का मस्तक तक कहते हैं और मध्यकालीन इतिहास के सबसे संवेदनशील प्रश्न को जिस ढंग से उठाते हैं वह उन्हें कबीर से ज़्यादा साहसी सिद्ध करता है।

सूफी काव्यधारा के अधिकांश नायक राज-पाट, धन-धरती, सुख-ऐश्वर्य को ठुकराकर प्रेम मार्ग के साधक बनकर निकल पड़ते हैं। नूरमुहम्मद की 'इन्द्रावती' का नायक सामन्ती भोगविलास और दैहिक सुख का अतिक्रमण कर इसी राह का अन्वेषण करता है। उसका स्वगत-संलाप इसी तथ्य का निदर्शन है—

राज पाट धन भोग सुख, सब तजि साधों जोग।
जाउँ ओहि के देस कहँ, होइ संजोग वियोग॥

—इंद्रावती, हिन्दी प्रेम गाथा काव्य संग्रह, पृ. 254

इस मार्ग में प्रेम के प्रयत्न पक्ष को इतना महत्त्व दिया गया है कि जानकवि रचित 'कँवलावती' में विवाह हो जाने के उपरान्त नायक का नायिका से विछोह हो जाता है और वह जोगी बनकर उसकी खोज करता है। सूफी नायक की प्रेयसी अप्रतिम सुन्दरी है। समूचे ब्रह्माण्ड का कण-कण उसके सौन्दर्य से उद्भासित है। वह लोकातीत आनन्द प्रदायिका है और जीव रूपी साधक उसे पाकर अक्षय शान्ति और चिरतृप्ति के महासागर में डुबकी लगाने का सुख प्राप्त करता है। सूफी कवियों ने अपनी नायिका में ब्रह्म का आरोप कर उसके नित्यनवीन सौन्दर्य के उद्घाटन में सृष्टिव्यापी उत्प्रेक्षा करते हुए अपना हृदय सरोवर उड़ेल कर रख दिया है। जायसी के पद्मावती के क्या कहने, उसके दृष्टिक्षेप मात्र से कँवल खिल उठते हैं और मुस्कुराहट से हीरे-मोती बरसने लगते हैं—

नयन जो देखा कँवल भा, निरमल नीर सरीर।
हँसत जो देखा हंस भा, दसन जोति नाग हीर॥

'मधुमालती' के रचयिता मंझन के पास तो उस ब्रह्मरूपी नायिका के सौन्दर्य को रूपायित करने के लिए शब्द ही नहीं हैं। वे कहते हैं सुर नर मुनि जन रात-दिन जिसके ध्यान में निमग्न रहते हैं, जिसके स्तवन में तन्मय रहते हैं तथा जिसके लिए पच-पच कर मरते रहते हैं उन्हें उसके सौन्दर्य की एक छटा भी मयस्सर नहीं होती। उस परम सत्ता की सुषमा ही विश्वनयन में ज्योति बनकर झिलमिलाती है और शक्ति तथा शिव भी उसी रूप से अनुप्राणित हैं—

एही रूप सकती औ सीऊ, एही रूप त्रिभुवन कर जीऊ।
एही रूप सब नैनन्ह जोती, एही रूप सब सागर मोती॥

—मधुमालती, पृ. 38

समूचा ब्रह्माण्ड उस चरम सत्ता का प्रतिबिम्ब है। इस बहुरंगी, विविधवर्णी सौन्दर्यमय विश्व में वहीं अनन्त सौन्दर्य-राशि परिव्याप्त है। उस अनन्त रमणीय सौन्दर्य से सृष्टि के समस्त पदार्थ रूप ग्रहण करते हैं। चित्रावली के सर्जक उसमान लिखते हैं कि—

और जो चित्र अहहिं तेहि माहीं, सो चित्रावलि की परिछाहीं।

—चित्रावली, पृ. 132

इसी तरह वे अपनी बात को आगे बढ़ाते हुए कहते हैं कि—

चित्रहि महँ जो आहि चितेरा। निर्मल दृष्टि पाउ सो हेरा॥
यह मूरति औ चित्र जग, जो विधि सरा सुजान।
परगट देखहि नैन यह, गुपुत जो पूजहि आन॥

—वही, पृ. 135

यह रूप अत्यन्त व्यापक तथा देशकाल निरपेक्ष है। उसकी अद्वितीयता निर्विवाद है। ऐसे छविमान रूप सौन्दर्य की एक झलक के लिए साधक का हृदय मचल उठता

है, वह अपने रोम-रोम के आँख बन जाने की बेताब कामना करता है और रात-दिन का सुख-चैन गँवा बैठता है—

दरसन देखे कारनहि रोम रोम भये नैन।
नींद न आवत निसि कहं, बासर परत न चैन॥

—इंद्रावती, पृ. 256

उस चरम सत्ता के व्यापक प्रभाव और अप्रतिम सौन्दर्य का वर्णन कई बार साधक भी करने के लिए विवश हो जाता है। मनोहर मधुमालती से कहता है—

इहै रूप सब नैनन्हि जोती। इहै रूप सब सागर मोती॥
इहै रूप सहिहर औ सूरा। इहै रूप जग पूरि अपूरा॥
इहै रूप जल थल औ महिअर भाउ अनेक देखाउ।
आपु अपान जो देखैं, सो कछु देखै पाउ॥

—मधुमालती, पृ. 38

इस तरह सूफी कवियों ने नायिका रूपी ब्रह्म के सौन्दर्य की विराट और सृष्टिव्यापी उत्प्रेक्षा द्वारा अपनी मुलायम तबीयत तथा व्यापक दृष्टिकोण का परिचय दिया है। वे प्रकारान्तर से दार्शनिक और सांस्कृतिक समन्वय का मार्ग प्रशस्त कर रहे थे। उनका प्रेम निरूपण और सौन्दर्यबोध ऐहिक सुख का अतिक्रमण करते हुए उस परम चैतन्य के साक्षात्कार का उपक्रम करता है। इन कवियों में भारतीय दर्शन, संस्कृति, साहित्य, कलात्मक मूल्यों तथा आंचलिक वैभव के प्रति अनन्य अनुराग पाया जाता है। कदाचित इसी कारण वे लोक जीवन की मार्मिक छवियों के चित्रांकन के साथ-साथ स्थानीय प्रकृति का भी पूरी तन्मयता से चित्रण करते हैं।

जायसी ने पद्मावत में अवध के अंचल विशेष के माटी की सोंधी गंध, प्रकृति का उन्मुक्त फैलाव, लोकजीवन की धड़कन, उसमें होनेवाले तमाम विवर्तन, लोक संस्कृति के मनोग्राही छन्द तथा लोकभाषा की ताज़गी की कल्पनात्मक-मोहक छवियों को उत्प्रेक्षाओं-रूपकों, बिम्बों एवं प्रतीकों के माध्यम से इस प्रकार प्रस्तुत किया है कि समूचा अंचल सजीव-सवाक् हो उठा है। वहाँ लोक जीवन का ऐसा विविधतापूर्ण समारोह हमारी आँखों के सामने से गुज़रता है कि हम उसे चित्र-लिखे से हतप्रभ निहारते रह जाते हैं। कदाचित् इसी कारण किसी विद्वान ने इसे भारतीय लोक संस्कृति का विश्वकोष तक कह दिया है। जायसी पर लोक जीवन और लोक संस्कृति का रंग इतना चटख और गहरा है कि वे चाहकर भी उसका अतिक्रमण नहीं कर सकते। इसी अर्थ में वे ठेठ गाँव के कवि और लोकसंस्कृति के प्रवक्ता हैं। उनके सामने गाँव काव्य प्रेरणा के रूप में आते हैं। वे लोकजीवन का अपने स्तर पर समाजशास्त्र रचते हैं। उसके लोकसापेक्ष प्रतिमान निर्मित करते हैं।

आचार्य रामचन्द्र शुक्ल ने सच्चे देश प्रेमी की पहचान बताते हुए लिखा है कि "यदि किसी को अपने देश से प्रेम है तो उसे अपने देश के मनुष्य, पशु, पक्षी, लता,

गुल्म, पेड़, पद्मों, वन, पर्वत, नदी, निर्झर, सबसे प्रेम होगा, सबको वह चाहभरी दृष्टि से देखेगा, सबकी सुध करके वह विदेश में आँसू बहायेगा।" इस दृष्टि से जायसी समेत समस्त सूफी कवि सही मायने में महान देश-प्रेमी ठहरते हैं क्योंकि इनके काव्यों में स्थानीय प्राकृतिक परिवेश की इंद्रधनुषी झाँकी, ललाती साँझ, दुग्ध-धवल-चाँदनी, चिलचिलाती धूप, झमकती वर्षा, सरसराती सर्दी, पीतवटिक धारिणी वसंतश्री आदि का अत्यन्त रमणीक विधान हुआ है। क्या संयोग, क्या वियोग - दोनों ही स्थितियों में प्रकृति वहाँ मानव-मन के सबसे क़रीब है। जायसी संयोग के समय की रूपगर्विता, राजमहिषी, पट्टमहादेवी, नागमती को वियोग के समय उसके आभिजात्य को तोड़ते हुए उसे सामान्य नारी की स्थिति से गुज़ारते हैं। उसे एक आम भारतीय गृहस्थिन की चिन्ताओं, संघर्षों, आशंकाओं तथा स्वप्नों में डूबते-उतराते हुए चित्रित करते हैं। वह आलम्बनमयी प्रकृति एवं पशु-पक्षियों में अपने लिए सहानुभूति तलाशने के लिए विवश हो जाती है, उस पर भी तुर्रा यह कि—

जेहिं पंछी के नियर होइ, करइ विरह की बात,
सोई पंछी जाइ जरि तरिवर होत निपात।

कहना न होगा कि जायसी का बाहरमासा ग्रामीण जीवन के बारह अध्याय हैं जिसके हरेक महीने में उस समय की सम्पूर्ण लोक व्यवस्था आकार ग्रहण करती है। उसमें होनेवाली हर धड़कन अनुगूँज बन जाती है। उसकी आन्तरिक लय मानव मन को आकुल बनाती है। यह बात दूसरे सूफी कवियों पर भी समान रूप से लागू होती है क्योंकि इन सबने बारहमासा पद्धति का बखूबी उपयोग किया है। उसे लोकजीवन की आन्तरिक लय के रूप में प्रस्तुत किया है।

जायसी के काव्य में स्थानीय प्रकृति, वनस्पति, तीज-त्योहार, लोकाचार, पर्वोत्सव, मानवीय सम्बन्धों आदि सब दृश्य की तरह उपस्थित हैं। इनमें ग्राम्य जीवन का सर्वाधिक उपयोग लोकजीवन से प्राप्त उपमानों तथा प्रकृति-दृश्यों के रूप में दिखायी देता है। 'मानसरोदक खंड' में पद्मावती सखियों के साथ जलस्नान के लिए जाती है। जायसी आरम्भ में ही कल्पना करते हैं कि मानों सौन्दर्य की वाटिका चली जा रही है। काव्य का यह प्रसंग भारतीय जीवन का एक सहज दृश्य उपस्थित करता है और सखियाँ मायका-ससुराल का अन्तर स्पष्ट करती हैं। इस अवसर पर जायसी मध्यकालीन पितृसत्तात्मक परिवार में नारी की पराधीनता और उसके ससुराल की वास्तविकता का जो संकेत करते हैं, वह अपनी व्यंजनात्मकता में भी भयावह है। सखियाँ पद्मावती से कहती हैं—

ए रानी मन देखु विचारी। एहि नैहर रहना दिन चारी॥
जौं लगि अहै पिताकर राजू। खेलि लेजु जो खेलहु आजू॥
पुनि सासुर हम गवनब काली। कित हम कित यह सरवर पाली॥
कित आवन तुनि अपने हाथा। कित मिलि कै खेलब एक साथा॥

सासु ननद बोलिन्ह जिउ लैंही। दारुन ससुर न निसरइ देहीं॥
पिउ पियार सिर ऊपर, पुनि सो करे दहुँ काह।
दहुँ सुख राखे की दुख, दहुँ कस जनम निबाह॥

जायसी इस वक्तव्य को आगे बढ़ाते हुए स्थिति की भयावहता को गहनता प्रदान करते हैं—

"झूलि लेहु नैहर जब ताईं। फिर नहिं झूलन देइहि साईं॥"

वे सब भी कहना नहीं भूलते कि स्थित ऐसी विकट हो सकती है कि—

कित नैहर पुनि आउब, कित ससुरे यह खेल।
आपु-आपु कहँ होइहि, परब पंखि जस डेल॥

इसी सन्दर्भ में विचारणीय यह है कि कतिपय विद्वानों ने कथित पंक्तियों की आध्यात्मिक व्याख्या करके तत्कालीन नारी की त्रासद अवस्था पर पर्दा डाल दिया है जबकि इसका भौतिक अर्थ और भी महत्त्वपूर्ण एवं वैज्ञानिक है। उसके समाजशास्त्रीय विश्लेषण द्वारा ही जायसी के काव्य-विवेक एवं सामाजिक सरोकारों का विश्लेषण सम्भव है।

यहाँ जायसी यह भी बताना नहीं भूलते कि विवाह के सम्बन्ध में बालाएँ स्वतंत्र नहीं थीं। यह अधिकार उनके माता-पिता के पास सुरक्षित था और पितृसत्तात्मक समाज-व्यवस्था के कारण वे ज़्यादातर पिता पर निर्भर रहती थीं। पद्मावती का अन्तरंग मित्र हीरामन तोता जब उसके यौवन की चर्चा करता है तब पिता गंधर्वसेन उसे मरवाने का आदेश देता है। इस सन्दर्भ में पद्मावती का कथन विचारणीय है जो पिता के अधिकार को स्पष्ट करता है—'पिता का आयसु मांथे मोरे।' 'चित्ररेखा' में यह बात और स्पष्ट होती है जब पिता के द्वारा वर की खोज की जाती है—

चन्द्रभान बड़ दरस बोलाए। बर खोजन कहँ अगुआ पठाए॥
ऊँच राज वर देखउ नीका। तहाँ बजाइ चढ़ावहु टीका॥

जायसी ने उस मध्यकालीन सामाजिक प्रथा का उल्लेख भी किया है जिसके तहत सामन्त, उमराव आदि अपनी सुन्दरी कन्याओं को राजमहल को सौंप देते थे। तदनन्तर राजा-रानी उन कन्याओं के अभिभावक माने जाते थे और वे राजकुमारी की सखी-सहेली या रानी की परिचारिकाओं के रूप में रहती थीं। पद्मावती की सखियों का कथन इस दृष्टि से विचारणीय है—

आदि अन्त जो पिता हमारा। ओहु न यह दिन हिए बिचारा॥
छोउ न कीन्ह बिछोही ओहू। का हम्ह दोष लाग एक नेहू॥
नक्र गोहूं कर हिया चिराना। पैसो पिता नहिं हिए छोहानां॥

सखियाँ कहती हैं कि हमारे पिता ने यह नहीं सोचा कि जब ससुराल जाओगी तब हमारा क्या होगा? बेटी के प्रति उनके मन में थोड़ी भी दया नहीं थी। हमें केवल अपने अन्न-भोजन (गेहूँ) के लिए बेंचा गया। भले ही गेहूँ का हृदय उस समय फट

गया, पर पिता नहीं पसीजा। यहाँ कवि ने नारी जाति के प्रति अपनी समूची सहानुभूति उलीच दी है। वैसे तो जन्म से लेकर अन्तिम संस्कार तक का उल्लेख जायसी में मिलता है, पर विवाह आदि के प्रसंग को वे विस्तार देते हैं। इसका पूरा क्रम पद्मावत में मिलता है, वर-वधू का ग्रंथि-बन्ध, वैदिक मंत्रोच्चार, जयमाल, भाँवरि आदि—

गाँठि दूलह-दुलहिन के जोरी। दुओं जगत जो जाइ न छोरी॥

जायसी जीवनोत्सव के कवि हैं। उनकी रुचि लोकोत्सवों में विशेष रूप से रमती है और वे वसंत, होली, दीपावली इत्यादि को उसकी सम्पूर्ण उत्सवधर्मिता में उभारते हैं। वे संगीत की राग-रागिनियों, स्थापत्य, सामुद्रिक और रसायन जैसी भारतीय विद्याओं के निरूपण से भी अपनी रचनाओं को मंडित करते हैं। वे भारतीय गाँव विशेषकर अवध की जनपदीय मिट्टी की सोधी गंध से अपने काव्य को इतना सराबोर कर देते हैं कि यह भारत की माटी अनमोल हो जाती है। उनकी जीवन-दृष्टि को समझने के लिए यह दोहा विशेष रूप से उल्लेख्य है—

माटी मोल न किछु लहै औ माटी सब मोल।
दिष्टि जो माटी सों करै माटी होइ अनमोल॥

जायसी समेत प्राय: सभी सूफी कवियों का सांस्कृतिक मिज़ाज सीमित धार्मिक या सांप्रदायिक तत्त्वों से न बँधकर व्यापक जन-चेतना से जुड़ा हुआ था। इनके लिए हिन्दू-मुसलमान का भेद कोई मायने नहीं रखता, क्योंकि ये पूरी तरह से भारतीयता में रच-खप गये थे। जायसी द्वारा रचित 'पद्मावत' एवं 'कन्हावत' जैसे महाकाव्य उन्हें एक सच्चे जातीय कवि के रूप में प्रतिष्ठित करते हैं। प्राय: सभी सूफी कवियों ने तत्कालीन समाज का सुख-दु:ख, आशा-आकांक्षा, हाव-भाव, हर्ष-उल्लास, रीति-रिवाज एवं परम्परा का यथेष्ट चित्र खींचा है। सांस्कृतिक एवं धार्मिक सौमनस्य स्थापित करने के क्षेत्र में इन कवियों का अप्रतिम योगदान रहा है। इसे तत्कालीन समाज में तनाव निराकरण के अमोघ अस्त्र के रूप में देखना चाहिए।

आज जब भारत ही नहीं समूचे विश्व में धर्मांधता बढ़ रही है। सामाजिक एवं धार्मिक समरसता खंडित हो रही है। धर्म, सम्प्रदाय, जाति तथा धार्मिक स्थानों के नाम पर राजनीति हो रही है और धर्म के नाम पर आतंकवाद का विद्रूप चेहरा सारी मनुष्यता को लहूलुहान कर रहा है तो ऐसी स्थिति में सूफी कवियों का जीवन-दर्शन तथा प्रेम-भाव लोगों को रास्ता दिखा सकता है। उन्हें सच्चे प्रेम का पाठ पढ़ा सकता है और ईश्वर एवं धर्म के प्रशस्त स्वरूप से साक्षात्कार करा सकता है।

सारांश यह है कि समसामयिक जनमानस पर भी सूफ़ी कवियों की साम्प्रदायिक सौहार्द्र, धार्मिक सहिष्णुता, मानवीय प्रेम तथा भावनात्मक एकता का बड़ा सकारात्मक प्रभाव पड़ सकता है। सूफी कवियों ने हिन्दुओं की लोक कथाओं और प्रेम गाथाओं को आधार बनाकर अपनी रचनात्मक शक्ति का अधिकतम दोहन करते हुए जो साहित्य रचा, वह सहृदय पाठक के लिए रमणीय वस्तु है। सूफ़ी कवियों ने लोकजीवन

की कल्पनात्मक छवियों, रागपरक रहस्य-चेतना, प्रेम पीर की मार्मिक व्यंजना तथा हिन्दू-मुसिलम ऐक्य की स्थापना के साथ-साथ रचनात्मक उपलब्धियों के जो शिखर पार किये हैं, उसे देखकर यही कहना पड़ेगा कि इन कवियों ने अपने सर्जनात्मक कौशल द्वारा एक ही राग में भैरवी और विहाग दोनों गा लिया है। प्राय: सभी सूफी काव्य ग्रंथों का अवधी भाषा और फ़ारसी लिपि में उपलब्ध होना भी इन कवियों की सांस्कृतिक दृष्टि और साम्प्रदायिक सौमनस्य का परिचायक है।

सूफी काव्य के समस्त भावोद्गार को देखकर यह भी कहना पड़ता है कि जिस प्रकार जयशंकर प्रसाद ने बुद्धि को उसकी परिपक्व परिणति तक पहुँचाने में श्रद्धा की एक विधायक भूमिका स्वीकारी थी उसी प्रकार सूफी प्रेम-काव्य भक्तिकाल के समूचे ज्ञान को सन्तुलित करता है। यह न केवल अनेक स्तरों पर तत्कालीन आभिजात्य को तोड़कर लोकजीवन की प्रतिष्ठा करता है अपितु तत्कालीन संघर्षरत, विडम्बनायुक्त समाज को रसमग्न भी करता है। उसे संवेदनात्मक औदात्य प्रदान कर समरस बनाता है। सूफ़ी काव्य आज के बौद्धिक छटपटाहट, संवेदनहीन, उबाऊ और नीरस वातावरण तथा तेज, संघर्षमय और आपाधापी वाले जीवन में नवीन रस का संचार कर सकता है। साथ ही, प्रेम के नाम पर 'वेलेनटाइन डे' मनानेवालों को प्रेम के सच्चे स्वरूप का बोध भी करा सकता है। सूफी कवियों का प्रेम मानव मन की अत्यन्त उच्चतर एवं उदात्त भावभूमि पर अवस्थित है उसकी समता करना यदि असम्भव नहीं तो चुनौतीपूर्ण अवश्य है। मध्यकालीन भारत के इतिहास की उठा-पटक, सामाजिक विसंगतियाँ, नारी की अवदशा तथा ह्रासशील मनोविज्ञान को देखते हुए यह आश्चर्यजनक लगता है कि सूफी कवियों में नारी के प्रति इतना कोमल भाव था। नारी हृदय की युगों से संचित पीड़ा को, उसकी विरह व्यथा को, पुरुष प्रधान संस्कृति वाले समाज में उसकी असहाय स्थिति को जिस तन्मयता और संलग्नता से इन कवियों ने, विशेषकर जायसी ने नागमती के माध्यम से प्रस्तुत किया है वह केवल भारतीय साहित्य की ही नहीं अपितु समूचे विश्वसाहित्य की मूल्यवान धरोहर है। विश्व की किसी भी भाषा का साहित्य नारी के प्रति ऐसी सहानुभूति, संलग्नता तथा करुणाद्र भाव प्रकट करने के कारण अपने-आप पर गर्व कर सकता है। इस दृष्टि से सूफ़ी काव्य की उपादेयता वर्तमान सन्दर्भ में भी प्रासंगिकता प्राप्त करती है। क्योंकि वर्तमान समय में भी स्थितियाँ पर्याप्त जटिल, बहुस्तरीय और बहुसन्दर्भी हैं जिससे उनमें सामरस्य की अपरिहार्यता बरकरार है। सूफी साहित्य का उदात्त भावलोक और सुरुचिपूर्ण जीवन दर्शन समकालीन मनुष्यता का अनेक स्तरों पर पथ प्रदर्शन कर सकता है। उसे कट्टरता छोड़ सहिष्णु बनकर मानवीय जीवन के उच्चतम आदर्शों से संचालित होने के लिए प्रेरित कर सकता है। उसके मनोभावों एवं विचारों की स्वर्गीय गरिमा प्रदान कर सकता है। यह तभी सम्भव है जब हम खुले मन से सूफ़ी साहित्य का अवलोकन करें और उसमें निहित सन्देशों एवं संवेदनाओं का अभिप्राय

ग्रहण करें। इसमें सन्देह नहीं कि सूफी काव्य आज के तेज़, भौतिकवादी एवं यांत्रिक जीवन में तरलता का अहसास जगा सकता है। उसमें मानव की चिरपिपासा और बौद्धिक बुभुक्षा को शान्त करने की शक्ति विद्यमान हैं। वह मानव जीवन में बढ़ रही संवेदनहीनता एवं गद्यात्मकता का अतिक्रमण करते हुए मनुष्य को जीवन के वास्तविक स्वरूप और आह्लाद से परिचित करा सकता है। वह मानवमात्र को त्याग, तप और समदृष्टि का पाठ पढ़ा सकता है जिससे विश्व की अनेक समस्याएँ स्वत: हल हो सकती हैं। संक्षेप में वर्तमान उत्तर-आधुनिक युग में भी सूफ़ी काव्य अपनी तरलता, भावनात्मकता, प्रेम की स्वर्गीय महिमा, नारी जाति की पूँजीभूत करुणा तथा मानवीय श्रेष्ठता का प्रतिपादन करने के कारण वरणीय एवं उपादेय बना हुआ है। वह अपने सनातन मूल्यों एवं चिरन्तन सन्देशों के कारण आगामी युगों में भी प्रासंगिक बना रहेगा। हम सूफ़ी काव्य के समाजशास्त्रीय विश्लेषण द्वारा उसमें निहित सामाजिक यथार्थ के भिन्न स्तरों की पहचान कर सकते हैं। समूचा सूफ़ी काव्य जिन मानवीय मूल्यों की प्रतिष्ठा करता है तथा सामाजिक बदलावों को जिस गहरी संलग्नता से निरूपित करता है वह एक खुले विमर्श की माँग करता है। इस दृष्टि से मेरा यह प्रयास सूफ़ी काव्य की सर्जनात्मक प्रक्रिया के समाजशास्त्रीय विश्लेषण का प्रस्थान बिन्दु बन सकता है।

जायसी का विरह-वर्णन

जायसी भक्तिकाल की सूफ़ी काव्यधारा के शिखर पुरुष हैं। विजयदेव नारायण साही ने उन्हें हिन्दी का पहला विधिवत कवि माना है। मेरा मानना है कि उन्हें सूफ़ी कवि के रूप में देखना उनके प्रति अन्याय करना है क्योंकि कवि कवि होता है उसमें विचारधारा विलयित होती है तथा उसकी पहचान विचारधारा नहीं होती। उसकी सर्जना ही उसके अमर यश का कारणीभूत तत्त्व होती है। जायसी उस महासागर की भाँति हैं जिसमें अनेक विचार सरणियाँ आकर समाहित हो जाती हैं। वे सांस्कृतिक संवाद के कवि हैं। उनकी नारी दृष्टि अत्यन्त कोमल एवं प्रणम्य है। यह उन्हें मध्यकाल के समस्त रचनाकारों के बीच विशिष्ट स्थान दिलाती है। आचार्य शुक्ल ने न कवेल जायसी को प्रेमवेदना का कवि निरूपित किया अपितु उन्हें बौद्धिक और भावात्मक प्रस्थान दिया। जायसी विप्रलंभ शृंगार के मर्म की प्रतिष्ठा करते हैं। उनका विरह-वर्णन समूचे विश्व-साहित्य की अनमोल धरोहर है। उसमें निहित स्थितियों की जटिलता-मध्यकालीन परिवेश, राजरानी का सामान्य भारतीय युवती में रूपांतरण, यौवन सुख की स्मृतियाँ, सौतन के पास पतिगमन की टीस, प्रकृति की प्रतिकूलता, भावनात्मक गहराई तथा मर्मस्पर्शी प्रस्तुति केवल अनुभवगम्य है। उसका बौद्धिक विश्लेषण अत्यन्त दुष्कर कार्य है।

जायसी विरह की सृष्टिव्यापी उत्प्रेक्षा करते हैं। उनका मानना है कि धरती और स्वर्ग, सीमा और असीम तो सदा ही मिले हुए थे, न जाने किसने इन्हें अलग कर दिया है—"धरती-सरग मिले हेतु दोऊ। को रे मिनार कै दीन्ह विछोऊ॥" जायसी यह सोचकर बेचैन हैं कि न जाने कब धरती और स्वर्ग का विछोह हुआ, न जाने कैसे यह बिछोह हुआ। यह वैज्ञानिक तथ्य भी है कि धरती सूर्य का ही एक भाग थी और करोड़ों वर्ष पहले सौरमंडल और अन्तरिक्ष में किसी बड़े विपर्यय के चलते वह सूर्य से अलग हो गयी। जायसी का अभिमत है कि आज भी उस वियोग की व्याकुल वेदना से समूची-प्रकृति विद्ध है। आज भी सूरज लाल होकर डूबता है। आज भी मजीठ और टेसू लाल दिखाई दे रहे हैं। आज भी गेहूँ का हिया फटा जा रहा है। आज भी नदी व्याकुल-भाव से दौड़ रही है। यह प्रेम उद्दाम है। जायसी विरह वेदना के चतुर-चितेरे हैं। विरह उनकी प्रेम-साधना का प्रधान तत्त्व है। जायसी की दृष्टि में

प्रेम जीवन का चरम लक्ष्य है, सबसे बड़ा पुरुषार्थ है। वह न केवल आकाश से भी ऊँचा है, अपितु प्रेम का ध्रुव आकाश में स्थित ध्रुव से भी ज़्यादा उच्च और महान है। उसकी स्वर्गीय महिमा का बखान कहाँ तक किया जाय।

ज्ञाना दिस्टि सौं जाइ पहूँचा। प्रेम अदिस्ट गगन सौं ऊँचा॥
ध्रुव ते ऊँच प्रेम धुव उवा। सिर देह पाँव देह सो छुवा॥

जायसी प्रेम का उदात्तीकरण करके उसे भक्ति के स्तर तक पहुँचाते हैं। उनका प्रेम ही 'पद्मावत' में नागमती, पद्मावती एवं रत्नसेन के वियोग के रूप में मूर्तिमान हो उठा है। वे वियोग चित्रण द्वारा ऐकान्तिक प्रेम का समाजीकरण करते हैं। वे मूलरूप से प्रेमसंवेदना के कवि हैं। वे हृदय की आँखों से विश्व को देखते हैं तथा लौकिक एवं आध्यात्मिक धरातल के स्तर पर प्रेम का प्रतिपादन करते हैं।

जायसी ने सर्वप्रथम रत्नसेन की प्रेमपीड़ा का निदर्शन किया है। रत्नसेन जब हीरामन तोता रूपी गुरु से परमात्मा रूपी पद्मावती के 'शिख-नख सौन्दर्य' और गणों के सम्बन्ध में सुनता है तब उसकी आत्मा उसे पाने के लिए अधीर हो उठती है। जायसी अपने कला-कौशल द्वारा रत्नसेन की मनोदशा और आन्तरिक तड़प का 'घायल की गति घायल जाने की जिन घायल होय' वाली शैली में निरूपण करते हैं। राजा इस प्रकार म्लानमुख हो जाता है मानों सूर्य की लहर आ गयी हो। वह प्रेम के अथाह सागर में गिर पड़ता है और हृदय तरंगों की चपेट में आकर बेसुध हो जाता है। विरह उसे भँवर के समान घुमाने और उन्मथित करने लगता है जिससे उसकी दशा प्रतिक्षण परिवर्तित होने लगी। उसका चेहरा एक क्षण में पीला और दूसरे क्षण में सफेद हो जाता है। वह मौत से भी ज़्यादा भयावह स्थिति से संघर्ष कर रहा है। क्योंकि ऐसी स्थिति में न तो उसके प्राण निश्चिन्त हो सकते हैं और न ही निकल सकते हैं—

प्रेम पंथ जो पहुँछे पारा। बहुरि न आइ मिलै यह छारा॥
सुनतहिं राजा गा मुरुझाई। मानहु लहरि सुरुज कै आई॥
प्रेम घाव दु:ख जान न कोई। जेहि लागै जानै पै सोई॥
परा सो पेम समुद अपारा। लहरहि लहर होई बिसँभारा॥
विहर भंवर होइ भांवरि देई। खिन खिन जीव हिलोरहि लेई॥
खिनहि पीत खिन मुख सोइ सेता। खिनहि चेत खिन होइ अचेता॥

जायसी प्रेम-वियोग की तीव्रता दिखाने और सामन्ती मूल्यों का अतिक्रमण करने के लिए रत्नसेन को प्रेम-पथ का योगी बना देते हैं। वह किंगरी लेकर वियोगी बन जाता है। वह प्रेम-मार्ग की अत्यन्त दुष्कर, कठिन, चुनौतीपूर्ण और साहसिक यात्रा करके सात-समुद्र पार सिंघल द्वीप पहुँचता है। आचार्य रामचन्द्र शुक्ल रत्नसेन की इस तड़प को प्रेमदशा मानने से इनकार करते हैं। उनका कहना है कि बिना परिचय के प्रेम कैसा? जिसे आपने देखा तक नहीं, उसके प्रेम में आप तड़प कैसे सकते हैं? उनकी स्पष्ट मान्यता है कि सुन्दर स्त्री कोई बहुमूल्य रत्न नहीं है। आपने सुना

वहाँ है, और पाने के लिए निकल पड़े। वे रत्नसेन की अवस्था को प्रेमदशा अथवा वियोगदशा मानने के बजाय काम दशा मानते हैं तथा रत्नसेन को तब तक क्षमादान नहीं करते, जब तक वह पद्मावती का प्रथम दर्शन नहीं कर लेता और अप्सरा रूप में आयी पार्वती द्वारा प्रेम-परीक्षा में उत्तीर्ण नहीं हो जाता। आचार्य शुक्ल की मान्यता ठोस तथ्यों पर आधारित है परन्तु, जायसी के पास प्रेमीजीव की तड़प, प्रेम मार्ग की बीहड़ता तथा दुर्गमता का वर्णन तथा उस परमसत्ता के सौन्दर्य का पद्मावती में प्रतिरूपण करने का एकमात्र विकल्प यही था। इससे उन्होंने न केवल कथावस्तु में अपेक्षित उत्सुकता पैदा की है अपितु उसमें तीव्र प्रभावान्विति और गम्भीर रसवत्ता का सन्निवेश भी कर दिया है जिससे कृति में महाकाव्यात्मक औदात्य आ गया है।

जायसी का वियोग वर्णन नागमती के सन्दर्भ में ही चरम सार्थकता प्राप्त करता है। जायसी फ़ारसी की मसनवी शैली से प्रभावित थे। फ़ारसी काव्य मुहावरों से चमत्कार पैदा करता है। वहाँ 'तर्ज़े बयाँ'—कैसे कहा गया है—पर विशेष ज़ोर रहता है। परन्तु, जायसी अवधी भाषा में रचना करते समय अपने को फ़ारसी से अलग कर लेते हैं। चमत्कारपूर्ण उक्तियों में भी अपेक्षित गम्भीरता का निर्वाह कर लेते हैं। वे नागमती के माध्यम से सामान्य भारतीय नारी के मनोविज्ञान का परीक्षण जिस सूक्ष्मता और गहराई से करते हैं वह उन्हें अद्वितीयता प्रदान करता है। विरह वर्णन की दृष्टि से जायसी बेजोड़ कवि और पद्मावत बेजोड़ महाकाव्य माना जाता है। वे नागमती की विरहजन्य स्थितियों के चित्रण में ऊहा का भी प्रयोग करते हैं। ऊहा का तात्पर्य है जब अप्रस्तुत विधान के द्वारा प्रस्तुत का दूर तक रिश्ता स्थापित न हो। लेकिन, जायसी की भाव-सम्पदा इतनी समृद्ध है, उनका लोकनिरीक्षण इतना सूक्ष्म है, उनकी प्रस्तुति इतनी मार्मिक है कि वहाँ दुर्गुण भी सद्गुण बन जाते हैं।

वस्तुत: नागमती का वियोग जायसी को वह अवसर प्रदान करता है जब वे लोकजीवन के ठेठ और देसी स्वरूप को उसके वास्तविक रूप में प्रस्तुत कर सकें। इन्होंने अपनी कारयित्री प्रतिभा का भरपूर लाभ उठाते हुए जिस बारहमासा पद्धति का सम्यक निर्वाह किया है वह उन्हें कृषक-संस्कृति का कुशल चित्रकार सिद्ध करती है। ऐसा माना जाता है कि लोक-जीवन में बारहमासा का प्रचलन कृषक-चरागाही संस्कृति के उद्भव के साथ ही हुआ है क्योंकि बारहमासा का मूल उत्स लोकजीवन और ग्रामबोध ही है। बारहमासा हिन्दी क्षेत्र के ग्रामांचलों में उत्पन्न, लोकधुनों से पुरस्कृत उसकी निजी सम्पत्ति है जिसमें लोकजीवन की समस्त धड़कनें अनुगूँज बन जाती हैं। इसके आविर्भाव के सन्दर्भ में डॉ. रघुवंश ने लिखा है कि "बारहमासा की परम्परा का मूल जन-गीतियों की उन्मुक्त भावना में है। इन गीतियों की भावधारा में वियोगिनी की व्यथा के साथ परिवर्तित होते काल का रूप और उसके वियोग की प्रतीक्षा में मिलकर आयी हैं।" इसमें सन्देह नहीं कि बारहमासा वियोगदशा के चित्रण के लिए ज़्यादा उपयुक्त है क्योंकि संयोग काल की स्मृतियाँ परिवर्तित होते महीने के साथ और

भी ज़्यादा सालने लगती हैं। संयोग-वर्णन के लिए कुछेक ऋतुएँ ही ज़्यादा अनुकूल हैं। इतने विस्तार से बारह महीनों में संयोग वर्णन शायद पाठक की वह सहानुभूति नहीं प्राप्त कर सकता जो नागमती वियोग-वर्णन को हासिल है। जायसी बारहमासा का समारम्भ आषाढ़ महीने से करते हैं जो कवियों की दृष्टि में अत्यन्त प्रीतिकर और उत्तेजक माह है। कालिदास का 'आषाढ़स्य प्रथम दिवसे' तो विश्व प्रसिद्ध ही है। जायसी भी आषाढ़ माह के चित्रण में काफी तन्मय होते हैं तथा गगन घटा घहरानी से लेकर लरजती बिजलियों के आलोक में नागमती की स्थिति की जटिलता को उभारते हैं—

चढ़ा असाढ़ गगन घन गाजा। साजा बिरह दुंद दल बाजा॥

× × ×

अद्रा लाग बीज भुँइ लेई। मोहि पिय बिनु को आदर देई॥
आनै घटा आइ चहुँ फेरी। कंत उबारु मदन हौं घेरी॥
दादुर मोर कोकिला पीऊ। करहिं बोझ घट रहै न जीऊ॥
पुख्य नखत सिर ऊपर आवा। हौं बिनु नाँह मँदिर को छावा॥
जिन्ह कर कंता ते सुखी, तिन्ह गारौ तिन्ह गर्व।
कंत पियारा बाहिरें हम सुख भूला सर्व॥

कहना न होगा कि जायसी ने पट्टमहिषी, रूपगर्विता, राजरानी नागमती को लोकजीवन की कथित भाव-भूमि पर प्रतिष्ठित कर सामन्ती संस्कृति को सीधी चुनौती दी। यह भारतवर्ष के मध्यकालीन इतिहास को देखते हुए एक कठिन और दुष्कर कार्य था। भारतवर्ष के सामन्ती परिवेश को मीराबाई ने भी चुनौती दी जिसे भारतीय समाज के संश्लिष्ट और बहुस्तरीय स्वरूप को देखते हुए अत्यन्त साहसिक मानना चाहिए। जायसी जिस नागमती के अभिजातपन को 'पट्टमहादेवी', 'सौर सुपेती', 'कंठहार', 'पटोरा' आदि के द्वारा उभारते हैं, वियोग के समय अवसर देखकर उसका निषेध भी करते हैं। इससे लोक के प्रति जायसी की गहरी संलग्नता और जनसामान्य के प्रति आत्मीय सम्पृक्ति का परिचय मिलता है।

पद्मावत का नागमती वियोग खंड नागमती के उच्छ्वासों से बुना गया है। यहाँ जायसी की काव्य प्रतिभा अपने प्रकर्ष पर पहुँची हुई है जिसके कारण इस खंड का कवितापन भी नयनाभिराम और दर्शनीय है। जायसी ने नागमती के वियोग वर्णन के प्रसंग में जिन नक्षत्रों का क्रमागत रूप प्रस्तुत किया है वे उनकी तत्सम्बन्धी गहन जानकारी को प्रमाणित करते हैं। वे लिखते हैं कि सावन के महीने में मूसलाधार बारिश होती है, वनस्पतियाँ हरी-भरी होकर पल्लवित हो उठती हैं परन्तु, नागमती विरह तापवश सूखती जा रही है। पुनर्वसु नक्षत्र लगने के साथ ही उसके प्रियतम को आ जाना चाहिए था। वह चतुर प्रियतम रत्नसेन अब कहाँ है, यह सोचकर नागमती बावली हो रही है। नागमती के दुःख का कारण सिर्फ़ यही नहीं है कि उसका पति परदेश गया है अपितु वह दूसरी सुन्दरी नारी को प्राप्त करने के लिए गया है, यह

विचार उसके दु:ख को द्विगुणित कर देता है। नागमती और रत्नसेन का प्रणय युग्म अप्रतिम था। उनमें सुन्दरता थी, यौवन था, पास में सुख-सामग्री और हर प्रकार के साधन थे। संयोग के समय उनका जीवन, उनका रस-विलास अनुपम था। आज वह स्वप्न हो गया। उसकी स्मृतियाँ बार-बार विरह व्यथा को उद्दीप्त कर देती हैं। साथ ही जब वह देखती है कि उसकी सखियों ने अपने प्रियतमों के साथ हिंडोले डाल लिए हैं तब उस विषम स्थिति में उसका दु:ख और भी बढ़ जाता है। यथा—

सखिन्ह रचा पिउ संग हिंडोला। हरियरि भूमि, कुसुंभी चोला॥
हिय हिंडोल अस डोलै मोरा। विरह झुलाइ देह झकझोरा॥
जग जल बूड़ि जहाँ लगि ताकी। मोर नाव खेवक बिनु थाकी॥
परबत समुद अ गम बिच, बीहड़ घन बन ढाँख।
किमि कै भेंटो कन्त तुम्ह! ना मोहि पाँव न पाँख॥

भादों का महीना नागमती को और भी डरावना प्रतीत होता है। यहाँ पर जायसी स्त्री का अकेलापन, उसकी निरीहता तथा असहाय स्थिति का बड़ा ही संवेद्य चित्र प्रस्तुत करते हैं। नागमती का पति परदेश में है जिसके कारण उसका घर सूना पड़ा है और भादों की घनघोर अँधेरी रात में उसे मखमली सेज नागिन के समान डस रही है। वह अपने प्रियतम से प्रार्थना करती है कि हे स्वामी! तुम आकर यौवन के अगाध जल में डूबती बाला को सहारा दो। यथा—

बरसै मघा झकोरि झकोरी। मोरि दुइ नैन चुवहिं जसि ओरी।

जल थल भरे अपूरि सब, धरनि गगन मिलि एक।
धनि जोबन अवगाह महँ, दे बूड़त पिय टेक॥

आचार्य रामचन्द्र शुक्ल नागमती की अवस्था का अत्यन्त सूक्ष्म और मनोवैज्ञानिक चित्र खींचते हुए लिखते हैं कि "नागमती देखती है कि बहुतों के बिछुड़े हुए प्रिय मित्र आ रहे हैं, पर मेरे प्रिय नहीं आ रहे हैं, इस वैषम्य की भावना उसे और भी व्याकुल करती है। किसी वस्तु के अभाव से दु:खी मनुष्य के हृदय की यह एक अत्यन्त स्वाभाविक वृत्ति है। पपीहे का प्रिय पयोधर आ गया, सीप के मुँह में स्वाति की बूँद पड़ गई, पर नागमती का प्रिय न आया।" नागमती विचार करती है कि चित्रा का मित्र चन्द्रमा अब मीन राशि में आ गया है और अब तो सारे सरोवर भी विकसित कमलों से भर गये हैं, वहाँ हंस और सारस पक्षी क्रीड़ा कर रहे हैं। अब तो खंजन और कुड़री पक्षी भी दिखाई देने लगे हैं, परन्तु उसका प्रियतम नहीं आया। इसका मतलब है कि उसका प्रिय परदेश में ही भूल गया है—

चित्रा मित्र मीन कर आवा। पपिहा पीउ पुकारत पावा॥
स्वाति-बूँद चातक मुख परे। समुद सीप मोती सब भरे॥
सरवर सँवरि हंस चलि आए। सारस कुरलहिं खंजन देखाए॥

विरह दशा दु:ख दशा है, इसमें सुखदायक वस्तुएँ भी दु:ख को बढ़ाती हैं। नागमती अनुभव करती है कि शरद ऋतु का निर्मल चन्द्रमा सम्पूर्ण जगत को शीतलता और उल्लास प्रदान कर रहा है। वह चौदह कलाओं से युक्त होकर अपनी मनोहर किरणों से समूचे जगत को आप्लावित कर रहा है लेकिन वह अकेली विरह पीड़ित है, इसलिए वह उसे राहु के समान दुखदाई है—

कातिक सरद-चन्द उजियारी। जग सीतल हौं बिरहै जारी॥
चौदह करा चाँद परगासा। जनहुँ जरै सब धरति अकासा॥
तन, मन, सेज, करै अगिदाहू। सब कहँ चन्द भयउ मोहि राहू॥
अबहूँ निठुर आउ एहि बारा। परब देवारी होइ संसारा॥
सखि झूमुक गावै अँग मोरी। हौं, झुराँव, बिछुरी मोरि जोरी॥

नागमती उस समय तड़प उठती है जब वह देखती है कि सारा संसार देश के महापर्व दीपावली का धूम-धाम से आयोजन कर रहा है। उसकी सखियाँ झूमक गा-गाकर आनन्दोल्लास में डूब रही हैं। वे पूरे उत्साह और हर्ष से सारे त्योहार मना रही हैं परन्तु, वह युगल वंचिता है। इसलिए उसके चारों ओर जो सुख का आयोजन हो रहा है वह मानो नियति का क्रूर मज़ाक हो, क्योंकि संयोग सुख के अभाव की भावना से विरहाग्नि और भी भड़क उठती है। वह विरह व्यथा और सौत-संताप की दोहरी मार झेल रही है।

आचार्यों का मानना है कि विरह प्रेम की जाग्रत अवस्था है सुषुप्त मिलन। जायसी का वियोग-वर्णन इस कथन को प्रामाणिकता प्रदान करता है। नागमती अनुभव करती है कि अगहन के महीने में दिन छोटा और रात बड़ी होने लगी है ऐसी स्थिति में दिन की तुलना में रात अधिक कष्टदायक होती है। जायसी नागमती के जलने की समानता 'दीपक बाती' से करते हैं। वे केवल नागमती के मानसिक उद्वेग का ही नहीं, उसकी शारीरिक दशा का भी वर्णन करते हैं। नागमती नवयुवती है। उसने जीवन का शारीरिक और मानसिक सुख भोगा है। वह वेदना की जिस पराकाष्ठा का अनुभव कर रही है उसके स्वामी को उस दु:ख के सम्बन्ध में जानकारी ही नहीं है। कहीं ऐसा न हो कि यौवन और विरह मिलकर उसके जीवन को ही न भस्म कर दें—

यह दु:ख-दगध न जानौ कंतू। जोबन जनम करै भसमन्तू॥

ऐसी स्थिति में नागमती का विवेक उसे सन्देश भेजने के लिए प्रेरित करता है। लेकिन उसके समक्ष समस्या यह कि वह सन्देश किसके द्वारा भेजे? कौन उसकी वेदना की गहराइयों का अहसास कर सकता है? सहसा उसकी दृष्टि भौंरा और कौवा पर पड़ती है। उन्हें देखकर नागमती के हृदय में एक विलक्षण सहानुभूति की सम्भावना उभरती है। उसे प्रतीत होता है कि वह जिस विरह की आग में जल रही है कदाचित् ये दोनों उसके धुएँ से काले हो गए हैं। सम-दु:खभोगियों में परस्पर

सहानुभूति का उदय अत्यन्त स्वाभाविक माना जाता है। जायसी उसकी आवेगदशा का निहायत विशिष्ट चित्र बनाते हैं—

पिउ सो कहेउ सन्देसड़ा, हे भौंरा, हे काग!
सो धनि विरहै जरि मुई, तेहिक धुवाँ हम्ह लाग॥

यह मनुष्य की स्वाभाविक वृत्ति है कि दुःख के समय प्रकृति के समस्त उपादानों में सहानुभूति का सन्धान करता है। नागमती को पौष माह का शीत और भी व्यथित करता है। जायसी उसकी अभिलाषा का मर्मस्पर्शी चित्र खींचते हुए लिखते हैं कि उसका समस्त रक्त विरह में आँसू बनकर बह गया। अग्नि से तपकर मांस पिघल गया और हड्डियाँ सूखकर शंख हो गईं। यदि नागमती का प्रियतम लौटकर नहीं आता तो उसके वियोग में सारस की जोड़ी में से शेष रहे पक्षी के समान वह रटते-रटते मर जाएगी। चूँकि उसे जीते-जी प्रियतम के दर्शन का सौभाग्य प्राप्त न हो सका, अतः उसकी हार्दिक इच्छा है कि उसका प्रियतम आकर पंख समेट ले अर्थात् मृत्यु के पश्चात् ही सही उसे प्रियतम के कर-स्पर्श का सुख प्राप्त हो जाए—

रकत ढरा माँसू गरा, हाड़ भए संख।
धनि सारस होइ ररि मुई, आइ समेटहु पंख॥

माघ महीने में नागमती की स्थिति विकटतर रूप धारण कर लेती है। इस समय पाला पड़ता है और विरह काल से भी ज़्यादा दुःखदायी प्रतीत होता है। माघ के महीने में होनेवाली वर्षा के समान उसके नेत्र आँसू बरसाते हैं और वर्षा की बूँदें उसे ओलों के समान कष्टकर लगती हैं। कवि कहता है कि प्रियतम के बिना नागमती सूखकर हल्की हो गयी है। उसका शरीर तिनके की तरह इधर-उधर डोलता है, विरह उसके शरीर और प्राणों को जलाकर उसकी राख को भी उड़ा देना चाहता है। इसी तरह फागुन महीने की मनोरम प्रकृति भी नागमती की स्थिति में कोई रूपांतर नहीं उपस्थित कर पाती और वह अनुभव करती है कि उसकी सखियाँ चाँचर खेलते और गाते हुए फाग मना रही हैं। लेकिन नागमती के जीवन में आनन्द और उल्लास के साथ स्थान कहाँ? उसे ऐसा लगता है जैसे किसी ने उसके शरीर में होली की आग जला दी हो। जायसी विरहिणी नारी के मन की निगूढ़ अन्तर्वृत्तियों के चित्रण में सिद्धहस्त कलाकार हैं। वे हिन्दू नारी की अभिलाषा का बड़ा ही मार्मिक चित्र उपस्थित करते हुए यह दिखलाते हैं कि किस तरह विरह-वेदना का प्रकर्ष उसमें आत्मोत्सर्ग का भाव भर देता है! वह सच्चे अर्थों में पतिपरायणता सती स्त्री है जो अपने पति प्रेम में उस सीमा तक डूबी हुई है जहाँ किसी भी प्रकार की विवेकशीलता की ज़रूरत महसूस नहीं होती। तभी तो वह अपनी सौतन के पास गये हुए परदेशी प्रियतम के प्रेम में उन्मत्त होकर इस प्रकार की अभिलाषा प्रकट करती है—

करहिं वनसपति हिये हुलासू। मो कहँ भा जग दून उदासू॥
फागु करहिं सब चाँचरि जोरी। मोहि तन लाइ दीन्ह जस होरी॥

यह तन जारौं छार कै, कहौं कि 'पवन' उड़ाव।
मकु तहि मारग उड़ि परौ कंत धरै जहँ पाव॥

चैत के महीने में वसंत का धमाल होती है। कुसुमाकर वसंत के स्वागत में समूची प्रकृति सौन्दर्य-संभार से झुक जाती है। कृषि-प्रधान देश होने के कारण यह किसानों के महोत्सव का समय होता है। प्रकृति के समस्त उपादानों से लेकर लोकजीवन के प्रत्येक धड़कन विचित्र लयात्मक अनुगूँज से भर उठती है। रबी की तैयार फसल तथा आम्रमंजरी से युक्त आम के बगीचों में आते फलों को देखकर किसान का हृदय तरंग एवं उमंग से भर उठता है। लेकिन हर्षोल्लास के इस महापर्व के अवसर पर भी नागमती की दुनिया उजाड़ है। वह सौभाग्यस्वरूप प्रियतम के लौट आने की केवल सम्भावना कर सकती है—

चैत बसंता होई घमारी। मोहिं लेखे संसार उजारी॥
पंचम बिरह पंच सर मारै। रकत रोइ सगरौं बन ढारै॥
बूड़ि उठे सब तरिवर-पाता। भीजि मजीठि, टेसु बन राता॥
बौरे आम फरैं अब लागे। अबहुँ आउ घर, कंत सभागे॥
सहस भाव फूलीं बनसपती। मधुकर घूमहिं सँवरि मालती॥
मो कहँ फूल भए सब काँटे। दिस्टि परत जस लागहिं चाँटे॥

जायसी अपनी मूर्ति विधायिनी कल्पना के सहारे बैसाख मास एवं नागमती के वियोग के बीच बड़ा ही सुन्दर सादृश्य उत्पन्न करते हैं। बैसाख में एक ओर जहाँ पानी समाप्त हो जाने से तालाबों के हृदय विदीर्ण हो उठते हैं वहाँ दूसरी ओर वियोगपीड़िता नागमती का हृदय भी फटा जा रहा है। कवि ने विदीर्ण होते हृदय को सूखता हुआ सरोवर तथा प्रियतम के दृष्टिपात को 'दवंगरा' (हल्की बारिश) बनाकर प्रकृति के सूक्ष्म निरीक्षण का बेहद खूबसूरत परिचय दिया है। ऐसी सादृश्य-योजना काव्य साहित्य में नितांत दुर्लभ है। यह जायसी की सर्जनात्मक प्रतिभा और सूक्ष्म लोकनिरीक्षण का ही चमत्कार है जिसे पढ़कर पाठक न केवल संवेदनगत आत्मीयता का अहसास करता है अपितु कवि के काव्यकौशल की प्रशंसा करने के लिए भी विवश हो जाता है—

भा बैसाख तपनि अति लागी। चोआ चीर चन्दन भा आगी॥
सूरुज जाइ हिवंचल ताका। बिरह बजागि सोहँ रथ हाँका॥
सरवर हिया घटत नित जाई। टूक-टूक होइ-होइ बिहराई॥
बिरहत हिया करहु, पिउ! टेका। दीठि गवँगरा मेरवहु एका॥

इसी तरह निम्नलिखित दोहा जायसी की काव्य-प्रतिभा का चरम निदर्शन है। जायसी ने अपनी रचनात्मक प्रतिभा का अधिकतम दोहन करते हुए यह स्पष्ट किया है कि मानसरोवर में खिला हुआ कमल ग्रीष्म ऋतु में बिना जल के सूख गया है वह वर्षा के आगमन पर पुनः जीवित हो सकता है तथा शरद् ऋतु में पल्लवित और

पुष्पित हो सकता है। यह दोहा एक बेजोड़ अन्योक्ति के रूप में है जिसमें नागमती का सन्दर्भ कवि का अभिप्रेत है। कवि के कहने का आशय यह है कि नागमती के मन रूपी सरोवर में जो प्रेम का कमल खिला था वह प्रियतम की अनुपस्थिति में सूख गया है। यदि उसका प्रियतम आकर अपने दर्शन रूपी जल से सींच दे तो वह सूखी लता दुबारा खिल सकती है। लेकिन कवि ने अपनी प्रतिभा से इस दोहे में शरीर विज्ञान सहित ऐसे अनेक अर्थ भर दिये हैं कि उसकी क्षमता पर केवल मुग्ध हुआ जा सकता है—

कँवल जो बिगसा मानासर, बिनु जल गयउ सुखाइ।
सूखि बेलि पुनि पलुहै, जौं पिय सींचहु आइ॥

जायसी ज्येष्ठ मास की भीष्म गर्मी के साथ विरह-विदग्धा नागमती का सादृश्य उपस्थित करते हैं। वे विरह-ताप के लिए जहाँ कहीं उहात्मक चित्र भी उभारते हैं वहाँ भी गम्भीरता बनी हुई है। उनका विरह वर्णन मानव-संवेदना के अत्यधिक निकट है। प्रेम-वेदना का आन्तरिक स्वरूप ही उन्हें ज़्यादा श्रेयस्कर लगता है। वे लिखते हैं कि जेठ में सूर्य की गरमी से सारा संसार जलने लगा, लू चलने लगी, बवंडर उठने लगे और अंगार बरसने लगे। विरह वियोगिनी बाला को उसी तरह जलाने लगा, जिस तरह हनुमान ने लंका को जला डाला था। चारों दिशाओं की ओर चलनेवाले पवन उस विरह की आग को झकझोर कर और भी बढ़ाने लगे। जायसी विरह-ताप की व्यापकता का अत्यधिक कौशल से विस्तार करते हैं। उसे सृष्टिव्यापी बना देते हैं और यह घोषणा करते हैं कि पर्वत, मेघ, समुद्र, चन्द्रमा और सूर्य भी उस आग को नहीं सह सकते। यहाँ नागमती के सतीत्व के प्रति उनका भावुक हृदय उमड़ पड़ता है और उसे प्रमाणपत्र देते हुए कह उठते हैं कि वह सती धन्य है जो प्रियतम के लिए इस प्रकार की विरहाग्नि में जल रही है—

जेठ जरे जग, चलै लुवारा। उठहिं बवंडर परहिं अंगारा॥
बिरह गाजि हनुवँत होइ जागा। लंका-दाह करै तनु लागा॥
चारिहु पवन झकोरे आगी। लंका दाहि पलंका लागी॥
गिरि, समुद्र, ससि, मेघ, रबि सहि न सकहिं वह आगि।
मुहमद सती सराहिए, जरै जो अस पिउ लागि॥

जायसी ने जेठ माह के उपरान्त जेठ-असाढ़ी की तपन के साथ भी नागमती की अवस्था का सामंजस्य दिखलाया है। वे शरीर का रूपक देकर नागमती को ग्रामीण-गृहस्थिन भारतीय नारी के रूप में चित्रित करते हुए बरसात आने पर उसकी चिन्ता और आयोजन का विशिष्ट बिम्ब निर्मित करते हैं—

तपै लागि अब जेठ असाढ़ी। मोहि पिउ बिनु छाजनि भइ गाढ़ी॥
तन चितउर भा, झूरौं खरी। भइ बरखा, दुख आगरि जरी॥
बन्ध नाहिं औ कंध न कोई। बात न आव, कहौं का रोई॥

साँठि-नाहि, जग बात को पूछा। बिन जिउ फिरै मूंज-तनु छूछा॥
भई दुहेली टेक-बिहूनी। थाँभ नाहिं, उठि सकै न थूनी॥
बरसै मेह चुवहिं नैनाहा। छपर-छपर होइ रहि बिनु नाहा॥
कोरौ कहाँ, ठाट नव साजा। तुम बिन कंत न छाजनि छाजा॥

इन पंक्तियों के सन्दर्भ में आचार्य रामचन्द्र शुक्ल ने बड़ी ही सारगर्भित टिप्पणी की है। वे लिखते हैं कि "यह आशिक-माशूकों का निर्लज्ज प्रलाप नहीं है, यह हिन्दू-गृहिणी की विरह-वाणी है। इसका सात्विक मर्यादापूर्ण माधुर्य परम मनोहर है।—यद्यपि इस बारहमासे में प्राकृतिक वस्तुओं और व्यापारों की रूढ़ि के अनुसार अलग-अलग झलक भर दिखाई गई है, उनका संश्लिष्ट चित्रण नहीं है, पर एक-आध जगह कवि का अपना निरीक्षण भी बहुत सूक्ष्म और सुन्दर है।" बारहमासे के चित्रण के उपरान्त भी जायसी के मन में पूँजीभूत वेदना शान्त नहीं होती। वे नागमती के प्रति अपने हृदय की अशेष सहानुभूति उँड़ेल देना चाहते हैं। वे नागमती की विरह-विह्वलता को उन्माद की अवस्था तक पहुँचाते हैं। वह पक्षियों से अपनी व्यथा रोती फिरती है। कवि उसके विरह-ताप की व्यंजना के लिए उहात्मक-पद्धति का विलक्षण प्रयोग करता है। बावज़ूद इसके इस वर्णन के द्वारा भी जायसी पाठक की सहानुभूति अर्जित कर लेते हैं। क्योंकि उन्होंने यहाँ पद्धति-विशेष का प्रयोग विरह-ताप की अतिशयता दिखाने के लिए किया है, बिहारी की तरह चमत्कार-प्रदर्शन के लिए नहीं। जायसी के विरह-व्यंजना का कोई भी चित्र पाठक को हँसने का अवसर नहीं देता—

जेहि पंखी के नियर होइ, कहै विरह कै बात।
सोई पंखी जाइ जरि, तरिवर होइ निपात॥

ऐसा माना जाता है कि महान कविता करुणा अथवा आक्रोश में जन्म लेती है। जायसी वियोगिनी नागमती की अतिशय कारुणिक अवस्था का चित्र खींचते हैं। वे समस्त सृष्टि को नागमती के आँसुओं से आर्द्र महसूस कर रहे हैं। उनकी मूर्ति विधायिनी कल्पना नागमती की मन:स्थिति को अत्यन्त व्यापक फलक पर चित्रित करती है। वे लिखते हैं कि नागमती कोयल के समान वन-वन में रोती फिर रही है और उसके नेत्रों से रक्त के आँसू गिर-गिरकर पृथ्वी पर गुंजाओं (घुंघची) का वन बोते जा रहे हैं। कवि वियोग दशा में नागमती की प्रेम-वेदना को प्रकर्ष पर पहुँचाता है तथा उस वेदना के प्रभाव की सृष्टिव्यापी व्यंजना करते हुए कहता है कि उसके प्रभाव में पलाश के वृक्ष भी पर्णहीन हो गये हैं और लाल-लाल फूलों के रूप में वे मानों रक्त में डूबकर लाल हो उठे हों। उसी रक्त में डूबकर बिम्बालक लाल हो गये हैं और उसी के विरह-ताप से परवल पक गये हैं तथा गेहूँ का हृदय फट गया है। यद्यपि यहाँ रक्त के आँसू गिरने में जायसी पर फ़ारसी प्रभाव द्रष्टव्य है फिर भी, उन्होंने सम्पूर्ण बिम्बमालिका में लोक जीवन और विशुद्ध प्रकृति से ग्रहीत उपमानों को गूँथकर उसका भारतीयकरण कर दिया है। उसे सहज संवेद्य बना दिया है। इसी

तरह उनका यह कथन कि जहाँ नागमती का प्रिय रत्नसेन है, उस देश में न वर्षा है और न ही हेमन्त और न वसंत ऋतुएँ ही आती हैं, शायद वहाँ कोयल और चातक भी नहीं हैं, जिनकी पुकार सुनकर रत्नसेन को नागमती की याद आ जाए- उनके मातृभूमि प्रेम का चरम निदर्शन है। यह महाभाव जायसी के देशानुराग का गहरा परिचय देता है जिससे पाठक उनकी प्राकृतिक संवेदना और मातृभूमि प्रेम से स्वाभाविक जुड़ाव महसूस करने लगता है—

कुहकि कुहकि जस कोइलि रोई। रकत आँसु घुंघची बन बोई॥

तेहि दुख भए परास निपाते। लोहू बूड़ि उठे होइ राते॥
राते बिम्ब भीजि तेहि लोहू। परवर पाक, फाट हिय गोहूँ॥

नहिं पावस ओहि देसरें ना हेवंत वसंत।
ना कोकिल ना पपीहरा, केहि सुनि आवहिं कंत॥

जायसी नागमती को वेदना की साकार प्रतिमा के रूप में प्रस्तुत करते हैं। उसके रक्ताश्रुओं से समस्त सृष्टि रक्त-स्नात हो गई है। वह उन्मादिनी-सी वनों-उपवनों में रोती फिर रही है जिससे पक्षियों की भी नींद हराम हो गयी है। उसकी अवस्था पर कोई मनुष्य तो द्रवीभूत नहीं होता परन्तु जायसी एक पक्षी के हृदय में सहानुभूति का संचार अवश्य करते हैं और वह नागमती से उसकी व्याकुलता का कारण पूछता है—

फिर फिर रोव, कोइ नहिं डोला। आधी रात बिहंगम बोला॥
तू फिरि-फिरि दाहै सब पाँखी। केहि दुख रैनि न लावसि आँखी॥

कवि यहाँ पर एक बड़े मनोवैज्ञानिक सत्य का उद्घाटन करता है। उसकी दृष्टि में यह मनोवैज्ञानिक सत्य है कि जब मनुष्य का हृदय दु:ख और वेदना से आपूरित हो तब किसी के संवेदना प्रकट करने पर और अधिक रोना आता है। अत: जैसे ही वह पक्षी नागमती से सहानुभूति दिखलाता है, वह बुखार छोड़कर रो पड़ती है—

नागमती कारन कै रोई। का सोवै जो कंत बिछोई॥

तदुपरान्त नागमती अपनी वस्तुस्थिति का ज़िक्र करते हुए जिस मर्मस्पर्शिता का परिचय देती है उससे सहृदय पाठक की करुणा उमड़ पड़ती है। वह कहती है—

चारिउ चक्र उजार भए, कोइ न सन्देसा टेक।
कहौं बिरह-दुख आपन, बैठि सुनहु दंड एक॥

यहाँ जायसी नागमती की 'कहन शैली' में मनोवैज्ञानिकता का सन्निवेश करते हैं। वह पहले अपनी अवस्था की दारुणता का वर्णन करके तथा लोकनीति की बात करके उस पक्षी की सहानुभूति अर्जित करती है, तत्पश्चात् उससे अपना सन्देश निवेदित करती है। वह कहती है कि हे भाई पक्षी! अपना दु:ख उसी से कहना चाहिए जो दूसरे के दु:ख को सुनकर दु:खी हो अर्थात् जो संवेदनशील अथवा करुणामय हो।

ऐसा बलशाली भीम कौन है जो पराये दु:ख को अपने शरीर पर लेकर मेरे सन्देश को सिंघल द्वीप में प्रियतम के पास पहुँचा दे। मेरे प्रियतम जोगी होकर सिंघल द्वीप चले गये हैं और मैं उनके वियोग में पिय का नाम रटते-रटते सूखकर सारंगी बन चुकी हूँ। उसके शरीर की समस्त नसें उस सारंगी की ताँत बन गई हैं। उसके रोम-रोम से विरह की आह निकल रही है—

तासो दुख कहिए, हो बीरा। जेहि सुनि के लागै पर-पीरा॥
को होइ भिउ अंगवै पर-दाहा। को सिंघल पहुँचावै चाहा?
जहँवाँ कंत गए होइ जोगी। हौं किंगरी भइ झूरि वियोगी॥
हाड़ भये सब किंगरी नसैं भई सब तांति।
रोवँ रोवँ ते धुनि उठैं, कहौं बिथा केहि भाँति॥"

मनुष्य इस सृष्टि का सर्वोत्तम प्राणी है और उसमें भी राजा सर्वसम्मान्य होता है। ऐसे राजा की रानी वियोग-दशा में पक्षी से सन्देश ले जाने की प्रार्थना कर रही है और कह रही है कि जो कोई मेरे प्रिय का सन्देश लाएगा, मैं आजीवन उसकी दासी बनी रहूँगी—

कथा जो कहैं आइ ओहि केरी। पाँवरि होउँ जनम भरि चेरी॥

नागमती विरह वेदना से विक्षिप्त अवस्था में भी अपना विवेक क़ायम रखती है। वह उस पक्षी से पद्मावती तक प्रेषित करने के लिए जो सन्देश भेजती है उसमें न केवल उसके हृदय की अत्यन्त उदार भावना के दर्शन होते हैं अपितु उसके सच्चे, उदात्त प्रेम एवं त्याग का भी भलीभाँति परिचय मिलता है। यहाँ उसका प्रेम उदात्त भावभूमि पर पहुँचकर उसके व्यक्तित्व को असाधारण उत्कर्ष प्रदान करता है। यह उत्सर्ग भाव आत्मविश्वास एवं सतीत्व की महिमा से मंडित भारतीय नारी में ही देखा जा सकता है—

पदमावति, सौं कहेहु, बिहंगम। कंत लोभाइ रही करि संगम॥

तोहि चैन सुख मिलै सरीरा। मो कहँ हिए दुंद दुख पूरा॥
हमहुँ बियाही संग ओहि पीऊ। आपुहि पाइ, जानु पर-जीऊ॥
मोहि भोग सौं काज न बारी। सौंह दिस्टि कै चाहनहारी॥

इस प्रकार नागमती की विरह-वेदना का संश्लिष्ट और विविधतापूर्ण चित्रण करके जायसी ने अपनी काव्यात्मक प्रतिभा का भरपूर परिचय दिया है। यहाँ जायसी नारी जीवन की समस्त पूँजीभूत वेदना को वाणी देते हैं और अपने अभिव्यंजना कौशल द्वारा नागमती के मन की गहनतम वेदना का प्रकाशन करते हैं। जायसी के पद्मावत की आत्मा नागमती के आँसुओं से स्नात है। उसमें कवि का विरहाकुल हृदय उमड़ रहा है। उनका नागमती वियोग-वर्णन समूचे भारतीय साहित्य की दुर्लभ वस्तु है। नारी हृदय की स्वाभाविक वृत्ति और संघर्षरत मानसिक अवस्था का ऐसा मर्मस्पर्शी चित्र विश्व के किसी साहित्य में मिलेगा, यह कहना अत्यन्त कठिन है।

जायसी ने नागमती के अतिरिक्त पद्मावती के वियोग का भी हृदय-स्पर्शी चित्र खींचा है। जब मूर्च्छित पद्मावती समुद्र तट पर लक्ष्मी के सहयोग से चेतना प्राप्त करती है तब पतिवियोग की आशंका उसके हृदय में आर्त्तनाद कर उठती है। यहाँ जायसी उसकी मन:स्थिति का बड़ा ही बेलौस चित्र उभारते हैं। वह कह उठती है कि यह कैसी विडम्बना है कि प्रियतम हृदय में ही है, फिर भी उससे भेंट नहीं होती—

पिउ हिरदय महँ भेंट न होई। कोरे मिलाव, कहौं केहि रोई?
साँस पास निति आवै जाई। सो न सँदेस कहै मोहि आई॥

साथी आथि निआथि जो, सकें साथ निरबाहि।
जौ जिउ जारे पिउ मिलैं, भेंट रे जिउ! जरि जाहि॥

इसके अलावा पद्मावती के विरह का मार्मिक रूप उस समय भी दृष्टिगोचर होता है जब अलाउद्दीन खिलजी छल से राजा रत्नसेन को बन्दी बनाकर दिल्ली ले जाने में कामयाब हो जाता है। उस समय पद्मावती भी हमारे समक्ष एक सामान्य भारतीय नारी के रूप में आती है। यह पद्मावती वही है जिसमें कथा के पूर्वार्द्ध में कवि ने ब्रह्म का आरोप किया है तथा यह प्रतिपादित किया है कि सृष्टि के समस्त पदार्थों में उसी का प्रतिबिम्ब प्रोद्भासित हो रहा है। पद्मावती विलाप करती हुई कहती है कि हे गम्भीर नीर रूपी प्रियतम! तुम कहाँ हो? तुम्हारे बिना मेरा हृदय सरोवर फटा जा रहा है। जो स्वयं पद्मिनी है वह वियोग-वेदना से अनुप्राणित होकर कहती है कि यह कमल सूख गया है और इसकी पंखुड़ियाँ अलग-अलग हो गई हैं और गल-गलकर मिट्टी में मिल गई हैं—

नीर गम्भीर कहाँ, हो पीया। तुम्ह बिनु फाटै सरवर हीया॥
गएहु हेराइ, परेहु केहि हाथा?। चलत सरोवर, लीन्ह न साथा॥
चरत जो पंखि केलि कै नीरा। नीर घटे कोइ आव न तीरा॥
कँवल सूख, पँखुरी बेहरानी। गलि गलि कै मिलि छार हेरानी॥
अबहुँ जियावहु कै मया, बिथुरी छार समेट।
नइ काया अवतार नव, होइ तुम्हारे भेट॥

जायसी नारी हृदय के प्रामाणिक चित्रकार हैं। वे पद्मावती की मानसिक दशा का पूरी तन्मयता से चित्रण करते हैं और कहते हैं कि उसके नेत्र रूपी सीपियों में आँसू रूपी मोती भर-भर कर टूट-टूट कर गिर रहे हैं, जिससे शरीर क्षीण होता जा रहा है। जो पद्मावती उस परम सौन्दर्य का साक्षात् विग्रह थी, विश्वसुन्दरी थी, श्रेष्ठ रत्न थी, वह राजा के बिना कौड़ी के मोल की भी नहीं रही—

नैन-सीप मोती भरि आँसू। टुटि-टुटि परहिं करहिं तन नासू॥
पदिक पदारथ पदमिनि नारी। पिय बिनु भइ कौड़ी बर बारी॥

कौने जतन, कंत! तुम्ह पावौं। आजु आगि हौं जरत बुझावौं॥
कौन खंड हौं हेरौं, कहाँ बँधे हौ, नाह।
हेरे कतहुँ न पावौं, बसै तु हिरदय माह॥

जायसी 'पद्मावती' के अतिरिक्त अपनी अन्यान्य कृतियों में भी वियोग-दशा की अद्भुत व्यंजना करते हैं। उनके सांस्कृतिक महाकाव्य 'कन्हावत' भी विरह-व्यंजना की दृष्टि से महत्त्वपूर्ण ग्रंथ है। उसमें कवि ने राधा के वियोग का वर्णन भी बारहमासा पद्धति के आधार पर किया है। जायसी स्वयं भी मानवीय वियोग और प्रेम-पीर के भुक्तभोगी थे। मकान की छत गिरने से इनके सात पुत्रों की मौत हो चुकी थी। ऐसी स्थिति में कहा जा सकता है कि दुःख-दर्द ही इनका जीवन-संगी था। इनका जीवन सदैव अपने में महाकाव्य की पीड़ा समेटे रहा। फलतः विरह वेदना की व्यंजना द्वारा जायसी ने प्रकारान्तर से स्वानुभूत सत्य का उद्घाटन किया है। उनकी नारियाँ वेदना की सार प्रतिमाएँ हैं। नारी हृदय की इतनी सच्ची परख बहुत कम कवियों के पास होती है। यह भी प्रत्येय है कि वियोग-वर्णन में ही जायसी का भी मन सर्वाधिक रमता है जिससे वही उनके काव्य की चरम-उपलब्धि भी बना है। प्रेम पीर के उस अमर गायक का वियोग-वर्णन ही उसे महाकवियों की पाँत में बिठाने के लिए पर्याप्त है। इस दृष्टि से उनका विरह-वर्णन सम्पूर्ण विश्व-साहित्य में श्रेष्ठतम स्थान का अधिकारी है।

पुष्टिमार्ग और सूरदास

सूरदास भक्तिकाल की कृष्णकाव्यधारा के श्रेष्ठतम कवि हैं। वे वल्लभाचार्यजी के शिष्यों में से थे। वल्लभाचार्य तैलंग ब्राह्मण थे और उन्होंने काशी में रहकर वेद, वेदांत और दर्शनों का अध्ययन किया था। इस युग में सगुण धर्म का प्रचार करने में चार महान आचार्यों की केन्द्रीय भूमिका रही है। वे हैं—रामानुजाचार्य, मध्वाचार्य, विष्णुस्वामी और निम्बार्क। इन सबका प्राथमिक लक्ष्य शंकराचार्य के मायावाद और अद्वैतवाद का खंडन करना था। इसके लिए रामानुजाचार्य ने विशिष्टाद्वैत, मध्वाचार्य ने द्वैत, विष्णुस्वामी ने शुद्धाद्वैत और निम्बार्क ने द्वैताद्वैत का प्रतिपादन किया। इनके पश्चात् रामानन्द, चैतन्य और वल्लभाचार्य ने वैष्णव धर्म को अपेक्षाकृत अधिक व्यापक, व्यावहारिक एवं लोकोन्मुख बनाकर उसे तर्कसंगत परिणति तक पहुँचाया। वल्लभाचार्यजी ने ज्ञानमार्ग की ओर वेदांत की एक शाखा का प्रवर्तन किया और भक्तिमार्ग की ओर एक बेहद प्रेमोपासक सम्प्रदाय का। इनका अद्वैतवाद 'शुद्धाद्वैत' कहलाता है, जिस पर विष्णुस्वामी का प्रकट प्रभाव है। आचार्य वल्लभ ने निरूपित किया कि—"सत्, चित् और आनन्दस्वरूप ब्रह्म अपने इच्छानुसार इन तीनों स्वरूपों का आविर्भाव और तिरोभाव करता रहता है। जड़ जगत भी ब्रह्म ही है, पर अपने चित् और आनन्दस्वरूपों का पूर्ण तिरोभाव किए हुए तथा सत् स्वरूप का कुछ अंशत: आविर्भाव लिये हुए। चेतन जगत भी ब्रह्म ही है, जिसमें सत्, चित् और आनन्द इन तीनों स्वरूपों का कुछ आविर्भाव और तिरोभाव रहता है। इस सिद्धांत में मायात्मक जगत मिथ्या नहीं माना गया है। माया ब्रह्म ही की शक्ति मानी गयी है, तो उसी की इच्छा से विभक्त होती है। जीव अपने शुद्ध ब्रह्म स्वरूप को तभी प्राप्त करता है, जब आविर्भाव और तिरोभाव दोनों मिट जाते हैं और यह बात केवल ईश्वर के अनुग्रह से ही, जिसे 'पुष्टि' या 'पोषण' कहते हैं, हो सकती है। इस अनुग्रह की प्राप्ति के लिए वल्लभाचार्य ने एक विस्तृत उपासना-पद्धति भी चलायी, जिसे 'पुष्टिमार्ग' कहते हैं।"[1]

वस्तुत: पुष्टिमार्गीय भक्ति अपने मूल स्वरूप में ऐकान्तिक उपासना-पद्धति है, जिसमें कर्मकांड, योग, तप, ज्ञान आदि साधनों के लिए कोई जगह नहीं है। पुष्टिमार्गी की एकमात्र काम्यवस्तु श्रीकृष्ण की भक्ति अथवा सेवा है। यहाँ प्रभु-सेवा के पसीने

से बढ़कर पवित्र वस्तु दूसरी मानी ही नहीं जाती है। इस भक्ति की शुरुआत नवधा भक्ति की चरम स्थिति 'आत्मसमर्पण' से होती है। इसकी दीक्षा ही आत्मसमर्पण से दी जाती है। साथ ही, आत्मसमर्पण के भाव को दृढ़ता प्रदान करने के लिए भक्तों के सत्संग में श्रवण, कीर्तन आदि के अभ्यास के महत्त्व को भी रेखांकित किया गया है। आचार्य वल्लभ ने श्रीमद्भावगत के 'पोषणं तद्नुग्रह: के आधार पर ही अपने मार्ग का नाम 'पुष्टिमार्ग' रखा। जिसका आशय यह है कि भगवान का अनुग्रह ही जीव का असली पोषण या पुष्टि है, जिससे उसके हृदय में भक्ति का संचरण होता है। इस मार्ग में अनेक प्रकार के जीवों की चर्चा हुई है, जिन्हें इस प्रकार प्रस्तुत किया जा सकता है—

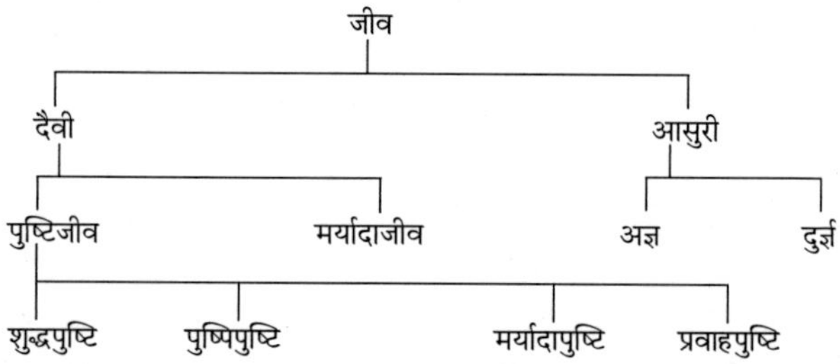

उपर्युक्त में से चारों प्रकार के पुष्टिजीव भगवान की 'सेवा' के लिए उत्पन्न होते हैं। ऐसा बतलाया गया है कि ब्रह्म के ऐश्वर्य, यश, श्री, वीर्य, ज्ञान और वैराग्य नामक छ: गुणों से रहित होने पर भी उनकी क्षीणता भगवान के अनुग्रह से दूर होती है। पुष्टिमार्गीय भक्त अपनी सेवा द्वारा आनन्दस्वरूप भगवान का अनुग्रह प्राप्त करके स्वयं आनन्दमय हो जाता है। यह आनन्दमय स्थिति ही प्रकारान्तर से मुक्ति है जिसे पुष्टिभक्ति की सर्वोत्तम अवस्था माना जा सकता है। पुष्टिमार्ग स्त्री-पुरुष, द्विज-शूद्र सबके लिए खुला है। मनुष्य मात्र इसके अधिकारी हैं। यह गहरी मानवीय संलग्नता और माधुर्य-भाव से ओत-प्रोत है। वल्लभाचार्य जी ने अपने सिद्धान्त को तार्किक परिणति तक पहुँचाने के लिए श्रीनाथ जी के भव्य मन्दिर की स्थापना की और वहाँ पर पूजा-अर्चना में योग देनेवाले कुछ प्रमुख कवियों को भी स्थापित किया। पुष्टिमार्ग में क्रियात्मक सेवा और भावात्मक सेवा दोनों ही प्रकार की विधियों का समावेश है, किन्तु ज़ोर क्रियात्मक सेवा पर ही है। क्रियात्मक सेवा को नित्य सेवा विधि और वर्षोत्सव सेवा विधि के अन्तर्गत विभक्त किया गया है। नित्य सेवा विधि में वात्सल्य को प्रमुखता देते हुए उसके लिए आठ समय बताए गये हैं : जिनके नाम क्रमश: मंगल, शृंगार, ग्वाल, राजभोग, उत्थापन, भोग, संध्या आरती और शयन हैं। इस तरह नित्य सेवा-विधि में प्रात:कालीन जागरण से लेकर शयन तक की सारी विधियाँ

सम्मिलित हैं। जबकि दूसरी तरफ़ वर्षोत्सव की सेवा-विधि में श्रीकृष्ण के नित्य और अवतार-लीलाओं के उत्सव, विभिन्न ऋतुओं के उत्सव, लोक जीवन और वैदिक पर्वों के उत्सव तथा श्रीकृष्ण जन्माष्टमी आदि का समावेश किया गया है। नित्य-प्रति की सेवा-विधि को सम्पन्न करने के लिए उपयुक्त गीत लिखकर उसके गानों की योजना बनायी गयी। महाप्रभु वल्लभाचार्य ने हर एक सेवा के अवसर पर गाने के लिए अपने चार प्रमुख शिष्य सूरदास, परमानन्ददास, कुम्भनदास और कृष्णदास को नियुक्त किया। महाप्रभु के गोलोकवास के उपरान्त उनके सुपुत्र गोस्वामी विट्ठलनाथजी ने नन्ददास, चतुर्भुजदास, गोविन्दस्वामी और छीतस्वामी को इससे जोड़कर अष्टछाप की स्थापना की। आज अष्टछाप के ये कवि कृष्णकाव्य के सर्वोत्तम स्रष्टा के रूप में विख्यात हैं। इन्होंने गुण और परिमाण दोनों ही दृष्टियों से अत्यन्त उत्कृष्ट एवं प्रगल्भ काव्य-रचना करके मानव-मन को युग-युगान्तर तक रस-मग्न करने और उसकी अन्तर्निहित अनुराग-लालसा का उन्नयन करने का अभूतपूर्व उपक्रम किया। इनका साहित्य लोकवादी और मनुष्यतापरक है। इनकी वैष्णव-भावना मानवमार्गी है, क्योंकि जीवन उसमें आश्रय पाता रहा है। इनके यहाँ ईश्वर की स्वीकृति सर्वोत्तम अथवा श्रेष्ठतम मनुष्य के रूप में है और सम्पूर्ण लीला-वर्णन इसका प्रमाण है। लीला का प्रयोजन ही मनुष्य है, क्योंकि ईश्वर का अवतार ही जीव के सुख अथवा कल्याण के लिए होता है।

पुष्टिमार्ग के मन्दिरों में ठाकुरजी के नैमित्तिक और वर्षोत्सवों के अवसर पर होनेवाले कीर्तन में विभिन्न राग-रागिनियों, पद, ताल-सुर, लय आदि का प्रयोग होता था, इसलिए कीर्तनकार को संगीत-शास्त्र का यथोचित ज्ञान रखना पड़ता था। संयोगवश अष्टछाप के आठों महानुभाव कवि होने के अतिरिक्त गायन और वाद्य के मर्मज्ञ और अपूर्व ज्ञाता थे। काव्य में संगीतात्मकता के सन्निवेश के लिए जिस आत्मविश्वास, तीव्रानुभूति, सहज स्फूर्ति एवं अन्त:प्रेरणा की ज़रूरत होती है, वह इनमें भरपूर मात्रा में थी। इस सन्दर्भ में आचार्य रामचन्द्र शुक्ल ने ठीक ही लिखा है कि "जयदेव की देववाणी की स्निग्ध पीयूष-धारा, जो काल की कठोरता में दब गयी थी, अवकाश पाते ही लोकभाषा की सरसता में परिणत होकर मिथिला की अमराइयों में विद्यापति के कोकिल कंठ से प्रकट हुई और आगे चलकर व्रज के करीलकुंजों के बीच फैले मुरझाए मनों को सींचने लगी। आचार्यों की छाप लगी हुई आठ वीणाएँ श्रीकृष्ण की प्रेमलीला का कीर्तन करने उठीं, जिनमें सबसे ऊँची, सुरीली और मधुर झनकार अंधे कवि सूरदास की वीणा की थी।"[2] महाकवि सूरदास पुष्टिमार्ग में भलीभाँति दीक्षित थे और अपनी रचनाओं में उसे सम्पूर्ण चरितार्थता प्रदान करते हैं। वे जनमानस में 'पुष्टिमार्ग के जहाज़' के रूप में ख्यात रहे हैं। यह दूसरी बात है कि वे पुष्टिमार्ग के सैद्धान्तिक विवेचन में तत्पर नहीं दिखते। आरम्भ में इन पर दैन्यभाव हावी था, परन्तु महाप्रभु के उपदेश से इनमें आत्म-विश्वास जागा और ये कृष्णलीला-गान के

लिए उद्यत हुए। यद्यपि इन्होंने सभी लीलावतारों एवं देवों का अवसरानुकूल वर्णन किया है, तथापि इनका एकनिष्ठ प्रेम एवं पूर्ण आत्म-समर्पण श्रीकृष्ण के प्रति ही है। इन्होंने अपने प्रेम की एकनिष्ठता एवं भक्ति की अनन्यता का प्रतिपादन करने के लिए दूसरे देवों की तुलना में श्रीकृष्ण को श्रेष्ठतर बतलाते हुए लिखा है कि—

मेरो मन अनत कहाँ सुख पावै।
जैसे उड़ि जहाज़ को पंछी, फिर जहाज़ पै आवे
कमलनैन को छाँड़ि महातम और देव को ध्यावै।
परमगंग को छाँड़ि पियासो, दुर्मति कूप खनावै।
जिन मधुकर अम्बुज-रस चाख्यौ क्यों करील फल खावै।
सूरदास प्रभु कामधेनु तजि छेरी कौन दुहावै?[3]

चूँकि सम्पूर्ण आत्म-समर्पण और भक्ति के चरम निदर्शन के लिए दैन्य-भाव की उपस्थिति अपरिहार्य है, इसलिए सूरदास ने अनेक स्थलों पर बड़ी मार्मिक व्यथा के साथ हृदय की दीनता प्रकट की है। वे अपने कृपानिधान भगवान से आत्म-रक्षा की प्रार्थना करते हुए लगभग पुकार के स्वर में कह उठते हैं—

अब कैं राखि लेहु भगवान
हौं अनाथ बैठ्यौ द्रुम डरिया, पारथि साथे बान॥

ताकैं डर मैं भाज्यौ चाहत, ऊपर ढुक्यौ सचान।
दुहूँ भाँति दुख भयौ आनि यह, कौन उबारे प्रान॥[4]

सूरदास का दैन्य-भाव यशोदा एवं नन्द के वात्सल्य में भी गहनता प्राप्त करता है। जब यशोदा को ज्ञात हुआ कि उसका कान्हा अक्रूर के साथ मथुरा जाने के लिए तैयार है तो उसकी दीनता हृदय-विदारक रूप धारण कर लेती है। अत्यन्त दीन होकर वह पुकार उठती है—

मोहक नैकु बदन-तन हेरौ।
राखौ मोहि नात जननी कौ, मदन गोपाल लाल मुख फेरौ।[5]

जब नन्दबाबा मथुरा के राजसी वैभव और ब्रज के ग्रामीण वातावरण एवं सुविधाओं पर तुलनात्मक ढंग से विचार करते हैं, तब उन्हें अपनी वास्तविक स्थिति और श्रीकृष्ण की प्रभुता का अन्तराल समझ में आता है। ऐसी स्थिति में उनका हृदय ग्लानि से भर जाता है और वे करुण स्वर में पिता होते हुए भी पुत्र से कह उठते हैं—

तुम मेरी प्रभुता बहुत करी।
परमगँवार ग्वाल पसु-पालक, नीच दसा लै उच्च धरी।[6]

इसी तरह राधा तो श्रीकृष्ण की आह्लादिनी शक्ति के रूप में ही प्रतिष्ठित है। सूर ने राधा-कृष्ण में प्रकृति-पुरुष तथा पार्वती-परमेश्वर की तरह अद्वैत ही माना है। उनकी गोपिकाओं के व्यक्तित्व का विकास भी पुष्टिमार्गीय भक्ति के सर्वथा अनुकूल है।

वस्तुत: गोपियों की भावना भी मूलत: भक्ति-भावना ही है, जिसमें उपस्थित होनेवाला रंचमात्र अहंकार भी भक्त के आत्म-समर्पण को खंडित कर देता है। इसीलिए जब महारास के दौरान श्रीकृष्ण अन्तर्धान हो जाते हैं तब गोपियाँ कहती हैं—

कृपा सिन्धु हरि कृपा करौ हो।
अनजाने मन गर्व बढ़ायौ सो अपने जनि हृदय धरौ हो।
सोरह सहस पीर तन एकै राधा जिव सब देह।
ऐसी दसा देखि करुनामय प्रगट्यौ हृदय सनेह॥[7]

जब श्रीकृष्ण गोपियों की आँखों के सामने ही अक्रूर जी के साथ रथ पर सवार होकर मथुरा चले गये ओर वे कुछ नहीं कर पाईं; तब उनकी विह्वलता फूट पड़ी। उनके मन की पुंजीभूत भावराशि आत्मग्लानि के स्वर में चीत्कार कर उठी—

हरि विछुरत फाट्यो न हियौ।
भयौ कठोर बज्र तैं भारी, रहि कैं पापी कहा कियौ॥
घोरि हलाहल सुनि री सजनी, तिहि अवसर काहै न पियौ।[8]

सूरदास ने गोपियों के विरह-वर्णन के सन्दर्भ में उनकी दारुणदशा का बड़ा ही मर्मस्पर्शी चित्र खींचा है। इनमें सबसे अधिक दयनीय और कारुणिक चित्र राधा का है, जो करुणा की साकार प्रतिमा अथवा वेदना की प्रतिमूर्ति बनकर रह गयी है। उसकी मलिन दशा का वर्णन करते हुए सूरदास जी कहते हैं कि—

अति मलीन वृषभानु कुमारी।
हरि स्त्रम-जल भींज्यौं उर अंचल, तिहि लालच न धुवावति सारी॥
'सूरदास' कैसे करि जीवैं, ब्रज वनिता बिन स्याम दुखारी॥[9]

इस तरह सूरदास की भक्ति-भावना सर्वत्र दैन्य समन्वित है। इससे उनकी आत्म-समर्पण की भावना अत्यधिक परिपुष्ट हुई है। सूरदास की भक्ति मूलत: प्रेमाभक्ति है, जिसमें जीव की मुक्ति प्रेम के चरमानन्द की दशा है। इनके उपास्य भी प्रेममूर्ति कृष्ण हैं। इनकी सायुज्य मुक्ति भी वल्लभाचार्य एवं पुष्टिमार्ग से ही प्रेरित-प्रभावित है। इनके अनुसार जगत के नाना रूपों में ब्रह्म की प्रत्येक सत्ता ही दृष्टिगत हो रही है। उसका साकार रूप ही चतुर्दिक उद्भासित रहा है। सम्पूर्ण सृष्टि उसी की अपूर्व छटा का प्रतिबिम्ब है। ऐसी स्थिति में जब इतने व्यापक और ब्रह्म का अत्यन्त सूक्ष्म निरूपण प्रस्तुत करते हैं, तब गोपिकाएँ कह उठती हैं तुम क्यों व्यर्थ तिनके की ओट में इतना भारी दमकता हुआ सुमेरु छिपाने का उद्योग कर रहे हो—

सुनिहै कथा कौन निर्गुन की, रचि पचि बात बनावत।
सुगन सुमेरु प्रगट देखियत, तुम तृन की ओट दुरावत॥[10]

इसी तरह गोपियों की प्रेमाभक्ति की आँधी के समक्ष उद्धव का ब्रह्म ज्ञान तिनके की तरह उड़ जाता है और अन्त में उन्हें इनके प्रेम की एकनिष्ठता, सर्वस्व समर्पण तथा भाव-विह्वलता के समक्ष नतमस्तक हो जाना पड़ता है। निर्गुण पर सगुण की

विजय और नीरस ब्रह्म ज्ञान की तुलना में माधुर्य भक्ति की श्रेष्ठता का अत्यन्त सुन्दर प्रतिपादन सूरदास ने किया है। सूर के भक्ति निरूपण ने प्रचलित योग मार्ग को सिरे से ख़ारिज कर दिया जिससे उनकी प्रेमाभक्ति हरिकृपा का चरम साधन सिद्ध हुई। यह गोपिकाओं का प्रेम एवं माधुर्य ही है जो कृष्ण के वियोग में संतप्त होकर उच्चकोटि की भक्ति में पर्यवसित हो जाता है। यहाँ न केवल सूर की भक्ति-भावना अपने प्रकर्ष पर पहुँचती है अपितु उनका काव्य-सौष्ठव भी अद्भुत व्यंजना और रमणीयता प्राप्त करता है।

सूरसागर में पुष्टिमार्ग के अनुरूप गुरु-सेवा, संत-सेवा और प्रभु-सेवा से सम्बन्धित अनेक पद मिलते हैं। साथ ही नित्य सेवा-विधि और वर्षोत्सव-विधि पर भी भरपूर पद मिलते हैं। सूरसागर में राम, नृसिंह, वामन एवं श्रीकृष्ण की जयंतियों पर भी अपेक्षित मात्रा में पद उपलब्ध हैं। पुष्टिमार्गीय सेवा में भोग, राग और शृंगार की व्यवस्था है। भोग के अन्तर्गत उत्कृष्ट व्यंजन एवं नैवेद्य-अर्पण द्वारा श्रीकृष्ण को सूरसागर के पद 1014 में वर्णित किया गया है। राग के अन्तर्गत कीर्तन आदि में राग-रागिनियों के प्रयोग एवं संगीत के नियमों के पालन पर ज़ोर दिया गया है। महात्मा सूरदास स्वयं ही कितनी राग-रागिनियों के प्रयोक्ता एवं संगीत के कितने बड़े आचार्य थे; यह कहने की ज़रूरत नहीं। गोस्वामी विट्ठलनाथ जी ने भगवान श्रीकृष्ण के आठ शृंगारों की संकल्पना प्रस्तुत की थी; जिसके अन्तर्गत अपने प्रभु को वस्त्राभूषण से सुसज्जित करने एवं सजाने-सँवारने का विधान था। सूरदास के निम्न पद में श्रीकृष्ण के शृंगार का अत्यन्त रमणीय चित्र उपस्थित हुआ है—

एक हार मोहि कहा दिखावति।
नख-सिख लौं अंग-अंग निहारहु, ये सब कतहिं दुरावति॥
मोतिनि माल जराइ कौ टीकौ, करन फूल नकबेसरि।
कंठसिरी दुलरी तिलती तर, और हार इक नौसरि॥
सुभग हुमेल कटाव की अँगिया, नगनि जरित की चौकी।
बहुँटा कर-कंकन बाजूबन्द, एते पर है तौकी॥
छुद्र घंटिका पद नेपुर जेहरि, पग बिछिया सब लेखौ।
सहज अंग शोभा सब न्यारी, कहत सूर ये देखौ॥[11]

सूर-साहित्य में पुष्टिमार्ग के अनुरूप ही क्रियात्मक एवं भावात्मक अथवा मानसिक सेवा का उल्लेख मिलता है। सूरदासजी ने अपने अनेक पदों में ऐसे भाव प्रकट किए हैं कि भगवत-भक्ति का द्वार सबके लिए खुला है। वहाँ छोटे-बड़े, स्त्री-पुरुष और जाति-पाँति के भेद-भाव के लिए कोई स्थान नहीं है। श्रीकृष्ण की भक्ति तो ऐसा पत्थर है जिसके संस्पर्श से लोहे का दुर्गुण भी मिट जाता है। श्रीकृष्ण तो सच्चे अर्थों में भाव के ग्राहक हैं। निश्चय ही सूर की यह भावना पुष्टिमार्ग के सर्वथा अनुरूप है।

सारांश यह है कि सूरदास के काव्य में पुष्टिमार्ग के प्राय: सभी लक्षण उपलब्ध होते हैं। तभी तो स्वयं गोस्वामी विट्ठलनाथजी ने उन्हें पुष्टिमार्ग का जहाज़ बतलाया है। द्वारकादास पारिख ने अपने 'सूर-निर्णय' नामक ग्रंथ में लिखा है कि "सूरदासजी की प्राय: समस्त रचनाएँ पुष्टिमार्गीय सिद्धान्तों के अनुकूल हैं। ऐसा होने पर भी कुछ विद्वानों ने आश्चर्यपूर्वक लिखा है कि सूरदास ने पुष्टिमार्ग का प्रत्यक्ष उल्लेख नहीं किया है। हिन्दी-साहित्य के अनेक विद्वानों ने सूरदास की रचनाओं का भली-भाँति अध्ययन नहीं किया है; इसीलिए उनका सूरदास-विषयक मत कभी-कभी भ्रामक हो जाता है।"[12] इन्होंने सूरदास के ऐसे अनेक पदों को उद्धृत किया है, जिसमें पुष्टिमार्ग का प्रत्यक्ष उल्लेख मिलता है। इसी तरह का एक पद द्रष्टव्य है—

हरि मैं तुमसों कहा दुराऊँ।
जानत की पुष्टि पंथ मोसो कहि कहि जस प्रगटाऊँ॥
मारग-रीति उदर के काजें सीख सकल भरमाऊँ।
अति आचार चारु सेवा करि नीके करि-करि पंच रिझाऊँ॥[13]

यह सच है कि महात्मा सूरदास पुष्टिमार्ग में विधिवत दीक्षित हुए थे और उन्होंने अपनी कविताओं में जाने-अनजाने उसके सिद्धान्तों का निर्वाह और निरूपण भी किया है, परन्तु उनके काव्य का उद्‌देश्य अत्यन्त व्यापक एवं मनुष्यतापरक है। सूर का प्रतिभासम्पन्न कवि-व्यक्तित्व उन्हें इस बात की अनुमति नहीं देता कि वे किसी पंथ अथवा विचारधारा का आँख मूँदकर अनुगमन करें। दर्शन एवं विचार उनके काव्य में विलयित हो जाते हैं, उसका अभिन्न अंग बन जाते हैं। उसमें गहरी मानवीय संलग्नता, व्यापक लोक चेतना, गहन जीवनावस्था, दुर्निवार जिजीविषा, लोकरंजनकारी लालित्य, प्रेमामृत से सराबोर संगीतमय जीवन तथा जीवनोत्सव की बहुविध बहुरंगी झाँकियाँ हैं। वह मानव-मन की सनातन प्यास बुझानेवाला अविरल जल स्रोत है। उन्होंने श्रीकृष्ण की लीलाओं के गान के माध्यम से अपने समय के समाज को जीवनाशक्ति एवं आनन्द-सामग्री प्रदान की। उसे स्थिरता एवं उल्लास प्रदान किया। इन्होंने अपने काव्य में श्रीकृष्ण के परब्रह्म, योगेश्वर एवं अभिजात स्वरूप के बदले ग्राम्यलोक की सामान्य भावभूमि की प्रतिष्ठा करते हुए हर प्रकार के सामन्तवाद का विरोध किया। श्रीकृष्ण को ग्वाल-बालों, चरवाहों एवं कृषकों के बीच लीलारत दिखाकर कृषक तथा चरवाहा संस्कृति का उन्नयन किया। उसे प्रतिष्ठा प्रदान की तथा नागर संस्कृति की तुलना में ग्राम्य संस्कृति की निश्चलता एवं पवित्रता को वरीयता प्रदान की। साथ ही मध्यकालीन सामन्ती-जकड़न के युग में स्वच्छन्द एवं ऐकान्तिक प्रेम का निरूपण कर अपने ढंग से सामाजिक अर्गलाओं पर प्रहार किया। इन्होंने प्रेम और भक्ति को वह ऊँचाई प्रदान की, जहाँ उसे ईश्वरीय अथवा दैवी-स्वरूप प्राप्त होता है। कुल मिलाकर इनका काव्य-सौष्ठव एवं सांगीतिक वैभव सम्मोहनकारी है। उसमें युग-युगान्तर की मनुष्यता को रसमग्न

करने, प्रेरित-प्रभावित करने की क्षमता है। साथ ही, जब-जब मनुष्यता, बौद्धिकता और भावलोक के मध्य असन्तुलन का अनुभव करें तब-तब सूर साहित्य उसका दिशा-निर्देशक हो सकता है। इस दृष्टि से भी उसकी महत्ता चिरकाल तक अक्षुण्ण बनी रहेगी।

सन्दर्भ-सूची

1. सूरदास, आचार्य रामचन्द्र शुक्ल, पृ. 2114-16
2. वही, पृ. 149-50
3. सूरसागर, पद संख्या 97
4. वही, पद संख्या 138
5. वही, पद संख्या 3608
6. वही, पद संख्या 3741
7. वही, पद संख्या 7741
8. वही, पद संख्या 3623
9. वही, पद संख्या 4691
10. वही, पद संख्या 4369
11. सूर निर्णय, द्वारकादास पारीख, पृ. 166
12. वही
13. वही

रामायण और रामचरितमानस में प्रतिष्ठित मूल्यों की सार्वभौमिकता

रामायण और महाभारत मूल्य-मीमांसा की दृष्टि से विश्व के श्रेष्ठतम महाकाव्य हैं। ये दोनों महाकाव्य भारतवर्ष के सांस्कृतिक एवं साहित्यिक व्यक्तित्व का निर्धारण करते हैं। रामचरितमानस मूल्य-मीमांसा की दृष्टि से इनका पूरक और समकक्षी है। यदि शेष सैकड़ों महाकाव्यों को छोड़ दिया जाए तो भी ये तीनों महाकाव्य भारतीय मनीषा की विश्व को सर्वोत्तम देन हैं। इनमें मानवीय मूल्यों का चरम निदर्शन परिलक्षित होता है। इनका सम्पूर्ण विश्व साहित्य में कोई प्रतिस्पर्धी नहीं। इनमें से प्रतिष्ठापित मूल्यों की सार्वभौमिकता पर विचार करने के पूर्व यह जानना ज़रूरी है कि 'मूल्य' शब्द का वास्तविक आशय अथवा स्वरूप क्या है? यह समझ लिया जाए। वस्तुत: 'मूल्य' शब्द की व्युत्पत्ति संस्कृत की 'मूल' धातु के साथ 'यत्' प्रत्यय के संयोग से हुई है जिसका शाब्दिक अर्थ है—जो मूल में हो, उखाड़ने योग्य, प्रतिष्ठा योग्य अथवा किसी वस्तु के विनिमय में दिया जानेवाला धन, क़ीमत, दाम या बाज़ार भाव। शब्दकोश के अनुसार, "वेतन, पारिश्रमिक, उपयोगिता, रचना में निहित ऐसा उद्देश्य जो उसे किसी सामाजिक आदर्श, व्यक्तिगत उच्चता और गुणात्मक उत्कर्ष से जोड़े। मूल्य शब्द अंग्रेज़ी के 'वैल्यू' शब्द के हिन्दी पर्याय के रूप में प्रयुक्त होता है जो लैटिन भाषा के 'वैलारे' शब्द से व्युत्पन्न है जिसका आशय अच्छा, सुन्दर, उत्तम, उपयोगी, समर्थ अथवा शक्तिशाली है। इस तरह जो कुछ भी वांछित, इच्छित, उत्तम अथवा श्रेयस्कर है वही मूल्य है। इनमें मूल्य शब्द की अर्थगत व्यापकता लक्षित की जा सकती है। मूल्य शब्द नीतिशास्त्र, दर्शनशास्त्र, समाजशास्त्र, साहित्य और मनोविज्ञान में आकर अर्थ व्याप्ति प्राप्त करता है। संक्षेप में मूल्य को पारिभाषित करते हुए कहा जा सकता है कि मूल्य का अर्थ वह मान है जिसके आधार पर मनुष्य किसी भाव, विचार, व्यक्ति, वस्तु या कृतित्व के गुण, योग्यता, श्रेष्ठता व महत्त्व का आकलन करता है।

भारतीय परम्परा में वेदों को अपौरुषेय माना जाता है। सर्वप्रथम वेदों में मूल्य के पर्याय के रूप में 'ऋत' और 'सत्य' का प्रयोग मिलता है। अथर्ववेद में कहा गया है कि द्युलोक और पृथिवी, लोकान्तर और दिशाएँ सर्वत्र मैंने ऋत के तंतु को

फैला हुआ पाया है। वह ऋत ही यह सब कुछ हुआ है। उस ऋत के सूत्र को देखने के लिए मैंने समस्त भुवनों की यात्रा की—

"परि द्यावा पृथिवी सद्य इत्व:।
परि लोकान् परि दिश: परि स्व:।
ऋतस्य तन्तुं विततं विचृत्य
तदभवत् तदपश्यत् तदासीत॥"

वेदों के अनुसार देव सत्य से और मनुष्य अनृत भाव से युक्त होते हैं—

'सत्यमेव देवा:। अनृतं मनुष्या:।"

अत: जीवन के यज्ञ में हम अनृत से सत्य की ओर बढ़ते हैं—

'इदमहमनृतात्सत्यमुपैमि।'

इस व्रत के द्वारा मैं झूठ को छोड़कर सच को अपनाता हूँ। सत्यभाव की प्राप्ति ही समस्त यज्ञों का फल है। मनुष्य के अन्त:करण में अवस्थित दिव्यमन उसको इस सत्यव्रत के साथ संयुत्त रखने की तदनन्तर प्रेरणा देता रहता है। वेदों में नदियों को भी ऋतांबरी कहा गया है। इसके अलावा धर्म, आदर्श, मान, मानक, मानदंड, प्रतिमान और सिद्धान्त जैसे शब्द भी मूल्य के आस-पास प्रयुक्त होते हैं। जहाँ तक सार्वभौमिकता शब्द का सवाल है तो वह विश्वव्याप्ति का द्योतक है। जिसका सम्बन्ध देश की भौगोलिक सीमाओं से परे विश्व के समस्त अन्तरीपों और ध्रुवातों से है अथवा जिसके प्रभाव-सन्दर्भ में सम्पूर्ण विश्व आ जाए उसे सार्वभौमिक कहा जा सकता है। अत: प्रस्तुत विषय के अन्तर्गत रामायण और रामचरितमानस में प्रतिष्ठित ऐसे मूल्यों का निर्वचन किया जाएगा जो विश्वव्यापी हो चुके हैं। जिन्होंने सभ्यता और संस्कृति के विकास में महत्त्वपूर्ण भूमिका निभाई है। आचार्य चाणक्य ने भी मूल्यों को अपने चिन्तन में यथेष्ट स्थान दिया है और मूल्यों को एक परिवार का रूपक देते हुए कहा है कि—

"सत्यं माता, पिता ज्ञानं, धर्मो भ्राता, दया स्वसा।
शान्ति: पत्नी, क्षमा पुत्र: षडेते मम बांधवा:॥"[1]

अर्थात सत्य मेरी माता है, ज्ञान मेरे पिता हैं, धर्म मेरे भाई हैं, दया मेरी बहन है, शान्ति मेरी पत्नी हैं, क्षमा मेरा पुत्र है। ये छह ही मेरे परिवार-जन हैं। कहना न होगा कि आचार्य चाणक्य जैसा महामनीषी ही मूल्यों के ऐसे विलक्षण परिवार का नियोजन कर सकता है जिसका साकार विग्रह रामायण और रामचरितमानस है। वर्तमान उत्तर-आधुनिक दौर में जब ल्योतार और बौद्रिया जैसे पाश्चात्य विचारक मूल्य-मीमांसा को ही सिरे से खारिज कर चुके हैं तब रामायण में प्रतिष्ठापित मूल्यों की सार्वभौमिकता पर राष्ट्रीय संगोष्ठी का आयोजन धारा के विपरीत तैरने के साहस की अभिव्यक्ति है। इसके लिए मैं आदरणीय डॉ. कैलाशचन्द्र पंत और उनकी सम्पूर्ण टीम को साधुवाद देता हूँ, उनका अभिनन्दन करता हूँ। जब हम रामायण पर दृष्टिपात

करते हैं तो पाते हैं कि वाल्मीकि के अनेक शताब्दियों पूर्व से ही रामकथा को लेकर आख्यान काव्य रचे जाने लगे थे परन्तु वे अनुपलब्ध हैं। फलत: प्राचीनतम उपलब्ध रामकाव्य का गौरव वाल्मीकि रामायण को ही देना पड़ता है। वाल्मीकि रामायण के बालकांड में एक श्लोक है—

"कुरु रामकथा पुण्याँ श्लोक बद्धां मनोरमाम्।
यावद् स्थास्यंति गिरय: सरितश्च महीतले ॥
तावद् रामायणकथा लोकेषु प्रचरिष्यति।
यावद् रामस्य कथा त्वत्-ता प्रचरिष्यति॥"

अर्थात राम की पुण्यमयी कथा का गान करो। हे मुनि! जब तक इस भूभाग में पर्वत गर्वोन्नत भाव से खड़े रहेंगे और सरिताएँ इसी प्रकार प्रवहमान होती रहेंगी तब तक (तुम्हारी रची हुई) रामकथा भी लोक में संचरित होती रहेगी। रामकथा की लोकप्रियता और सार्वभौमिकता के बारे में ब्रह्मा का वाल्मीकि को दिया हुआ यह वरदान सार्थक सिद्ध हुआ। विश्व के प्रत्येक देश और भाषा-साहित्य में रामकथा किसी-न-किसी रूप में उपलब्ध हो जाती है। फलत: उसमें प्रतिष्ठित मूल्यों की भी विश्वव्याप्ति स्वत: सिद्ध है। चूँकि रामायण में प्रतिष्ठापित सारे मानवीय मूल्यों का विश्लेषण एक आलेख में तो सम्भव नहीं है। अत: यहाँ पर कतिपय महत्त्वपूर्ण मूल्यों का निर्वचन किया जा रहा है। अपने विवेचन के क्रम में हम सर्वप्रथम सत्य को लेते हैं जिसका विचार विश्व के तमाम दार्शनिक, मनीषी, चिन्तक, साहित्यिक और वैज्ञानिक करते आए हैं। हमारे यहाँ शतपथ ब्राह्मण में तो 'सत्यं वै चक्षु:' अर्थात सत्य ही नेत्र हैं—तक कह दिया गया है। जबकि बृहदारण्यक उपनिषद में 'सत्यं ब्रह्मेति' कहकर उसे ब्रह्म का स्थान दे दिया है। सत्य भारत ही नहीं सम्पूर्ण विश्व का सबसे बड़ा मूल्य है। इस सत्य से परिचित होने के कारण हमारे मनीषियों ने मुण्डकोपनिषद् में 'सत्यमेव जयते नानृतम्' अर्थात सत्य ही विजयी होता है असत्य नहीं। हमने भी अपनी गुणग्राहकता का परिचय देते हुए इसे अपना बोधवाक्य बना लिया है। वाल्मीकि रामायण में भी 'न हि प्रतिज्ञां कुर्वन्ति वितथां सत्यवादिन:' अर्थात सत्यवादी पुरुष झूठी प्रतिज्ञा नहीं करते—कहकर सत्य के महत्त्व को प्रतिष्ठापित किया गया है। वाल्मीकि भारतीय मूल्यों के आदि विधाता हैं। धर्म और सत्य रूपी महावृक्षों के जो अमर बीज उन्होंने बोए थे वे आज भी फूल-फल रहे हैं। रामायण के आरम्भ में ही आदिकवि ने दृढ़तापूर्वक प्रश्न किया है—"चारित्रेण च को युक्त: अर्थात् जीवन में चरित्र से युक्त कौन है? वाल्मीकि की जीवन दृष्टि चरित्रयोग की जिज्ञासा है। यह भी अत्यन्त विचारणीय है कि चरित्रवान् व्यक्ति के सन्धान के लिए ही आदि-काव्य रामायण का सृजन हुआ है। मनुष्य के सारे गुण चरित्र की व्याख्या के अन्तर्गत समाहित हैं। वाल्मीकि चरित्र और धर्म को समानार्थी मानते हैं। अत: उनके अनुसार राम धर्म की साकार प्रतिमा हैं—'रामो विग्रहवान् धर्म:।' (अरण्यकांड

38/13) वस्तुत: राम शरीरधारी धर्म हैं। वाल्मीकि राम की प्रशंसा में धर्मज्ञ, धर्मिष्ठ, धर्म भृतांवर आदि विशेषण देते हैं। उनके अनुसार चरित्र से युक्त मनुष्य ही जीवन को मूल्यवान् और आकर्षण की वस्तु बनाता है। चरित्र ही धर्म है। राम ऐसे चरित्रवान पुरुष हैं जिनका शारीरिक और नैतिक विकास रथ के दो पहियों की तरह साथ-साथ हुआ है। इस तरह वाल्मीकि ने चरित्र को मूल्य का पर्याय बना दिया है। भक्ति काल में गोस्वामी तुलसीदास जी ने तो यहाँ तक कहा कि "धरम न दूसर सत्य समाना। आगम-निगम पुरान बखाना॥" अर्थात सत्य से बढ़कर दूसरा धर्म नहीं। यह बात वेद, उपनिषद, पुराण में बताई गई है। तुलसी सत्य को सारे सत्कर्मों का मूल तक कहते हैं। उनके अनुसार—

"सत्य मूल सब सुकृत सुहाई। वेद पुराण विदित मुनि गाई॥"

वे बार-बार सत्य को परम्परा पोषित बतलाते हैं। उसे वेद, पुराण से परिपुष्ट करते हैं। गोस्वामी जी इस अर्थ में भी बड़े कवि हैं कि उन्होंने मानवीय मूल्यों के पारिभाषिक दायरे को बढ़ाया। उसे अर्थ व्याप्ति और विस्तार प्रदान किया। वे बार-बार 'सत्य कहउं लिखि कागद कोरे' कहकर सत्य की महत्ता को पुरस्कृत करते हैं। उसे अपनी रचनाधर्मिता का अविच्छिन्न अंग बनाते हैं। रामायण और रामचरितमानस दोनों ही ग्रंथों का विश्व साहित्य के इतिहास में इसलिए अप्रतिम स्थान है कि उनमें सार्वभौम-शास्वत मानवीय मूल्यों की प्रतिष्ठा हुई है। इनमें मानव-मन की लगभग सम्पूर्ण अन्तर्वृत्तियों का चित्रांकन हुआ है। दोनों ही ग्रंथों में पातिव्रत्य धर्म, पुत्र धर्म, मित्र धर्म, मानव धर्म और राज धर्म की प्रतिष्ठा मानव मूल्यों के रूप में हुई है। तुलसी का रामचरितमानस तो मानव मूल्यों का विश्व कोष ही है। वे रामचरितमानस के आरम्भ में ही वाणी और विनायक की स्तुति के बहाने काव्य की ऐसी परिपूर्ण परिभाषा रचते हैं जिसमें न केवल सर्वोत्तम मानव मूल्यों का समावेश हो गया है अपितु उसकी समकक्षता वाली दूसरी परिभाषा भी नहीं मिलेगी। उनके अनुसार—'कविता शब्दार्थ समूहों से युक्त, रस से अनुप्राणित, छन्द से अलंकृत तथा सबका मंगल करनेवाली होती है। यथा—

"वर्णांनामर्थ संघानां रसानां छन्दसामपि।
मंगलानां च कर्तारौ वंदे वाणी विनायकौ॥"

गोस्वामी जी ने रामचरितमानस को मनुष्यता की मंगलाशा के महाकाव्य के रूप में सृजित किया है। हिन्दी का दूसरा कोई कवि लोकमंगल को लक्ष्य में रखकर उसकी सिद्धि में ही अपने काव्य की सार्थकता नहीं देख पाया है। वे लोकमंगल और लोकधर्म को अपने काव्य की चरम सार्थकता निर्धारित करते हैं। उनके अनुसार कविता का लक्ष्य भगवती भागीरथी के समान सर्वहित है,सबका हित साधन है—

"कीरति भनिति भूति भलि सोई।
सुरसरि सम सब कहं हित होई॥"

तुलसी के राम का जन्म ही लोक कल्याण के लिए हुआ है। वे लोकरक्षक और लोकपालक हैं। यथा—'राम जनम जग मंगल हेतू।' यह तुलसी की लोकसम्पृक्ति ही है कि वे समस्त संसार को निजप्रभुमय देखते हैं। वे भक्ति को पंचम पुरुषार्थ के रूप में प्रतिष्ठित करके उसे मुक्ति से अधिक महत्त्वपूर्ण मानते हैं। वे न केवल अपनी मातृभाषा अवधी में श्रेष्ठतम महाकाव्य की रचना करते हैं अपितु अपनी जन्म भूमि को बैकुंठ से श्रेष्ठ बतलाते हैं। यह जन्मभूमि प्रेम राष्ट्र प्रेम ही है। उनके राम स्वयं कहते हैं कि—

"जद्यपि सब बैकुंठ बखाना। वेद पुराण विदित जगु जाना॥
अवधपुरी सम प्रिय नहिं ओऊ।
यह रहस्य जानहिं कोउ कोऊ॥"

तुलसी राष्ट्र प्रेम के साथ-साथ केवल प्रेम को भी मानव मूल्य के रूप में प्रतिष्ठित करते हैं। उनके राम को केवल प्रेम ही प्रिय है—"रामहि केवल प्रेम पियारा। जानि लेहु जो जान निहारा॥" उन्होंने तो यहाँ तक कहा कि—"हरि व्यापक सर्वत्र समाना। प्रेम ते प्रभु प्रकटहिं हम जाना॥" इस तरह तुलसीदास प्रेम को भी भगवान राम तक पहुँचने का माध्यम प्रतिपादित करते हैं। वे प्रेम के बल पर समाज के सभी वर्गों को निकट लाने का मार्ग प्रशस्त करते हैं। वे भारतवर्ष की जीवंत लोकचेतना का भी परिशोधन करते हैं। उसमें निहित द्वन्द्व को आत्मसात कर लेते हैं। वे लोकजीवन को बेहतर बनाने के लिए प्रयासरत कवि हैं। इसकी सिद्धि वे समन्वय की विराट चेष्टा द्वारा करते हैं।

गोस्वामी जी मनुष्य की अतिशय भौतिक लिप्सा का निषेध भी करते हैं। वे भलीभाँति जानते हैं कि मनुष्य अपने स्वार्थ के वशीभूत होकर हर प्रकार का प्रतिकर्म करता है। आज जब मनुष्य अन्तहीन प्रतिस्पर्धा का शिकार हो गया है और उसकी स्वार्थवृत्ति अपने चरम पर पहुँच गई है तब हमारे महाकवि की बातें और भी प्रासंगिक तथा लोकोपयोगी हो गयी हैं। गोस्वामीजी यह स्थापित करते हैं कि मनुष्य के भीतर ग्रहण और त्याग का विवेक होना चाहिए। तभी वह मनुष्यता के उच्चतम मानक स्थापित कर सकता है। उनका स्पष्ट कथन है कि संग्रह की पहचान भी त्याग के बिना सम्भव नहीं। यथा:—"संग्रह बिनु न त्यागि पहिचाने।" यदि आज का मनुष्य इसे आत्मसात कर ले तो उसकी अनेक समस्याओं का स्वत: हल निकल सकता है। इसी तरह वे सामान्य मनुष्य को प्रवृत्ति और निवृत्ति के द्वन्द्व से भी मुक्त करते हैं। उनका स्पष्ट अभिमत है कि गृहस्थ और संन्यास के मध्य सन्तुलन आवश्यक है तभी विश्व व्यवस्था सुचारु रूप से चल सकती है। वे लिखते हैं कि—"घर राखे घर जात है, घर छांडे घर जाय। तुलसी घर-वन बीच ही राम प्रेम पुर छाय॥" इस तरह मानव जाति के लिए व्यावहारिक मूल्यों की प्रतिष्ठा भी तुलसीदास की महत्तर काव्यात्मक उपलब्धि है। मेरा मानना है कि ईश्वर की प्राप्ति के लिए हमें गृहत्याग

करने की ज़रूरत नहीं है। हमें केवल कमल के फूल की तरह निर्लिप्त होना चाहिए। जिस प्रकार कमल अपने ऊपर जल को हावी नहीं होने देता है उसी प्रकार मनुष्य को भी चाहिए कि वह अपने ऊपर संसार को हावी न होने दें। यदि हम इस संसार में निर्लिप्त भाव से निष्काम कर्म करते हैं तो हमारे सारे दु:ख स्वत: दूर हो जाएँगे। यह विश्व-दृष्टि इन महाकाव्यों की अनुपम देन है। गोस्वामी तुलसीदास की सन्तुलित जीवन दृष्टि एक सुचिन्तित जीवन पद्धति का निर्माण करती है। आज का मनुष्य अपने संघर्षशील जीवन में उससे लाभ उठा सकता है। वर्तमान वैज्ञानिक और प्रौद्योगिकीय सभ्यता से ऊबे हुए मनुष्य के लिए तुलसीदास का जीवन दर्शन उसकी चेतना का परिष्कार कर सकता है। उसे अन्तहीन स्पर्धा तथा संघर्ष से बचा सकता है। उसे उच्च, सरल तथा सार्थक जीवन का पाठ पढ़ा सकता है। तुलसीदास द्वारा निर्मित मानव मूल्य उनके स्वानुभव तथा परम्पराबोध से तैयार रसायन है। वे भरत के माध्यम से भी मानवीय मूल्यों की प्रतिष्ठा करते हैं। तुलसीदास भरत को सत्य के उपासक के रूप में चित्रित करते हैं। तुलसी के अनुसार राम जिस सत्य की रक्षा के लिए वनवास काटते हैं भरत भी उसी सत्य को पुष्ट करने के लिए नन्दीग्राम में पर्णकुटी बनाकर साधना करते हैं। !

किसी भी समाज के सुसंस्कृत और मूल्यनिष्ठ होने का सबसे बड़ा प्रमाण वहाँ उपलब्ध नारी के प्रति दृष्टिकोण तथा सम्मान भावना है। तुलसी मध्यकालीन सामन्ती परिवेश में नारी के लोकतांत्रिक अधिकारों की वकालत करते हैं। वे पति-पत्नी के आदर्शों को मानस में शिव-पार्वती प्रसंग में बड़ी गरिमा के साथ चित्रित करते हैं। इसी तरह राम वन-गमन के प्रश्न पर कौशल्या साधिकार राम से कहती हैं कि हे तात! यदि केवल वनवास के लिए पिता जी की ही आज्ञा हो तो माता को पिता से बड़ी जानकर वन को मत जाओ। किन्तु यदि माता पिता दोनों ने वन जाने के लिए कहा हो तो तुम्हारे लिए वन ही सैकड़ों अयोध्या के समान है। यह तुलसी की लोकतांत्रिक सोच है। उनका भक्ति मार्ग धर्म के क्षेत्र से बहिष्कृत नारी के लिए भी खुला है। गीता आज भी भारतीय परम्परा का सर्वसम्मान्य ग्रंथ इसलिए है कि उसमें वर्णित श्लोक स्वयं भगवान श्रीकृष्ण के मुखारविंद से नि:सृत हैं। तुलसी पंचम पुरुषार्थ की प्रतीक नवधा भक्ति के स्वरूप का निर्वचन भगवान श्री राम के मुखारविंद से करवाते हैं। श्री राम नवधा भक्ति का उपदेश शबरी को देते हैं जो स्वयं स्त्री है और वह भी तथाकथित अन्त्यज वर्ग की। आज की भाषा में कहें तो तुलसी के राम एक आदिवासी स्त्री को नवधा भक्ति का पाठ पढ़ाते हैं। यह तत्कालीन समाज में क्रान्तिकारी कदम था। एक तो जाति-प्रथा का निषेध दूसरे नारी जाति को अनपेक्षित सम्मान दान करने का क्रान्तिकारी प्रयास अर्थात उसे गीता के अर्जुन की दी जा रही समकक्षता। इसके अलावा तुलसी मध्य काल की जिस सामाजिक बुराई का परिहार करते हैं वह है बहुपत्नीप्रथा। इतिहास साक्षी है कि अकबर और जहाँगीर जैसे बादशाहों के हरम में

आठ सौ से एक हजार के मध्य बेगमें थीं जिन्हें पति का सुख शायद ही कभी मिला हो। नारी के प्रति इस असमान और अमानवीय व्यवहार को लक्षित करके ही वे संकेतित करते हैं कि दशरथ जैसे प्रतापी सम्राट की दुर्दशा के लिए बहुपत्नीप्रथा ही जिम्मेदार है और दुनिया का सबसे शक्तिशाली एवं समृद्ध साम्राज्य इसलिए ध्वस्त हो जाता है कि उसका स्वामी अर्थात लंकेश्वर रावण अनेक सुन्दर पत्नियों के होते हुए भी दूसरे अर्थात राम की पत्नी के प्रति आसक्त है। यह मूल्य क्षय ही सर्वनाश का कारण है। अत: गोस्वामी जी चतुर्थी के चन्द्रमा की तरह पर नारी से बचने की सलाह देते हैं क्योंकि उनके दर्शन मात्र से कलंक लगने का भय रहता है। तुलसी की दृष्टि में राम-राज्य तभी आ सकता है जब लोग राम की तरह एक पत्नीव्रत का पालन करें। इस तरह तुलसीदास नारी को उसका स्वाभाविक अधिकार दिलाने के कारण हिन्दी के पहले नारीवादी कवि हैं। तुलसी का राम-राज्य स्वतंत्रता, समता तथा विश्व बन्धुत्व के आदर्श पर आधारित है। वह लोक कल्याणकारी व्यवस्था का चरम प्रतिमान है। जहाँ राजा राम स्वयं अयोध्या की जनता को संबोधित करते हुए कहते हैं कि—"जौं अनीति कछु भाखहु भाई। तौ मोहि बरजहु भय बिसराई॥" आज भले ही हम अभिव्यक्ति की आज़ादी की माला जपते हों परन्तु सही मायने में इस सुअवसर का उपयोग एकान्त दुर्लभ है। राम-राज्य की सर्वमंगला व्यवस्था के अन्तर्गत समाज का प्रत्येक व्यक्ति निर्भय, निश्छल, निर्दम्भ और कृतज्ञ हो जाता है। हरेक नागरिक आश्रम व्यवस्था की अनुशासनबद्ध प्रणाली का पालन करता है। फलत:—"सब नर करहिं परस्पर प्रीती। चलहिं स्वधरम निरत श्रुति नीती॥" वहाँ दंड केवल यतियों द्वारा धारण किया जाता था और समानता के कारण भेद का उपयोग नृत्य प्रकारों के लिए किया जाता था। यह आदर्शवादी व्यवस्था सुराज्य की पराकाष्ठा थी जिसमें शिक्षा, धर्म, समाज, अर्थव्यवस्था तथा राजनीति अपने परिमार्जित रूप में थी। वहाँ केवल मनुष्यों का जीवन ही नहीं अपितु पर्यावरण और वनस्पति जगत भी सन्तुलित था—

"विधि महिपूर मयूखन्हि, रवि तप जेतनेहि काज।
माँगे बारिद देहिं जल, रामचन्द्र के राज॥"

तुलसीदास यह सिद्ध करते हैं कि राम-राज्य में आर्थिक व्यवस्था अत्यन्त सुदृढ़ और सम्पन्न थी। आज हम किसी देश की अर्थव्यवस्था का मूल्यांकन सकल घरेलू उत्पाद तथा विदेशी मुद्रा भंडार के आधार पर करते हैं जबकि तुलसी के रामराज्य में कोई दरिद्र और असहाय नहीं था। हरेक व्यक्ति गुणी एवं अर्थकरी विद्या में पारंगत था। फलत: राजकोष समृद्ध था और दूसरे देशों के साथ व्यापार बढ़ने के कारण शासन के पास हर योजना के लिए पर्याप्त धन था। साथ ही, पर्वतों की खानों से सोने, चाँदी तथा अन्य रत्नों के निकलने से सम्पन्नता में चार-चाँद लग जाते हैं। यहाँ तक कि स्वयं समुद्र भी तटों पर सीपियों तथा रत्नों को डाल देता है जिससे मोती एवं अन्य मूल्यवान पदार्थ सहजता से उपलब्ध हो जाते हैं।

गोस्वामी तुलसीदास ने अपने चरित्रों के माध्यम से भी मानव मूल्यों को प्रतिष्ठित किया है। इस दृष्टि से भरत का चरित्र विशेष रूप से उल्लेखनीय है। भरत धर्म के साक्षात विग्रह हैं। राम के प्रति अनन्य भक्तिभाव उनके जीवन का लक्ष्य है। वे गंगा से राम की एकनिष्ठ भक्ति का वरदान माँगते हैं। तुलसीदास उनके द्वारा पंचम पुरुषार्थ के रूप में भक्ति की प्रतिष्ठा करते हैं। भरत भगवती भागीरथी से कहते हैं कि—

"अरथ न धरम न काम रुचि, गति न चहउँ निरबान।
जनम-जनम रति राम पद, यह वरदान न आन॥"

तुलसी ने भरत के चरित्र में श्रेष्ठतम मानवीय गुणों की उद्‌भावना की है। उन्होंने भरत को 'महा महिमा जल रासी' कहा है और स्वयं राम से यह प्रमाण पत्र दिलवाया है कि : "जौ न होत जग जनम भरत को। सकल धरम धुर धरनि धरत को।" तुलसी भरत के चरित्र में विनम्रता, शालीनता, भ्रातृप्रेम, अहैतुक भक्ति और त्याग का परम आदर्श प्रस्तुत करते हैं जिन्हें ब्रह्मा, विष्णु और महेश का पद पाकर भी राजमद नहीं हो सकता। यह निर्लिप्तता ही तुलसी के सुखी और सन्तुष्ट जीवन का रहस्य है।

वाल्मीकि रामायण और रामचरित मानस दोनों ही ग्रंथ गृहस्थ जीवन के माध्यम से मानवीय मूल्यों का निर्वचन करते हैं। इन दोनों ही महाकाव्यों में भारतीय समाज के समस्त आदर्शों तथा मूल्यों की प्रतिष्ठा हुई है। दोनों ही महाकवि भारतीय सामाजिक, सांस्कृतिक एवं राष्ट्रीय जीवन में विद्यमान मूल्यनिष्ठा के महत्त्व का चित्रण करते हुए विश्व मनुष्यता के कल्याण का मार्ग प्रशस्त करते हैं।

तुलसीदास भारतीय समाज की जटिलता और अपने समय की चुनौतियों की सापेक्षता में समन्वय की विराट चेष्टा प्रस्तुत करते हैं। उनका समन्वयवाद तनाव निराकरण का अप्रतिम विकल्प है। आज के तीव्र, भौतिकवादी तथा आपाधापी वाले जीवन में मनुष्य को सन्तुलित एवं तनावमुक्त रखने के लिए यह रामबाण औषधि है। आज सम्पूर्ण विश्व जिस आतंक, जातिगत, सम्प्रदायगत और वर्गगत विभेद के कारण विभक्ति तथा विलगाव का अनुभव कर रहा है उससे बचाने में तुलसी के समन्वयवाद की ऐतिहासिक भूमिका हो सकती है। तुलसी की समन्वय भावना मनुष्य-मनुष्य के बीच की हर दीवार को तोड़ने का उपक्रम करती है। इसमें व्यक्ति, समाज, संस्कृति, राजनीति, धर्म, दर्शन और साहित्य के परस्पर विपरीत ध्रुवों के बीच अन्तरावलम्बन का निर्देश किया गया है। यह तुलसीदास द्वारा प्रतिपादित विरुद्धों का सामंजस्य है। मानव जीवन की विविधता इसी सामंजस्य से उसके जीवन को सुन्दर बनाती है, गोस्वामी जी ने समाज के हर वर्ग को निकट लाने का प्रयास किया है। उनकी समतामूलक दृष्टि हर प्रकार के भेदभाव का निषेध करते हुए मानव जीवन में निहित एकता का प्रतिपादन करती है। इस तरह तुलसी का मानव मूल्यों के प्रतिपादन की दृष्टि से जो अवदान है वह भी कम महत्त्वपूर्ण नहीं है। इन्होंने गीता के कर्म सिद्धान्त

पर भी विचार किया, और उसमें अपेक्षित संशोधन करते हुए कर्म के अनुरूप फल का प्रतिपादन किया। उनके अनुसार—

"सुभ अरु असुभ करम अनुहारी।
ईसु देइ फल हृदय विचारी॥
करइ जो करम पाव फल सोई।
निगम नीति असि कह सब कोई॥"

तुलसीदास ने परोपकार को चरम धार्मिक मूल्य के रूप में प्रतिष्ठित किया। इनके अनुसार 'परहित सरिस धर्म नहिं भाई। पर पीड़ा सम नहिं अधमाई।' वे यह आदर्श प्रतिष्ठित करते हैं कि आसुरी शक्तियों के दुर्धर्ष प्रभाव को समाप्त करने की शक्ति शस्त्रों के बजाय अच्छे आचरण में होती है। इसके लिए राम-रावण के युद्ध के प्रसंग में वे अद्‌भुत रूपक की सृष्टि करते हैं। जब 'विभीषण रावण को रथ पर देखकर संशयग्रस्त होते हैं तब राम उन्हें बड़े शान्त भाव से समझाते हैं:—

"सुनहु सखा कह कृपानिधाना। जेहि जय होइ सो स्यंदन आना॥
सौरज धीरज तेहि रथ चाका। सत्य शील दृढ़ ध्वजा पताका॥
बल विवेक दम परहित घोरे। छमा कृपा समता रजु जोरे॥
ईसु भजन सारथी सुजाना। बिरति चर्म संतोष कृपाना॥
दान परसु बुधि सक्ति प्रचंडा। बर बिग्यान कठिन कोदंडा॥
अमल अचल मन त्रोन समाना। सम जम नियम सिलीमुख नाना॥
कवच अभेद बिप्र गुर पूजा। एहि सम बिजय उपाय न दूजा॥
सखा धर्ममय अस रथ जाकें। जीत न सकहिं कतहुँ रिपु ताकें॥

कहने का आशय यह है कि यदि आज विश्व की तमाम शक्तियाँ इस आदर्श को अपना लें तो बहुत सारे संघर्ष स्वत: समाप्त हो सकते हैं। मानव जीवन में सत्य, शिव और सुन्दर की प्रतिष्ठा के लिए यह अतिशय आदर्श विकल्प है। इस तरह तुलसी ने मनुष्यता के उच्चतम और शास्वत मूल्यों की प्रतिष्ठा द्वारा युग-युगान्तर को प्रेरित और प्रभावित किया है। हमें यह स्मरण रखना होगा कि मूल्य बोध कभी न खत्म होनेवाला आविष्कार है। रामायण और रामचरितमानस दोनों ही ग्रन्थ मानवीय मूल्यों का विश्वकोष हैं। इनमें प्रतिष्ठित जीवन मूल्य सार्वभौम-शास्वत महत्त्व के अधिकारी हैं। इनमें मानव जाति के लिए ऐसा महत्तर मानक स्थापित किया गया है कि उसका दूसरा विकल्प नहीं मिलेगा। इस दृष्टि से रामायण और रामचरितमानस दोनों ही ग्रन्थ कालजयी हैं, मनुष्यता के पथ-प्रदर्शक हैं। इनमें निहित मानव मूल्य हर युग का मार्ग प्रशस्त करते रहेंगे। इनकी प्रासंगिकता एवं उपयोगिता सदैव बनी रहेगी। इनके सम्यक् मूल्यांकन के लिए यह ज़रूरी है कि हम यूरोपीय विश्व-दृष्टि के बजाय भारतीय विश्व-दृष्टि का अनुप्रयोग करें। यूरोपीय विश्व-दृष्टि पदार्थ केन्द्रित है जबकि भारतीय विश्वदृष्टि मानवकेन्द्रित है। यह मूलत: आध्यात्मिक एवं अन्तर्मुखी है। इसके

सूक्ष्म स्वरूप में स्थूल भी विलीन हो जाता है। इसका अन्तर्मुखी स्वरूप सर्वसमावेशी है। इसके व्यापक स्वरूप में सब कुछ का अन्तर्भाव है। अन्त में महाकवि मलिक मुहम्मद जायसी के शब्दों में कहना चाहता हूँ कि—

"फूल मरइ पर मरइ न बासू।"

अर्थात फूल मर सकता है लेकिन उसकी सुगंध सदैव वायुमंडल में सुरक्षित रहती है। कहने का आशय यह है कि वाल्मीकि और गोस्वामी तुलसीदास मर्त्य हो सकते हैं लकिन उनके द्वारा रचित रामायण और रामचरितमानस जैसे महाकाव्य अमर हैं, कालजयी हैं। मानवीय मूल्यों के प्रतिमान पर इन महाकाव्यों की अद्वितीयता और महत्त्व असन्दिग्ध है। ऐसे गौरवग्रंथ समूचे विश्व साहित्य में दुर्लभ हैं। हमें वर्तमान और भावी जीवन की चुनौतियों के अनुरूप इन मूल्यों का नये सिरे से विश्लेषण करना चाहिए। ऐसा करके हम मानव जाति पर न केवल उपकार करेंगे अपितु उसमें मूल्यों के प्रति निष्ठा तथा स्वीकृति का भाव भी भर सकेंगे। हम मानव जीवन को इन्हीं मूल्यों के सहारे ही पूर्णता प्रदान कर सकते हैं। इन दोनों ही महाकाव्यों में मानवीय मूल्यों तथा धर्म की सुदृढ़ भित्ति पर ऋतु एवं आनन्दपूर्ण जीवन की परिकल्पना की गयी है। इनमें भारतीय आदर्शों का लोक-सापेक्ष विधान किया गया है। इनका सन्देश यही है कि असत्य, अन्याय, अधर्म और मूल्यहीनता कितने ही शक्तिशाली क्यों न हों परन्तु उन्हें सत्य, न्याय, धर्म और मूल्य के समक्ष हारना पड़ता है। सत्य स्वयं प्रतिष्ठ होता है और सब कुछ सत्य के बल पर ही प्रतिष्ठित होता है। इन दोनों महाकाव्यों में मानवीय मूल्यों के सार्वभौम-शाश्वत स्वरूप की प्रतिष्ठा के लिए लोकोत्तर अथवा अलौकिक परिपूर्ण मानव के रूप में राम के जीवन चरित का उद्घोष किया गया है। राम का व्यक्तित्व मानवीय मूल्यों का महासमुद्र है जिसमें गहरे उतरकर हम अपने लिए जीवनोपयोगी रत्न प्राप्त कर सकते हैं। ये दोनों गौरवग्रंथ सार्वभौम-शाश्वत मूल्यों के प्रतिष्ठाता हैं। इनका प्रदेय देश-काल की सीमाओं से परे है। इनका जीवन-चित्र तथा सनातन सत्य देश-देशान्तर और युग-युगान्तर के लिए पर्याप्त प्रासंगिक है। सम्पूर्ण विश्व साहित्य और मानवीय सभ्यता के इतिहास में इनका अवदान अप्रतिम है।

रामचरितमानस : आदर्श सामाजिक व्यवस्था का महाकाव्य

रामचरितमानस का नाम लेते ही उच्चादर्शों, उदात्त मूल्यों, उत्कृष्ट परम्पराओं एवं मर्यादाओं से रक्षित व्यवस्था आँखों में तिरने लगती है जिसमें ईश्वर और मनुष्य, राजा और प्रजा, शासितों और शासकों का भेद विलीन होकर विराट विश्व, जाति और देश के वर्णों से स्वच्छ होकर एक मधुर जीवन क्रीड़ा का अभिनय करता है, लीला करता है। सामाजिक और मानवीय सारमस्य 'लास्य' करता प्रतीत होता है। यहाँ मानव संस्कृति चरमविवेक से परिचालित होकर मनुष्यता के साम्यमूलक उत्कर्ष में परिणत होती है।

तुलसी का रामराज्य लोकहित से अनुप्राणित उस आदर्श व्यवस्था का नाम है जहाँ जन-जीवन सन्तुलित एवं व्यवस्थित था। लोग एक-दूसरे की भावनाओं, विचारों का सम्मान किया करते थे। वे सभ्य एवं सुसंस्कृत थे। राज्य नियमों और सामाजिक विधानों का स्वत: पालन करते थे। वे प्रगति, शान्ति व मानवीय समता के प्रति आस्थालु थे। शासक वर्ग मनुष्यता के उत्थान एवं कल्याण के प्रति सचेष्ट थे। किसी तरह के बाह्य आक्रमण, आन्तरिक उपद्रव अथवा प्राकृतिक प्रकोप का भय नहीं था। सत्ताधारी जनमत का आदर करते थे और समूची राज्य-व्यवस्था लोक-सम्मत प्रणाली पर आधारित थी, क्योंकि लोक-सम्मत शासन का इससे बड़ा उदाहरण और क्या हो सकता है कि स्वयं मर्यादा पुरुषोत्तम राम ने लोकतुष्टि के लिए ही अपनी परिणीता महारानी सीता का परित्याग किया था जिसका तुलसी ने केवल संकेत भर किया है।

जैसा कि उल्लिखित है कि राजा दशरथ के राज्य में कोई चोर, तस्कर न था और न ही कोई लम्पट व दम्भी था। कारण स्पष्ट है। दंड-विधान पर्याप्त कठोर होने के बावजूद न्याय, करुणा और दंड में सन्तुलन था। सबमें आत्मसंयम और आत्मस्वीकृति की भावना विद्यमान थी। लोग संवेदनशील होने के साथ-साथ सुखी-सम्पन्न व शोक-रोग विहीन थे। उनमें पारस्परिक सहयोग, शान्तिपूर्ण सह-अस्तित्व का चिरन्तन आदर्श उपलब्ध था। मानवीय सहयोग, सौहार्द्र तथा सौमनस्य का ऐसा उदाहरण अन्यत्र दुर्लभ है। यह मूल्य-मीमांसा की दृष्टि से विश्व का श्रेष्ठतम

महाकाव्य है। गोस्वामी तुलसीदास के लिए तो सत्य से बढ़कर दूसरा धर्म नहीं। उनका स्पष्ट कथन है कि—

"धरम न दूसर सत्य समाना। आगम निगम पुरान बखाना॥
सत्य मूल सब सुकृत सुहाई। वेद पुरान विदित मुनि गाई॥"

तुलसी इस अर्थ में भी बड़े कवि हैं कि उन्होंने मानवीय मूल्यों के पारिभाषिक दायरे को बढ़ाया है। उसे अर्थव्याप्ति प्रदान की है। वे बार-बार 'सत्य कहउँ लिखि कागद कोरे' कहकर सत्य की महत्ता स्थापित करते हैं। रामचरित मानस मानव-जीवन के सार्वभौम-शाश्वत मूल्यों की प्रतिष्ठा के कारण विश्व साहित्य के इतिहास में अप्रतिम स्थान का अधिकारी है। वह मानवीय जीवन के महत्तर मूल्य-बोध का कभी न ख़त्म होनेवाला आविष्कार है। वे सभी मूल्यों का स्वरूप-विश्लेषण भी करते हैं। उनका कर्म-फल के प्रति दृष्टिकोण बेहद स्पष्ट है—

"सुभ अरु असुभ करम अनुहारी। ईसु देह फल हृदय बिचारी॥
करइ जो करम पाव फल सोई। निगम नीति अस कह सब कोई॥"

गोस्वामी तुलसीदास रामचरितमानस में सरल जीवन की प्रतिष्ठा करते हैं। उनकी दृष्टि में सरलता अथवा सीधापन भक्ति का एक महत्त्वपूर्ण अभिलक्षण है। वे मन, वचन और कर्म के धरातल पर सरलता को साधनेवाले भक्त को राम के प्रेम-पात्र के रूप में निरूपित करते हैं—

"सूधे मन, सूधे वचन, सूधी सब करतूति।
तुलसी सूधी सकल विधि, रघुवट प्रेम प्रसूति॥"

रामचरितमानस का उद्देश्य भगवान राम के लोक-पावन चरित्र का वर्णन करना है। राम रामचरितमानस के धीरोदात्त नायक हैं। वे परब्रह्म होते हुए भी गृहस्थ हैं। अपने पिता के पुत्र हैं, भाइयों के भाई हैं, पत्नी के पति हैं और गुरु के शिष्य हैं। उनके भी कुछ मित्र हैं, कुछ शत्रु और कुछ भक्त। वे उच्चकुलीन क्षत्रिय राजकुमार हैं और राजघराने की कुटिल नीति के शिकार हुए हैं और इस कुटिल नीति का जो सूत्रधार है, कवि ने उसका मापन 'कोटि-कुटिल मनि गुरु पढ़ाई' जैसे विशेषण के प्रयोग से किया है। इस नीति के चलते जब राम का राज्याभिषेक होने जा रहा था, अकस्मात् ही उन्हें वन की तैयारी करनी पड़ी और उनके साथ हैं उनके भाई लक्ष्मण और सीता। तुलसी के राम इस दृष्टि से भी मानवीय आदर्श के सर्वोच्च प्रतिमान हैं कि उन्हें न तो अपने राज्याभिषेक की बात सुनकर प्रसन्नता हुई और न ही वनवास की बात सुनकर दु:ख हुआ। यह एक धीरोदात्त नायक तथा मर्यादा पुरुषोत्तम को प्रकर्ष पर पहुँचानेवाला चरम मानक है। तुलसी की दृष्टि में राम की यह स्थितप्रज्ञ एवं परिपक्व मुख कमल छवि उनके लिए सुन्दर मंगलों की प्रदाता है—

प्रसन्नतां या न गताभिषेकतस्तथा न मम्ले वनवासदु:खत:।
मुखाम्बुजश्री रघुनन्द नस्य मे सदास्तु सा मंजुल मंगलप्रदा॥

तुलसी के राम संघर्षशील मनुष्य के भी उच्चतम मानक हैं। वह अपने जीवन की तमाम कठिनाइयों पर अपनी निपुणता से विजय प्राप्त करते हैं। राम का चौदह वर्षीय वनवास केवल एक राजकुमार के दु:खों की गाथा नहीं है अपितु मनुष्य द्वारा नियति की चुनौती स्वीकारने और जीवन के कठिनतम तथा संघर्षपूर्ण क्षण में भी अपना विवेक क़ायम रखने और मानसिक क्षमता के सुनियोजित प्रयास द्वारा परिस्थितियों पर विजय प्राप्त करने की कहानी है। वन में उन पर अकथनीय विपत्तियाँ आती हैं। उनकी पत्नी हर ली गई। फलस्वरूप उन्हें विश्वविजयी रावण से संघर्ष करना पड़ा। वे तरह-तरह के संघर्षों को करते रहे और अन्त में अग्नि में तपाये हुए सोने की तरह खरे निकले हैं।

राम का व्यवहार पशु-पक्षियों, वन्यजीवों एवं सभी प्राणियों पर समान है। रीछ-वानरों के प्रति राम का बर्ताव इस बात का परिचायक है कि यदि हमारे वर्तमान शासक वनस्थ आदिवासियों के बीच में जायें तो वे कितने सद्भाव से पेश आएँ। उनमें उनकी क्षमता, शक्ति और चैतन्यता का एहसास कराके उनका उपयोग कैसे करें। उनमें बिखरे हुए शक्ति के विद्युत्कणों द्वारा मानवता को विजयिनी कैसे बनाएँ।

रामचरितमानस में पातिव्रत्य-धर्म, शिष्य धर्म, पुत्र-धर्म, मित्र-धर्म, राज-धर्म आदि विविध धर्मों का अत्यन्त सहज ढंग से निरूपण हुआ है। पुत्र-धर्म का उदाहरण द्रष्टव्य है—

अनुचित उचित विचार तंजि, जे पालहिं पितु बैन।
ते भाजन सुख सुजस के, बसहिं अमरपति ऐन॥

किन्तु उक्त पितृ आज्ञा को मानने के लिए बड़ों के प्रति सम्मान होना आवश्यक है। वह सम्मान राम अपने माता-पिता और गुरु के चरणों में प्रणाम करके प्रतिदिन प्रात: ही प्रकट कर देते हैं क्योंकि गुरुजनों के प्रति श्रद्धा एवं सद्भाव का प्रदर्शन व्यक्ति के सुसंस्कृत होने का सबसे बड़ा प्रमाण है—

प्रात काल उठि के रघुनाथा। मातु-पिता गुरु नावहिं माथा॥

इसका फल भी उन्हें तत्काल मिल जाता है। वे थोड़े ही समय में समस्त विद्याओं एवं कलाओं में महारत हासिल कर लेते हैं—

अभिवादनशीलस्य, नित्य वृद्धोपसेविन:।
चत्वारि तस्य वर्धन्ते, आयुर्विद्या यशोबलम॥

मनुस्मृति के वचन को पढ़कर कोई प्रेरणा प्राप्त नहीं होती क्योंकि वह एक प्रकार का कोरा प्रलोभन मात्र है। इसलिए उसे पढ़कर सहसा विश्वास नहीं होता कि ये चारों वस्तुएँ प्राप्त ही हो जायेंगी। रामचरितमानास का प्रसंग हमारे हृदय पर छाप छोड़ता है क्योंकि उससे राम को लाभ हुआ है और उन्होंने राजा के लिए समत्व भाव का आदर्श प्रस्तुत करते हुए कहा है कि—

मुखिया मुख सो चाहिए, खान-पान को एक।
पालै-पोषै सकल अंग, तुलसी सहित विवेक॥

यदि आज का प्रशासन इसे आदर्श कर-प्रणालाी के रूप में स्वीकार कर ले तो देश में कहीं भी असंतोष नहीं बचेगा।

यद्यपि आज समूचे विश्व में लोकतंत्र और लोक कल्याणकारी राज्य की धूम है किन्तु तुलसी के राम राज्य पर सैकड़ों प्रजातंत्र न्यौछावर किए जा सकते हैं, रामराज्य उन समस्त रोगों से मुक्त था जिनसे वर्तमान प्रजातंत्र पीड़ित है। तुलसी के रामराज्य की संकल्पना निश्चित रूप से अनुपमेय है। रामराज्य के इसी स्वरूप को देखकर पूज्य बापू भारत में रामराज्य चाहते थे। रामचरितमानस न केवल भारत अपितु समूचे विश्व-साहित्य का गौरव है। यह महत्कृति उच्चतम आदर्शों एवं महत्त्वचरित्रों का महार्ध रत्न है। तुलसी का रामराज्य आज भले ही बुद्धिजीवी वर्ग को एक 'फैंटेसी' प्रतीत हो, परन्तु वह एक कठिन समय में भारत के सबसे लोकप्रिय कवि द्वारा तत्कालीन समाज और जनता के समक्ष उपलब्ध कराया गया आदर्श विकल्प है। इसमें सन्देह नहीं कि भारत का मध्यकालीन इतिहास अनेक प्रकार के संघर्षों, परिवर्तनों, त्रासद स्थितियों और विसंगतियों का इतिहास है। यह वह समय था जब जनसाधारण सर्वथा शोषित एवं उपेक्षित थे। आम आदमी को सामान्य मानवीय अधिकार भी प्राप्त नहीं थे। संत, किसान, मज़दूर, सैनिक तथा सामान्य वर्ग के अन्य लोग शासन द्वारा प्रताड़ित थे। उन्हें राजकीय संरक्षण मिलने के बजाय अपमान, अत्याचार और तिरस्कार प्राप्त होता था। अपने समय के भयावह यथार्थ से पीड़ित होकर ही तुलसीदास 'रामराज्य' की आदर्श परिकल्पना प्रस्तुत करते हैं। वे अपने समय में राज्य एवं सत्ता हथियाने के लिए किये जानेवाले दुष्कृत्यों से भली-भाँति परिचित थे। वे जानते थे कि किस तरह लोग अपने बन्धु-बांधवों को मारकर सत्ता पर अधिकार करते हैं। इस विकट स्थिति के विकल्प को लेकर वे सत्ता एवं राज्य के प्रति निष्काम-भाव तथा भ्रातृ-भक्ति का आदर्श प्रस्तुत करते हैं। वे यह प्रतिपादित करते हैं कि अयोध्या का एक ही राज्य है जिसे न बड़े भाई मर्यादा पुरुषोत्तम राम लेना चाहते हैं और न ही भक्ति, शील एवं विनय का साकार विग्रह भरत। सत्ता सुख के प्रति यह त्याग और निष्काम-भाव ही रामराज्य जैसी आदर्श व्यवस्था का प्रतिष्ठापक हो सकता है। वे 'संग्रह बिनु न त्यागि पहिचाने' जैसे आदर्श की प्रतिष्ठा करते हैं जो वर्तमान वैश्वीकरण और बाज़ारवाद की गलाकाट स्पर्धा के बीच समूची मनुष्यता के लिए मार्गदर्शक हो सकता है।

गोस्वामी तुलसीदास का साहित्य पर्वत की कठोर साहसी चट्टान को फोड़कर निकलनेवाली निर्झरिणी का तुमुल नाद है जो लोक जीवन की समतल सरिता सरणि में प्रवहमान होकर जनमानस के अथाह महासागर में समाहित हो जाता है। वह गुण, परिमाण दोनों ही दृष्टियों से अपना प्रतिमान आप ही है। तुलसी मध्यकाल की जिस दूसरी सामाजिक बुराई का परिहार करते हैं वह है बहुपत्नी प्रथा। इतिहास साक्षी है कि अकबर एवं जहाँगीर जैसे बादशाहों के हरम में भी आठ सौ से एक हजार के मध्य बेगमें थीं। इन्हें पति का सुख शायद ही कभी मिला हो। इस भयावह सामाजिक

बुराई और नारी के प्रति असमान व्यवहार को लक्षित करके ही वे कहीं-न-कहीं यह संकेतित करते हैं कि दशरथ जैसे प्रतापी सम्राट की दुर्दशा के लिए बहु पत्नी प्रथा ही जिम्मेदार है और दुनिया का सबसे शक्तिशाली एवं समृद्ध साम्राज्य इसलिए ध्वस्त हो जाता है कि उसका स्वामी अर्थात् लंकेश्वर रावण अनेक सुन्दर पत्नियों के होते हुए भी दूसरे (राम) की पत्नी के प्रति आसक्त है। यह मूल्य-क्षय ही सर्वनाश का कारण है। रामराज्य तभी आ सकता है जब लोग राम की तरह एक पत्नीव्रत का पालन करें। नारी को उसका स्वाभाविक अधिकार एवं मान-सम्मान दिलाने के कारण तुलसी पहले नारी अधिकारवादी साहित्यिक हैं। आज के स्त्री विमर्श की रचनात्मकता के आयोजकों-संयोजकों को इस दिशा में सोचना चाहिए। जबकि उन्हें अज्ञान के कारण नारी निन्दक की संज्ञा से अभिहित कर दिया जाता है लेकिन वास्तविकता यह है कि तुलसी के जितने भी आदर्श और सम्मान्य पात्र हैं वे नारी के प्रति अत्यन्त पूज्य एवं स्नेहिल भाव का ही प्रदर्शन करते हैं। केवल समुद्र तथा रावण जैसे पात्रों के मुख से ही नारी निन्दा हुई है जो स्वयं तुलसी के ही अनादर्श और प्रतिनायक हैं। इस सन्दर्भ में तुलसी प्रकारान्तर से इन बुरे पात्रों के व्यक्तित्व की कमज़ोरियों एवं दुर्भावनाओं को उभारने के लिए ही नारी के प्रति उनके अशोभनीय रवैये को उद्घाटित करते हैं जिससे पाठक के मन में इन पात्रों के प्रति वितृष्णा पैदा हो। यह तुलसीदास की अपनी 'कहन शैली' है जिसे कम-से-कम बुद्धिजीवियों द्वारा सही सन्दर्भ में देखने की अपेक्षा है।

तुलसी का रामराज्य सुख, समृद्धि, सद्भाव, सहयोग, सौजन्य, जीवनास्था तथा आनन्द का महापर्व है। जहाँ वनों-उपवनों में वृक्ष सदा फलते-फूलते हैं। हाथी और सिंह समेत तमाम पशु-पक्षी अपने स्वाभाविक वैर-भाव को भुलाकर प्रेमपूर्वक रहते हैं। पक्षी मधुरवाणी बोलते हैं। सारे जंगल विविध प्रकार के पशुओं का अभयारण्य बन जाते हैं। शीतल, मन्द, सुगंधित पवन चलता रहता है। भौंरे पुष्पों का रस लेकर चलते हुए गुंजार करते जाते हैं। सभी पर्वत समस्त जगत के आत्मा भगवान को जगत् का राजा जानकर मणियों एवं रत्नों की खानें प्रकट कर देते हैं। साथ ही, प्रकृति भी इतनी स्वस्थ, प्रसन्न एवं पर्यावरण इतना सन्तुलित रहता है कि नदियाँ सदानीरा होकर श्रेष्ठ, शीतल, निर्मल और सुखप्रद स्वादिष्ट जल बहाने लगती हैं। आज की उपभोक्तावादी संस्कृति के पुरस्कर्ताओं को यह समझना चाहिए की प्रकृति का अन्तहीन शोषण एवं पर्यावरणीय असन्तुलन ही उन्हें बोतल के पानी की ओर उन्मुख कर रहा है। जबकि रामराज्य में पर्यावरण स्वच्छ एवं सन्तुलित था। समुद्र अपनी मर्यादा में रहता था। वे लहरों द्वारा तट पर रत्न डाल देते थे। सरोवर कमलों से भरपूर थे। स्थिति मानव-जीवन के इतने अनुकूल थी कि चन्द्रमा अपनी अमृतमयी किरणों से पृथ्वी को परिपूर्ण कर देते थे। सूर्य उतना ही तपते थे जितना जीवन और जगत् के अनुकूल था और पारिवेशिक तथा पर्यावरणीय स्थितियाँ उस समय मानवीय अनुकूलता के चरमबिन्दु पर पहुँच जाती थी जब बादल भी माँगने पर जल बरसाने के लिए विवश

हो जाते थे। यह व्यवस्था मानवीय स्वतंत्रता, समता, बन्धुत्व एवं परस्पर सहयोग पर आधृत व्यवस्था थी जिसमें राजाराम स्वयं प्रजा के समक्ष यह प्रस्ताव करते हैं कि—

जो अनीति कछु भाखहु भाई। तौ मोहि बरजहु भय बिखराई॥

आख़िर, आज के इस तथाकथित लोकतांत्रिक और कल्याणकारी राज्य में भी क्या साधारण जनता इस प्रकार के अधिकारों का आनन्द ले सकती है? राज्य की ओर से जनता को इतना अधिकारसम्पन्न बनानेवाली व्यवस्था अपना प्रतिमान आप ही है। आख़िर किस राजा ने सीधे प्रजा को यह अधिकार दिया है कि यदि वह कुछ नीतिविहीन कार्य करता है जो जनता उसे तुरन्त रोक सकती है। रामचरितमानस एक विशालकाय महाकाव्य है। उसकी रचना सर्वजन हिताय, सर्वजन सुखाय हुई है। उसकी प्रेरणा भी अत्यन्त महान और उदात्त है। किसी महाकाव्य में महत् उद्देश्य और महती प्रेरणा शक्ति की प्रतिष्ठा तभी होती है जब उसके कवि की चेतना विराट और प्रतिभा सशक्त होती है। इसमें सन्देह नहीं कि जब तुलसीदास नैसर्गिक प्रतिभा-सम्पन्न कलाकार हैं और उनकी कविता का उद्देश्य भी देवगंगा के समान सबका हित साधक है। उनका अपना काव्य प्रतिमान भी यही है—

कीरति भनिति भूति भलि सोई। सुरसरि सम सबकर हित होई॥

इस तरह तुलसी कहते हैं कि कीर्ति, कविता और विभूति वही अच्छी होती है जो भगवती भागीरथी के समान सबका हित साधन करे। रामचरितमानस इसी आदर्श का प्रतिष्ठाता महाकाव्य है।

गोस्वामी तुलसीदास न केवल प्रकृति प्रदत्त प्रतिभा के विशिष्ट मानक हैं अपितु रामचरितमानस, कवितावली तथा विनयपत्रिका जैसी उनकी श्रेष्ठ कलाकृतियाँ घनीभूत साधना तथा नैसर्गिक प्रतिभा के अधिकतम दोहन से उद्भूत हुई हैं। वे हिन्दी के सबसे बड़े लोकवादी रचनाकार हैं और उनका रामचरितमानस लोककल्याण का श्रेष्ठतम निदर्शन। आख़िर, समूचे मध्यकालीन भारतीय साहित्य में नई मेधा एवं विराट सोच से सम्पृक्त रामचरितमानस के समान दूसरी कलाकृति कौन-सी है? सम्पूर्ण मध्यकाल में ऐसा कोई भी ग्रंथ नहीं है जो रामचरितमानस के समान समस्त जगत की मंगलकामना से परिचालित है। इनके द्वारा दी गयी काव्य-परिभाषा भी सर्वगुण सम्पन्न और सर्वमंगला है। रामचरितमानस का मंगलाचरण ही इस तथ्य का स्वयं सिद्ध प्रमाण है। वे लिखते हैं—

वर्णनामर्थ संघानां रसानां छन्दसामपि।
मंगलानां च कर्तारौ वन्दे वाणी विनायकौ॥

यह न केवल वाणी और विनायक का स्तवन है अपितु काव्य की एक मुकम्मल परिभाषा भी है। जिसे वे शब्दार्थ समूहों से युक्त, रस से अनुप्राणित, छन्द से अलंकृत तथा मंगलकारिणी मानते हैं। रामचरितमानस इन्हीं महत् उद्देश्यों से ओत-प्रोत महाकाव्य है जिसमें मानवीय मूल्यों, उच्चतर शील तथा लोक-धर्म अपनी पराकाष्ठा

पर पहुँचा हुआ है। यदि सम्पूर्ण विश्व साहित्य पर विचार किया जाए तो हम पाते हैं कि ऐसा लोकप्रिय और लोकहितकारी महाकाव्य दूसरा नहीं है।

जैसा कि हम जानते हैं कि बौद्ध धर्म के सान्ध्य चमक के दिनों तथा इस्लाम के आगमन के समय छुआछूत, पर्दाप्रथा जैसी सामाजिक बुराइयाँ अस्तित्व में आयीं। तुलसीदास इन दोनों ही सामाजिक बुराइयों का विरोध करते हैं। उनके राम, भरत, वशिष्ठ आदि सभी पात्रों को गले लगाते हैं। छुआछूत और वर्ण दो अलग चीजें हैं। यह सही है कि तुलसीदास वर्ण-व्यवस्था में आमूलचूल परिवर्तन न चाहकर उसमें अपेक्षित परिष्कार के साथ उसे बनाए रखने के पक्ष में थे। यह भारतीय समाज के उन कठिन संघर्ष के दिनों में सबसे व्यावहारिक एवं दूरदर्शी उपाय था। साथ ही, वे जाति-पाँति और अस्पृश्यता का खंडन भी करते हैं। यही कारण है कि उनका सबसे ज़्यादा विरोध काशी के ब्राह्मणों और पंडितों ने किया। निराला के शब्दों में, "उनकी स्थिति 'ब्राह्मण समाज में ज्यो अछूत' वाली थी।" आख़िर, तुलसी से ज़्यादा सामाजिक उपेक्षा, शारीरिक उत्पीड़न, वैयक्तिक कष्ट और शास्त्रीय बहिष्कार किस रचनाकार ने झेला है? तुलसी ने जाति-व्यवस्था के दंश से पीड़ित होकर अपना आक्रोश भले 'कवितावली' तथा अन्य कृतियों में प्रकट किया हो, परन्तु, रामचरितमानस में भी वे इस व्यवस्था का सर्वत्र निषेध करते हैं। उनके सारे आदर्शपात्र—राम, भरत, वशिष्ठ—समाज के हर वर्ग को गले लगाते हैं। उनमें आत्मसम्मान और आत्मविश्वास का भाव भरते हैं। सामाजिक समता, सामरस्य और बन्धुत्व का अनूठा उदाहरण उपस्थित करते हैं।

तुलसी विशुद्ध रसवादी एवं लोकवादी कवि हैं, परन्तु 'रामचरितमानस' काव्यकला की दृष्टि से भी इतना विविधतापूर्ण और बहुआयामी ग्रंथ है कि उसमें काव्यशास्त्र की समस्त परम्पराओं का प्रतिबिम्बन परिलक्षित होता है। तुलसी के समय तक ताजमहल का निर्माण भले ही न हुआ हो परन्तु उनका रामचरितमानस प्रबन्ध-शिल्प का ताजमहल ही है। वह लोकमानस के ठोस मनोविज्ञान पर आधृत है। उसमें ग्राम्य एवं नागरी संस्कृतियों की समन्वित झाँकियों का विशिष्ट रूप उपलब्ध होता है। तुलसी वास्तुकला के भी मर्मज्ञ थे जिससे उनके मानस में चित्रात्मकता तथा रूपकों का मनोहर समारोह उपस्थित है। उसमें जिस बहुआयामी और व्यापक चेतना का सुन्दर संयोजन हुआ है वह गोस्वामीजी की कलाकारिता का बेहतरीन नमूना है। रामचरितमानस इसलिए भी महत्त्वपूर्ण महाकाव्य है कि वह हर वर्ग की क्षुधा-पिपासा शान्त कर सकता है। तुलसी पाठक को संवेदना का भरपूर देने के बाद ही उसे उत्तरकांड में दर्शन की नीरस और चिन्तनात्मक भावभूमि पर ले जाते हैं। यह एक बड़े कवि का अभिलक्षण है। मानस की कथावस्तु अत्यन्त सुनियोजित और सुसंघटित है। यद्यपि वह त्रिस्तरीय है। उसके तीन प्रस्तोता और श्रोता हैं साथ ही, उनमें रचनाकार का अनुभव विश्व अपनी अनेक छवियों एवं आयामों में रूपायित हुआ है। परन्तु, तुलसी की लेखनी ने समस्त सूत्रों को बहुत सावधानी से पिरोया है।

इसके कथानक में कतिपय प्रसंग ऐसे हैं जहाँ कथावस्तु नदी के वेगपूर्ण धारा के समान गतिशील है। जबकि ऐसे मार्मिक स्थल भी मौजूद हैं जहाँ कथानक मन्दगति वाले महानद की भाँति पाठक को गहराई का अहसास कराता है। वह विश्वव्यापी मंगल और मनुष्यता के जयघोष का महाकाव्य है जिसमें मध्यकालीन भारत अपने समूचे पाप-पुण्य, यथार्थ-आदर्श, आशा-आकांक्षा, संघर्ष-उपलब्धि तथा समस्त प्रवृत्तियों के साथ उपलब्ध है। वह अपने ढंग का सबसे बड़ा सामरस्यवादी महाकाव्य है जिसमें समन्वय की विराट चेष्टा फलीभूत हुई है। जीवन, जगत तथा मानवीय अन्तर्वृत्तियों की बहुआयामी कल्पनात्मक छवियाँ रूपाकार हुई हैं। वस्तुत: तुलसी का समन्वयवाद तनाव प्रबन्धन (stresmanagement) का सबसे बड़ा सूत्र है जिसमें व्यक्ति-समाज, गृहस्थ-वैराग्य, प्रवृत्ति-निवृत्ति, सभ्यता-संस्कृति, धर्म-दर्शन, राजनीति-साहित्य, आदर्श-यथार्थ के परस्पर विपरीत ध्रुवों के मध्य सामरस्य लाने का प्रयास किया गया है।

भारतवर्ष के इतिहास का मध्यकाल बहुविवाह, बहुपंथ, बहुधर्म का काल है। यह सांप्रदायिक प्रतियोगिता का काल है। इस समय एक ही मत के अनुयायियों और पुरस्कर्त्ताओं में भी घोर स्पर्धा थी। फिर चाहे संत मत हो अथवा सूफीमत। यह परस्पर-निन्दा का समय था, जिससे जीवन मूल्यों और सांस्कृतिक सौमनस्य के समाप्त हो जाने का ख़तरा पैदा हो गया था। ऐसे समय एक विश्वदृष्टि सम्पन्न, अत्यन्त उदार, सर्वसमावेशक तथा परस्पर विपरीत ध्रुवों के मध्य सन्तुलन स्थापित करनेवाले महाकवि और महाकाव्य की ज़रूरत थी जिसे गोस्वामी तुलसीदास के आगमन और रामचरितमानस के प्रणयन ने पूरा किया। तुलसी आत्मविश्वास का दर्शन बनाकर उसका प्रमाणीकरण भी करते हैं। उनका मानना है कि धर्म जीने की कला है उसे कर्मकांड अथवा अनुष्ठान से नहीं जोड़ना चाहिए। उन्होंने तो राम की सेना द्वारा रावण और मेघनाद द्वारा किये जानेवाले यज्ञ का विध्वंस भी कराया है। उनकी दृष्टि में धर्म अभ्युदय और कल्याण के लिए होता है। यदि विश्वामित्र जैसा ऋषि लोकहित से अनुप्राणित होकर यज्ञ करता है तो राम उसे हर दृष्टि से सुरक्षा प्रदान करते हैं और यदि रावण एवं मेघनाद जैसे स्वार्थी तत्त्व असीमित शक्ति प्राप्त करने तथा स्वार्थ सिद्धि के लिए उसे सम्पन्न करना चाहते हैं तो उनके राम की सेना उसका विध्वंस करने से भी पीछे नहीं हटती। उनके राम परहित के लिए संकल्पित हैं। उनका जन्म ही संसार के हित में लोक रक्षा के लिए हुआ है। तुलसी की स्पष्ट घोषणा है कि "राम जनम जग मंगल हेतू।" वे दूसरों के हित में आनन्द का अनुभव करते हैं। परहित के लिए आत्मविस्तार की आवश्यकता होती है। अपने 'स्व' का अतिक्रमण करना होता है। धर्म-अधर्म की इतनी स्पष्ट और सटीक व्याख्या भी शायद ही कहीं मिले—

परहित सरिस धर्म नहिं भाई। पर पीड़ा सम नहिं अधमाई॥

तुलसी के रामराज्य में दंड केवल यतियों द्वारा धारण किया जाता था और भेद का उपयोग नृत्य प्रकारों तथा मुद्राओं के लिए किया जाता था। वे लिखते हैं कि—

"दंड जतिन्ह कर भेद जहँ, नरतक नृत्य समाज।
जीतहु मनहि सुनिअ अस रामचन्द्र के राज॥"

तुलसीदास परपीड़न तथा दंड व्यवस्था के खिलाफ़ थे। वे किसी भी स्थिति में सामाजिक समरसता बनाए रखना चाहते थे। तुलसी के राम ही नहीं भरत भी धर्म के साकार विग्रह हैं। जिनके आदर्श कर्त्तव्य ही धर्म हैं। वे भ्रातृभक्ति को प्रकर्ष पर पहुँचाते हैं। उनके सम्बन्ध में राम को भी कहना पड़ा कि—

जौं न होत जग जनम भरत को, सकल धरम धुर धरनि धरत को।

ऐसा माना जाता है कि भारतीय परम्परा में जो कुछ भी सर्वोत्तम है, वरणीय है वह तुलसी और उनके मानस में आद्यन्त विद्यमान है। वस्तुत: रामचरितमानस आदर्श और महान चरित्रों की विराट वनस्थली है जिनसे मुखातिब होकर जीवन और जगत का पूर्ण संस्कार और उन्नयन किया जा सकता है। भारतीय एवं पाश्चात्य साहित्य के किसी भी महाकाव्य में भयावह यथार्थ के चित्रण के साथ आदर्श का ऐसा मनोरम अंकन दुर्लभ है। इसे तुलसी की कला-चातुरी ने अपनी लेखनी रूपी तूलिका से बड़ी सतर्कतापूर्वक चित्रित किया है। इस तरह व्यापकता और गहराई तथा सूक्ष्मता एवं विराटता का अद्भुत संश्लेषण रामचरितमानस में हुआ है जो उसे अप्रतिम बनाता है।

कुल मिलाकर रामचरितमानस एक राष्ट्रीय महाकाव्य है जिसने भारतीय परम्परा को सर्वाधिक पोषित, पुरस्कृत किया है। इस ग्रंथ ने धर्म, संस्कृति व व्यवस्था का संस्कार तथा परिमार्जन किया है। इसके सन्देश शाश्वत हैं, चिरन्तन हैं, सार्वभौमिक हैं। जो परस्पर विरोधी संस्कृतियों, साधनाओं, जातियों, आचार-विचार और प्रचलित पद्धतियों को प्रतिबिम्बित करनेवाला स्वच्छ दर्पण है। इसने सदा-सर्वदा से अन्तरात्मावान् भारतीय को संबोधित किया है, आलोकित किया है। इसलिए हम उसे आदर्श सामाजिक व्यवस्था का महाकाव्य कह सकते हैं। इस महाकाव्य ने मानव जाति को मानवीय उच्चादर्शों के सर्वोत्कृष्ट प्रतिमानों से परिचित कराया है। उसमें निहित सार्वभौम एवं सनातन सन्देश तथा सांस्कृतिक चेतना और मनुष्यता की मंगलाशा भगवती भागीरथी की अविच्छिन्न, अनाहत धारा से भी अधिक प्रखर है। रामचरितमानस का कवितापन, सर्जनात्मकता, कलात्मकता तथा सम्प्रेषणीयता काल देवता की अनवरत गति के साथ विकासमान है। उसमें विद्यमान मनुष्य के सर्वोच्च आदर्श उसकी कालजयता और गत्यात्मक अर्थवत्ता का उद्घोष कर रहे हैं। आगामी मनुष्यता में उच्चादर्शों के प्रति आस्था भर रहे हैं। यहाँ जीवन और जगत के अनजान क्षितिज को सहारा देनेवाली व्यापकता है, लौकिक एवं युगीन यथार्थ तथा लोकमानस की सागरीय गहराई है, और है, मानवीय मूल्यों, सन्देशों एवं उच्चादर्शों का वह गर्वोन्नत हिमालय जो युग-युगान्तर तक वसुन्धरा रूपी मनुष्यता का मानदंड बना रहेगा। उसका पथ-प्रदर्शन करता रहेगा।

सामाजिक प्रतिबद्धता का लोकवृत्त

तुलसी हिन्दी के सबसे दुर्निवार कवि हैं। उनसे सहमत-असहमत हुआ जा सकता है लेकिन पूरी तरह बचा नहीं सकता। जीवन का कोई भी ऐसा क्षेत्र, कोई भी ऐसा कोना, कोई भी प्रसंग नहीं है जहाँ वे अचानक न आ टपकते हों। मूल कारण यह है कि उनके सामाजिक सरोकार इतने गहरे हैं, उनमें लोक धर्म का आग्रह इतना प्रबल है कि भारतवर्ष की सम्पूर्ण सामाजिक संरचना उसके दायरे में आ जाती है। हम जानते हैं कि सामाजिक संरचनाएँ और सांस्कृतिक परम्पराएँ प्राय: साहित्यिक प्रवृत्तियों एवं परम्पराओं से अधिक शक्तिशाली होती हैं लेकिन तुलसी साहित्य की प्राणवत्ता और कालजयता इसी बात में है कि वह इनसे कहीं भी कमतर नहीं है। इसीलिए कहा जाता है कि भारतीय समाज और परम्परा में जो कुछ भी शुभाशुभ है वही तुलसी काव्य का उपजीव्य है। उनका यथार्थबोध इतना तीखा और आदर्श के प्रति रुझान इतना प्रबल है कि उनका सम्पूर्ण सृजन मानवीय जीवन के महत्तर मूल्य-बोध का कभी न ख़त्म होनेवाला आविष्कार बन गया है।

साहित्य के समाजशास्त्रीय अनुशीलन के लिए तुलसी का साहित्य भरपूर सामग्री उपलब्ध कराता है। इस दृष्टि से जो बात सर्वप्रथम हमारा ध्यान आकृष्ट करती है वह है राजकीय संरक्षण का नकार। हमारे आज के साहित्यिक थोड़े संघर्ष के बाद यदि कोई उपलब्धि प्राप्त कर लेते हैं तो उनकी कोशिश राजकीय अथवा कार्पोरेट जगत की सुख-सुविधाओं को लपकने की होती है जबकि तुलसी का बचपन और कैशौर्य द्वार-द्वार भीख माँगते हुए, बिलबिलाते हुए व्यतीत हुआ जिसे दिन भर की भिक्षा के रूप में मिले हुए चार चने चारों पुरुषार्थ के समान लगते थे, वही तुलसी अपनी उपलब्धियों के बड़े शिखर पार करने पर भी केन्द्रीय सत्ता के महाप्रलोभन को ठुकरा देता है। यह सर्वविदित है कि अकबर ने टोडरमल के माध्यम से पचास हजारी मनसबदारी की पेशकश तुलसी के समक्ष की थी जिसे उन्होंने अपने को राम का सेवक बतलाते हुए 'नर के अब का होंहिंगे तुलसी मनसबदार' कहकर ठुकरा दिया था। उनके भीतर की यह शक्ति ही उन्हें अन्त:बाह्य संघर्षों से जूझते रहने की प्रेरणा देती है। तुलसी की सामाजिक प्रतिबद्धता अपने में व्यापक और सन्दृष्टिपरक और सर्वग्राही आशय समेटे हुए है जिसके चलते वह पहले से ही अस्थिर और विशृंखलित भारतीय सामाजिक व्यवस्था को आमूलचूल अथवा क्रान्तिधर्मी प्रयासों के

द्वारा नेस्तनाबूत नहीं करना चाहती है अपितु वह शल्य चिकित्सा द्वारा उसमें अपेक्षित परिवर्तन एवं परिष्कार लाना चाहती है। वे व्यवस्था के प्रतिमान को बनाए रखने के साथ-साथ संघर्ष के निराकरण की बात करते हैं। इस लक्ष्य को प्राप्त करने के लिए वे व्यवस्था की विभिन्न इकाइयों में समन्वय के आकांक्षी हैं। तुलसी की समन्वयशीलता और लोकसंग्रह की भावना उनकी सामाजिक प्रतिबद्धता का मेरूदंड है। वे व्यक्ति, समाज, संस्कृति, राजनीति, धर्म, दर्शन और साहित्य के परस्पर विपरीत ध्रुवों के बीच अन्तरावलम्बन का निर्देश करते हैं। साथ ही, उनमें सद्भाव, सहयोग, सहअस्तित्व तथा सौमनस्य का भाव भरते हैं। सामाजिक मनोविज्ञान की दृष्टि से वर्तमान सन्दर्भ में जिसे हम तनाव और संघर्ष का निराकरण कहते हैं तुलसी का समन्वयवाद उसका साकार विग्रह है। इसके द्वारा वे सामाजिक व्यवस्था में हिंसा, आतंक और संघर्ष के बजाय अनुकूलन, लचीलापन और एकीकरण बनाए रखने में कामयाब होते हैं।

तुलसी के काव्य में मध्यकालीन सामन्ती परिवेश अपनी जटिलता में विद्यमान है। तुलसी के पहले और बाद में मुसलमान शासकों ने हिन्दू जनता पर कम अत्याचार नहीं किए। उन्हें तलवार के बल पर जबरन मुसलमान बनाया गया, मन्दिर तोड़कर देवताओं का अपमान किया गया। जजिया कर लगाया गया। तुलसी इन बातों का यथार्थ वर्णन नहीं करते, उसके प्रति प्रतिक्रिया का भाव भी व्यक्त नहीं करते। वे समाजशास्त्र के इस नियम से भी परिचित थे कि यदि किसी समुदाय विशेष को शक्तिशाली बनाना है तो उसे असुरक्षित बना दीजिए। हर बड़े रचनाकार की भाँति तुलसी अपनी बात को संकेतों में प्रस्तुत करते हैं। वे विधर्मी शासकों के अत्याचारों और रावण के अत्याचारों के मध्य ग़ज़ब का साम्य स्थापित करते हैं—

"करहिं उपद्रव असुर निकाया। नाना रूप धरहिं कर माया॥
जेहि बिधि होई धर्म निर्मूला। सो सब करहिं वेद-प्रतिकूला॥
जेहि जेहि देस धेनु द्विज पावहिं। नगर गाउँ पुर आगि लगावहिं॥"

मुसलमाान शासकों ने हिन्दू राजाओं की बहू-बेटियों को बलपूर्वक किस तरह से छीन लिया था, तुलसी अपनी कला-चातुरी के बल पर रावण के माध्यम से उसका भी संकेत कर देते हैं—

"भुजबल विश्व वस्य करि राखेसि कोउ न सुतंत्र।
मंडलीक मनि रावन राज करै निज मंत्र॥
देव जच्छ गन्धर्व नर किन्नर नाग कुमारि।
जीति वरीं निज बाहुबल बहु सुन्दर वर नारि॥"

मध्यकाल में विधर्मियों के अत्याचारों के फलस्वरूप हिन्दी जाति ह्रासोन्मुख और विशृंखलित हो गयी। उसमें अनैतिकता बढ़ गयी। तुलसी लिखते हैं कि—

"बाढ़े खल बहु चोर जुवारा। ले लम्पट पर धन पर दारा।
मानहिं मातु पिता नहिं देवा। साधुन्ह सन करवावहिं सेवा॥"

कहने की ज़रूरत नहीं कि यह तुलसी के समय का ही यथार्थ नहीं है अपितु आज के यथार्थ का प्रतिबिम्ब भी है। हमारा समाज एक ओर लूट-खसोट, झूठ-मक्कारी, हत्या-बलात्कार, आतंक और चीत्कारों से भरा हुआ है तो दूसरी ओर ठगों और चोरों से भरा होने पर भी हम अपने देश से प्यार करते हैं। उसके निकट भविष्य में महाशक्ति बनने की कामना करते हैं। तुलसी भी इस स्थिति से गुज़रे थे। तुलसीदास का समाज अनेक टुकड़ों में विभक्त था। उस समय के शासक उत्पीड़न, अमानुषिक दंड, युद्ध, शोषण, सामूहिक नर संहार तथा जन सम्पत्ति के सर्वनाश में संलग्न थे। अकबर जैसे शासक हिन्दू-समाज को और विभाजित करने के लिए हिन्दू नारियों से विवाह कर रहे थे। उस समय बौद्ध धर्म भी अपनी भ्रष्टता के कारण उतार पर था। जब सामन्तों तक की मृत्यु पर उसकी सम्पत्ति का अधिग्रहण कर लिया जाता था तो किसानों और व्यापारियों के साथ क्या घटित हो रहा था इसका सहज अनुमान लगाया जा सकता है। एक पतनशील समाज चोरी, डकैती तथा व्यभिचार जैसे अपकर्म में आकंठ डूबा हुआ था। उन्होंने तत्कालीन काशी के बारे में लिखा—

"बासरि ढासनि के ढका, रजनी चहुँ दिसि चोर।
संकर निजपुर राखिए, चितै सुलोचनि कोर॥"

अर्थात् दिन में धरती पर डाकू घूम रहे हैं, रात में चारों ओर चोर हैं। हे शिव, अपने नगर की रक्षा आप ही कीजिए, अपने त्रिलोचन का कोर खोले रहिए। हम जानते हैं कि यह तुलसी के समय की ही काशी नहीं है बल्कि हमारे समय की भी काशी है। वर्तमान सन्दर्भ में तो सारे शहरों का लगभग यही हाल है।

तुलसी का कलिकाल वर्णन मध्यकाल के भयावह यथार्थ पर काव्यात्मक टिप्पणी है। यह उनकी गहन सामाजिक संलग्नता ही है जो उन्हें समाज के विशृंखल स्वरूप पर प्रखर काव्यात्मक आक्रमण करने के लिए उकसाती है। वे स्पष्ट कहते हैं कि आम आदमी सपरिवार बड़ी मेहनत करके भी दारुण दरिद्रता का शिकार है जबकि निखट्टू तपस्वी और कामचोर साधु धन-धाम और फोकट का माल बटोर रहे हैं। वे बड़े बड़े मठ, आश्रम इत्यादि स्थापित करके भगवान के राग-भोग की सामग्री के बहाने अपना राग-रंग जमा रहे हैं। आज भी तथाकथित मठाधीशों और चन्द्रास्वामियों का यही हाल है—

"बहु दाम सँवारहिं धाम जती। विषयाहरि लीन्हि न रहि बिरती।
तपसी धनवंत दरिद्र गृही। कलि कौतुक तात न जात कही।"

ऐसी स्थिति में सामाजिक मर्यादाएँ टूट रही हैं। लोगों का आहार-विहार और आचार-विचार सब प्रदूषित हो चुका है। आख़िर, इससे ज़्यादा विडम्बनापूर्ण और गर्हित स्थिति और क्या हो सकती है कि "कलिकाल बिहार किये मनुजा, नहिं मानत कौ अनुजा, तनुजा" तुलसी के समय के पुरुष स्त्रैण और कामांध होकर नारी रूपी मदारी के इंगित पर बन्दर की तरह नाच रहे हैं—"नारि विवश नर सकल गोसाईं।

नाचहिं नट मर्कट की नाई।" इसी दुर्बलता के चलते वे 'कुलवंति निकारहिं नारि सती। गृह आनहिं चेरी निबेरी गती' के साथ-साथ 'परत्रिय लंपट कपट सयाने' हो गये हैं। ऐसे समय में स्त्रियाँ भी पुरुषों से पीछे कैसे रह सकती हैं। तुलसी ने उन्हें भी 'गुन मन्दिर सुन्दर पति त्यागी, भजहिं नारि पर पुरुष अभागी' की स्थिति में पहुँचा दिया। पिता-पुत्र, भाई-बहन, पति-पत्नी सभी की मर्यादाएँ जब टूट रही हों तब 'धनवंत कुलीन मलान अपी' की स्थिति में 'सर्वे गुणा काचनमाश्रयन्ते' की कहावत चरितार्थ हो जाती है। राजा भी इतने विवेकहीन और पापी हैं कि 'दंडकराल कठोर' उनकी सत्ता की सफलता का सूत्र है—'नृप पाप परायण धर्म नहीं, करि दंड विदंड प्रजा नितहीं।' इसी सामाजिक, राजनीतिक और धार्मिक अराजकता के चलते 'कलि बारहिं बार दुकाल परै, बिन्नु अन्न दुखी सब लोग मरै' का संकट उपस्थित होता है। तुलसी अपने भेदक दृष्टि के माध्यम से शिक्षा व्यवस्था के अध:पतन तथा इस क्षेत्र में व्याप्त धन लोलुपता, स्वार्थपरायणता और दायित्वहीनता का भी चित्र खींचते हैं। हम कबीर के सन्दर्भ में 'जाका गुरु भी अंधला, चेरा खरा निरंध्र' की बात करते हैं लेकिन तुलसी की इतनी महत्त्वपूर्ण बात भूल जाते हैं—

"गुरु सिख बधिर अंध का लेखा। एक न सुनइ एक नहिं देखा॥
हरइ सिस्य धन सोक न हरई। सो गुरु घोर नरक महँ परई॥"

कहना न होगा कि यह तुलसी के युग-धर्म से ज़्यादा हमारे समय का सच है। तुलसी अपने समय के भयावह यथार्थ को 'कवितावली' में और भी तीखे रूप में प्रस्तुत करते हैं। यहाँ वे गरीबनेवाज के कंट्रास्ट' (प्रतिपक्ष) में दरिद्रता रूपी रावण को उपस्थित करते हैं। चूँकि तुलसी ने स्वयं ग़रीबी का विष पिया था और उन्हें मालूम था कि पेट की आग दावग्नि से भी बढ़कर है। उनका अपना भोगा हुआ सच विराट सामाजिक करुणा में तब्दील हो जाता है—"दारिद्र-दसानन दबाई दुनी, दीनबन्धु। दुरित दहन देखि तुलसी हहा करी।" तुलसी मानते हैं कि पेट ही सारे प्रतिकर्म की जड़ है। इसी आर्थिक दरिद्रता के चलते ग़रीब मेहनतकश (किसबी), किसान, छोटे व्यापारी, भिखारी, भाट, चाकर, चपल-नट, चोर, जासूस, चेटकी (बाजीगर) इत्यादि पेट की आग में झुलसते रहते हैं। वे दुर्भिक्ष का शिकार होकर अपने बेटे-बेटियाँ बेचते हैं तथा हर तरह के अच्छे-बुरे, ऊँचे-नीचे, धार्मिक-अधार्मिक कृत्य करते हैं। कवि की दृष्टि क्रीतदासों तथा कंगालों पर भी जाती है—जो बिललाते-ललचाते हुए द्वार-द्वार घूमा करते हैं, कुत्ते के मुँह के टुकड़े तक के लिए ललचाते रहते हैं। (कूकर-टूकन लागि ललाई)। हिन्दी के और किस कवि ने सामाजिक यंत्रणा, भयंकर विफलता तथा दरिद्रता का इससे भयावह चित्र खींचा है? तुलसी यह बताना चाहते हैं कि यही मूल कारण है जिसके चलते संसार जी का जंजाल लगता है। लोक चेतना भयंकर दरिद्रता के कारण बुझ जाती है और दिन-प्रतिदिन बढ़नेवाली दरिद्रता, दुख, पाप और दुराज समूची सामाजिक एवं आर्थिक गतिविधियाँ ठप्प कर देते हैं—"दिन-दिन दूनो

दारिदु दुकालु दुखु दुरितु दुराजु)। स्थिति इतनी विकट हो जाती है कि न चाकरी है, न आकरी (खनिक कर्म), न खेती है न व्यापार फिर भीख कौन देगा? यहाँ तुलसी लोगों के प्रवक्ता बनकर कहते हैं कि—

"जीविका विहीन लोग, सीद्यमान सोंचबस।
कहै एक एकन्ह सो कहाँ जाइ का करी।"

यदि हम इस समूचे प्रसंग का सही परिप्रेक्ष्य में विश्लेषण करें तो कह सकते हैं कि भयावह दरिद्रता और जड़ीभूत आर्थिक गतिविधियाँ ही मध्यकालीन सामन्ती व्यवस्था का कराल कलिकाल है जिसे तुलसी भयावहता में उभारते हैं। रामचरितमानस में जो राम शक्ति, शील एवं सौन्दर्य के समुच्चय हैं वहीं कवितावली में दीनबन्धु, सम्राट तथा 'दारिददशानन' के संहारक हैं। तुलसी की सामाजिक प्रतिबद्धता का एक उज्ज्वल पक्ष यह भी है कि वे राम के व्यक्तित्व में शक्ति, सौन्दर्य के साथ शील का विशेष निवेश करते हैं। प्राय: देखा गया है कि शक्तिशाली एवं सुन्दर लोग भी शील-भ्रष्ट होते हैं। अत: शील का विशिष्ट अवधान तुलसी की अपनी समाज-दृष्टि है। इसी कारण से उनके राम संघर्षशील मनुष्यता के उच्चतम मानक बन जाते हैं। जीवन की तमाम कठिनाइयों पर अपनी निपुणता से विजय प्राप्त करते हैं। राम का चौदह वर्षीय वनवास केवल एक राजकुमार के दु:खों की गाथा नहीं है अपितु मनुष्य द्वारा नियति की चुनौती स्वीकारने और जीवन के कठिनतम और संघर्षपूर्ण क्षण में भी अपना विवेक क़ायम रखने और मानसिक क्षमता के सुनियोजित प्रयास द्वारा परिस्थितियों पर विजय प्राप्त करने की कहानी है। उनका वही वैशिष्ट्य उन्हें विवेक का शाश्वत प्रतीक बना देता है। इस तरह तुलसी अपनी विश्व सन्दृष्टि के बल पर समाज एवं मनुष्यता के प्रति गहन सामाजिक संलग्नता तथा आर्थिक चिन्तन प्रस्तुत करते हैं।

तुलसी मध्यकाल के भयावह यथार्थ के विकल्प के तौर पर रामराज्य को उपस्थित करते हैं। वे बड़ी चिन्ता के कवि हैं जो बड़े प्रश्न उठाते हैं और बड़े स्वप्नचित्र बनाते हैं। उनका रामराज्य एक विराट स्वप्नलोक (फंतासी) है जिस पर आधुनिक विश्व के सैकड़ों लोकतंत्र एवं लोकल्याणकारी राज्य न्यौछावर किए जा सकते हैं। तुलसी का रामराज्य एक कठिन समय में भारत के सबसे लोकप्रिय कवि द्वारा तत्कालीन समाज और जनता के समक्ष उपलब्ध कराया गया स्वप्निल निदान है। भारतवर्ष का मध्यकाल बहुविध संघर्षों, विवर्तनों, त्रासद स्थितियों और दारुण विसंगतियों का काल है। उस समय जनसाधारण सर्वथा शोषित एवं उपेक्षित था। आम कारीगर तथा सामान्यवर्ग के अन्य लोग शासन द्वारा यथासम्भव उत्पीड़ित थे। उन्हें राजकीय संरक्षण एवं प्रोत्साहन मिलने के बजाय अपमान, अत्याचार और तिरस्कार प्राप्त होता था। अपने समय की इस भयावह वास्तविकता से पीड़ित होकर ही तुलसी रामराज्य की सर्वोत्तम आदर्श के रूप में परिकल्पना पेश करते हैं। वे

अपने समय में राज्य एवं सत्ता हथियाने के लिए किए जानेवाले दुष्कृत्यों से भली भाँति परिचित थे। वे देख रहे थे कि किस तरह विधर्मी आक्रान्ता समाज के लोग अपने बन्धु-बांधवों को मारकर सत्ता पर अधिकार करते हैं। वे वह बताना चाहते हैं कि भारतीय समाज अपने त्यागपूर्ण भाव के कारण ही सांस्कृतिक दृष्टि से ऊँचा है। वे सत्तासुख एवं राज्य के प्रति निष्काम भाव तथा भ्रातृ-शक्ति का आदर्श प्रस्तुत करते हैं। वे यह प्रतिपादित करते हैं कि अयोध्या एक ही राज्य है जिसे न बड़े भाई मर्यादा पुरुषोत्तम राम लेना चाहते हैं और न ही भक्ति, शील एवं विनय का साकार विग्रह भरत। राज्य एवं सत्ता सुख के प्रति यह त्याग एवं निष्काम-भाव ही रामराज्य जैसी आदर्श व्यवस्था का प्रतिष्ठापक हो सकता है। 'संग्रह बिनु न त्यागि पहिचाने' उनका आदर्श रहा है।

तुलसी का रामराज्य मध्यकाल की तिमिराच्छन्न सामाजिक चेतना को उद्‌भासित कर देता है। वह मध्यकाल के समस्त संघर्षों, संशयों, प्रतिकर्मों, तनावों, दुर्भिक्षों एवं व्याधियों का निराकरण प्रस्तुत करता है। रामराज्य की सर्वमंगला व्यवस्था के अन्तर्गत समाज का प्रत्येक व्यक्ति, निर्भय, निश्छल, निर्दम्भ एवं कृतज्ञ हो जाता है। सामाजिक जीवन इतना परिष्कृत हो जाता है कि न कोई अपराध करता है और न ही किसी को दंड देने की नौबत आती है। रामराज्य में 'दारिद दशानन' का दूर-दूर तक अता-पता नहीं है। लोग इतने गुणी और अर्थोपार्जन में पारंगत हैं कि वे स्वत: ही स्वावलम्बी और सुखी हो गये हैं। रामराज्य प्रकारान्तर से सुराज्य की पराकाष्ठा है जिसमें शिक्षा, धर्म, समाज, अर्थव्यवस्था तथा राजनीति अपने अतिशय परिमार्जित रूप में प्रकर्ष पर पहुँच गई है। वहाँ केवल मनुष्यों का जीवन ही नहीं, वनस्पति जगत, कृषि व्यवस्था एवं पशुपालन व्यवस्था भी सन्तुलित एवं सुव्यवस्थित है। लोग सर्वथा दैहिक, दैविक, भौतिक संतापों से मुक्त हैं। तुलसी की सामाजिक प्रतिबद्धता रामराज्य वर्णन के अतिशय उत्साह के अवसर पर भी उन्हें भावलोक में विचरण नहीं करने देती। यहाँ भी लोग अपने कर्त्तव्य के प्रति सजग और कर्मठ हैं। हरेक व्यक्ति अपना कार्य स्वयं सम्पन्न करता है। यहाँ तक कि अनेक सेवकों के होते हुए भी महारानी सीता स्वयं घर का सारा कार्य कुशलतापूर्वक सम्पन्न करती हैं—

"जद्यपि गृह सेवक सेवकिनी। विपुल सदा सेवा-विधि गुनी॥
निज कर गृह परिचरजा करई। रामचन्द्र आयसु अनुसरई॥"

तुलसी के जीवन बोध, भावबोध और सौन्दर्यबोध को समझने के लिए उनके रामराज्य का सही परीक्षण अनिवार्य है। यदि उनके रामराज्य के भीतर शम्बूक-वध और सीता निर्वासन के लिए स्थान नहीं है तो उसके पीछे वे प्रेरणाएँ और आदर्श रहे हैं जो तुलसी की लोक चेतना को विश्वसनीयता प्रदान करते हैं। उनके यथार्थबोध और विश्व सन्दृष्टि को सामाजिक आशय देते हैं। वस्तुत: तुलसी का रामराज्य सुख, समृद्धि, सद्‌भाव, सहयोग, सौमनस्य, जीवनास्था तथा आनन्द का महापर्व है जो

मानवीय स्वतंत्रता, समता, बन्धुत्व एवं परस्पर सहयोग पर आधृत व्यवस्था है। तुलसी के राजा राम स्वयं प्रजा के समक्ष यह प्रस्ताव करते हैं कि—

"जो अनीति कछु भाखहु भाई। तौ मोहि बरजहु भय बिसराई॥"

आख़िर, आज के इस तथाकथित लोकतांत्रिक और कल्याणकारी राज्य में भी क्या साधारण जनता इस प्रकार के अधिकारों का आनन्द ले सकती है? राज्य की ओर से जनता को इतना अधिकारसम्पन्न बनानेवाली व्यवस्था अपना प्रतिमान आप ही है। आख़िर किस राजा ने सीधे प्रजा को यह अधिकार दिया है कि यदि वह कुछ नीतिविहीन कार्य करता है तो जनता उसे तुरन्त रोक सकती है। यह सामाजिक दृष्टि से प्रतिबद्ध कवि-कर्म के प्रति सचेत तुलसी जैसा कवि ही कर सकता है। यह उनके गहन दायित्वबोध का परिचायक है।

गोस्वामी तुलसीदास का साहित्य पर्वत की कठोर साहसी चट्टान को फोड़कर निकलनेवाली निर्झरणी का तुमुलनाद है जो लोकजीवन की समतल सरिता सरणि में प्रवहमान होकर जनमानस के अथाह महासागर में समाहित हो जाता है। यह गुण, परिमाण दोनों ही दृष्टियों से अपना प्रतिमान आप ही हैं। तुलसी मध्यकाल की जिस अन्य सामाजिक बुराई का परिहार करते हैं वह है बहुपत्नी प्रथा। इतिहास साक्षी है कि अकबर एवं जहाँगीर जैसे बादशाहों के हरम में भी आठ सौ से एक हजार के मध्य बेगमें थी, जिन्हें पति का सुख शायद ही कभी मिला हो। इस भयावह सामाजिक बुराई और नारी के प्रति असमान व्यवहार को लक्षित करके ही वे कहीं-न-कहीं यह संकेतित करते हैं कि दशरथ जैसे प्रतापी सम्राट के दुर्दशा को लिए बहुपत्नी प्रथा ही जिम्मेदार है और दुनिया का सबसे शक्तिशाली एवं समृद्ध साम्राज्य इसलिए ध्वस्त हो जाता है कि उसका स्वामी अर्थात् लंकेश्वर रावण अनेक सुन्दर पत्नियों के होते हुए भी दूसरे (राम) की पत्नी के प्रति आसक्त है। यह मूल्यक्षय ही सर्वनाश का कारण है। रामराज्य तभी आ सकता है जब लोग राम की तरह एक पत्नीव्रत का पालन करें। नारी को उसका स्वाभाविक अधिकार एवं मान-सम्मान दिलाने के कारण ही तुलसी पहले नारी अधिकारवादी साहित्यिक है। आज के स्त्री विमर्श की रचनात्मकता के आयोजकों-संयोजकों को इस दिशा में सोचना चाहिए, अज्ञान के कारण उन्हें नारी निन्दक की संज्ञा से अभिहित कर दिया जाता है। इस सन्दर्भ में वास्तविकता यह है कि तुलसी के जितने भी आदर्श और सम्मान्य पात्र हैं वे नारी के प्रति अत्यन्त पूज्य एवं स्नेहिल भाव का ही प्रदर्शन करते हैं। यदि उन्मत्त नारी को लक्षित करके तुलसी के राम 'प्रमदा बहुत विकार' जैसी उक्ति का प्रयोग करते हैं तो प्रतिवाद और असहमति के लिए गुंजाइश नहीं बचती। तुलसी का कवि केवल समुद्र और रावण जैसे पात्रों के मुख से ही नारी निन्दा करवाता है जो स्वयं उसके ही अनादर्श और प्रतिनायक हैं। इस सन्दर्भ में तुलसी प्रकारान्तर से इन बुरे पात्रों के व्यक्तित्व और कमज़ोरियों एवं दुर्भावनाओं को उभारने के लिए ही नारी के प्रति उनके अशोभनीय

रवैये को उद्घाटित करते हैं जिससे पाठक के मन में इन पात्रों के प्रति वितृष्णा पैदा हो। यह तुलसीदास की अपनी 'कहनशैली' है जिसे कम-से-कम बुद्धिजीवियों द्वारा सही सन्दर्भ में देखने की अपेक्षा है। कुछ लोग ऐसा कहते हैं कि उनके यहाँ दलित स्त्री अनुपस्थित है। तुलसी ने ऐसी तथाकथित दलित स्त्री अर्थात् शूद्रातिशूद्र वर्ग की शबरी के प्रति अपनी अशेष सहानुभूति उड़ेल दी है। उन्होंने शबरी को प्रतिनिधि बनाकर दलितवर्ग और स्त्री जाति को एक साथ सम्मानित किया है। भारतीय परम्परा मे 'गीता' सबसे सम्मान्य ग्रंथ इसलिए है कि वह स्वयं भगवान श्रीकृष्ण के मुखारबिंद से नि:सृत है और उसे आत्मसात् करनेवाले इस देश के सर्वश्रेष्ठ धनुर्धर अर्जुन हैं। तुलसी ने यही कार्य किसी अर्जुन, ऋषि अथवा महत्तर पात्र के बजाय शबरी से सम्पन्न करवाया है। राम स्वयं नवधा भक्ति का उपदेश शबरी को देते हैं। साथ ही, 'सकल प्रकार भगति दृढ़ तोरे' का प्रमाण-पत्र भी। तुलसी ने शबरी को यह सम्मान देकर सामाजिक समरसता का अभूतपूर्व सन्देश दिया है। वनवासी राम का यह रूप मध्यकालीन सामन्ती संस्कृति का प्रत्यक्ष निषेध है। यह उन्हें अतिशय लोकतांत्रिक एवं सामाजिक बनाता है।

मेरा मानना है कि मध्यकाल के समस्त कवियों में जाति व्यवस्था के प्रति सबसे तीव्र आक्रोश तुलसी में है। वे जिस आवेग से, जिस 'इंटेन्सिटी' से कवितावली में जाति-व्यवस्था पर काव्यात्मक प्रहार करते हैं वह अन्यत्र दुर्लभ हैं—

"धूत कहौ, अवधूत कहौ, रजपूत कहौ, जोलहा कहौ कोऊ।
काहू की बेटी सों बेटा न ब्याहब, काहू की जात बिगार न सोऊ।"

कबीरादि संत कवियों के यहाँ 'जाति-पाँति पूछै नहिं कोई, हरि को भजै सो हरि का होई' जैसे सपाट वक्तव्य मिलते हैं, इस तरह के उत्कट आवेग नहीं। तुलसी सैद्धान्तिक धरातल पर जाति-व्यवस्था का केवल निषेध ही नहीं करते अपितु उसे लोक जीवन में आचरित भी करवाते हैं। वे 'रामलला नहछू' में पेशेवर मजदूरिनी स्त्रियों लोहारिन, अहीरिन, मालिन, बारिन, नाइन, तंबोलिन, दर्जिन तथा मोचिन आदि को लोक प्रतिष्ठा दिलवाकर ग्राम्य अर्थतंत्र में उनके अवदान को रेखांकित करते हैं। तुलसी के सारे आदर्श पात्र राम, भरत, लक्ष्मण, वशिष्ठ—सभी निषाद केवट समेत समाज के हर वर्ग को गले लगाते हैं। उनमें आत्म सम्मान और आत्मविश्वास का भाव भरते हैं। जाति-पाँति और अस्पृश्यता का खंडन करने के कारण तुलसी का सबसे ज़्यादा विरोध काशी के ब्राह्मणों और पंडितों ने किया। निराला के शब्दों में उनकी स्थिति 'ब्राह्मण समाज में ज्यों अछूत' वाली थी। जो लोग तुलसी पर ब्राह्मणपरस्त होने का आरोप लगाते हैं वे यह भूल जाते हैं कि भारतीय परम्परा में आध्यात्मिक दृष्टि से सर्वोत्तम ब्राह्मण परशुराम हैं और भौतिक समृद्धि तथा ऐश्वर्य के प्रतिमान रावण। इन दोनों ब्राह्मणों का घोर अपमान और तथाकित ब्राह्मण विरोधी कार्य तुलसी से अधिक किसने किया? लक्ष्मण जिस प्रकार परशुराम की खोज ख़बर लेते हैं तथा

तुलसी जिस तरह क्षत्रिय राजकुमार राम के हाथों रावण वध करवाते हैं वह कथित आरोप की हवा निकालने के लिए पर्याप्त है। उन पर मिथ्या आरोप करनेवालों को चाहिए कि वे उनके समग्र साहित्य को सही सन्दर्भ में पढ़ें।

इस तरह तुलसी की सामाजिक प्रतिबद्धता की गहराई से छानबीन करने पर यह मालूम होता है कि उनके यहाँ विचार और व्यवहार के बीच अन्तर्विरोध लगभग न के बराबर हैं। उनके सम्पूर्ण साहित्य में तत्कालीन सामाजिक स्थितियों, समस्याओं, जीवानुभव और विचारों की व्यंजना हुई है। उन्होंने अपनी विश्व दृष्टि और जीवन दृष्टि के बल पर कथित समस्याओं के निदान का मार्ग भी बतलाया है। वे 'कवितावली' में जिस तरह यह बताते हैं कि शहरों के बाँके और गुण्डे विधवा के घर में दल-बल घूम-घूमकर अतिचार में निमग्न हैं वह उनके लोक निरीक्षण और सामाजिक सजगता का सही परिचय है। तुलसी की सामाजिक प्रतिबद्धता जिस लोकवृत्त का निर्माण करती है उसके सामाजिक आशय व्यापक, गहरे और सार्थक हैं। तुलसी के बड़े कवि होने का एक कारण यह भी है कि उनकी सामाजिक प्रतिबद्धता मानव-मात्र के प्रति है, समूची मनुष्यता के प्रति है। अत: इनका सम्पूर्ण साहित्य तत्कालीन सामाजिक-आर्थिक स्थितियों की सापेक्षता में समाजशास्त्रीय-विश्लेषण की माँग करता है। ऐसा करके हम उनके साहित्य-सागर से अनेक नए रत्न खोजकर निकाल सकते हैं। उसे वर्तमान सन्दर्भों में उपयोगी सिद्ध कर सकते हैं।

हिन्दी के पहले नारीवादी कवि हैं तुलसी

आज जब वर्तमान उत्तर-आधुनिक दौर में स्त्री विमर्श की धूम मची हुई है तब तुलसी जैसी गतिशील लोकोन्मुख परम्परा के बड़े कवि की नारी दृष्टि पर एक खुली बहस ज़रूरी हो जाती है। ऐसा माना जाता है कि मानव-समाज का इतिहास स्त्री को सत्ता, प्रभुत्व एवं शक्ति से दूर रखने का इतिहास है। विश्व के प्राय: सभी देशों, सभी कालों, सभी जातियों, सभी धर्मों में स्त्री को पुरुषों के बराबर न आने देने की संरचनात्मक, सांस्कृतिक व दूसरी तरह की मर्यादाएँ निर्मित की गई हैं। यदि वर्तमान समय में स्त्री मुक्ति, नारी अधिकारवाद, स्त्री विमर्श जैसे शब्दबन्ध तथा प्रत्यय बौद्धिकों में मीमांसा का विषय हैं तो इतना तो स्पष्ट है कि आज भी कुछ गड़बड़ है, कोई अन्याय हो रहा है, कहीं बेचैनी है, कोई आक्रोश है तो फूट पड़ना चाहता है। स्त्री विमर्श न केवल पुरुष प्रधान समाज के परम्परागत दृष्टिकोण का प्रत्याख्यान है, अपितु पुरुष एवं स्त्री के मध्य मानव-निर्मित असमानता को अस्वीकार कर नारी के सशक्तिकरण की प्रक्रिया को बौद्धिक व कार्यरूप देने के लिए संकल्पित है। आज स्त्री-विमर्श नारी के जीवन, उससे जुड़े तमाम प्रश्नों का वस्तुनिष्ठ विश्लेषण करने के साथ-साथ उसकी दुनिया को लोकतांत्रिक बनाने का सहरानीय कार्य कर रहा है। अब स्त्री विश्व की आधी आबादी से जुड़े सवालों पर खुला विमर्श कर रही है। वह अपने अधिकारों एवं कर्त्तव्यों के सम्यक् निर्वहन में सन्तुलन साधने का प्रयास कर रही है। वस्तुत: स्त्री विमर्श एक बहुस्तरीय, बहुआयामी एवं जटिल प्रत्यय है जिसके भिन्न सन्दर्भों में परस्पर भिन्न व्याख्याएँ सम्भव हैं। हिन्दी कविता में महाकवि तुलसीदास मेरी दृष्टि में नारी अधिकार की बात करनेवाले पहले कवि हैं। उन्होंने स्वयं अपनी उपलब्धियों का श्रेय पत्नी रत्नावली को दिया है : "हौं तो चाखा प्रेम रस पत्नी के उपदेश।" उन्होंने नारी की महिमा से अनुप्राणित होकर ही गौतम ऋषि की परित्यक्ता पत्नी अहल्या का श्रीराम के हाथों उद्धार करवाया है। वह देवताओं के राजा इन्द्र के छल का शिकार हुई थी जिसने उसका सतीत्व नष्ट किया। यह भी कितना दुर्भाग्यपूर्ण है कि गौतम जैसे ऋषि पत्नी को ही दोषी मान बैठते हैं। उसे क्षमा नहीं करते। फलत: वह कोमा में चली जाती है। यह स्थिति आज भी देखी जा सकती है कि अत्याचारी के बजाय पीड़ित स्त्री को ही दंडित किया जाता है। राम न केवल स्पर्शोपचार से उसे

संजीवनी प्रदान करते हैं, अपितु पुनः नारी की गरिमा प्रदान करते हैं। एक बलात्कार पीड़िता स्त्री को न्याय दिलाकर तुलसी ने क्रान्तिकारी क़दम उठाया है। आज भी हमारे देश में लाखों अहल्याएँ राम जैसे उद्धारक की प्रतीक्षा कर रही हैं। इस तरह तुलसी की नारी चेतना वर्तमान सन्दर्भों से स्वतः जुड़ जाती है। तुलसी 'कत विधि सृजी नारि जग मांही' कहकर नारी को विधाता की अनुपम सृष्टि बतलाते हैं। साथ ही, 'पराधीन सपनेहुँ सुख नाहीं' कहकर उसकी स्वतंत्रता की प्रतिष्ठा भी करते हैं। वे मध्यकालीन सामन्ती परिवेश में नारी के लोकतांत्रिक अधिकारों की वक़ालत करते हैं। उनकी नारी सम्बन्धी मान्यताएँ नारी पात्रों के चरित्र-चित्रण और नारी विषयक मान्यताओं के स्पष्ट निरूपण में प्रकट होती हैं। तुलसी के नारी पात्रों की संख्या बहुत बड़ी है। उन्होंने कैकेयी के चरित्र को भी उदात्त रूप में प्रस्तुत किया है। उसमें नारी की गरिमा है। सौतेले बेटों के प्रति भी उसका मन स्नेह से भरा है। मंथरा से राम के अभिषेक का समाचार सुनकर उसका विशाल हृदय उमड़ पड़ता है। वह समूची दुनिया के सामने यह कहती है कि 'भरतु न प्रिय मोहि राम समाना'। इसके बदले उसे राम के अपने प्रति विशिष्ट प्रेम का भी भरोसा है—'मो पर रामहि प्रीति बिसेखी। मैं करि प्रेम परीक्षा देखी।' इसलिए राम के अयोध्या वापस लौटने पर आत्मग्लानि और संकोच से भर उठती है।

तुलसी स्त्री-पुरुष दोनों के स्वाभाविक अधिकार और मर्यादा के हिमायती रहे हैं। उनका मर्यादावाद आज के आपा-धापी वाले जीवन और विपथित समाज में तनाव प्रबन्धन के लिये रामबाण औषधि है। वे पति-पत्नी के आदर्शों को मानस में शिव-पार्वती प्रसंग में बड़ी गरिमा के साथ चित्रित करते हैं। तुलसी कौशल्या के माध्यम से पितृसत्ता प्रधान समाज में माता को महत्तर स्थान दिलाते हैं। वह राम से कहती है कि हे तात! यदि केवल पिता जी की ही आज्ञा हो तो माता को पिता से बड़ी जानकर वन को मत जाओ। किन्तु यदि माता-पिता दोनों ने वन जाने के लिए कहा हो तो वन ही तुम्हारे लिए सैकड़ों अयोध्या के समान है। यह तुलसी की लोकतांत्रिक सोच है।

गोस्वामी जी का काव्य तत्कालीन समाज में नारी की स्थिति और उसके धार्मिक अधिकारों पर प्रकाश डालता है। उन्होंने धर्म के क्षेत्र से बहिष्कृत नारी को भी भक्ति की अधिकारिणी बताया। उसके अनुसार भक्तिसाधना द्वारा नारी परमपद अथवा मोक्ष प्राप्त कर सकती है। तुलसी का भक्ति मार्ग पुरुष, नपुंसक, स्त्री चर-अचर सबके लिए खुला है। वे लिखते हैं कि—

"पुरुष नपुंसक नारि वा जीव चराचर कोइ।
सर्व भाव भज कपट तजि मोह परमप्रिय सोइ॥"

गीता आज भी भारतीय परम्परा का सर्वसम्मान्य ग्रंथ इसलिए है कि उसमें वर्णित श्लोक स्वयं भगवान श्रीकृष्ण के मुखारविंद से निःसृत हैं। इसी तरह तुलसी पंचम पुरुषार्थ की प्रतीक भक्ति को मर्यादा पुरुषोत्तम राम के मुख से प्रस्तुत करवाते

हैं। श्रीराम नवधा भक्ति का उपदेश शबरी को देते हैं जो स्वयं स्त्री है और वह भी तथाकथित अत्यंज वर्ग की आदिवासी स्त्री। आज की भाषा में कहें तो तुलसी के राम एक दलित अथवा आदिवासी स्त्री को नवधा भक्ति का पाठ पढ़ाते हैं। यह तत्कालीन समाज में क्रान्तिकारी कदम था। एक तो जातिप्रथा का निषेध तथा दूसरी ओर स्त्री-जाति को अनपेक्षित सम्मान-दान करने का क्रान्तिकारी प्रयास। आख़िर इससे बड़ा नारीवादी कदम क्या हो सकता है। यह तुलसी के साम्यमूलक आदर्श का प्रकर्ष है।

इसी क्रम में तुलसी मध्यकाल की जिस दूसरी सामाजिक बुराई का परिहार करते हैं वह है बहु पत्नी प्रथा। इतिहास साक्षी है कि अकबर और जहाँगीर जैसे बादशाहों के हरम में भी आठ सौ से एक हजार के मध्य बेगमें थीं जिन्हें पति का सुख शायद ही मिला। कतिपय ऐसे स्थल थे जहाँ स्त्रियों का क्रय-विक्रय होता था। उन्हें अमानवीय यातनाओं एवं संकीर्ण आवर्जनाओं से गुज़रना पड़ता था। समूचा मध्यकाल नारी जाति के लिए सबसे गठिन समय रहा है। इस भयानक सामाजिक बुराई और नारी के प्रति असमान व्यवहार को लक्षित करके ही वे कहीं न कहीं यह संकेतित करते हैं कि दशरथ जैसे प्रतापी सम्राट की दुर्दशा को लिए बहुपत्नी प्रथा ही जिम्मेदार है और दुनिया का सबसे शक्तिशाली एवं समृद्ध साम्राज्य इसलिए ध्वस्त हो जाता है कि उसका स्वामी अर्थात् लंकेश्वर रावण अनेक सुन्दर पत्नियों के होते हुए भी दूसरे (राम) की पत्नी के प्रति आसक्त है। यह मूल्य क्षय ही सर्वनाश का कारण है। इसीलिए गोस्वामी जी चतुर्थी के चन्द्रमा की तरह पर नारी से बचने की सलाह देते हैं क्योंकि उनके दर्शन मात्र से कलंक लगने का भय रहता है। तुलसी की दृष्टि में रामराज्य तभी आ सकता है जब लोग राम की तरह एक पत्नीव्रत का पालन करें। नारी को उसका स्वाभाविक अधिकार दिलानेवाले तुलसी हिन्दी के पहले साहित्यिक हैं। आज के स्त्री विमर्श की रचनात्मकता के आयोजकों-संयोजकों को इस दिशा में सोचना चाहिए और तुलसी के अवदान को सही सन्दर्भ में रेखांकित करना चाहिए।

अपने नारी अधिकारवादी रवैये के कारण ही तुलसी वाल्मीकि द्वारा प्रस्तुत सीता निष्कासन का प्रसंग छोड़ देते हैं। उन्होंने अनुसुइया, सीता जैसे चरित्रों के माध्यम से पति-परायण नारी का जो व्यक्तित्व निर्मित किया है वह अपना प्रतिमान आप ही है। तुलसी लोकधर्म की प्रतिष्ठा करनेवाले कवि हैं। वे 'लव कुस दोउ सुत सीता जाए' तथा दोउ-दोउ सुत सब भ्रातन्ह केरे' कहकर परिवार नियोजन का आदर्श प्रतिमान प्रस्तुत करते हैं। गोस्वामी तुलसीदास ने तो सर्वत्र स्त्री के प्रति पूज्य-भाव ही प्रकट किया है। उनके लिए तो सीता का व्यक्तित्व केवल आदर्श नारी का चरम प्रतिमान ही नहीं है अपितु वे तो सम्पूर्ण सृष्टि के उद्भव, पालन-पोषण और संहार करनेवाली चरमसत्ता का प्रतीक हैं। तुलसी लिखते हैं कि—

"उद्भव स्थिति संहार कारिणीं क्लेश हारिणीम्।
सर्वश्रेयस्करीं सीतां नतोऽहं राम वल्लभाम्॥"

अर्थात् जो सारे संसार की उत्पत्ति, पालन-पोषण और संहार करनेवाली हैं, अपने भक्तों के रास्तों से बाधा-विघ्न क्लेश को हरनेवाली हैं, सम्पूर्ण कल्याणों को करनेवाली श्री रामचन्द्र जी की प्रिया श्री सीताजी के चरणों में हम अपना प्रणति भाव निवेदित करते हैं। इस तरह गोस्वामी जी ने सीता की तुलना आदिशक्ति से की है जो नारी जाति को दिया जानेवाला सबसे बड़ा सम्मान है। तुलसीदास ने अपनी कला-चातुरी के बल पर नारी के आयुष्क्रम के आधार पर उसके चार रूप निर्धारित किए हैं। सीता जब पुष्पवाटिका-प्रसंग में गौरी-पूजन के लिए जाती हैं तब वे उनकी स्तुति करते हुए नारी के इन चारों रूपों का भी निर्वचन करती हैं। वे कहती हैं कि—

"जय जय गिरिवरराज किसोरी। जय महेस मुखचन्द चकोरी।
जय गजबदन षडानन माता। जगत जननि दामिनि दुति गाता॥"

इसका ध्वन्यार्थ यह भी है कि कोई भी स्त्री सर्वप्रथम अपने पिता की पुत्री होती है, फिर अपने पति की प्रेयसी, तदुपरान्त केवल अपने बच्चों की माँ तथा अन्त में ऐसी अवस्था भी आती है जब वह जगत जननी हो जाती है। कहने का आशय यह है कि यदि स्त्री की आयु अस्सी साल के ऊपर है तो उसे कोई भी माता का संबोधन देने लगता है। इस तरह गोस्वामीजी की नारी दृष्टि अत्यन्त प्रशस्त एवं प्रगतिशील है। वे सच्चे अर्थों में क्रान्तिदर्शी कवि हैं। उनकी क्रान्ति अत्यधिक सूक्ष्म, संकेतगर्भी और मानवता की हितैषी है और उनकी नारी दृष्टि भी इसी की पूरक है। हमने इस दिशा में एक नया पाठ तैयार करने का विनम्र प्रयास किया है।

सारांश यह है कि जो महान कवि नारी जाति का इतना बड़ा शुभचिन्तक होते हुए भी नारी निन्दक की संज्ञा से अभिहित किया जाता रहा है उसे हिन्दी आलोचना का अविवेक नहीं तो और क्या कहेंगे? यह काव्यशास्त्र की विवेकपूर्ण सन्दृष्टि है कि किसी महाकाव्य अथवा प्रबन्ध-सृष्टि में जो विचार सत्पात्रों के माध्यम से आते हैं वह उस कवि की सैद्धान्तिकी की प्रतिष्ठा करते हैं। इसी तरह खल अथवा बुरे पात्र जो कुछ कहते हैं, कवि उसका विरोध कर रहा होता है। तुलसी की नारी-दृष्टि का विश्लेषण इस तथ्य के आलोक में ही होना चाहिए। तुलसी नारी-निन्दा करनेवालों के विरोधी हैं। वे तो राक्षस-पत्नी होकर भी मन्दोदरी तथा त्रिजटा जैसी स्त्रियों के चरित्र का उन्नयन करते हैं। वे दोनों ही राम की महिमा से परिचित हैं। तुलसी ने सीता से लेकर मन्दोदरी तक को पुरुष की सहधर्मिणी पथप्रदर्शिका तथा सर्वथा कल्याणकारिणी बतलाया है। यह नारी के प्रति उनके उदात्त एवं व्यापक दृष्टिकोण का परिचायक है। वास्तविकता यह है कि तुलसी के जितने आदर्श और सम्मान्य पात्र हैं वे नारी के प्रति अत्यन्त पूज्य तथा स्नेहिल भाव का ही प्रदर्शन करते हैं। केवल समुद्र तथा रावण जैसे पात्रों के मुख से ही नारी निन्दा हुई है जो स्वयं तुलसी की दृष्टि में खल-पात्र हैं। तुलसी प्रकारान्तर से इन बुरे पात्रों के व्यक्तित्व की कमज़ोरियों एवं दुर्भावनाओं को उभारने के लिए ही नारी के प्रति उनके अशोभनीय रवैये को उद्घाटित करते

हैं जिससे पाठक के मन में इन पात्रों के प्रति वितृष्णा पैदा हो। यह तुलसीदास की अपनी 'कहन शैली' है जिसे कम से कम बुद्धिजीवियों द्वारा सही सन्दर्भ में देखने की अपेक्षा है। ऐसा करके हम इस महाकवि के नारी विषयक दृष्टिकोण को सही सन्दर्भ में विश्लेषित कर सकते हैं। संक्षेप में, उनके नारीवादी कवि होने की प्रतिष्ठा करना भी हिन्दी आलोचना की एक अनिवार्य माँग है। एक आलोचक के रूप में यह हमारा दायित्व है कि हम महाकवि के साथ किए गए अन्याय का प्रतिकार करें और उनके साहित्य की सन्दर्भ-विपथित व्याख्या के प्रति हिन्दी जगत का ध्यान आकृष्ट करें। भक्तिकाव्य का पुनर्पाठ सन्दर्भ-सापेक्षता द्वारा ही सम्भव है। तुलसी के नारीवादी दृष्टिकोण का निर्वचन वर्तमान समय की माँग है। गोस्वामी जी ने 'पार्वती-मंगल' और 'जानकी-मंगल' नामक अपने दो काव्य-ग्रंथ नारी शक्ति को ही समर्पित किया है। रामचरित मानस में केवल रामकथा का अन्वेषण संकलन, उस पर पुनर्विचार और उसमें इतिहास, कल्पना तथा आधुनिकता का सामंजस्य ही नहीं है अपितु अपने समय, समाज तथा तत्कालीन घटनाओं के अन्तर्गत नारी-जीवन की समस्या, नारी-अस्मिता के प्रश्न एवं उसके प्रति समाज में विद्यमान भेदभाव तथा पूर्वाग्रह का चित्रण भी उसमें मिलता है। तुलसी सामन्ती संस्कृति में निहित नारी के प्रति अमानवीय दृष्टिकोण का मुखौटा उतारकर उसके प्रति मानवीय संवेदना का उन्नयन करते हैं। इस दृष्टि से उनके सारे नारी-पात्र सन्दर्भ-सापेक्ष पुनर्पाठ की माँग करते हैं।

जिसमें सब रम जाएँ, वही राम हैं

वर्तमान नेता युग में जब राम के व्यक्तित्व की महिमा को धूमिल करने के प्रयास हो रहे हों तब त्रेतायुग के राम का स्वरूप-विश्लेषण समय की माँग हो जाती है। राम का शाब्दिक अर्थ है—जिसमें सब रम जाएँ अथवा जिसमें सारे देवता रमण करें वही राम हैं। जो हर कहीं रमा हुआ है वह राम हैं अर्थात् ऐसा विराट व्यक्तित्व जो जाति, धर्म, पंथ, सम्प्रदाय, वर्ग आदि की सीमाओं का अतिक्रमण करता है वही राम हैं। राम भारतीय जनमानस के चिरन्तन लोकनायक हैं। वे सदा-सर्वदा से यहाँ के लोकमन में रमे हुए हैं। भारतीय परम्परा में जो कुछ भी वरणीय हैं, जो कुछ भी सर्वोत्तम है तथा जो सनातन आदर्श हैं वे राम के रूप में साकार हो गए हैं। राम पूरी मनुष्यता के हैं। वे देश-काल, धर्म, ज्ञान, पंथ-परम्परा सबसे परे हैं। उनका व्यक्तित्व ही अपने आप में एक महाकाव्य है। कदाचित इसीलिए हर भारतीय एवं विदेशी भाषाओं में उन पर लिखा गया है। वे हर संवेदनशील तथा प्रशस्त दृष्टि वाले रचनाकार को सम्मोहित करते रहे हैं। अत: यह कहा जा सकता है कि राम निर्वैयक्तिक हैं। वे सबके हैं और सब राम के हैं।

आज की तथाकथित धर्मनिरपेक्षतावादी दृष्टि को भले ही 'राम' नाम की चर्चा गंवारा न हो परन्तु तुलसी के राम ने कवि रहीम को अपनी ओर खींचा है। कवि रहीम के आग्रह पर तुलसी ने बरवै रामायण की रचना की थी। जब तुलसी ने रामलीला की शुरुआत की और इस कार्य के लिए रामलीला मंडलियों का गठन किया तब उनके इस कार्य में रहीम और टोडरमल ने विशेष सहयोग दिया था। तुलसी के राम भारतीय संस्कृति के भावपुरुष हैं। वे नारायण होकर भी लोकमंगल तथा लोकहित के लिए नर रूप में लीला करते हैं। तुलसी ने उन्हें वेद, उपनिषद्, वेदांत-प्रतिपादित ब्रह्म के समान सत्, चित्, आनन्द से युक्त सूर्य कहा जहाँ मोह-माया की रात नहीं ठहर सकती—'राम सच्चिदानन्द दिनेसा।' वे पिता के आज्ञाकारी पुत्र हैं भाइयों के आदर्श भाई हैं। वे पतिव्रता सीता के प्रति एक पत्नीव्रत का पालन करनेवाले पति हैं। अपनी पत्नी के प्रति ऐसा अनुरक्त पति भारतीय साहित्य में शायद ही और कहीं हो। सीता-हरण के उपरान्त वे जिस व्यग्रता से पशु-पक्षियों तथा गुल्म-लताओं से सीता का पता

पूछते हैं वह अत्यन्त मार्मिक तथा सीता के प्रति इनके गहन अनुराग का द्योतक है। वे कहते हैं कि—

हे खग मृग हे मधुकर श्रेनी। तुम्ह देखी सीता मृगनैनी॥
खंजन सुक कपोत मृग मीना। मधुप निकर कोकिला प्रबीना॥
कुंद कली दाड़िम दामिनी। कमल सरद ससि अहिभामिनी॥
बरुन पास मनोज धनु हंसा। गज केहरि निज सुनत प्रसंसा॥
श्रीफल कनक कदलि हरषाहीं। नेकु न संक सकुच मन माहीं॥

इस तरह तुलसी सीता के प्रति अनन्य अनुराग के चित्रण के लिए मर्यादा पुरुषोत्तम श्रीराम की मर्यादा में खुलापन भी लाते हैं। फलत: संयोग के समय भी मर्यादा टूटती है और श्रीराम स्वयं अपने करकमलों द्वारा अपनी प्रिया का प्रसाधन एवं श्रृंगार करते हैं। तुलसीदास की नव-नवोन्मेषशालिनी प्रतिभा अद्भुत प्रसंग का निर्माण करती है। वे लिखते हैं कि—

"एक बार चुनि कुसुम सुहाए। निज कर भूषन राम बनाए॥
सीतहि पहिराए प्रभु सादर। बैठे फटिक सिला पर सुन्दर॥"

राम की प्रिया विरहजन्य मनोदशा के चित्रण में भी तुलसीदास मर्यादा की जकड़न को ढीली करते हैं और बड़ा भाई अपने अनुज को मित्रवत् मानकर मनोव्यथा के निर्वचन में कोई संकोच नहीं करता। यहाँ तुलसीदास का क्रान्तिदर्शी व्यक्तित्व रूढ़िवादिता की अर्गलाओं को तोड़ता है। राम स्वयं लक्ष्मण से कह उठते हैं—

"लछिमन देखु मोर गन नाचत बारिद पेखि।
गृही बिरतिरत हरष जस विष्नुभगत कहुँ देखि॥
घन घमंड नभ गरजत घोरा। प्रिया हीन डरपत मन मोरा॥"

इस तरह तुलसी के राम सामान्य मनुष्यता की भावभूमि पर भी उतरते हैं। ऐसे प्रसंगों में उनका चरित्र मानवीय हो जाता है। वे सामान्य मनुष्य के निकट लगते हैं। तुलसी राम को शरणागत वत्सल के रूप में चित्रित करते हैं। वे भारतवर्ष की उस गौरवशाली परम्परा का स्फुरण करते हैं जिसके अनुसार शरणागत की रक्षा यहाँ प्राण देकर की जाती है। तुलसी के राम विभीषण को शरणागति देते समय कहते हैं कि—

"सरनागत कहँ जे तजहिं, निज अनहित अनुमानि।
ते नर पाँवर पापमय, तिनहि बिलोकत हानि॥"

कहने का आशय यह है कि राम व्यक्ति, योद्धा, शासक सभी रूपों में अपने व्यक्तित्व को असाधारण ऊँचाई प्रदान करते हैं। इनका व्यक्तित्व बहुआयामी है। वे गुरु वशिष्ठ के शिष्य हैं, विश्वामित्र के यज्ञ की रक्षा करनेवाले हैं। उनके भी कुछ मित्र हैं, कुछ शत्रु तथा कुछ भक्त। उनका सौन्दर्य करोड़ों कामदेव की शोभा को लज्जित करनेवाला है।

तुलसी के राम को केवल प्रेम प्रिय हैं—'रामहि केवल प्रेम पियारा।' उनका द्वार भक्ति के माध्यम से सबके लिए खुला है। उनसे मिलने के लिए स्त्रियाँ सबसे आगे हैं। राम की सुन्दरता को देखकर जनकपुर की युवतियाँ रामरंजित हो उठती हैं—'युवती भवन झरोखनि लागीं। निरखहिं राम रूप अनुरागी।' तापस वेषधारी राम की शोभा ग्रामीण नर-नारियों को अभिभूत कर देती है। गाँव की स्त्रियाँ सीता से ठिठोली कर बैठती हैं कि —'कोटि मनोज लजावनि हारे। सुमुखि कहहु को आहि तुम्हारे।' राम शबरी के भक्ति रस में पगकर उसके चखे हुए बेर खाने के लिए प्रेरित होते हैं। उनके अयोध्या लौटने पर नारि समुद्र स्वागत के लिए उमड़ पड़ता है—

'राकाससि रघुपति पुर, सिन्धु देखि हरषान। बढ़उ कोलाहल करत जनु नारि तरंग समान।' राम को जिस विमाता ने चौदह साल के लिए वन भेजा उसके प्रति भी वे सम्मान भाव से भरे हुए हैं।

तुलसी भली-भाँति जानते थे कि सुन्दर और शक्तिशाली व्यक्ति भी कुपंथगामी हो सकता है इसलिए वे राम के व्यक्तित्व में शक्ति और सौन्दर्य के साथ-साथ शील का भी समन्वय करते हैं। तुलसी के राम इस दृष्टि से भी मानवीय आदर्श के सर्वोच्च प्रतिमान हैं कि उन्हें न तो अपने राज्याभिषेक की बात सुनकर प्रसन्नता हुई और न ही वनवास की बात सुनकर दु:ख हुआ। ऐसा स्थितिप्रज्ञ व्यक्ति समूचे जगत् का उद्धार और भागीरथी के समान सबका हित साधन कर सकता है। तुलसी के राम संघर्षशील मनुष्यता के भी उच्चतम मानक हैं जो अपने जीवन की तमाम कठिनाइयों पर अपनी निपुणता से विजय प्राप्त करते हैं। उनका चौदह वर्षीय वनवास केवल एक राजकुमार के दु:खों की गाथा नहीं है अपितु मनुष्य द्वारा नियति की चुनौती स्वीकारने और जीवन के कठिनतम तथा संघर्षपूर्ण क्षणों में भी अपना विवेक क़ायम रखने और माानसिक क्षमता के सुनियोजित प्रयास द्वारा परिस्थितियों पर विजय प्राप्त करने की कहानी है। राम केवट और निषाद को केवल गले ही नहीं लगाते अपितु उन्हें 'भरत सम भ्राता' कहकर जाति प्रथा का सदा-सर्वदा के लिए निषेध करते हैं। उनके चित्रकूट पहुँचते ही कोल-किरात उमड़ पड़ते हैं। तुलसी इस तथ्य से परिचित थे कि 15वीं एवं 16वीं शताब्दी में कोल-किरातों को पकड़कर काबुल में बेच दिया जाता था। फलत: उन्हें राम की महाकरुणा के समक्ष उपस्थित कराकर सम्मानित करवाते हैं। आदिवासी समाज के प्रति तुलसी की प्रतिबद्धता तत्कालीन समाज में बेहद क्रान्तिकारी कदम था। वे अपनी सामाजिक सोच द्वारा उपेक्षित वर्ग में आत्मसम्मान का भाव भरते हैं। राम सर्वत्र धन, वर्ण और जाति की ठसक का निषेध करते हैं। उनका व्यवहार पशु-पक्षियों, वन्य-जीवों एवं सभी प्राणियों के प्रति प्रेम एवं सम्मान से परिपूर्ण है। रीछ-वानरों के प्रति राम का बर्ताव इस बात का परिचायक है कि यदि हमारे वर्तमान शासक वनवासियों के बीच जाएँ तो वे कितने सद्भाव से पेश आएँ। उनमें उनकी क्षमता, शक्ति और चैतन्य का अहसास कराकर उनका उपयोग कैसे करें। उनमें

बिखरे हुए शक्ति के विद्युतकणों द्वारा मानवता को विजयी कैसे बनाएँ। तुलसी के राम इन्हीं आदिम जनजातियों, उपेक्षितों, निरूपाय जनों को संगठित करके दुनिया की सबसे शक्तिशाली, मदांध, भोगवादी, रावणीसत्ता को ध्वस्त कर देते हैं। तुलसी के अनुसार, 'राम जनम जग मंगल हेतू' हुआ है। वस्तुत: लोकहित के लिए उत्सर्ग की यात्रा का नाम ही राम है। वे आरम्भ से अन्त तक त्याग की प्रतिमूर्ति बनकर उभरते हैं। राम स्वयं राज्य-त्याग, राजसी वैभव का त्याग, सीता-परित्याग तथा अहं के त्याग द्वारा त्याग का सर्वोच्च प्रतिमान उपस्थित करते हैं। इसके ठीक विपरीत साम्राज्यवादी, भोगवादी सत्ता का प्रतीक रावण है जिसका अर्थ है जो रव करे अर्था शोर करे, संग्रह करे, संसाधनों का दुरुपयोग करे। राम भूपाल अर्थात् भूमि का पालन करनेवाले हैं और रावण विज्ञान एवं प्रौद्योगिकी के सहारे वसुधा का दोहन करनेवाला। वे मानवीय क्षमता, स्वतंत्रता तथा बन्धुत्व एवं सहयोग पर आधारित राम राज्य जैसी लोकतांत्रिक कल्याणकारी राज्य की प्रतिष्ठा करते हैं। राम स्वयं प्रजा के समक्ष यह प्रस्ताव करते हैं कि 'जो अनीत कछु भाखहु भाई। तौ मोहि बरजहु भय बिसराई', वे मध्यकालीन राजाओं के दंडविधान तथा सामन्तों के परपीड़न पर आधारित भोगवादी दृष्टि का निषेध करके लोकरंजन तथा लोकरक्षण का अद्‌भुत उदाहरण प्रस्तुत करनेवाले हैं। वे सम्पूर्ण मानवजाति के आदर्श हैं—'सीय राममय सब जगु जानी'—इसीलिए वंदनीय हैं। राम जैसा चरित्र समूचे विश्व-साहित्य में दुर्लभ है। जब तक यह धरती है तब तक राम नाम भी सुरक्षित है। राम सही मायने में धीरोदात्त नायक हैं। उनकी प्रकृति धीर, प्रशान्त, सहिष्णु, मर्यादित तथा गहरे महासागर की भाँति है जो मानव-मात्र के समक्ष मर्यादा का आदर्श उपस्थित करता है। ऐसा कवित्वपूर्ण और सर्वगुणसम्पन्न व्यक्तित्व समूचे विश्वसाहित्य में अद्वितीय स्थान का अधिकारी है।

रामलीला की परम्परा और तुलसीदास

भारतीय जनमानस पर रामकथा की लोकप्रियता एवं व्यापकता की बड़ी अमिट छाप है। मूल्यों एवं मर्यादाओं का प्रतिनिधित्व करनेवाले राम के चरित्र ने इस देश की जनता में उच्चादर्शों के प्रति गहरी आस्था जगायी है। रामकथा के आदि प्रणेता महर्षि वाल्मीकि ने अपनी प्रतिभा के द्वारा एक ऐसी कथा का सूत्रपात कर दिया जिसमें सहस्त्र युगों को आकर्षित एवं अभिभूत करने की अपार क्षमता है। इसमें समूची मनुष्यता को युग-युगान्तर तक रसमग्न, प्रेरित तथा प्रभावित करने की शक्ति है। वाल्मीकि रामायण के बालकांड में एक श्लोक है—

कुरु रामकथा पुण्याँ श्लोकबद्धां मनोरमाम्।
यावद् स्थास्यन्ति गिरय: सरितश्च महीतले॥
तावद् रामायणकथा लोकेषु प्रचरिष्यति।
यावद् रामस्य कथा त्वत्कृता प्रचरिष्याति॥

अर्थात् राम की मनोरम पुण्यमयी कथा का गान करो। हे मुनि! जब तक इस भूभाग में पर्वत गर्वोन्नत भाव से खड़े रहेंगे और सरिताएँ इसी प्रकार प्रवहमान होंगी तब तक (तुम्हारी रची हुई) राम-कथा भी लोक में संचरित होती रहेगी।

रामकथा की लोकप्रियता के बारे में ब्रह्मा का वाल्मीकि को दिया हुआ यह वरदान सार्थक हुआ है। रामकथा की लोकप्रियता इस बात का स्वयंसिद्ध प्रमाण है। वाल्मीकि ने राम की जिस पुण्यमयी कथा का गान किया वह भारतीय मनीषा से लेकर लोकजीवन तक में व्याप्त हो गयी। संस्कृत के काव्यसाहित्य और नाटकों में राम की कहानी बार-बार दुहरायी गयी है। देश के कितने ही मन्दिरों में रामकथा के विविध प्रसंग भित्तिचित्रों में उत्कीर्णित हैं। मधुबनी और अन्य लोक चित्रकलाओं तथा राजस्थान, कांगड़ा और पहाड़ी शैली के लघुचित्रों में ही नहीं आधुनिक चित्रकारों द्वारा भी रामायण के घटना प्रसंगों और पात्रों को चित्रित किया गया है तथा देश-भर के लोकगीतों, लोकनाटकों, गाथाओं और लोकनृत्यों में राम और सीता का आख्यान बार-बार अनेक रूपों में दुहराया जाता है। राम के अवतारी रूप की प्रतिष्ठा हो जाने के कारंण सभी प्रादेशिक भाषाओं में रामायणों की रचना की गयी, जिनके कारण देश के कोने-कोने में रामकथा का प्रसार हो गया। आज

रामकथा उर्दू, अंग्रेज़ी समेत अनेक भारतीय तथा विदेशी भाषाओं में उपलब्ध है जो उसकी अनवरत बढ़ती लोकप्रियता तथा जनसमुदाय द्वारा उसके प्रति बढ़ते रुझान का प्रतीक है। यदि आज दूरदर्शन तथा उपग्रह चैनल जैसे अधुनातन प्रचार-माध्यमों में धारावाहिक और चलचित्रों के रूप में राम-कथा को अधुनातन तरीक़े से प्रस्तुति की स्वीकृति मिल रही है तो यह उसके देश-काल निरपेक्ष होने का सबसे बड़ा सबूत है। हिन्दी का सौभाग्य यह है कि उसे रामकथा के प्रणेता के रूप में महान् भक्त और लोकनायक तुलसीदास प्राप्त हुए जिन्होंने 'रामचरितमानस' की रचना करके रामकथा को युग-युगान्तर के लिए प्रतिष्ठित कर दिया। उसे लोकजीवन का अविच्छिन्न अंग बना दिया।

जहाँ तक रामलीला का सवाल है यह एक प्रकार का धार्मिक नाट्य रूप है। यह किसी प्रदेश विशेष में सीमित नहीं है। इसका देश में बड़े व्यापक स्तर पर प्रदर्शन होता है। हिन्दी-भाषी राज्यों, उत्तर प्रदेश, मध्यप्रदेश, हरियाणा और राजस्थान का तो यह प्रमुख नाट्य रूप है ही, पंजाब, गुजरात तथा महाराष्ट्र के कुछ भागों में भी नियमित रूप से इसके प्रदर्शन किए जाते हैं। उत्तर प्रदेश की रामलीला-मंडलियाँ बिहार, गुजरात और महाराष्ट्र के विभिन्न नगरों में रामलीला-प्रदर्शनों के लिए बुलायी जाती हैं। उड़ीसा में उड़िया भाषा में रामलीला के आयोजन को देखकर ऐसा लगता है कि वह हिन्दी रामलीला से उत्पन्न हुआ है। इस तरह रामलीला का क्षेत्र उत्तर में कुमाऊँ और नेपाल, पश्चिम में पंजाब, राजस्थान, पूर्व में उड़ीसा और दक्षिण में महाराष्ट्र तक फैला हुआ है। आज तो दक्षिण-पूर्व एशिया, अमरीका, कनाडा समेत विश्व के अनेकानेक देशों में भी उसकी धूम है। अब डिजिटल तकनीक रामलीला को और भी प्रभावी बना रही है। आज रामलीला की प्रस्तुति के बाहर म्यांमार, लंका, थाईलैंड, इंडोनेशिया, मलेशिया, लाओस, कंबोडिया, वियतनाम से लेकर चीन, जापान, कोरिया तक होती है। इसके अलावा मिस्त्र, मेक्सिको, पेरु, अर्जेंटीना, गयाना, त्रिनिडाड, फिजी, मारिशस जैसे देशों में भी रामकथाएँ प्रचलित हैं अब विश्व के सभी देशों, सभी महाद्वीपों में रामकथा किसी-न-किसी रूप में उपलब्ध होती है।

जब हम रामलीला के उद्‌भव पर विचार करने के लिए इतिहास की ओर देखते हैं तो हमारे समक्ष बहुत साफ चित्र उपस्थित नहीं होता। सर्वप्रथम रामकथा का मंचन कब हुआ होगा, इस सम्बन्ध में किसी निश्चित निष्कर्ष तक पहुँचने के पहले यह ज़रूरी है कि हम 'नाट्यसाहित्य' की उत्पत्ति के सम्बन्ध में भी थोड़ी-बहुत सूचनाएँ प्राप्त कर लें। ऋग्वेद में कई संवाद-सूक्त आए हैं जिनके कथोपकथन नाटक के आधार-स्तम्भ जैसे प्रतीत होते हैं। इन संवादपरक सूक्तों में इन्द्र-मरुत् संवाद, विश्वामित्र-नन्दी संवाद, पुरूरवा-उर्वशी संवाद, यम-यमी संवाद आदि प्रमुख हैं। ऋग्वेद में ही ऐसी नर्तकियों का भी उल्लेख मिलता है,

जो सुन्दर वेशभूषा से सज्जित होकर नृत्य करती थीं। इस सम्बन्ध में डॉ. कीथ का अभिमत है कि "वैदिक यज्ञों के अवसर पर जो अभिनय होते थे, उन्हीं लोकनृत्यों से दो प्रकार के नाटकों की परम्परा विकसित हुई। एक धार्मिक नाटक, दूसरे मनोविनोद के निमित्त रचित नृत्य नाटक।" इस तरह भारतीय नाट्य-साहित्य के उद्भव तथा विकास में धार्मिक, लौकिक एवं सामाजिक कृत्यों का विशेष महत्त्व है। प्राय: सफलताओं के अवसर पर नृत्य-गान के सांगीतिक आयोजन होते थे। इसी तरह उत्सवों, ऋतु-पर्वों, धार्मिक अनुष्ठानों, वीरपूजा-उत्सवों, फसल आदि के बोने या पकने के अवसरों पर होनेवाले नृत्य तथा गानों से नाटक को विशेष गति मिली। प्रो. जागीरदार ने संस्कृत नाटकों का प्रेरणा-सूत्र रामायण और महाभारत जैसे राष्ट्रीय महाकाव्यों में ढूँढ़ा है।

रामकथा के मंचन के सम्बन्ध में जो सबसे पुरानी सूचना उपलब्ध है वह 'महाभारत' के खिल पर्व 'हरिवंशपुराण' में उल्लिखित रामकथा का प्रस्तुतीकरण है। हरिवंश पुराण का विवरण इस प्रकार है, "वज्रपुर के दैत्याधीश वज्रनाभ की पुत्री प्रभावती को प्रद्युम्न का सौन्दर्य-वर्णन सुनकर उनसे मिलने की आकांक्षा हुई। प्रभावती के प्रयास से दैत्याधीश की आज्ञा प्राप्त करके यादव वीरों ने नटवेश बनाकर वज्रपुर में प्रवेश किया। नटमंडली के नायक प्रद्युम्न बने और साम्ब ने विदूषक का रूप धारण किया था। उनके अभिनय-प्रदर्शन का उल्लेख इस प्रकार है—

ततः स ननृते तत्र वरदत्तो तटस्तथा।
स्वपुरे पुरवासिनः परं हर्ष समादधत्॥
रामायण महाकाव्यं उद्दिश्य नाटकीकृतम्।
जन्म विष्णोरमेयस्य राक्षसेन्द्रवधेप्सया॥
लोमपादो दशरथः ऋष्यश्रृंगं महामुनिम्।
शान्तामप्यानयामास गणिकाभिः सहानघ॥
रामलक्ष्मण शत्रुध्नाः भरतश्चैव भारत।
ऋष्यश्रृंगश्च शान्ताश्च तथा रूपैर्नटैः कृताः॥

हरिवंश पुराण के इस उद्धरण से यही ध्वनित होता है कि यह वाल्मीकि रामायण पर आधारित (रामायण दृश्य नाटकीकृतम्) नृत्य-प्रधान प्रदर्शन था। इसे संस्कृत की नाट्य-परम्परा से लिया हुआ रामनाटक नहीं माना जा सकता। इस प्रदर्शन को रामलीला का आरम्भिक रूप कहा जा सकता है। चूँकि हरिवंशपुराण का समय चौथी शताब्दी माना जाता है, इसलिए यह कहने में कोई संकोच नहीं होना चाहिए कि रामलीला के बीज हमें चौथी शताब्दी से प्राप्त होने लगते हैं, यद्यपि उस समय उस नाट्य-रूप को रामलीला की संज्ञा से अभिहित नहीं किया गया था। फिर भी उसकी प्रस्तुति रामलीला से गहरा सादृश्य रखती है।

हरिवंश पुराण के उपरान्त भवभूति के उत्तररामचरित (सातवीं शताब्दी) के अन्तिम अंक में वाल्मीकि द्वारा करवाये गये एक रामनाटक के अभिनय का उल्लेख मिलता है। इससे कई शताब्दियों के बाद महानाटक या हनुमन्नाटक का आविर्भाव हुआ जिसमें संस्कृत के नाट्यशास्त्र का पालन नहीं हुआ है। महानाटक को देखने से ऐसा लगता है कि वह पारम्परिक रंगपरक रंगमंच के लिए तैयार किया गया नृत्य-संगीत समन्वित आलेख है जिसके कारण उसमें अनेक काव्यों और नाटकों के छन्द एक साथ दिखलाई पड़ते हैं।

जैन परम्परा के रामरास में भी नृत्यपरक नाटकों की प्रस्तुतियों का उल्लेख मिलता है। जैन कवियों द्वारा रचित अनेक ग्रंथ तथा 'सीताहरणरासु', इसी श्रेणी के रासकग्रंथ हैं। 'सीताहरणरासु' की प्रस्तावना में कहा गया है कि 'रासु या रासो' को लोकशैली का नृत्य-नाट्य माना जाता है। अपभ्रंश में और पुरानी हिन्दी, राजस्थानी तथा गुजराती में अनेकानेक रास मिलते हैं। 'सीता-हरणरासु' में कहीं-कहीं जैन दृष्टिकोण का समर्थन किया गया है जैसे वर माँगते समय कैकेयी कहती हैं कि सीता और लक्ष्मण सहित राम वन को जायेंगे, दशरथ प्रव्रज्या ग्रहण करेंगे और भरत पृथ्वी का शासन करेंगे। यह प्रव्रज्या की कल्पना जैन विचारधारा के प्रभाव के कारण आयी है। 'रामसीतावेलि' में सीता के विवाह-मंडप में आने का चित्र इस प्रकार खींचा गया है—

नेउर घूँघर छमछमी
मुनिजन मंगल गान
नर नवषंडना निरषता
आवी मंडल माँ आबी!
मोटा मुनिजन मोटी देव छाबी!!

'सीताहरणरासु' जैसे रासो नाटकीय प्रस्तुतीकरण के लिए प्रतीत होते हैं। इसके बाद अपभ्रंश भाषा के विरह-काव्य 'सन्देशरासक' में रामायण पर आधारित नाटकों का उल्लेख मिलता है। मुलतान का परिचय देते हुए पथिक कहता है—

कहतं ठांई सुदवच्छ कत्थ वर नलचरिउ।
कथ्य व विविह विणोइहि आसहु उच्चरिय॥
कहव ठाइं, प्रसीसिय चाइहिं दयवराहिं।
रामायणु अहिजवियई कत्थाहिं कयवरहिं॥

अर्थात् 'कहीं सुदवच्छ', कहीं नल चरित की कथा होती है, कहीं महाभारत की कथाएँ सुनायी जाती हैं, कहीं त्यागी ब्राह्मण आशीष देते हैं और कहीं 'कयवरहिं' रामायण का अभिनय करते हैं। तत्पश्चात् गुरुनानक (1463-1538) की 'आसा दी वार' में रामसम्बन्धी नृत्यनाटक का उल्लेख प्राप्त होता है जो उसकी लोकग्राह्यता और प्रसिद्धि का परिचायक है।

रामकथा से सम्बन्धित लोकनाटकों की इस विशाल परम्परा में गोस्वामी तुलसीदास का आगमन एक महत्त्वपूर्ण घटना है। ऐसा माना जाता है कि रामलीला के वर्तमान स्वरूप के उद्‌घाटक और पुरस्कर्ता महात्मा तुलसीदास हैं। तुलसीदास के मन में लोक-संग्रह की भावना थी। वे समूचे समाज को एक भावनात्मक सूत्र में पिरोना चाहते थे। उन्होंने रामलीला के व्यापक प्रसार द्वारा अपने उद्‌देश्य को प्राप्त करने का प्रयास किया। तुलसीदास के जीवन को केन्द्र में रखकर लिखे गये उपन्यास 'मानस का हंस' में अमृतलाल नागर ने उन्हें बाकायदा रामलीला-मंडलियों के सूत्रधार के रूप में चित्रित करते हुए उनके इस वैशिष्ट्य को सविस्तार उजागर किया है। इसमें सन्देह की गुंजाइश नहीं कि रामलीला को जनसुलभ और लोकप्रिय बनाने के लिए गोस्वामीजी ने निजी तौर पर प्रयास किये थे। रामचरितमानस में उपलब्ध नाटकीय तत्त्व भी इस तथ्य को बल प्रदान करते हैं। मानस में बड़े ही मार्मिक और नाटकीय संवादों की योजना की गयी है। अनेक प्रसंगों में कवि ने घटनास्थल का परिचय, कथाक्रम सम्बन्धी सूचनाएँ, पात्रों की योजना और संवादों का ऐसा आनुपातिक विनियोग किया है कि समूचा प्रसंग किसी नाटक के अंश-सा प्रतीत होता है और उसे सरलता से रंगमंच पर मंचित किया जा सकता है। धनुषयज्ञ-प्रसंग, कैकेयी-मंथरा संवाद, वनगमन, शूर्पणखा-प्रसंग, सीताहरण तथा अशोकवाटिका- प्रसंग, लंकादहन अथवा युद्ध के प्रसंगों में सम्पूर्ण नाटकीय दृश्यों का ऐसा विधान है, जिससे रामचरितमानस के आधार पर रामलीला के विभिन्न दृश्यों का निर्माण बहुत आसान हो जाता है। रामलीलाओं और रामनाटकों में इन दृश्यों को मानस से वैसा-का-वैसा ही उठाकर मंच पर प्रस्तुत किया जाता है, कहीं-कहीं चौपाइयों का गद्य रूपांतरण कर लिया जाता है। इस कार्य के लिए मानस की गेयता भी लाभकारी सिद्ध होती है। यहाँ हम मानस के एक आरम्भिक दृश्य पर चर्चा करेंगे। प्रसंग का आरम्भ रंगस्थली के परिचय से होता है, अनेक राजा-महाराजा सीता-स्वयंवर के लिए एकत्र हुए हैं। उनके बीच में राम का वर्णन करते हुए कवि कहता है—

राजन राज समाज महुँ कोसलराज किसोर।
सुन्दर स्यामल गौर तनु बिस्वबिलोचन चोर।

यह दोहा नाटक के दृश्य-विधान की तरह रंगस्थली का समूचा चित्र उभारता है। इसी प्रकार सीता के रंगभूमि पर आगमन का वर्णन ऐसा लगता है जैसे परम्परागत नाट्य रूपों में पात्रों का प्रवेश गीत—

चली संग लै सखी सयानी। गावत गीत मनोहर बानीं।
सोह नवल तनु सुन्दर सारी। जगत जननि अतुलित छबि भारी।
रंगभूमि जब सिय पगुधारी। देखि रूप मोहे नर नारी॥
हरषि सुरन्ह दुंदुभी बजाई। बरिष प्रसून अपछरा गाई॥

और फिर बन्दी-गणों की घोषणा द्वारा नाटकीयता का उदात्तीकरण—

बोले बन्दी वचन बर सुनहु सकल महिपाल।
पन बिदेह कर कहहिं हम भुजा उठाइ बिसाल॥

इसके बाद विभिन्न राजाओं के प्रयास और असफलता का वर्णन अपनी नाटकीयता में अद्‌भुत बन पड़ा है—

तमकि ताकि तक सिव धनु धरहीं।
उठइ न कोटि भाँति बल करहीं॥
"जिन्हकें कुछ बिचार मन माहीं। चाप समीप महीप न जाहीं॥
तमकि धरहिं धनु मूढ़ नृप उठै न चलहिं लजाइ।
मनहु पाइ भट बाहु बलु, अधिकु-अधिकु गुरुआइ॥
भूप सहस दस एकहिं बारा। लगे उठावन टरै न टारा॥"

यह देख जनक का विषाद प्रकट करते हुए यह कहना कि मैंने जो प्रण ठाना था, उसे सुनकर देश-देशान्तर के अनेक राजा आए। देवता और दैत्य भी मनुष्य का शरीर धारण करके आए तथा और भी बहुत से रणधीर-वीर आए; परन्तु ऐसा प्रतीत होता है मानो विधाता ने उस पुरुष की रचना ही नहीं की जो शिवधनुष को भंगकर मनोहर कन्या, बड़ी विजय और अत्यन्त सुन्दर कीर्ति का वरण कर सके। इसमें सन्देह नहीं कि यह उपलब्धि किसी के लिए भी गौरव का कारण बनती लेकिन शिवधनुष को चढ़ाना और तोड़ना तो दूर कोई उसे तिलभर भूमि भी न छुड़ा सका—

रहेउ चढ़ा उब तोरब गाई। तिलु भरि भूमि न सके छड़ाई॥
अब जनि कोई माखै भटमानी। वीर विहीन मही मैं जानी॥
तजहु आस निज निज गृह जाहू। लिखा न विधि बैदेहि बिबाहू॥

और इन शब्दों को सुनकर लक्ष्मण का क्रोधातुर होकर तीखी प्रतिक्रिया व्यक्त करना और उसके फलस्वरूप धरती का काँप उठना कितना नाटकीय बन पड़ा है—

लखन सकोप बचन जब बोले। डगमगानि महि दिग्गज डोले॥

इस अवसर को उचित सागझकर विश्वामित्र राम को धनुष तोड़ने की आज्ञा देते हैं। उस समय उपस्थित लोगों की प्रतिक्रिया और सीता की व्याकुलता का स्वाभाविक चित्रण भरपूर नाटकीयता लिये हुए है। समूचा दृश्य अद्‌भुत कौतूहल, विस्मय, भय, उत्कण्ठा और नाटकीयता का अप्रतिम दृष्टान्त है। धनुष-भंग का चित्रण भी अपने आप में अनूठा है—

"लेत चढ़ावत खैंचत गाढ़े। काहुँ न लखा देख सबु ठाढ़े॥
तेहि छन राम मध्य धनु तोरा। भरे भुवन धुनि घोर कठोरा॥"

और धनुष-भंग के उपरान्त उपस्थित समुदाय की दशा, उल्लास का वर्णन और राम के गले में जयमाला मानो नाटकीय दृश्य को सम्पूर्णता प्रदान करता है—

"झाँझि मृदंग संख सहनाई। भेरि ढोल दुन्दुभी सुहाई॥
बाजहिं बहु बाजने सुहाये। जहँ तहँ जुबतिन्हँ मंगल गाये॥
गावहिं छबि अवलोकि सहेली। सिय जयमाल राम उर मेली॥
रघुबर उर जयमाल, देखि देव बरिषहिं सुमन।
सकुचे सकल भुआल, जनु विलोकि रवि कुमुद गन॥"

इसी तरह अन्याय प्रसंगों का भी विवेचन किया जा सकता है जो नाटकीय प्रस्तुतीकरण के लिए पीठिका उपलब्ध कराते हैं। रामलीला प्रस्तुतीकरण का आधार रामचरितमानस के निकट है। रामलीला इसी रामचरित-मानस के नाटकीय रूपांतरण पर आधारित है। उसकी शक्ति और मंगलमयता निर्विवाद है। तुलसी ने रामचरितमानस में घटनाक्रमों एवं कथाप्रसंगों का नियोजन ही इस प्रकार किया है कि उसका नाटक, धारावाहिक तथा चलचित्र में रूपांतरण अत्यन्त सरल है। गोस्वामी तुलसीदास का नाटकीय कौशल अद्‌भुत है। अपनी इस कला को धार देने के लिए उन्होंने कथाप्रसंगों में आवश्यकतानुसार फेरबदल भी किए हैं। जैसे वाल्मीकि रामायण में राम और परशुराम का साक्षात्कार उस समय होता है जब वे विवाह के उपरान्त सीता सहित अयोध्या वापस लौट रहे थे। तुलसी ने इस घटना को धनुषभंग और जयमाल प्रकरण के तुरन्त बाद उपस्थित किया है जिससे कथा में विलक्षण नाटकीयता और रसात्मकता का संचार हो गया है। तुलसी का यह कौशल प्रमाता को थोड़े समय के लिए हतप्रभ कर देता है और वह उनके कवित्व के जादू तथा कथा-संयोजन के सम्मोहन में लिपट जाता है। तुलसी ने विवाह, राम-सीता आदि की अयोध्या वापसी, राम के राज्याभिषेक की तैयारी, कैकेयी-मंथरा संवाद, कैकेयी का कोपभवन गमन, राम का वन-गमन, दशरथ-मरण, राम-भरत मिलाप, चित्रकूट सभा, शूर्पणखा प्रसंग, सीता-हरण, जटायु-वध, राम-सुग्रीव मैत्री, बालि-वध, अशोक वाटिका प्रसंग, लंका दहन, विभीषण की शरणागति, सेतुबन्ध, अंगद-रावण संवाद तथा युद्ध के तमाम प्रसंगों का इस प्रकार नियोजन किया है कि मानो वे रंगमंच के बहुत बड़े सूत्रधार हों। तुलसी ने अपने रामचरितमानस और रामलीला के माध्यम से समूचे भारतीय मानस में राम-कथा और रामभक्ति को सदा-सर्वदा के लिए प्रतिष्ठित कर दिया है, क्योंकि इसमें हमारी परम्परा में जो कुछ भी सर्वोत्तम है, कल्याणकारी है, उसका समाहार कर लिया गया है। कुल मिलाकर, रामलीला और रामकथा की सुदीर्घ-समृद्ध परम्परा में तुलसी और उनके मानस का योगदान सर्वाधिक है। वह नित्यप्रति जीवन का संस्पर्श करता हुआ मानवमात्र में आह्लादक भाव भर रहा है। उन्हें उच्चतर आदर्शों की ओर बढ़ने की प्रेरणा दे रहा है और मानव-मन को अनेकानेक भाव-तरंगों से आप्लावित कर रहा है। आज जब रामलीला डिजिटल

तकनीक से वैश्विक स्तर पर पहुँच रही है तब भी रामचरितमानस आधार-ग्रंथ बना हुआ है। तुलसी मानस के उस हंस की तरह हैं जिसने नीर-क्षीर विवेक के बल पर रामचरितमानस में श्रेष्ठतम नाटकीय तत्त्वों का विधान किया है इस कारण रामलीला का मंचन सुगम रहा है। साथ ही, उसकी लोकप्रियता भी सीमाहीन हो गयी है। तुलसी ने रामचरितमानस की कथा का विन्यास ही वक्ता-श्रोता के मध्य होनेवाले संवाद-शैली में किया है। इसमें शिव-पार्वती, याज्ञवल्क्य-भारद्धाज, कागभुशुंडि-गरुड़, तुलसीदास-पाठक व संतजन के रूप में क्रमश: पहला वक्ता व दूसरा श्रोता है। इस कारण संवादों का उत्कृष्टतम रूप समूचे महाकाव्य क़ो जो नाटकीय कौशल प्रदान करता है वह रामलीला की परम्परा का मेरुदंड सिद्ध हुआ है। इस दृष्टि से तुलसी का योगदान असाधारण है।

तुलसीदास और ताजमहल

गोस्वामी तुलसीदास हिन्दी साहित्य के दुर्निवार कवि हैं। उनसे सहमत-असहमत हुआ जा सकता है लेकिन पूर्णत: उनकी उपेक्षा सम्भव नहीं। नाभादास ने उन्हें कलिकाल का वाल्मीकि कहा तो जार्ज ग्रियर्सन ने मध्यकाल का सबसे प्रभावशाली व्यक्ति। डॉ. हजारीप्रसाद द्विवेदी ने उन्हें महात्मा बुद्ध के बाद भारतवर्ष का सबसे बड़े लोकनायक की तो संज्ञा प्रदान कीं आचार्य विनोवा भावे ने 'डिस्कवरी ऑफ इंडिया' पढ़ने के बाद नेहरू को भूल सुधार के लिए पत्र लिखा, जिसमें उन्होंने आग्रह किया कि, "अकबर के जमाने में तुलसीदास हुए थे—यह ठीक नहीं है। आपको लिखना चाहिए कि तुलसी के जमाने में अकबर का शासन था।" आचार्य रामचन्द्र शुक्ल ने गोस्वामी जी के प्रादुर्भाव को हिन्दी काव्य के क्षेत्र में एक चमत्कार बतलाते हुए लिखा है कि, "हिन्दी काव्य की शक्ति का पूर्ण-प्रसार इनकी रचनाओं में ही पहले पहल दिखाई पड़ी।" गोस्वामी तुलसीदास ने अपने समय के समाज की धड़कन को पहचाना, समस्याओं की गहराई से परीक्षा की और सामन्ती समाज-व्यवस्था में परिवर्तन की जो सम्भावनाएँ खोजी जा सकती थीं, उन तक पहुँचने की सफल चेष्टा की। कोई कवि ऐसे ही विश्वविख्यात महाकवि नहीं बन जाता है। उसे बहुश्रुत, बहुपठित एवं बहुआयामी चिन्तक भी होना पड़ता है। हिन्दी के दो सबसे बड़े कवि तुलसीदास एवं जयशंकर प्रसाद इस कसौटी पर बिल्कुल खरे उतरते हैं। ये दोनों ही बहु पठित थे। गोस्वामी तुलसीदास अनेक शास्त्रों एवं अनुशासनों में गति रखनेवाले महाकवि हैं। उनकी बहुआयामी प्रतिभा वास्तुकला के क्षेत्र में भी उनकी विशेषज्ञता का परिचय देती है। ऐसा माना जाता है कि वास्तुकला ललितकला की ही एक महत्त्वपूर्ण शाखा है जो बदलती सौन्दर्याभिरुचि तथा प्रौद्योगिकी के अनुरूप भवन निर्माण की प्रविधि, विन्यास, आकल्पन, रचना तथा साज-सज्जा एवं बाहरी-भीतरी नक्काशी एवं कीमियागिरी का संश्लिष्ट रूप है। वास्तुकला प्रकृति एवं पर्यावरण के अनुरूप सौन्दर्य-भावना की पोषक तथा रूपाकार में भव्य एवं ललित होनी चाहिए। वस्तुत: किसी भवन की बुनावट जिसे हम संरचना कहते हैं वही वास्तुकला का आधार है। किसी वास्तु कृति अथवा भव्य इमारत में उस राष्ट्र अथवा जाति विशेष की सभ्यता, संस्कृति, समृद्धि, सौन्दर्यबोध, गर्व, प्रतिष्ठा,

महत्त्वाकांक्षा और आध्यात्मिकता अपने संश्लिष्ट तथा सुपरिणत रूप में उपस्थित होती है। तुलसीदास इस दृष्टि से भी बड़े कवि हैं कि वे वास्तुकला का भी अपूर्व सौन्दर्यशास्त्र रचते हैं। वे वास्तुकला की व्याप्ति में वैविध्यपूर्ण शैलियों एवं अप्रतिम सौन्दर्य का समाहार करके उसका उत्सवीकृत रूप दृश्यमान करते हैं। यहाँ रूपकों और चाक्षुष भाषा का अद्वितीय मनोरम विन्यास आकार पाता है। तुलसी का वास्तुविषयक ज्ञान सौन्दर्य-शास्त्र, भवन की प्रतिमा-लेखिमता, ज्यामितिक कला रूपों, मूर्ति विधायिनी कल्पना तथा सुपरिणत रचना का समुच्चय है जिसके सम्यक् विश्लेषण के द्वारा हम उन्हें और भी महान सिद्ध कर सकते हैं। यह सर्वज्ञात तथ्य है कि अकबर ने रहीम के माध्यम से तुलसीदास को पचास हजारी मनसबदारी तथा अपने दरबार के नवरत्नों में शामिल होने के लिए निमंत्रण भिजवाया था जिसे तुलसी ने—"हौं चाकर रघुनाथ कौं, लिखौ पटो दरबार, तुलसी अब का होहिंगे नर के मनसबदार' नामक दोहा लिखकर अस्वीकार कर दिया था। फलत: 1594 ई. में जब अकबर बंगाल जाते समय काशी तीन दिनों तक ठहरा था तब वह स्वयं तुलसीदास से अस्सी घाट पर मिलने आता है। वह तुलसी के व्यक्तित्व के प्रभाव से राम-सीय मुद्रा चलाता है। इसका प्रमाण एक मुगलकालीन चित्र में भी मिला है। इस पेंटिंग में अकबर अपने लाव-लश्कर के साथ सजे-धजे बजड़े पर सवार दिखाया गया है। दूसरी ओर सुसज्जित बजड़े पर गोस्वामी तुलसीदास तीन शिष्यों के साथ दिखाए गए हैं। तुलसी साहित्य और पांडुलिपि विशेषज्ञ पं. उदयशंकर दुबे के अनुसार उक्त पेंटिंग में तुलसी के मित्र राजा टोडरमल तथा उनके शिष्य मेघा भगत दिखाई दे रहे हैं। यह प्रसंग भी विश्व के सबसे लोकप्रिय कवि के महिमाशाली व्यक्तित्व का परिचायक है।

डॉ. रामविलास शर्मा ने परम्परा का मूल्यांकन करते हुए तुलसी को काव्य, तानसेन को संगीत तथा ताजमहल को स्थापत्य कला के सर्वोत्तम प्रतिमान के रूप में निरूपित किया है। जबकि सचाई यह है कि तुलसी का वास्तुविषयक और स्थापत्य कला सम्बन्धी ज्ञान ताजमहल की कला से बढ़कर था। उनके समय में ताजमहल की वास्तुकला भले ही अस्तित्व में न आई हो परन्तु वे अपनी मूर्ति विधायिनी कल्पना के सहारे रामचरित मानस में राजा जनक की आज्ञा से मंडप-रचना में निपुण स्थपति (कारीगर) द्वारा जिस मंडप का निर्माण करवाते हैं वह न केवल ताजमहल की वास्तुकला का पूर्वाभास है अपितु कई मायनों में उससे बढ़कर है। वे मंडप निर्माण की प्रक्रिया का चित्रण करते हुए लिखते हैं कि उन स्थपतियों ने ब्रह्मा की वंदना करके अपना कार्य आरम्भ किया। सर्वप्रथम उन्होंने सोने के केले के खम्भे बनाए। तदुपरान्त हरी-हरी मणियों (पन्ने) के पत्ते और फल बनाए तथा पद्म राग मणियों के फूल बनाए। मंडप की अत्यन्त विचित्र रचना देखकर विधाता का मन भी अपनी सुध-बुध खो बैठा। उन कुशल कारीगरों ने बाँस

सब हरी-हरी मणियों के सीधे एवं गाँठों से युक्त ऐसे बनाए जो पहचाने नहीं जाते थे कि मणियों के हैं अथवा साधारण बाँस के, सोने की सुन्दर नागबेलि बनाई, जो पत्तों सहित ऐसी भली मालूम होती थी कि पहचानी नहीं जाती थी। उसी नागबेलि के रचकर और पच्चीकारी करके बन्धन बनाए जिसके बीच-बीच में मोतियों की झालरें सुशोभित हुईं। माणिक पन्ने, हीरे और फिरोजे आदि रत्नों को चीरकर, कोरकर और पच्चीकारी करके इनके लाल, हरे, श्वेत और फिरोजी रंग के कमल बनाए। साथ ही भौंरे, बहुतेरे रंगों के पक्षी बनाए जो हवा के सहारे गूँजते और कूजते थे। यहाँ तुलसी की वास्तुकला ताजमहल की परिकल्पना से भी बहुत आगे बढ़ गई है क्योंकि वे निपुण स्थपित द्वारा बहुमूल्य पत्थरों से स्वाभाविक रंग सौन्दर्य प्रस्फुटित करते हुए केवल भौरों और पक्षियों का निर्माण ही नहीं करवाते अपितु उसमें उन यांत्रिक विशेषताओं को भी भर देते हैं जिसके कारण पवन संचरण से प्रस्तर के भौरों का गुंजार पक्षियों से उनका नैसर्गिक मधुर कूजन अनुस्वनित हो। हवा चलने से पत्थरों के रंग-बिरंगे पक्षी एवं भौंरे गुंजार कर बैठे, यह तुलसी की कला-प्रतिभा का प्रकर्ष है। यहाँ मैं प्रमाण स्वरूप कतिपय पंक्तियाँ उद्धृत करने का लोभ संवरण नहीं कर पा रहा हूँ।

"विधिह बन्दि तिन्ह कीन्हि अरम्भा।
बिरचे कनक कदलि के खम्भा।
हरित मनिन्ह के पत्र फल पदुमराग के फूल।
रचना देखि विचित्र अति मनु बिरंचि कर भूल।
बेनु हरित मनिमय सब कीन्हें। सरल सपरब परहि नहिं चीन्हें॥
कनक कलित अहि बेलि बनाई। लखि नहिं परइ सपरन सुहाई॥
तेहि के रचि-पचि बन्ध बनाए। बिच-बिच मुकुता दाम सुहाए॥
मानिक, मरकत, कुलिस पिरोजा। चीरि कोरि पचि रचे सरोजा॥
किए भृंग बहुरंग विहंगा। गुंजहि कुंजहि पवन प्रसंगा॥"

इसी क्रम में वे आगे लिखते हैं कि खम्भों पर देवताओं की मूर्तियाँ गढ़कर निकालीं, जो सब मंगल द्रव्य लिए खड़ी थीं। गज मुक्ताओं के सहज ही सुहावने लगनेवाले अनेक तरह के चौक पुराये गये। नीलमणि को कोरकर अत्यन्त सुन्दर आम के पत्ते बनाए। सोने के बौर अर्थात् आम्र मंजरी और रेशम की डोरी से बँधे हुए पन्ने के बने फूलों के गुच्छे सुरुचिपूर्ण ढंग से लटकाए गए। ऐसे सुन्दर और उत्तम बन्दनवार बनाए गए जिन्हें देखकर लगता था मानो कामदेव ने फंदे सजाए हैं। अनेक मंगल-कलश, सुन्दर ध्वजा, पताका, परदे और चँवर बनाए गए। वे स्वयं लिखते हैं कि जिसमें मणियों के अनेक सुन्दर दीपक हैं, उस विचित्र मंडप का तो वर्णन ही नहीं किया जा सकता। इस तरह तुलसीदास जिस अनन्त रमणीय मंडप का चित्र खींचते हैं वह पाठक को हतप्रभ कर देनेवाला है।

तुलसीदास के काफी समय बाद प्रधान अभिकल्पक उस्ताद अहमद लाहौरी की देख-रेख में ताजमहल सन् 1648 में बनकर तैयार हुआ। इसका निर्माण मुग़ल सम्राट शाहजहाँ ने अपनी पत्नी मुमतात महल की याद में करवाया था। इसकी वास्तुशैली भारतीय एवं फ़ारसी वास्तुकला का समन्वित रूप है। इसे सन् 1983 में यूनेस्को ने विश्व धरोहर का दर्ज़ा दिया है। इस इमारत को संगमरमर के श्वेत गुम्बद एवं टाइल आकार के संगमरमर से ढँककर बनाया गया है। इसका केन्द्रबिन्दु एक वर्गाकार नींव आधार पर निर्मित श्वेत संगमरमर का मकबरा है। यह एक सममितीय इमारत है जिसका मूल-आधार एक विशाल बहु-कक्षीय संरचना है। इसका मुख्य मेहराब, बेलनाकार गुम्बद, चार छतरियाँ, संगमरमर के ऊँचे सुसज्जित गुलदस्ते, छतरियों एवं गुलदस्तों पर कमल के आकार का शिखर एवं मुख्य गुम्बद के किरीट पर कलश इत्यादि अद्‌भुत हैं। यह शिखर कलश 1800 ई. तक स्वर्ण का था और अब यह काँसे का बना है। इस कलश पर चन्द्रमा बना है जिसकी नोक स्वर्ग की ओर संकेत करती है। अपने विन्यास के कारण चन्द्रमा एवं कलश की नोक मिलकर एक त्रिशूल का आकार निर्मित करते हैं, जो कि भगवान शिव का चिह्न है। इसकी चार विशाल मीनारें हैं तथा इसका अलंकरण रोगन, गचकारी, नक्काशी एवं रत्नजड़ित है। इस तरह ताजमहल भारतीय एवं पाश्चात्य वस्तु-शैली का नायाब नमूना है। बावजूद इसके गोस्वामी तुलसीदास ने ताजमहल के अस्तित्व में आने के काफी समय पहले जिस वास्तुज्ञान का परिचय दिया है वह ताजमहल के वास्तुशिल्प से बहुत आगे है।

इसी तरह तुलसी ने जनकपुर का जो वर्णन किया है वह नगर रचना का अद्‌भुत उदाहरण है। उनके अनुसार श्रीराम छोटे भाई लक्ष्मण सहित जनकपुर की शोभा देखकर अतिशय प्रसन्नता का अनुभव करते हैं। वहाँ अनेक बावड़ियाँ, कुएँ, नदी और तालाब हैं जिनका जल अमृत के समतुल्य है। उनकी सीढ़ियाँ मणियों की बनी हुई हैं। मकरन्द रस से मतवाले होकर भौंरे सुन्दर गुंजार और रंग बिरंगे पक्षी मधुर कलरव कर रहे हैं। रंग-बिरंगे कमल खिले हैं। प्रत्येक ऋतु में सुख देनेवाला शीतल, मन्द, सुगंधित पवन बह रहा है। पुष्पवाटिका, बाग और वन, जिनमें बहुत से पक्षियों का निवास है, फूलते फलते और सुन्दर पत्तों से लदे हुए नगर के चारों ओर सुशोभित हैं। नगर की सुन्दरता देखकर मन लुभा जाता है। सुन्दर बाज़ार हैं, मणियों से बने हुए विचित्र छज्जे हैं। कुबेर के समान श्रेष्ठ धन व्यापारी सब प्रकार की वस्तुएँ लेकर दुकानों में बैठे हैं। यह आज के शॉपिंग मॉल्स का तत्कालीन रूप है। सुन्दर चौराहे और सुहानी गलियाँ सदा सुगंध से सिंची रहती हैं। सबके घर मंगलमय हैं और उन पर चित्र कढ़े हुए हैं, जिन्हें मानों कामदेव रूपी चित्रकार ने अंकित किया है। नगर के सारे स्त्री-पुरुष सुन्दर, पवित्र, साधु स्वभाव वाले, धर्मात्मा, ज्ञानी और गुणवान हैं। इसी तरह के जनक के महल, किले, फाटक, सेना, परकोटे

इत्यादि का वर्णन तुलसीदास के सूक्ष्म ज्ञान का निरीक्षण है। उन्होंने जिस कौशल के साथ अयोध्या और जनकपुरी की नगर रचना तथा स्थापत्य कला का चित्रण किया है वह उन्हें उस ऊँचाई पर ले जाता है जिसके सम्बन्ध में जयशंकर प्रसाद ने कहा था कि 'जिसके आगे राह नहीं।' यह बात लंकापुरी के चित्रण पर भी लागू होती है। इस तरह तुलसीदास इस क्षेत्र में भी अपना सानी नहीं रखते। तुलसीदास का वास्तु-सम्बन्धी ज्ञान भी भारतीय साहित्य की अस्मिता तथा जातीय सृजन की श्रेष्ठता का उन्नयन करता है। भारतीय परम्परा एवं राष्ट्रीय उपलब्धियों का ऐसा सर्वांगपूर्ण समाहार अन्यत्र दुर्लभ है।

तुलसी की भाषा

यह एक ऐसा विषय है जिस पर यदि एक पुस्तक नहीं तो एक स्वतंत्र लेख अवश्य लिखा जा सकता है। जहाँ तक लोक भाषा का सवाल है यह उतनी पुरानी परिपाटी है जितना इस संस्कृत-साहित्य का लौकिक साहित्य। यदि संस्कृत के लोक-भाषा साहित्य का प्रथम ग्रंथ वाल्मीकीय रामायण है तो इस परम्परा की शुरुआत भी यहीं से होती है जिसे प्राकृत, अपभ्रंश के अनेकानेक ग्रंथ परिपुष्ट करते हैं। रासो और सूफी काव्य बीच की कड़ी बनते हैं। तुलसी साहित्य की सफल योजना इसी परम्परा का स्वाभाविक विकास है।

तुलसीदास लोकजीवन या ऐसा कहें कि लौकिक मनोविज्ञान के अच्छे-खासे ज्ञाता थे। फलत: उन्होंने लोकरुचि को परखकर उसके अनुरूप ही भाषा को प्रश्रय दिया। जैसा कि उन्होंने 'रामचरितमानस' में 'भाषा-भनिति' शब्द का प्रयोग किया है फिर भी, वे अपनी भाषा को ग्राम्य-दोष से मुक्त रखने में सर्वथा सफल रहे हैं। वस्तुत: उन्होंने लोकरुचि को परखकर तदनुसार लोक-भाषा को परिष्कृत करने का जो काम किया है, उसे भाषा-साहित्य में उनकी अनुपम देन कहा जा सकता है। जायसी ने जिस लौकिक एवं साहित्यिक अवधी-भाषा में रचना क्रम की नवीन योजना शुरू की थी, उसे पूरा करने का काम तुलसीदास ने ही किया। इन्होंने अवधी का परिष्कार करते हुए उसे शास्त्रीयता प्रदान की। उसके मानक रूप की प्रतिष्ठा करते हुए उसमें विद्यमान सर्जनात्मक ऊर्जा का विशदन किया।

जैसा कि किसी रचनाकार की न तो उसकी शुरू की रचनाएँ ही प्रौढ़-परिपक्व होती हैं और न उसकी भाषा शैली ही। ठीक उसी तरह तुलसी की आरम्भिक रचनाओं में भी भाषायी दोष कम नहीं है पर, धीरे-धीरे उनके रचना-कौशल के साथ-साथ उनकी भाषा भी प्रौढ़ होती गयी है, परिमार्जित होती गयी है। तुलसीदास ने यदि 'रामचरितमानस' में ग्राम्य और साहित्यिक अवधी के दोनों रूपों का मणिकांचन प्रयोग करके अभूतपूर्व सफलता अर्जित की तो परवर्ती रचनाओं 'कवितावली' और 'विनयपत्रिका' में ब्रजभाषा में उपस्थिति का डंका पीट दिया। ब्रजभाषा में मिल-गये यदा-कदा पूर्वी प्रयोगों और अवधी-ब्रज भाषा के सम्मिश्रण से तुलसीदास ने अपनी भाषा-शक्ति की पहचान करायी है। वस्तुत: शब्द-भंडार, सांकेतिकता, सूक्ष्मता और

समय-समय पर माधुर्य एवं प्रसादगुण के कारण उनकी भाषा अत्यधिक शक्तिशालिनी प्रतीत होती है। डॉ. उदयभान सिंह ने, "सटीक शब्द-निवेश को तुलसी की भाषा का सर्वश्रेष्ठ गुण कहा है।" गोस्वामी जी ने शब्द की सही पहचान के कारण, विभिन्न पर्यायवाची शब्दों में अर्थच्छाया की गहनता अभिव्यक्त करनेवाले शब्द ही चुने हैं। शब्दचयन के साथ-साथ शब्दों के सटीक और यथास्थान प्रयोग में उन्होंने जो सावधानी बरती है उससे प्रबुद्ध पाठकों को भी उसमें आकर्षण बोध होने लगता है। यहाँ उनकी शिल्पकारी की भी कुशलता विहित है।

जब तक हम किसी रचनाकार अथवा कवि की भाषा का व्याकरणिक, भाषा-वैज्ञानिक, कलागत और सामाजिक, सांस्कृतिक सन्दर्भों में विश्लेषण नहीं कर लेते तब तक उसके भाषायी गुण-दोषों पर टिप्पणी कर सकना कम से कम मुझे तो असम्भव सा दीखता है। ध्यातव्य है कि तुलसीदास ने एक से अधिक भाषाओं, बोलियों का प्रयोग किया है, जिससे उनके समक्ष व्याकरणिक संरचना में कठिनाई उपलब्ध थी। फिर भी, तुलसीदास ने व्याकरण के विभिन्न अंगों और वाक्य रचना का साहित्यिक दृष्टि से अच्छी सीमा तक निर्वाह किया है। भाषावैज्ञानिक दृष्टि से देखा जाय तो तुलसीदास की शब्दावली में संस्कृत की तत्सम पदावली, अपभ्रंशादि मध्यकालीन भाषाओं से प्रभावित शब्द-समूह, अरबी-फ़ारसी शब्दावली, प्राचीन भाषाओं के देशज शब्द-समूह तथा हिन्दी भाषा-भाषी की विभिन्न बोलियों की पदावली का आनयन दिखाई पड़ता है। इस कारण उनका अपना बृहतशब्द-कोष ही तैयार हो जाता है। विदेशी शब्दों की ध्वनियों को उन्होंने अपने अनुकूल परिवर्तित कर लिया है और कहीं उनका तद्भव प्रयोग भी किया है। प्रान्तीय भाषाओं में राजस्थानी (दारू, म्हाको, मेलना आदि) गुजराती (जून, दरिया, लाधे आदि), बंगला (बैसा, लैसे, खटाइ) आदि तथा मराठी (पवाँरो, अवकलत) के शब्दों के प्रयोग भी तुलसीदास की रचनाओं में उपलब्ध होते हैं। इससे उनके भाषाज्ञान और बहुश्रुत होने का प्रमाण भी मिलता है।

काव्य के क्षेत्र में शब्द और अर्थ के पारस्परिक सम्बन्ध को लेकर जो लोग उनके सम्बन्ध में बखेड़ा खड़ा करते हैं, अपनी समन्वयात्मक दृष्टि का परिचय देते हुए गोस्वामीजी उन्हें उत्तर देते हैं—

"गिरा-अरथ जल बीचि सम, कहियत भिन्न न भिन्न"

हिन्दी की विभाषाओं में अवधी और ब्रज के अतिरिक्त बुन्देली के कुछ शब्दों, जैसे—सुपेती, कोपर, रउरे डारिबी, पालिबी तथा भोजपुरी के सरब, दिहल, घायल, रावरे, जहँवा, तहँवा, सूतहि आदि शब्दों का सावधानी से प्रयोग किया है। उनकी रचनाओं में खड़ी बोली के शब्दों, जैसे—वह, तेरी, हमारे, देखो, आया, मचा, देखे हैं, सुने हैं, लेना-देना आदि शब्दों का प्रयोग भी मिलता है। शब्द शक्ति की दृष्टि से अभिधा, लक्षणा और व्यंजना के तमाम भेदापभेद उनकी रचनाओं में उपलब्ध होते हैं। उनकी भाषा में सांकेतिकता अच्छी तरह से प्रकट हुई है, किन्तु अभिधा का

उन्होंने ज़ोरदार प्रयोग किया है। कारण चाहे जो भी रहा हो पर अभिधा के प्रयोग के कारण उनकी भाषा में स्वाभाविकता तो आयी ही है, साथ ही वह जन-सुलभ बन गयी है। इनकी भाषा की अन्तिम विशेषता यह है कि उसमें माधुर्य, ओज और प्रसाद गुण आवश्यकतानुसार प्रकट हुए हैं। मुहावरों, लोकोक्तियों और कहावतों से भी उन्होंने अपनी भाषा को सांकेतिक और सटीक बनाया है जिसमें चित्र-विधान की भी पर्याप्त-शक्ति विद्यमान है। तुलसीदास हिन्दी साहित्य के दुर्निवार कवि ही नहीं हिन्दी काव्यभाषा के चरम प्रतिमान भी हैं। उन्होंने अपने साहित्य में अवधी, ब्रज तथा उनमें प्रचलित सभी काव्यरूपों का प्रयोग किया है। इनके पहले जायसी और ईश्वरदास अवधी भाषा में अपने प्रबन्ध रच चुके थे। प्रबन्ध-काव्य के सुन्दर नियोजन के लिए यह भाषा प्रादर्श बन चुकी थी। साथ ही, तुलसी के आराध्य राम की जन्मस्थली अयोध्या इसी क्षेत्र में है। अत: उन्होंने अवधी भाषा को अपेक्षाकृत ज़्यादा अनुकूल माना। तुलसीदास ने संस्कृत के अनेक श्लोकों, स्तोत्रों आदि की रचना करके यह भी प्रमाणित कर दिया है कि वे चाहते तो संस्कृत में भी महाकाव्य रच सकते थे, परन्तु उनका मातृभूमि और मातृभाषा प्रेम उन्हें ऐसा करने से रोकता है। क्योंकि वे स्वयं भी अवधी भाषाभाषी थे और यह सर्वमान्य तथ्य है कि काव्याभिव्यक्ति के लिए मातृभाषा से बढ़कर सशक्त माध्यम दूसरा हो ही नहीं सकता। दूसरी तरफ़ जो कवि अपना मातृभूमि प्रेम अपने आराध्य द्वारा निम्न शब्दों में व्यक्त करवाता हो, वह अपने मातृभाषा प्रेम की उपेक्षा कैसे कर सकता था? राम कहते हैं—

जद्यपि सब बैकुंठ बखाना। बेद पुरान बिदित जगु जाना॥
अवधपुरी सम प्रिय नहीं सोऊ। यह प्रसंग जानइ कोउ कोऊ॥
जन्मभूमि मम पुरी सुहावनि। उत्तर दिसि बह सरजू पावनि॥

कहने का आशय यह है कि तुलसी मातृभूमि-प्रेम के साथ-साथ मातृभाषा-प्रेम से भी गहराइयों तक अनुप्राणित थे। तभी उन्होंने अवधी भाषा की सर्जनात्मक शक्ति का अधिकतम दोहन करते हुए विश्वप्रसिद्ध महाकाव्य 'रामचरितमानस' का सृजन कर उसे क्लासिकी गरिमा प्रदान की। तुलसी ने क्लासिकल कथा के अनुरूप संस्कृतनिष्ठ अवधी का प्रयोग किया है। उनमें जायसी की तरह ठेठ अवधी नहीं मिलती। आख़िर 'नील-सरोरुह, नीलमनि, नील, नीरधम स्याम' में कितनी अवधी हैं! इसका कारण विषयवस्तु की भिन्नता है। इनमें जायसी की तरह अवध जनपद की ठेठ संस्कृति भी नहीं मिलती। अवधी भाषा की साहित्यिक प्रयुक्तियों की दृष्टि से इन दोनों महाकवियों के बीच भाषा-प्रयोग के धरातल पर बड़ा अच्छा तुलनात्मक अध्ययन हो सकता है। जायसी यदि अपनी शब्द-सम्पदा के लिए लोकजीवन की विविधवर्णी छवियों, गाँव-गिराँव के छप्परों-महलों, तीज-त्यौहारों, पर्व-उत्सवों, सामाजिक-सांस्कृतिक अनुगूँजों का सन्धान करते हैं तो तुलसी की शब्द-सम्पदा, नाना-पुराण, निगम-आगम से चयनित है। जायसी के पद-विन्यास और तुलसी के पद-विधान में भी अन्तर है। तुलसी में

न्यूनपदत्व दोष कहीं नहीं मिलेगा। जबकि जायसी इस दोष से अपने को बचा नहीं सके हैं और उनमें समस्त पद-विधान शायद ही कहीं मिले। तुलसी की भाषा स्वच्छ, निर्मल, प्रांजल तथा अपनी अभिव्यक्ति में अत्यन्त सटीक है। उनकी वाक्य रचना कितनी सुव्यवस्थित एवं निर्दोष है, इस सन्दर्भ में आचार्य रामचन्द्र शुक्ल लिखते हैं कि "कहीं-कहीं तो ऐसा है कि पद में यहाँ से वहाँ तक एक ही काव्य चला गया है पर क्या मजाल कि अन्त तक सर्वनाम में भी त्रुटि आने पाये। सर्वत्र परिष्कृत और सुव्यवस्थित भाषा मिलेगी। लिंग-भेद में तो उन्होंने एक-एक मात्रा का ध्यान रखा है।"

तुलसी के समय तक ब्रजभाषा मुक्त रचना के सर्वथा अनुरूप अपनी क्षमता का प्रदर्शन कर चुकी थी। अत: उन्होंने मुक्तकों के लिए ब्रजभाषा को अपनाया। तुलसी ने ब्रजभाषा में भी काव्यात्मक उपलब्धि के अनेक शिखर पार किये और प्रतिपादित किया कि हिन्दी भाषा का क्षेत्र अत्यन्त व्यापक है। वह कभी भी स्थानीकृत होकर क्षेत्रीयता के दबाव में नहीं आ सकती। उन्होंने ब्रजभाषा के दोनों रूपों—बोलचाल और संस्कृतनिष्ठ, का साधिकार प्रयोग किया। यदि 'कवितावली' की रचना बोलचाल की ब्रजभाषा में हुई है तो 'विनयपत्रिका', 'गीतावली' एवं 'श्रीकृष्ण गीतावली' संस्कृतनिष्ठ परिनिष्ठित ब्रजभाषा में सृजित हैं। इसी तरह यदि 'रामचरितमानस' में पूर्वी अवधी और पश्चिमी अवधी का मणिकांचन संयोग उपस्थित हुआ है तो 'पार्वती मंगल', 'जानकी मंगल' और 'रामलला नहछू' विशुद्ध रूप से पूर्वी अवधी में विरचित हैं। तुलसी की भाषा की एक महत्त्वपूर्ण विशेषता सूक्तियाँ हैं। जिस तरह अंग्रेज़ी में शेक्सपियर का साहित्य सूक्तियों से भरपूर है ठीक उसी तरह तुलसीदास का साहित्य भी सूक्तियों का मनोहर कोश है। इनके साहित्य में विशेषकर रामचरित मानस में नीतिपरक सूक्तियों का अद्‌भुत काव्य-कौशल प्रदर्शित हुआ है। वे किष्किन्धाकांड में प्रकृति चित्रण (वर्षा-वर्णन) के प्रसंग में एक अद्‌भुत प्रयोग करते हैं। वे प्रत्येक चौपाई की प्रथम अर्द्धाली में प्रकृति का विलक्षण चित्र उपस्थित करते हैं और द्वितीय अर्द्धाली में उसके सादृश्य पर नीतिपरक सूक्तियाँ प्रस्तुत करते हैं। यहाँ मैं उनकी कतिपय काव्य-पंक्तियाँ उद्धृत करने का लोभ-संवरण नहीं कर पा रहा हूँ—

दामिनि दमक रहै घन माहीं। खल कै प्रीति जथा थिर नाहीं॥
बरषिहिं उलद भूमि निअराए। जथा नवहिं बुध विद्या पाए॥
"बूँद आघात सहहिं गिरि कैसें। खल के बचन संत सह जैसे॥
छुद्र नदीं भरि चली तोराई। जस थोरेहुँ धन खल इतराई॥
भूमि परत भा ढाबर पानी। जनु जीवहि माया लपटानी॥
समिटि समिटि जल भरहिं तलावा।
जिमि सद्‌गुन सज्जन पहिं आवा॥
सरिता जल जननिधि महुँ जाई। होइ
अचल जिमि जिव हरि पाई॥"

यह स्थिति केवल चौपाइयों तक ही सीमित नहीं है अपितु दोहा भी इससे अछूता नहीं है। दोहे की प्रथम और द्वितीय पंक्ति में इस पद्धति का सम्यक निर्वाह हुआ है। इस सन्दर्भ में निम्न दोहा दर्शनीय बन पड़ा है—

हरित भूमि तृन संकुल समुझि परहिं नहिं पंथ।
जिमि पाखंड बाद तें गुप्त होहिं सदग्रंथ॥

कहना न होगा कि तुलसी के भाषा-प्रयोग की यह क्षमता विस्मय पैदा करती है। ऐसा सन्देश, ऐसा प्रकृति चित्रण और ऐसा भाषा-प्रयोग एक साथ कहाँ मिलेंगे? तुलसी इसलिए भी बड़े कवि हैं कि उनकी भाषा भी लोकमानस की क्षुधा को तृप्त करती है। इस ढंग के कतिपय अन्य उदाहरण भी अवलोकनीय बन पड़े हैं जो उनके अनुभवजन्य ज्ञान के द्योतक हैं—

"दादुर धुनि चहुँ दिसा सुहाई। वेद पढ़हिं जनु बटु समुदाई॥
नव पल्लव भए विटप अनेका। साधक जन जस मिलें बिबेकां।
अर्क जवास पात बिनु भयऊ। जस सुराज खल उद्यम गयऊ॥
खोजत कतहुँ मिलइ नहीं धूरी। करइ क्रोध जिमि धरमहि दूरी॥
ससि सम्पन्न सोह महि कैसी। उपकारी कै सम्पति जैसी॥
निसि तम घन खद्योत बिराजा। जनु दम्भिन्ह कर मिला समाजा॥
महावृष्टि चलि फूटि किआरी। जिमि सुतंत्र भएँ बिगरहिं नारी॥
कृषी निरावहिं चतुर किसाना। जिमि बुध तजहिं मोह मद माना॥
देखिअत चक्रबाक खग नाहीं। कलिहि पाइ जिमि धर्म पराहीं॥
ऊषर बरसइ तृन नहिं जामा। जिमि हरिजन हियँ उपज न कामा॥
बिबिध जंतु संकुल महि भ्राजा। प्रजा बाढ़ जिमि पाइ सुराजा॥
जहँ तहँ रहे पथिक थकि नाना। जिमि इंद्रिय गन उपजें ग्याना॥"

यहाँ इतने बड़े उद्धरण को उद्धृत करने का मूल कारण यही है कि हम गोस्वामीजी के भाषा-प्रयोग के इस वैशिष्ट्य से भलीभाँति परिचित हो सकें। कवि की भाषा का प्रयोग क्षमता किस तरह अनेकोन्मुखी कथ्य का प्रक्षेपण करते हुए बहुलार्थता को जन्म देती है, यह कोई तुलसी से सीखे। तुलसी की सूक्तियाँ संकलित रूप में प्रकाशित होने की अपेक्षा रखती हैं। उन पर स्तरीय शोध और समीक्षा भी अपेक्षित है जिससे उनमें निहित अर्थ संरचना तथा वैविध्यपूर्ण अर्थछवियों की शक्तिमत्ता को उजागर किया जा सके। साहित्यकारों तथा मनीषियों ने कालजयी साहित्य-रचना के लिए स्वाभाविक भाषा, गरिमामयी उदात्त शैली एवं समुचित अलंकार योजना पर विशेष ज़ोर दिया है। उपयुक्त और प्रभावी शब्दावली के द्वारा रचना में भव्यता, मार्दव, गरिमा, ओज, शक्ति आदि गुणों का समावेश एवं जीवंतता का संचार होता है। सुन्दर शब्दों द्वारा ही विचार आलोकित होता है। किन्तु, सुप्रसिद्ध यूनानी विचारक लोंजाइनस ने स्वाभाविक भाषा-प्रयोग पर ज़ोर देते हुए इस बात से रचनाकारों को

आगाह किया है कि "गरिमामयी भाषा का प्रयोग सर्वत्र नहीं करना चाहिए क्योंकि छोटी-मोटी बातों को बड़ी-बड़ी और भारी-भरकम संज्ञा देना किसी छोटे से बालक के मुख पर पूरे आकार वाला त्रासद अभिनय का मुखौटा लगा देने के समान है।" कहने की आवश्यकता नहीं कि तुलसी की भाषा अपने स्वाभाविक प्रयोग के कारण भी मर्मस्पर्शी बन पड़ी है। इन्हें भावानुकूल उपयुक्त शब्दावली का कलापूर्ण सहज प्रयोग, व्याकरणसम्मत शब्द प्रयोग एवं उपयुक्त वाक्य-विन्यास अभीष्ट है। तुलसी ने अपने काव्य में औदात्य का उन्नयन करने के लिए भावानुकूल शब्द-योजना का मनोरम प्रासाद खड़ा किया है। तुलसी की भाषा का बड़ा ही स्वाभाविक प्रयोग कवितावली के उस छन्द में प्राप्त होता है जहाँ वे जाति प्रथा के दबावों और अमानुषिक स्थितियों से आहत होकर अत्यन्त आक्रोशपूर्ण वाणी में अपनी बात कहते हैं। यहाँ उनकी भाषा का तेवर देखने योग्य है। क्योंकि यह कबीर के 'जाति-पाँति पूछै नहिं कोई, हरि को भजै सो हरि का होई' जैसे सामान्य कथन से अपेक्षाकृत ज़्यादा तीखा आवेगपूर्ण और प्रहारक बन पड़ा है—

"धूत कहौ, अवधूत कहौ, रजपूत कहौ, जोलहा कहौ कोऊ।
काहू की बेटी सों बेटा न ब्याहब, काहू की जात बिगार न सोऊ॥
माँगि कै खैबो, मसीत में सोइबो, लैबो न एक, न दैबो की दोऊ॥"

यह केवल मध्यकाल के भयावह यथार्थ के प्रति गोस्वामीजी की स्वाभाविक प्रतिक्रिया ही नहीं है अपितु शब्द प्रयोग के सम्बन्ध में उनकी उदार नीति स्वाभाविक तेवर का भी संकेतगर्भी निदर्शन है। तुलसी की अत्यन्त सामर्थ्यशालिनी भाषा अपने सुगठित स्वरूप में कितनी व्यंजनात्मक बन पड़ी हैं, इसे निम्नलिखित उदाहरण द्वारा समझा जा सकता है—

"परुष वचन अति दुसह स्त्रवन, सुनितेहि पावक न दहौंगो।
विगत मान सम सीतल मन, परगुन नहिं दोष कहौंगो॥"

तुलसी ने अपने भाषा-सामर्थ्य द्वारा लोकरुचि का परिष्कार किया। उन्होंने अपनी कविता में नादसौन्दर्य का विधिवत समावेश किया। हिन्दी के सर्वश्रेष्ठ आलोचक आचार्य रामचन्द्र शुक्ल का मानना है कि "नादसौन्दर्य से कविता की उम्र बढ़ती है।" काव्य और संगीत सहजात माने जाते हैं। गोस्वामी जी जैसा विलक्षण कवि संगीत के महत्त्व से भली-भाँति परिचित था। उनका सम्पूर्ण काव्य ही संगीतात्मकता से ओत-प्रोत है। इनके द्वारा रचित 'गीतावली' तो गीतियों का ही संकलन है। साथ ही, विनयपत्रिका की रचना भी संगीत-शास्त्र के विभिन्न राग-रागिनियों में बँधे हुए गेय पदों के ही रूप में हुई है। ये राग-रागिनियाँ पद विशेष में उपलब्ध रस के अनुरूप हैं। 'विनयपत्रिका' का कोई भी ऐसा पद नहीं है जिसमें शास्त्रानुसार राग-रागिनियों का सम्यक निर्वाह न हुआ हो। उनके द्वारा श्रीराम के सौन्दर्य, गुणों और शौर्य का बखान करनेवाला 'श्रीरामचन्द्र कृपालु भजुमन हरण भवभय दारुणं। नव कंज लोचन

कंज मुख कर कंज पद कंजारुणं' नामक गीत तो स्वर साम्राज्ञी लता मंगेशकर की आवाज़ का आश्रय पाकर लोकप्रियता की सारी सीमाएँ पार कर गया है। यह उनकी सांगीतिक प्रतिभा का विलक्षण-व्यापार है। साथ ही, इन पदों में उपलब्ध तुलसी की तरल भावुकता और आत्माभिव्यक्ति विनयपत्रिका को जो काव्योत्कृष्टता प्रदान करते हैं उसका कोई सानी नहीं। वस्तुत: विनय पत्रिका आध्यात्मिक राग की कविता है जिसके कारण वह संगीत-प्रेमियों एवं भावुक भक्तों के मध्य समान रूप से लोकप्रिय है। इस दृष्टि से उनका निम्न पद अवलोकनीय बन पड़ा है—

"जाउँ कहाँ तजि चरन तुम्हारे।
काको नाम पतित-पावन जग, केहि अति दीन पियारे॥
देव, दनुज, मुनि, नाग, मनुज, सब माया-बिबस विचारे।
तिनके हाथ दास तुलसी प्रभु, कहा अपनपौ हारे।"

इसी तरह इन्होंने जिन पदों में संस्कृतनिष्ठ कोमल-कान्त पदावली का सन्निवेश किया है, उनकी ध्वन्यात्मकता जयदेव के 'गीतगोविन्दम्' की याद दिलाती है—

"जयति मंगलागार संसारभारापहर वानराकार विग्रह पुरारी।
राम-रोषानल-ज्वालमाला-मिष ध्वान्तचर-सलभ संहारकारी॥"

तुलसी की भाषा की एक अन्य विशेषता क्रिया पदों का बेहद सटीक प्रयोग है। इस सन्दर्भ में डॉ. बच्चन सिंह का अभिमत है कि "क्रियाओं का इतना सधा प्रयोग शायद ही किसी कवि ने किया हो। बहुत कम स्थानों पर क्रिया लड़खड़ाती है या उसका प्रयोग नहीं होता। यदि पूछा जाए कि मानस का सघनतम् अनुभूतिमय क्षण कौन है तो इसका उत्तर इसमें मिलेगा कि जहाँ क्रिया अनुपस्थित है। भरत राम से मिलने चित्रकूट आए हैं। जिस समय उन्होंने साष्टांग प्रणाम किया उस समय राम मुनियों के साथ वेदी पर विराजमान थे। लक्ष्मण ने राम को सूचना दी—'कहत सप्रेम नाइ महि माथा। भरत प्रनाम करत रघुनाथा॥' लक्ष्मण की आवाज़ सुनते ही राम उठे—'उठे रामु सुनि प्रेम अधीरा। कहुँ पट कहुँ निषंग धनु तीरा॥' इस तरह तुलसी की भाषा प्राय: समस्त भाषा वैशिष्ट्यों का समन्वित रूप है। इन्होंने ग्राम्यगिरा तथा शास्त्रीय भाषा के मध्य सन्तुलन क़ायम रखते हुए संस्कृत पर हिन्दी को स्थापित किया, उसे विराट स्वीकृति प्रदान की। उसकी लोकोन्मुखता और जनपक्षधरता का महत्त्वपूर्ण आयाम उपस्थित करते हुए उसमें विद्यमान रचनात्मक शक्ति का अधिकतम दोहन किया। इन्होंने प्राय: हर वर्ग के लिए रचनाएँ लिखीं। इनकी हार्दिक इच्छा थी कि हर वर्ग राममय हो जाए क्योंकि राम अपने में ही नहीं राममयता में हैं। ऐसी स्थिति में भाषा के प्रति उनके मन में किसी प्रकार का दुराग्रह नहीं रह जाता। वे बड़े ही खुले मन और निश्चल भाव से अपने भाषा विषयक दृष्टिकोण को इस प्रकार प्रस्तुत करते हैं—

"का भाषा का संस्कृत, भाव चाहिए साँच।
काम जो आवे कामरी, कालै करै कुमांच॥"

इस तरह भाषा के बजाय गोस्वामी जी भाव की सत्यता पर ज़ोर देते हैं।

इसमें सन्देह नहीं कि तुलसीदास जैसी समर्थ भाषा और सन्देश अन्यत्र दुर्लभ है। तुलसी की भाषा का एक अत्यन्त महत्त्वपूर्ण गुण चित्रात्मकता है। उनकी भाषा मूर्तिविधायिनी कल्पना और बिम्बात्मकता से वलयित है। वे रूपकों के सम्राट माने जाते हैं। उनका वास्तुविषयक और स्थापत्य सम्बन्धी ज्ञान भी प्रत्येय है। उनके समय में ताजमहल की वास्तुकला भले ही अस्तित्व में न आई हो परन्तु वे अपनी मूर्तिविधायिनी कल्पना के सहारे रामचरितमानस में राजा जनक की आज्ञा से मंडप रचना में निपुण स्थपति (कारीगर) द्वारा जिस मंडप का निर्माण करवाते हैं वह न केवल ताजमहल की वास्तुकला का पूर्वाभाव है बल्कि कई मायनों में उससे बढ़कर है। वे मंडप निर्माण की प्रक्रिया का चित्रण करते हुए लिखते हैं कि उन स्थपतियों ने ब्रह्मा की वंदना करके आरम्भ किया और सर्वप्रथम सोने के केले के खम्भे बनाए। तदुपरान्त हरी-हरी मणियों (पन्ने) के पत्ते और फल बनाए तथा पद्मराग मणियों के फूल बनाए। मंडप की अत्यन्त विचित्र रचना देखकर ब्रह्मा का मन भी भूल गया। बाँस सब हरी-हरी मणियों (पन्ने) के सीधे एवं गाँठों से युक्त ऐसे बनाए जो पहचाने नहीं जाते थे कि मणियों के हैं अथवा साधारण बाँस के। सोने की सुन्दर नागबेलि बनाई, जो पत्तों सहित ऐसी भली मालूम होती थी कि पहचानी नहीं जाती थी। उसी नागबेलि के रचकर और पच्चीकारी करके बन्धन बनाए जिसके बीच-बीच में मोतियों की झालरें सुशोभित हुईं। माणिक, पन्ने, हीरे और फिरोजे आदि रत्नों को चीरकर, कोरकर और पच्चीकारी करके इनके लाल, हरे, श्वेत और फिरोजी रंग के कमल बनाए। साथ ही, भौंरे और बहुतेरे रंगों के पक्षी बनाए जो हवा के सहारे गूँजते और कूजते थे। यहाँ तुलसी की कला ताजमहल की परिकल्पना से भी बहुत आगे बढ़ गई है क्योंकि वे स्थपति द्वारा बहुमूल्य पत्थरों से स्वाभाविक रंगसौन्दर्य प्रस्फुटित करते हुए केवल भौंरों और पक्षियों का निर्माण ही नहीं करवाते अपितु उसमें उस यांत्रिक विशेषताओं को भी भर देते हैं कि पवन संचरण से प्रस्तर के भौंरों का गुंजार और पक्षियों से उनका नैसर्गिक मधुर कूंजन अनुस्वनित हो। यह तुलसी की कला प्रतिभा का प्रकर्ष है।

काव्य भाषा को बहुविध छवियों, गुणों, शक्तियों तथा अभिव्यंजना की समस्त विशिष्टताओं से समंजित करनेवाले महाकवि के सन्दर्भ में आचार्य रामचन्द्र शुक्ल का निम्न कथन सर्वथा आधिकारिक बन पड़ा है कि "भाषा पर जैसा अधिकार गोस्वामी जी का था, वैसा और किसी हिन्दी कवि का नहीं।"

अन्त में, मैं कहना चाहूँगा कि तुलसी की भाषा की सत्यता और जन सुलभता ने उनकी लोकप्रियता को अमरत्व दान किया है। मेरा ख्याल है कि यदि आधुनिक काल को छोड़ दिया जाय तो गोस्वामीजी अपने पूर्ववर्ती, समकालीन और परवर्ती हिन्दी के समस्त रचना-विदों को भाषा के क्षेत्र में पीछे छोड़ जाते हैं। निश्चय ही,

भक्तिकालीन युग में भाषा के दृष्टिकोण से उनका स्थान अप्रतिम है। इस क्षेत्र में उनका योग कम महत्त्व नहीं रखता। इस दिशा में उनका अवदान ऐतिहासिक महत्त्व का अधिकारी है। उनकी महिमा अक्षुण्ण है। उन्होंने संस्कृत भाषा के कूपजल से कविता कामिनी को निकालकर लोक भाषा की सरिता सरणि में जिस रचनात्मक शक्ति और ऊर्जा से प्रवहमान बनाया वह उन्हें उस ऊँचाई पर प्रतिष्ठित करता है जिसे पार करना किसी अन्य कवि के वश की बात नहीं। कवि रूप में उनकी चरमसार्थकता तथा विश्वव्यापी लोकप्रियता का एक महत्त्वपूर्ण कारक यह भी है जो उन्हें समस्त भारतीय रचनाकारों में विशिष्ट स्थान प्रदान करता है। आज तक इस दृष्टि से दूसरा कोई भी रचनाकार नहीं हुआ जो उनकी समकक्षता कर सके और जिसकी कविता की पहुँच गाँव की चौपालों से लेकर काव्य रसिकों तक बराबर हो, जो काव्य भाषा के तमाम वैशिष्ट्यों से अनुप्राणित होकर एक विराट जनसमुदाय का कंठहार बना हो। लोकजीवन और लोकमानस की व्यापक स्वीकृति तुलसी की भाषा की सहज सम्प्रेषणीयता का सबसे बड़ा प्रमाण है। उनकी भाषा के इन्हीं गुणों ने उनकी कविता को कालजयी और उनके सन्देश को सार्वभौम तथा शाश्वत बनाया है जो परवर्ती कवियों के लिए एक प्रादर्श है।

आचार्य कवि गोस्वामी तुलसीदास

(1532-1623)

पूर्व पीठिका

जब हम गोस्वामी तुलसीदास के काव्यशास्त्रीय चिन्तन की पृष्ठभूमि पर विचार करते हैं तो पाते हैं कि गोस्वामी तुलसीदास संस्कृत, पालि, प्राकृत, अपभ्रंश और प्राचीन हिन्दी की काव्य परम्परा और शास्त्रीय चिन्तन की जानकारी रखते थे। उन्हें काव्य के मर्म से लेकर उसके प्रयोजन रचना-प्रक्रिया तथा प्रभाव शक्ति का पूरा ज्ञान था। उन्होंने आदिकाल की उस परम्परा से भी परिचय प्राप्त किया था जिसमें रस चिन्तन अलंकार निरूपण और नायिका भेद की चर्चा थी। उनके पूर्व कबीर, जायसी और सूरदास ने भी अपने-अपने स्तर पर काव्य सम्बन्धी विचार व्यक्त किए थे। चूँकि तुलसीदास बहुश्रुत थे अत: यह भी सम्भव है कि उन्हें अपने पूर्ववर्ती और समकालीन कवियों की भी विधिवत जानकारी रही हो।

भक्तिकाल हिन्दी साहित्य का सबसे महत्त्वपूर्ण युग है। इसे हिन्दी साहित्य के स्वर्णयुग के नाम से भी जाना जाता है। इस युग में न केवल सार्वभौम शाश्वत मूल्यों के प्रतिष्ठाता कवि हुए अपितु गुण और परिमाण दोनों ही दृष्टियों से इस युग में इतने विपुल और बहुआयामी साहित्य की रचना हुई कि आज भी विस्मय होता है। भक्तिकाल मानव मन की शाश्वत बुभुक्षा एवं प्यास को शान्त करने की सामग्री उपलब्ध कराता है। इसमें युग-युगान्तर को रसमग्न करने की क्षमता है। जीवन और जगत का कोई भी ऐसा क्षेत्र नहीं, कोई भी ऐसा कोना नहीं, कोई भी ऐसा बिम्ब नहीं जिसे भक्ति साहित्य में न प्रतिबिम्बित किया गया हो। भक्तिकालीन कवियों ने भले ही सुव्यवस्थित रीति से आचार्यों की भाँति काव्यचिन्तन न प्रस्तुत किया हो परन्तु जाने-अनजाने काव्य के प्रभाव के सन्दर्भ में जो विचार व्यक्त किए हैं वे आज भी मूल्यवान और स्पृहणीय हैं। भक्तिकालीन कवियों में काव्यांशों का स्वतंत्र प्रतिपादन रीतिकाल के कवियों के समान करने की प्रवृत्ति भले ही न रही हो परन्तु वे काव्यमूल्यों से अपरिचित नहीं थे। यह स्वीकार करने में कोई कठिनाई नहीं होनी चाहिए कि भक्तिकाल में शास्त्रीयता का पूर्णत: अतिक्रमण नहीं हो सका,

भले ही, वह पूर्ण रूप से लोकसापेक्ष आन्दोलन रहा। आलोच्यकाल के अधिकांश कवियों ने काव्यसिद्धान्तों का प्रतिपादन प्रकीर्ण रूप से किया है। सगुण-निर्गुण अथवा आलम्बन की भिन्नता के कारण इन कवियों के काव्य-चिन्तन में भी विविधता और मौलिकता की सम्भावनाएँ रही हैं। इस दृष्टि से तुलसीदास का काव्य-चिन्तन सर्वाधिक महत्त्वपूर्ण बन पड़ा है।

गोस्वामी तुलसीदास भक्तिकाल की रामभक्ति काव्य धारा के सर्वोच्च कवि के रूप में प्रतिष्ठित हैं। यद्यपि काव्यशास्त्रीय सिद्धान्तों का निरूपण उनका लक्ष्य कभी नहीं रहा, फिर भी, उनकी सहज कवि प्रतिभा के स्वाभाविक स्फुरण में तथा काव्य के प्राय: सभी अंगों पर उपलब्ध उनके विचारों के आलोक में उनके काव्यविवेक और काव्यशास्त्रीय चिन्तनात्मकता का सम्यक निदर्शन हुआ है। इससे प्रमाणित होता है कि तुलसीदास न केवल काव्यशास्त्र के परम्परागत सिद्धान्तों से भली-भाँति परिचित थे, अपितु इससे सन्दर्भित उनके चिन्तन में गांभीर्य और पांडित्य का माणिकांचन संयोग भी उपलब्ध होता है। यहाँ हम उनके काव्यशास्त्रीय चिन्तन का क्रमवार विश्लेषण प्रस्तुत करेंगे।

तुलसीदास के काव्यशास्त्रीय चिन्तन का मूल आशय

तुलसीदास के मानस में रूपक अलंकारों के उपयोग और बरवै रामायण का प्रणयन उनके काव्य में रीति धारा और काव्यशास्त्रीय चिन्तन के स्वाभाविक प्रवाह के रूप में है। कपितय आलोचक बरवै रामायण को अलंकारों के उदाहरणस्वरूप लिखा हुआ ग्रंथ मानते हैं और यह प्रतिपादित करते हैं कि इनके अलंकारों को आधार बनाकर आगामी रचनाकारों ने लक्षण ग्रंथ निर्माण किये। उन्होंने कहा है—"रामायण में जो धरे अलंकार के भेद और के लच्छन लिए रामायण के लच्छ।" इनके द्वारा रचित बरवै रामायण तो विशुद्ध काव्यशास्त्रीय ग्रंथ है। इन्होंने रामचरित मानस तथा अन्यान्य कृतियों में भी काव्य के सभी आयामों पर सम्यक रूप से विचार किया है। तुलसीदास ने "गिरा अरथ जल, बीचि, सम, कहियत भिन्न न भिन्न" कहकर वाणी और अर्थ की अभेदता स्थापित करने का यत्न किया। यह लक्षण ग्रंथों के अनुसार शास्त्रीय उक्ति है। ऐसी उक्तियाँ उनके प्रौढ़ सैद्धान्तिक ज्ञान की परिचायक हैं। इन्होंने लिखा है कि जनसाधारण के गुण गाने से काव्य की देवी असन्तुष्ट होती है। इसलिए वाणी का आह्वान केवल भगवान के चरित्र या गुण-गान के निमित्त ही करना ठीक है। उनका कथन है—

कवि कोविद अस हृदय विचारी। गावहिं हरि जस कलिमल हारी॥
कीन्हें प्राकृत जन गुण गाना। सिर धुनि गिरा लगत पछिताना॥

इस तरह परमात्मा का गुणगान ही उनकी दृष्टि में कविता का मूल प्रतिपाद्य है। इनके अनुसार सरस्वती की कृपा से कविता के मुक्ताफल उत्पन्न होते हैं और जिसका सज्जन आदर करते हैं।

तुलसी की दृष्टि में काव्य की रचना-प्रक्रिया

गोस्वामी तुलसीदास काव्य की रचना-प्रक्रिया का भी बड़ा ही सूक्ष्म विवेचन करते हैं। तुलसी के इस पक्ष का विश्लेषण हमने अपनी पुस्तक 'मध्यकालीन काव्य : चिन्तन और संवेदना' में किया है। मेरा अभिमत है कि तुलसी अपनी स्थापनाओं में बेहद स्पष्ट हैं। वे कहते हैं कि बुद्धिमान लोग हृदय रूपी सीप में सरस्वती रूपी स्वाति नक्षत्र के श्रेष्ठ विचार रूपी जलवृष्टि मानते हैं—

हृदय सिन्धु मति सीप समाना। स्वाति सारदा कहहिं सुजाना।
जौं बरसइ बर बारि बिचारू। होंहि कवित मुकुतामानि चारू।

इस तरह तुलसी काव्य की रचना प्रक्रिया पर गम्भीरतापूर्वक विचार करनेवाले कलाकार हैं। यहाँ एक तथ्य विचारणीय है कि संस्कृत के पंडित जहाँ अपने को ग्रंथों और काव्यों की उत्पत्ति से या अन्य किसी देवता अथवा उसके वाहन से सम्बद्ध बताते हैं वहाँ प्राकृत, अपभ्रंश वाले अपने को और अपने काव्य को हीन बताते हैं। सन्देश रासककार ने कहा है कि उसका काव्य उन लोगों को तब ही आनन्द देगा जबकि संस्कृत के उत्तम काव्य उपलब्ध न हों। इसी भाँति निम्नांकित पंक्तियाँ भी दर्शनीय हैं—

बुहयण सयंभु पइं विण्णवह महु सरिसहु अण्णा कि कुकई।
बायरणु कयाईं ण जाणियउ। णउ बित्ति सुत्त बक्खाणियउ॥

अर्थात कवि कहते हैं कि वे व्याकरण, वृत्ति, सूत्र, महाकाव्य, शास्त्र, छन्द और पिंगल से अनभिज्ञ हैं। यह भारतीय कवि-परम्परा में निहित विनम्रता है जो जायसी से होते हुए तुलसी तक पहुँची है। तुलसीदास भी काव्य-विवेक के प्रति अपनी अनभिज्ञता प्रकट करते हुए लिखते हैं—

कवि न होउँ नहिं बचन प्रबीनू। सकल कला सब विद्या हीनू।
कबित विवेक एक नहिं मोरे। सत्य कहउँ लिखि कागद कोरे॥

इससे प्रतीत होता है कि संस्कृत के साहित्यकार जहाँ आत्मालोचन करते हुए अपने को पंडित, शास्त्रज्ञ और दिव्य आत्माओं से सम्बन्धित बताते थे वहाँ तुलसीदास ने देशज भाषा के अनुकूल रहकर संस्कृत साहित्यकारों के प्रतिकूल अपनी विनम्रता का परिचय दिया है। यह स्वाभाविक भी था कि लोकभाषा का कवि होने के कारण उनकी उन्नमुखता प्राकृत और अपभ्रंश की ओर रही हो। आत्मालोचन के क्षेत्र में हिन्दी के कवि और काव्यशास्त्री अधिकांशत: संस्कृत के

पंडितों के अनुकूल न होकर देशज कवियों के अनुकूल रहे हैं। उनमें पंडितराज जगन्नाथ जैसा अहं भाव दुर्लभ है। महाकाव्य के आरम्भ में तुलसी की रूपक बाँधने की प्रवृत्ति अपभ्रंश कवि स्वयंभू के अनुकूल है। इन्होंने बड़ी सतर्कता बरतते हुए कहा हैं—

आखर अरथ अलंकृत नाना। छन्द प्रबन्ध अनेक बिधाना॥
भाव भेद रस भेद अपारा। कबित दोष गुन बिबिध प्रकारा॥

यहाँ हमें ज्ञात होता है कि वह वर्ण, अर्थ, अलंकार, छन्द, वस्तु-विधान, रति-भाव और दोष आदि से परिचित थे। अपनी कविता को इन तमाम गुणों से रहित बताना न केवल विनम्रता का उद्घोष है अपितु यह अत्यन्त साहसपूर्ण प्रतिष्ठापना है, आत्मविश्लेषण का कठोरतम निकष भी है। इस प्रकार इन्होंने रीति तत्त्वों की ओर भी संकेत किया है। यह उनके काव्यशास्त्रीय ज्ञान का परिचायक है।

तुलसीदास ने उत्तम काव्य के लिए निम्नलिखित गुणों को अपरिहार्य माना है—

जो प्रबन्ध बुध नहिं आदरही। सो श्रम बादि बाल कवि करहीं।
कीरति, भनिति, भूति, भलि सोई। सुरसरि सम सब कहँ हित होई॥

इस प्रकार दो बातें स्पष्ट हैं—एक यह कि बुद्धिमान लोग उत्तम काव्य का आदर करते हैं और दूसरी बात यह है कि वह सबके हित की है। कीर्ति, यश, ऐश्वर्य और कविता तीनों की उपयोगिता इसी बात में है कि वह गंगा के समान सबका बिना किसी भेदभाव के हित करनेवाली हो।

तुलसीदास ने कारयित्री और भावयित्री प्रतिभा को भिन्न मानते हुए उसे अत्यन्त सुन्दर रूप में अभिव्यक्त किया है। उनका मानना है कि कविता सहृदय, विद्वान और बुद्धिमान व्यक्तियों के पास जाकर ही शोभा पाती है न कि स्वयं कवि या रचयिता के पास रहकर। मणि, माणिक, मोती, रत्न इत्यादि भी अपनी उत्सभूमि में उतनी शोभा नहीं पाते जितनी राजमुकुट में या रमणी के शरीर पर। इसी तरह कवि की वाणी से उत्पन्न कविता भी वहाँ शोभा पाती है जहाँ उसका विचार प्रसार तथा उसमें कथित आदर्श का ग्रहण और अनुसरण होता है। सही अर्थों में उसका अनुशीलन और मूलयांकन होता है। जहाँ सहृदय वर्ग उसकी सही परख करते हुए उमसें निहित अर्थ छवियों का सन्धान करता है, उसे अपनी सदाशयता और प्रशंसा प्रदान करता है। इसे कविता की सार्थकता पर गहन चिन्तन भी माना जा सकता है जिसे तुलसीदास ने निम्नलिखित पंक्तियों में व्यक्त किया है—

मनि मानिक मुकुता छबि जैसी। अहि गिरि गज सित सोह न तैसी।
नृप किरीट तरुनी तन पाई। लहहिं सकल सोभा अधिकाई॥
तैसेहिं सुकबि कबित बुध कहहीं। उपजहिं अनत अनत छबि लहहिं॥

जब इस प्रतिमान पर स्वयं तुलसी के काव्य की सार्थकता पर विचार करते हैं तब वे हमारे समक्ष अत्यन्त श्रेष्ठतर कवि के रूप में आते हैं। वे इस दृष्टि से भी

बहुत बड़े कवि हैं कि उनकी कविता की पहुँच जनसाधारण से लेकर काव्यरसिकों तक समान रूप से है और वह सदैव बौद्धिक वर्ग और समीक्षकों द्वारा व्याख्यायित, विश्लेषित और सम्मानित होती रही है। इसी तरह तुलसीदास जी ने कविता की परिभाषा देते हुए लिखा है—

वर्णानामर्थ संघानां रसानां छन्दसामपि।
मंगलानां च कर्तारौ वन्दे वाणी विनायकौ।

यदि इस श्लोक के पाठ की व्याख्या सरस्वती और गणेश के स्तवन के अलावा कविता की परिभाषा के रूप में की जाय तो हमारे समक्ष सर्वगुण सम्पन्न और एक मुकम्मल काव्य परिभाषा उपस्थित होती है जो काव्य के सहृदय पाठकों के लिए अत्यन्त रमणीय वस्तु है। इसी तरह वे अन्यत्र भी लिखते हैं—

गुननि अलंकारनि सहित, दूषण रहित जो होय।
शब्द अर्थ जुत है जहाँ, कवित कहावत सोय॥

इसमें मम्मट की अवधारणा पुष्ट होती है। इन्होंने संस्कृत काव्यशास्त्रों के समान ही काव्य पुरुष की कल्पना करते हुए कहा है—

छन्द चरण भूषण हृदय, कर मुख भाव अनुभाव।
चख थाई श्रुति सम्पति, काव्य सुअंग सुभाव॥

इस तरह तुलसी की दृष्टि में कविता ऐसी आत्माभिव्यक्ति है जो देवी कृपा से स्फुरित होकर रामचरित अथवा अलौकिक कथा के गायन में रत होती हैं। जिसमें शब्द, अर्थ, छन्द, अलंकार, गुण, रस, भाव इत्यादि सारे तत्त्व यथोचित रूप से विद्यमान होते हैं तथा जिसके प्रबन्धन में एकसूत्रता का सम्यक निर्वाह होता है जिसका अणु-अणु भक्ति रस से अनुप्राणित होता है और जो भागीरथी गंगा के समान विश्वमंगल और लोककल्याण के लिए संकल्पित होती है वही कविता है। साथ ही, वह नाना पुराण निगमागमों तथा ज्ञान-विज्ञान की अन्याय शाखाओं का काव्यात्मक प्रतिपादन करते हुए अपनी रम्यता, सहजता, सरलता तथा चारुता से सुधी पाठकों का स्नेहभाजन बनती है। उनके द्वारा विवेचित, चर्चित और पुरस्कृत होती है।

स्पष्ट है कि तुलसीदास को काव्यशास्त्र का प्रौढ़ ज्ञान था। उनके काव्य विषयक चिन्तन को लेकर विस्तार में बहुत कुछ लिखा जा सकता है। उन्होंने देशज भाषा के ग्रंथों से, संस्कृत काव्यों से और काव्यशास्त्रीय ग्रंथों का निर्माण किया। उनकी मधुप वृत्ति तो प्रसिद्ध ही है उनमें भक्ति की प्रबलता भी देखने को मिलती है। उनके काव्यादर्श इसलिए भी महत्त्वपूर्ण हो जाते हैं कि उससे आचार्य रामचन्द्र शुक्ल जैसे महान आलोचक के काव्य-संस्कार निर्मित हुए हैं। अत: तुलसी का काव्यशास्त्रीय ज्ञान अनुपेक्षणीय ही नहीं स्तुत्य भी है। उनके काव्यादर्शों के आधार पर ही उनके काव्य का मूल्यांकन भी किया जा सकता है। वे हिन्दी के सर्वश्रेष्ठ कवि ही नहीं उच्चकोटि के काव्यचिन्तक भी हैं। उन्होंने अपनी भावयित्री प्रतिभा और चिन्तनात्मक

मेधा का परिचय देते हुए काव्य के प्राय: सभी आयामों पर अत्यन्त गम्भीरतापूर्वक विचार किया है और इस दिशा में उनकी स्थापनाएँ भी सर्वथा उल्लेख्य हैं। यहाँ हमारे विश्लेषण का यही लक्ष्य है। काव्य की रचना-प्रक्रिया पर वे वैज्ञानिक दृष्टिकोण का परिचय देते हैं।

तुलसी का विश्वदृष्टि, जीवनदृष्टि और समीक्षा दृष्टि

गोस्वामी तुलसीदास की दृष्टि बहुत व्यापक है वह सम्पूर्ण संसार को सीताराम से युक्त मानते हैं। उनकी विश्वदृष्टि राम और जगत में तत्त्वत: अभेद मानती है। वे जगत को राममय मानकर लिखते हैं कि—

"जड़ चेतन जग जीव जत सकल राममय जानि।
बन्दउँ सब के पद कमल सदा जोरि जुग पानि॥"

इसी प्रशस्त वैश्विक सन्दृष्टि से उनकी जीवन-दृष्टि विकसित हुई है जो परहित, लोकहित और सर्वसमावेशकता पर आधारित है। उनका अभिमत है कि जगत में तालाबों और नदियों के समान ऐसे मनुष्य ही अधिक हैं जो जल (उपलब्धि) पाकर अपनी ही बाढ़ से बढ़ते हैं। समुद्र-सा तो कोई एक विरला ही सज्जन होता है जो चन्द्रमा को पूर्ण देखकर (दूसरों का उत्कर्ष देखकर) उमड़ पड़ता है—

"जग बहु नर सर सरि सम भाई। जे निज बाढ़ि बढ़हिं जल पाई॥
सज्जन सकृत सिन्धु सम कोई। देखि पूर बिंधु बाढ़इ जोई॥"

ऐसा माना जाता है कि दृष्टि के बिना सृष्टि सम्भव नहीं। एक सर्जक की जीवनदृष्टि उसकी विश्वदृष्टि के आधार पर निर्मित होती है और उसकी काव्य अथवा समीक्षा-दृष्टि उक्त जीवन-दृष्टि से पोषण प्राप्त करती है। गोस्वामीजी की विश्वदृष्टि से विकसित जीवन-दृष्टि ही उनमें यह आत्मविश्वास भरती है कि उनकी कविता सर्वमंगला है, जगत का कल्याण करनेवाली है। ऐसा काव्य-विवेक तुलसी की जीवनदृष्टि के फलस्वरूप ही सम्भव हो सका है। वे अपनी कविता के बारे में तटस्थ आलोचकीय विवेक के साथ टिप्पणी करते हैं—

"भनिति भदेस बस्तु भलि बरनी। राम कथा जग मंगल करनी।"

उन्होंने कठिन समय में प्रशस्त विश्व दृष्टि की पहचान किया तथा अपने लोकवादी समाजवादी दर्शन द्वारा विश्वमन का स्पर्श किया है। इस सन्दर्भ में डॉ. प्रेमशंकर ने लिखा है कि—

"तुलसी ने मूल्यों के वैकल्पिक संसार की परिकल्पना कई धरातलों पर की और रचना में बार-बार उनकी आवृत्ति बदल-बदल कर होती है। एक वैचारिक जगत् है जहाँ कवि दार्शनिक-विचारक की भाँति चिन्ता व्यक्त करता है और सामाजिक चेतना से सम्पन्न वक्तव्यों की सीमा से भी परिचित है। इसलिए उन्होंने

वैकल्पिक मूल्यसंसार को चरित्रों के माध्यम से आचरण स्तर पर प्रमाणित करने का कार्य किया। सामान्यजन चरित्रों को प्रतीक रूप में देखते हैं। ऐसी स्थिति में पात्र व्यक्तिगत संज्ञाएँ नहीं रह जाते, किन्हीं प्रवृत्तियों के अन्त में कहा गया कि भरत का जन्म न होता तो सुयश के बहाने दुख-संताप-दारिद्रय का हरण कौन करता "दुख दाह दारिद दम्भ दूषन सुजस मिस अपहरत को। 'सीता सील व्रत प्रेम पुनीता' है जिनके रूप का वर्णन भी सम्भव नहीं उन्हें 'महाकवि' कहा गया। तुलसी ने वैकल्पिक, मूल्य संसार को कवि के कल्पित स्वप्न अथवा विजन के रूप में 'राम-जनम कर हेतू' की चर्चा है। वे 'असुरि मारि, थापहि, सुरन्ह राखहिं निज श्रृति सेतु जग बिस्तारहिं बिसद जस राम जन्म कर हेतु' संसार में अवतरित होते हैं। यहाँ यह संकेत करना भी आवश्यक है कि देवता तो छली-कपटी कहे गए हैं जो राम की विजय के अवसरों पर आकाश से केवल प्रसून-वर्षा करना जानते हैं जैसे कर्महीन जाति हो। कामायनी के इडा सर्ग में देवता जाति को अपूर्ण अहंता कहा गया है। जो स्वयं को प्रवीण समझती है। तुलसी ने देवताओं को अच्छा प्रमाणपत्र नहीं दिया और सचाई तो यह है कि अपने स्वार्थ के लिए उन्होंने राम को संघर्ष में उतारा स्वयं तटस्थ होकर आनन्द लेते रहे। इसकी चर्चा की जाएगी फिलहाल इतना ही कहना पर्याप्त है कि वे अपनी सन्दृष्टि राम में प्रस्तुत करते हैं। राम के लिए विरुदो का प्रयोग किया गया है, इनकी संख्या विपुल है पर प्रधानता है उनके 'करुणाभाव' की, दीन-दयालु से लेकर ग़रीब नेवार तक?" तुलसी का कवि व्यक्तित्व मौलिक प्रतिभा, व्यापक अध्ययन तथा सूक्ष्म-पर्यवेक्षण के समन्वय से बना है। अत: उसका चिन्तक रूप सर्वत्र सक्रिय है।

तुलसी के काव्य-चिन्तन पर अपना अभिमत प्रस्तुत करते हुए डॉ. उदय भानु सिंह ने लिखा है कि तुलसीदास काव्यशास्त्री नहीं थे कवि थे। उनमें प्रतिभा और व्युत्पत्ति (बहुज्ञता) का संयोग था। राजशेखर ने प्रतिभा-व्युत्पत्तिमान कवि के तीन प्रकार बतलाए हैं—

"काव्यकवि, शास्त्रकवि और उभयकवि। काव्यकवि कवित्व को विशेष महत्त्व देता है। वह अपने प्रतिपाद्य विषय के उपस्थापन में उक्ति-वैचित्र्य का सहारा लेता है और इस प्रकार तर्क-कर्कश विषय को भी रमणीयता के साथ प्रस्तुत करता है। शास्त्रकवि की दृष्टि सैद्धान्तिक निरूपण पर केन्द्रित रहती है। वह काव्य में भी शास्त्रार्थ का निरूपण करता है जिसमें दोनों विशेषताएँ हो वह सर्वश्रेष्ठ है। तुलसीदास की रचनाओं में कविकल्पना और है। अतएव वे उभयकवि थे।

रीति की दृष्टि से हिन्दी में तीन प्रकार के कवि पाये जाते हैं—रीतिग्रंथकार, रीतिबद्ध और रीतिमुक्त। रीतिग्रंथकार वे हैं जो अपनी कृति में काव्यांगों के लक्षणों का निरूपण करके उदाहरण-रूप में कविताएँ प्रस्तुत करते हैं। रीतिबद्ध वे हैं जो स्वयं तो लक्षणों के नियमानुसार काव्य रचना करते हैं। रीतिमुक्त कवि न तो लक्षण

निरूपण करते हैं और न रूढ़ लक्षणों का अनुसरण करते हैं। वे लोक छोड़कर स्वच्छन्द मार्ग पर चलते हैं। तुलसीदास कुछ विलक्षण प्रकार के रीतिबद्ध कवि हैं। सैद्धान्तिक लक्षणों के उदाहरण-रूप में रचना न करके 'रामचरितमानस' के रूपक निरूपण में समन्वयवादी दृष्टि से काव्य के प्रतिपाद्य विषय और प्रतिपादन शैली की परम्परा में प्राचीन विशेषताओं का सांकेतिक उल्लेख किया गया है।

"सप्त प्रबन्ध सुभग सोपाना। ज्ञान नयन निरखत मन माना॥
रघुपति महिमा अगुन अबाधा। बरनन सोइ बर बारि अगाधा॥
राम सीय जस सलिल सुधा सम। उपमा बीचि बिलास मनोरम॥
पुरइनि सघन चारु चैपाई। जुगुति मंजु मनि सीप सुहाई॥
छन्द सोरठा सुन्दर दोहा। सोइ बहुरंग कमल कुल सोहा॥
अरथ अनूप सुभाव सुभासा। सोइ पराग मकरंद सुबासा॥
सुकृत पुंज मंजुल अलि माला। ग्यान विराग विचार मराला॥
धुनि अवरेब कबित गुन जाती। मीन मनोहर ते बहुभाँती॥
अरथ धरम कामादिक चारी। कहब ग्यान बिग्यान बिचारी॥
नव रस जप तप जोग बिरागा। ते सब जलचर चारु तड़ागा॥
सुकृति साधु नाम गुन गाना। ते बिचित्र जलबिहम समाना॥
संत सभा चहुँ दिसि अँबराई। श्रद्धा रितु बसंत सम गाई॥
भगति निरूपन बिबिध बिधाना। छमा दया दम लता बिताना॥
सम जम नियम फूल फल ग्याना। हरिपद रति बस बेद बखाना॥"

इसी रूपक में भक्तिरसात्मक काव्य के केन्द्र-बिन्दु से काव्य के प्रसिद्ध अंगो-वस्तु, गेयता, रस अलंकार, ध्वनि, वक्रता, गुण, जाति, भाषा, भाव, अर्थ और भक्ति के पोषक वैराग्य मन आदि का निर्देश किया गया है। तुलसी की बिखरी हुई उक्तियों को समन्वित करके उनके काव्यमत का सम्यक विवेचन किया जा सकता है। यहाँ तुलसी ने काव्य के सर्वांग निरूपण के लिए जो रूपक रचा है वह उन्हें एक परिपक्व काव्यचिन्तन सिद्ध करता है।

तुलसी की विश्वदृष्टि तात्कालिक परिस्थितियों के आधार पर निर्मित हुई है। इसलिए उनकी विश्वदृष्टि में भविष्य दृष्टि भी सम्मिलित है। इस सन्दर्भ में डॉ. योगेन्द्र प्रताप सिंह ने ठीक लिखा है—"हिन्दी साहित्य के समूचे इतिहास में गोस्वामी तुलसीदास का व्यक्तित्व अप्रतिम है, उनकी वाणी एक ऐसे समाधिस्थचित्त की अभिव्यक्ति है, जिसमें भारतीय दर्शन, धर्म और कला का अद्‌भुत समन्वय है। वह केवल अतीत का काव्य नहीं है, अपितु आगत का बोधक और अनागत का दिशासूचक भी है। उसमें संतसम्मत उपदेश के साथ ही 'सद्यःपर' निवृत्ति की क्षमता भी है। एक पाश्चात्य विद्वान स्मिथ के शब्दों में—"मध्यकालीन हिन्दी काव्य के ऐंद्रजालिक उद्यान में तुलसीदास का व्यक्तित्व सबसे ऊँचे वृक्ष के समान है। यद्यपि

उनका उल्लेख 'आईने अकबरी' अथवा मुस्लिम इतिहास ग्रंथों अथवा उनके आधार पर लिखे गए पाश्चात्य लेखकों की रचनाओं में नहीं है फिर भी वे अपने युग के सबसे महान व्यक्ति थे, वे अकबर से भी महान थे। वे अपनी वाणी से कोटि-कोटि जनता के हृदय सम्राट बन गए थे।"

उनकी लोकप्रियता का रहस्य क्या है, यह प्रश्न उठते ही हमारा ध्यान सहसा उनके काव्यादर्श की ओर चला जाता है। उनकी काव्यरचना के भिन्न-भिन्न प्रयोजन और भावकनिष्ठ प्रयोजन उन्होंने इन दोनों को ध्यान में रखा है। उनकी रचना का एक उद्देश्य स्वानुभूत, आत्मबोध और स्व सन्देह, मोह भ्रम निवारण है तो दूसरा प्रयोजन है—जन कल्याण अथवा लोकमंगल। वस्तुत: गोस्वामी जी में लोकमंगल और काव्य कौशल का चरम परिपाक मिलता है। उनका विश्वास है कि सच्ची कविता वही है जो हृदय से निकलकर पाठक के हृदय को छू ले। काव्य की श्रेष्ठता की कसौटी है, समाज। सच्ची कविता अपने मूल स्थान (कवि-हृदय) की अपेक्षा समाज में ही शोभा को प्राप्त होती है।

अपने इस महान लक्ष्य की पूर्ति के लिए उन्होंने अपना काव्य नायक राम को चुना। उनके राम सगुण-निर्गुण से परे लोकमंगल के प्रतीक हैं। विश्व में जितने भी महापुरुष हुए हैं उन सबकी विशेषताएँ समष्टि रूप से राम में पूँजीभूत है। वह सर्वगुण सम्पन्न थे। 'मानस दर्शन' में डॉ. श्रीकृष्णलाल ने ठीक ही लिखा है कि—"नहुष और ययाति, भरत और रघु जैसे त्रैलोक्य विजयी सम्राट, कार्तवीर्य अर्जुन और परशुराम जैसे असाधारण योद्धा राजा हरिश्चन्द्र जैसे सत्यवादी, बलि और दधीचि जैसे दानवीर और त्यागी उस समय तक कीर्ति प्राप्त कर चुके थे फिर भी शील, शक्ति, सौन्दर्य और पवित्रता में राम इन महापुरुषों से कहीं अधिक थे।"

आदर्श लोक मर्यादा की जो दीक्षा हमें राम से मिलती है, वह भारतीय इतिहास में अन्यतम नहीं है। सात्विक पुरुषों के लिए वे शील के निधान हैं, ऋषि-मुनियों के लिए वे श्रुति सेतुपाल और धर्म संस्थापक हैं, तमोगुणी अभिजातियों के लिए वह काल रूप हैं और रज स्वन्ति के पुरुषों के लिए वे सौन्दर्य के अवतार हैं। रावण निशाचरों का स्वामी है अर्थात क्षय का प्रतीक राम की रावण पर विजय-ज्ञान की अज्ञान पर, प्रकाश की अन्धकार पर और पुण्य की पाप पर विजय है।

उनके राम एक ओर अगुण, अकल, अनीह, अखंड, अवरण, अरूप, अनवद्य और अनुपमेय हैं और दूसरी ओर सच्चिदानन्द स्वरूप करुणा के धाम दीनदयाल, भक्त वत्सल और पतित पावन भी हैं।

किन्तु उपर्युक्त विशेषताओं से युक्त राम सदृश लोकनायक का चरित्र चुन लेने मात्र से वह इतने लोकप्रिय नहीं हो गए। राम का चरित्र भले ही स्वयं काव्य हो कितु प्रत्येक राम कथाकार को तुलसी जैसा बनने के लिए व्यापक प्रतिभा और काव्य दृष्टि चाहिए। आचार्यों ने शक्ति, निपुणता और अभ्यास को काव्य हेतु माना है। गोस्वामी

जी में यद्यपि तीनों का सुन्दर सामंजस्य है तथापि वह शक्ति और कवि प्रतिभा को प्रमुख काव्य हेतु मानते हैं। काव्य हृदय की वस्तु है, बौद्धिक व्यायाम से कोई श्रेष्ठ कवि नहीं बन सकता है। यही कारण है कि नई कविता का कोई भी कवि युग-पुरुष नहीं बन सकता है। यही करिश्मा है। जब स्वाति रूपी सरस्वती उत्तम विचारों की वर्षा करती है तब हृदय-सिन्धु मति-सीपों में कविता-मुक्ता मणि उत्पन्न होते हैं।

हृदय-सिन्धु मति सीप समाना। स्वाति सादर कहहिं सुजाना॥
जो वरषै वर वारि विचारू। होहिं कवित्त मुकुता मति मनि चारू॥

गोस्वामीजी ने हृदय-सिन्धु को ही काव्य की जन्मभूमि माना है। नीति आदि के कोरे उपदेश उतने प्रभावशाली नहीं होते। प्रतिभा का व्युत्पत्ति से योग होने पर काव्य अधिक हृदयग्राही ही हो जाता है। कबीर में व्युत्पत्ति पक्ष निर्बल था अत: उनका कला पक्ष दब गया है। तुलसी में दोनों का सन्तुलन है। यद्यपि वे कथ्य को प्रधानता देते हैं, किन्तु यदि वस्तु भव्य है तो भणिति चाहे कितनी दिलकश तथा काव्यांगपूर्ण क्यों न हो, वह समादृत नहीं हो सकती। गोस्वामी जी ने इसी विश्वास को लेकर भाषा में काव्य रचना की। उस समय भाषा में राम काव्य का प्रणयन प्रचलित परम्परा के प्रति खुला विद्रोह था। तत्कालीन सामन्तीय समाज में वही समादृत होता था जो देववाणी में कविता लिखता था। केशव को भाषा में कविता करने का पश्चाताप था ही किन्तु गोस्वामी जी भाषा में लिखने के लिए पंडित वर्ग को अपनी सफाई पेश करते हैं। रामचरितमानस के प्रारम्भ में ही वे कहते हैं कि मैं अपने अन्त:करण के सुख के लिए भाषा में लिख रहा हूँ।"

स्वान्त: सुखाय तुलसी रघुनाथ गाथा।
भाषा निबन्ध मति मंजुल मातनोति॥

इतना ही नहीं जब मानस का अन्त करते हैं तब पुन: अपनी सफाई पेश करते हैं। इस प्रकार तुलसीदास की विश्वदृष्टि, काव्य दृष्टि चेतनावादी है। वे मनुष्य की सार्वभौम-शाश्वत वृत्तियों के चित्रण और मनुष्यता के कल्याण को लेकर रचनारत होते हैं। वे अतिशय व्यापक एवं सर्वसमवेशक दृष्टि के बल पर न केवल सामाजिक मर्यादा और मनुष्यता के उच्चतम आदर्शों की प्रतिष्ठा करते हैं अपितु काव्यशास्त्रीय चिन्तन का सर्वग्राही मानक भी स्थापित करते हैं।

तुलसी का काव्य स्वरूप-विश्लेषण

गोस्वामी तुलसीदास कविता के स्वरूप पर गम्भीरतापूर्ण विचार करनेवाले कवि हैं। भले ही उन्होंने स्वयं को कवि मानने से इनकार किया हो परन्तु उनकी दृष्टि में कविता के अर्थ और उसके अभिव्यंजना में जलराशि और लहर जैसी अभिन्नता होती है। उन्होंने यह स्पष्ट करने का कार्य किया कि जिस तरह नट का कौशल तालबद्ध

नृत्यों पर निर्भर होता है उसी प्रकार कविता और कौशल भावपक्ष और शिल्प पक्ष के सुन्दर सामंजस्य पर निर्भर करता है। इस सन्दर्भ में तुलसी ने लिखा कि—

अ. *गिरा अर्थ जल बीचि सम, कहिअत भिन्न न भिन्न।*

आ. *कबिहि अरथ आखर बलु साँचा, अनुहरि तात गतिहि नटु नाँचा।*

इ. *वर्णानामर्थसंघानां रसानां छन्दसामपि—।*

ई. *आखर अरथ अलंकृति नाना, छन्द प्रबन्ध अनेक बिधाना।*
भावभेद रसभेद अपारा, कबित दोष गुन बिबिध प्रकारा।

उपर्युक्त पंक्तियों के सन्दर्भ में विचार करते हुए डॉ. सुरेशचन्द्र गुप्त ने अपना अभिमत इस प्रकार दिया है—"तुलसीदास ने काव्य में केवल भाव-गरिमा को पर्याप्त नहीं माना है, भाषा की मंजुलता पर भी उनका उतना ही बल है। '*अर्थसंघानां*' से यह भी स्पष्ट है कि '*अर्थ*' को उन्होंने कवेल वाच्यार्थ के लिए प्रयुक्त नहीं किया, लक्ष्यार्थ और व्यंग्यार्थ पर भी उनकी उतनी ही दृष्टि रही है। कारयित्री प्रतिभा से सम्पन्न होने के कारण उन्होंने कवि की अनुभूति और अभिव्यक्ति अभिन्न माना है। चतुर्थ उक्ति से भी स्पष्ट है कि उत्तम काव्य में भाव-दीप्ति, रस-परिपाक, भाषा की विमलता, काव्य-गुणों का आधान, सुचारु छन्द-विधान तथा दोषों का परिहार आवश्यक है। इस मान्यता के लिए वे संस्कृत-काव्यशास्त्र के ऋणी हैं। उनकी ऐसी उक्तियाँ भामह की 'काव्यलक्षणम' राजशेखर की "शब्दार्थो ते शरीर" मम्मट की "तददोषौ शब्दार्थौं सगुणावनलकृति पुन: क्वापि" आदि काव्य-परिभाषाओं से प्रभावित प्रकट की गयी है।"

यह दृष्टिकोण कुन्तक की इस मान्यता पर आधारित है कि शब्द वाचक होता है और अर्थ वाच्य-भावविशेष की अभिव्यक्त के लिए कवि के समक्ष अनेक पर्यायवाची शब्द प्रस्तुत होते हैं, किन्तु विवक्षित अर्थ का बोध किसी एक से ही हो पाता है, अन्य पर्यायवाची शब्द किसी-न-किसी कारण अभीष्ट अर्थ का ज्ञापन नहीं कर पाते। अत: सहृदय को आनन्दित करनेवाला स्वभाव-सुन्दर द्वारा प्रतिपादित शब्द और अर्थ की जिस प्रतिद्वन्द्वितापरक अभिन्नता का संकेत दिया है वह तुलसी के 'जल बीचि और '*अर्थसंघानां*' प्रयोगों से बहुत भिन्न है। कुन्तक के अनुसार तां अभीष्ट अर्थ का बोध कराने की क्षमता अनेक पर्यायों में से केवल एक में ही होती है, जबकि तुलसी ने शब्द की अर्थधर्मिता-मात्र का संकेत दिया है—शब्द प्रयोग के किसी वैशिष्ट्य को परिलक्षित कराना उनकी उक्तियों का प्रतिपाद्य नहीं है।

तुलसी का बल इस बात पर रहा है कि काव्य की सत्ता न केवल शब्द में है और न मात्र अर्थ में, वह शब्दार्थमय है, उनके अनुसार भावपक्ष की दृष्टि से काव्य में ये गुण अपेक्षित हैं—अर्थ-गौरव में न्यूनता न होने देना, भावों में वैविध्य रखना तथा रसात्मकता को वांछित गौरव देना। कलापक्ष के अन्तर्गत उन्होंने तीन बातों पर बल दिया—सहज बोधव्य अक्षर-समूह, अलंकृत शब्दावली, नानाविध छन्द-विधान,

शब्द और अर्थ को परस्पर कान्ति विवर्द्धक मानकर उन्होंने इनका सापेक्षिक महत्त्व स्वीकार किया है। अत: कृति को इनमें से किसी के प्रति भी उदासीन वृत्ति नहीं रखनी चाहिए। इसलिए उन्होंने सरल, दोषमुक्त, विमल काव्य को रचना का ध्येय स्वीकार किया है—

सरल कबित कीरति बिमल सोइ आदरहिं सुजान।
सहज बयरु बिसराइ रिपु जो सुनि करहिं बखान॥

काव्य-हेतु, काव्य प्रयोजन, काव्यवस्तु तथा कलात्मक सृजन की मूल शक्ति का विश्लेषण

महाकवि तुलसीदास दैवी-प्रेरणा एवं विसर्गजात प्रतिभा में विश्वास करते हैं। वे काव्य-हेतु के अन्तर्गत प्रतिभा, व्युत्पत्ति एवं लोक निरीक्षण को समान महत्त्व देते हैं। उन्होंने प्रतिभा को काव्य का मूल हेतु माना है, किन्तु उनका बल सहज प्रतिभा पर है। 'उत्पाद्या प्रतिभा' अथवा व्युत्पत्ति के आधार पर 'चतुर' कहलाने का मोह उनके मन में नहीं है'

कबि न होऊ नहिं चतुर कहावौं, मति अनुरूप रामगुन गावौं।
प्रतिभा के स्फुरण में उन्होंने राम-कृपा को आवश्यक माना है।

इस तरह राम-नाम के स्मरण तथा राम-काव्य में अवगाहन से प्राप्त विवेक से ही उत्कृष्ट कृति की रचना सम्भव होती है, जैसा कि निम्नलिखित उक्तियों से स्पष्ट है :

अ. *सुमिरि सो नाम रामगन गाथा। करौं नाइ रघुनाथहि माथा॥*
आ. *जस कछु बुधि बिबेक बल मेरे। तस कहिहौ हियँ हरि के प्रेरें॥*
इ. *अस मानस मानस चख चाही। भइ कबि बुद्धि बिमल अवगाही॥*
ई. *रघुपतिकृपा जथामति गावा। मैं यह पावन चरित सुहावा।*
उ. *दीजे मति बिमल गावै चरित बर तिहारे।*
ऊ. *राम-सीय-सनेह बरनत अगत सुकबि सकाहिं*
राम सीय-रहस्य तुलसी कहत राम-कृपाहिं॥

उपर्युक्त उद्धरणों में राम-कृपा से प्राप्त बिमल मति अथवा प्रतिभा को काव्य-रचना के लिए आवश्यक माना गया है, जो राजशेखर के शब्दों में एकमात्र काव्य-साधन है। तुलसी ने प्रतिभा के उन्मेष में राम ही नहीं, शिव-पार्वती की कृपा की भी अनेक स्थलों पर कामना की है।

अ. *सो उमेस मोहि पर अनुकूला, करिहिं कथा मुद मंगल मूला।*
आ. *संभुप्रसाद सुमति हिय हुलसी, रामचरितमानस कबि तुलसी।*
इ. *मति अनुहारि सुबारि गुन गन गनि मन अन्हवाइ।*
सुमिर भवानी संकरहि कह कबि कथा सुहाइ॥

इस प्रकार तुलसी ने मंगलमूलक कथाकाव्य की रचना के तीन साधन माने हैं— एक तो कवि में 'विवेकबल' अनिवार्य है, दूसरे राम-सुयश रूपी जल में स्नात कवि सुविधापूर्वक रचना कर सकता है, जिसे वामन ने जन्मसिद्ध संस्कार अथवा 'प्राक्तन सुकृति' की संज्ञा दी है—कल्पना शक्ति के साहचर्य में पल्लवित होनेवाली प्रतिभा कवित्व का बीज है :

"कवित्वबीज प्रतिभानस।"

उक्त संस्काररूपा प्रतिभा के उन्मेष के लिए तुलसी ने 'रामचरितमानस' के आरम्भ में 'वन्दे वाणी-विनायकौ' कहकर एक ओर वर्ण और रस की अधिष्ठात्री सरस्वती से और दूसरी ओर अर्थ तथा छन्द के कर्ता गणेश से काव्य-रचना का वर माँगा है। काव्य निर्माण की प्रेरणा में कवि के लिए सरस्वती की आराधना का निर्देश किया है। किन्तु, दैवी कृपा के अवलम्ब का अर्थ यह नहीं है कि वर्ण्य के प्रति कवि की आस्था में कहीं शिथिलता आ जाए। वास्तव में वर्ण्य के प्रति आस्था और आराध्य के प्रति भक्ति-भाव का समान महत्त्व है। भक्त कवि द्वारा स्मरण किये जाने पर सरस्वती ब्रह्मलोक को छोड़कर आ जाती है—

"भगतिहेतु बिधिभवन बिहाई। सुमिरत सारद आवति धाई।"

तुलसी-काव्य में ऐसे प्रसंग अन्यत्र भी सुलभ हैं, जिनमें श्रीराम, शिव, पार्वती, गणेश, शारदा आदि देवी-देवताओं की वंदना को परम्परानुसार काव्य-प्रेरक स्वीकार किया गया है। इस धारणा के मूल में केवल कल्पना नहीं है। यह मनोवैज्ञानिक सत्य है कि देवतादि के प्रति श्रद्धाभिभूत होने पर कवि-वाणी कुंठामुक्त हो जाती है। तुलसी के मत का समर्थन करते हुए डॉ. वासुदेवशरण अग्रवाल ने लिखा है :

"कवि के मानस-प्रांगण में स्वयं ईश्वर की प्रेरणा से रस और अर्थ की अधिष्ठात्री सरस्वती का अविर्भाव होता है। अलौकिक कारणों से प्रतिभा के स्फुरण के सन्दर्भ में तुलसी ने गंगा की कृपा से वाणी की विमलता की भी कामना की है : "तुलसी करू बानि बिमल, बिमलबारि-बरनि।" ऐसी भावुकतापूर्ण उक्तियों की प्रत्यक्ष रूप में कोई सार्थकता प्रतीत नहीं होती, भले ही भक्तिकाव्य से सम्बद्ध होने पर इनके महत्त्व किसी सीमा तक स्वीकार किया जा सके।"

गोस्वामी तुलसीदास काव्यहेतु के अन्तर्गत दैवी प्रेरणा के अतिरिक्त गुरु और संत जन के अनुग्रह को भी महत्त्व देते हैं। उनकी मान्यता है कि कवि को वेद, पुराण और शास्त्र के अनुशीलन से लाभ होता है। कवि को वैदिक ग्रंथों के अध्ययन से अन्तर्दृष्टि प्राप्त होती है और व्यवहार ज्ञान का विकास होता है। इसके अलावा तुलसी विनम्रता और उदारता को महत्त्व देते हैं। जो उनकी अन्तर्दृष्टि का प्रतिफलन है।

तुलसीदास ने कविता के विविध प्रयोजन पर विचार किया है, उनकी दृष्टि में कविता सबके कल्याण के लिए होनी चाहिए। उससे लोकमंगल और आानन्द की प्राप्ति के साथ-साथ कवि को यश भी प्राप्त होना चाहिए। जो कविता मनुष्य को

भक्ति में मग्न कर देती है वही श्रेष्ठ कविता है। इस सन्दर्भ पर विचार करते हुए डॉ. सुरेशचन्द्र गुप्त ने लिखा है कि—"आनन्द को उन्होंने कवि और सहृदय दोनों के लिए काम्य ठहराया है। काव्य के प्रणयन से कवि को जो आत्मसुख मिलता है, उसे उन्होंने "स्वान्त: सुखाय तुलसी रघुनाथ गाथा" द्वारा अत्यन्त स्पष्ट शब्दों में प्रकट किया है। आचार्य नन्ददुलारे वाजपेयी के अनुसार स्वान्त: सुख कवि का वह मानस-धर्म है जिससे उसे मनस्ताप, आनन्द, उत्साह आदि फल प्राप्त होते हैं।

अ. *भाषाबद्ध करबि मैं सोई, मोरे मन प्रबोध जेहि होई।*

आ. *प्रेम पुलकि आनन्द मुदित मन तुलसिदास कल कीरति गैहैं।*

यहाँ उत्साह, उमंग, पुलक आदि अनुभूतियों के उल्लेख द्वारा तन्मय भाव से काव्य-सर्जन को महत्त्व दिया गया है। इस कोटि की तन्मयता के अभाव में न तो कवि को आनन्द-प्राप्ति होगी और न सहृदय के चित्त में आनन्दोद्भूति का ही उल्लेख मिलता है जिसे कुन्तक ने हृदयाल्हाद, मम्मट ने सद्य:परनिर्वृत्ति और पंडितराज जगन्नाथ ने परमाल्हाद की संज्ञा दी है। कवि के अन्त:सुख अर्थात् काव्य-निर्माण काल की रसानुभूति का उल्लेख इन आचार्यों ने नहीं किया है, किन्तु यह मनोविज्ञान-सिद्ध है कि भावावेश और अनुभवजन्य संस्कारों के कारण कवि को काव्य-निर्मिति के समय भी अलौकिक आनन्द की अनुभूति होती है और रचना के उपरान्त उसके अवलोकन तथा अनुशीलन से भी वह आनन्द-लाभ करता है। नायकस्य कवे:श्रोतु:समानोनुभवस्तत कहकर भट्टतौत ने कवि और सहृदय के अनुभव की इसी समानता का निर्देश किया है। वैसे, तुलसी ने अधिकतर सहृदय को प्राप्त होनेवाले आनन्द का ही उल्लेख किया है।

अ. *रामचरित राकेसकर सरिस सुखद सब काहु।*
सज्जन कुमुद चकोर चित हित बिसेखि बड लाहु॥

आ. *कल्याण-काज उछाह ब्याह सनेह सहित जो गाइहैं।*
तुलसी उमा-संकर प्रसाद प्रमोद मन प्रिय पाइहैं॥

पार्वती मंगल (16)

इ. *बुध विश्राम सकल जन रंजनि, रामकथा कलि कलुष विभंजनि।*

ई. *रामचरितमानस एहि नामा, सुनत श्रवन पाइअ बिश्रामा।*

उ. *कुलिस कठोर निठुर सोइ छाती। सुनि हरिचरित न जो हरषाती।*

उपर्युक्त उक्तियों में सुख, उछाह, प्रमोद, विश्राम, हर्ष आदि शब्दों के द्वारा काव्य-रसास्वादन की ओर संकेत किया गया है। इनमें से सुख, प्रमोद और हर्ष तो पर्यायवाची शब्द हैं और उछाह के समान ही सामान्य आनन्द के द्योतक हैं, किन्तु विश्राम या विश्रान्ति को ऐसी मन:स्थिति कहा जा सकता है जिसमें अनन्त शान्ति और लोकोत्तर आनन्द का भाव निहित है। नायक के प्रयोजन निर्धारण के सन्दर्भ में भरत ने भी विश्रान्ति को ऐसी मन:स्थिति कहा है जिसमें अनन्त शान्ति और लोकोत्तर

आनन्द का भाव निहित है। नायक के प्रयोजन निर्धारण के सन्दर्भ में भरत ने भी विश्रान्ति शब्द का प्रयोग किया है। विश्रान्ति से उनका अभिप्राय दु:ख, श्रम और शोक के परिहार तथा आनन्दमूलक चित्तवैमल्य की प्राप्ति से ही है। वाल्मीकि रूपी गंगा के मंजन-पान से संत-समाज के प्रमुदित होने का उल्लेख तुलसी ने अन्यत्र भी किया है : चरित सुरसरित कविमुख्य-गिरी-नि:सरित, पिवत, मंजन मुदित संतसमाजा। इसी प्रकार शिव के प्रति पार्वती की इस उक्ति में भी सहृदय को प्राप्तव्य आनन्द का कथन मिलता है। "हरिचरित्रमानस तुम्ह गावा। सुनि मैं नाथ अमित सुख पावा।"

"तुलसी ने रामभक्ति में प्रवृत्ति को भी काव्य का प्रयोजन माना है, जो तभी सम्भव है जब सहृदय में सम्यक आस्था-बुद्धि हो।

अ. *रावनारिजसु पावन गावहिं सुनहिं जे लोग।*
राम भगति दृढ़ पावहिं बिनु बिराग जप जोग॥

आ. *यह रावनारिचरित्र पावन रामपद रतिप्रद सदा।*

इ. *मुनिदुर्लभ हरिभगति नर पावहिं बिनहि प्रयास*
जे यह कथा निरन्तर सुनहिं मानि बिस्वास॥

साहित्यशास्त्र के परम्परानुमोदित काव्य-प्रयोजनों में उपर्युक्त काव्य-फल का उल्लेख नहीं हुआ है। इसे भक्तों का ही प्रदेय मानना होगा। तुलसी ने जिस प्रकार राम के ईश्वरत्व का बार-बार स्मरण दिलाया है उसी प्रकार काव्य से भक्ति की सिद्धि का भी अनेकश: प्रतिपादन किया है। पार्वती के प्रति शिव की इस उक्ति में रामगुणगान को अविचल भक्तिप्रदायक कहा गया है : 'बिमल कथा हरिपद दायनी, भगति होई सुनि अनपायनी।' राम के प्रति भक्तिभाव की वृद्धि निस्सन्देह तुलसीकृत भाषा भनिति का सहज प्रयोजन है :

यहाँ शबरी की विनय और राम की करुणा से सम्बद्ध प्रसंग को सुहृदय के लिए भक्ति-प्रदायक माना गया है जिसमें यह संकेत मिलता है कि राम-कथा सम्बन्धी सत्पात्रों का चरितगान भक्ति-प्रवृत्ति में सहायक होता है। राम की भाँति उन्होंने कृष्ण को लक्षित करके यह भी कहा है कि ऐसा कौन है जो उनकी कीर्ति को सुनकर भक्ति-मार्ग में प्रवृत्त न होगा। 'तुलसी को न होइ सुनि कीरति, कृष्ण कृपालु भगति पथ राजी।' भक्ति सम्बन्धी यह दृष्टिकोण समकालीन कृष्णभक्त कवियों में भी परिलक्षित होता है। सत्य तो यह है कि तुलसी को इसकी प्रेरणा वहीं से मिली है।"

गोस्वामी काव्यवस्तु के अन्तर्गत रामकथा अथवा राम की भक्ति से अनुप्राणित अपनी भावना और सांसारिक जटिलता एवं समस्याओं के बीच जन्मे विचारों को ही सगुण-साकार किया है। इन्होंने अपने काव्यवस्तु को प्रभावी रूप में पेश करने के लिए काव्य रूपों के धरातल पर बहुतेरे प्रयोग किए हैं। इस सन्दर्भ में आचार्य हजारीप्रसाद द्विवेदी ने ठीक ही लिखा है कि—"इन्होंने नाना पुराणों और निगमागम का अध्ययन किया था, और साथ ही लोकप्रिय साहित्य और साधना-मार्ग की नाड़ी पहचानने

का उन्हें सुअवसर मिला था। उस युग में प्रचलित सब प्रकार की काव्यपद्धतियों को उन्होंने अपनी शक्तिशाली भाषा की सवारी पर चढ़ाया था। उनकी काव्यपद्धति का अध्ययन करने से उनकी अद्‌भुत समन्यात्मिकय बुद्धि का परिचय मिलता है। शिक्षित जनता में जितने प्रकार की काव्यपद्धतियों का प्रचलन था, उन सबको उन्होंने सफलतापूर्वक अपनाया था। चंद के छप्पय, कुंडलियाँ, कबीर के दोहे और विनय के पद, सूरदास और विद्यापति की लीला-गान विषयक भाव-प्रधान गीति पद्धति, जायसी, ईश्वरदास आदि की दोहा-चौपाइयों की शैली, गंग आदि भाट-कवियों की सवैया कवित्त की पद्धति, रहीम के बरवै: सबको उन्होंने अपनी अद्‌भुत ग्रहिका शक्ति के द्वारा आत्मसात कर लिया। उन दिनों पूर्व-भारत में अनेक प्रकार के मंगल-काव्य प्रचलित थे। बंगला में ये मंगलकाव्य मिलते हैं, पर हिन्दी में सिर्फ़ कबीरादास के नाम पर चलने वाले और बाद में बने हुए आदि-मंगल, अनादि-मंगल, अगाथ-मंगल आदि रचनाएँ मिलती हैं। जो सिर्फ़ इस बात के सबूत के रूप में बची रह गयी हैं कि किसी समय मंगल-काव्यों की बड़ी भारी परम्परा मध्यदेश में भी व्याप्त थी। मंगल-काव्य, विवाह काव्य और सृष्टि-प्रक्रिया व्यापक ग्रंथ है। नन्ददास का एक रुक्मिणी-मंगल मिलता है और चन्दबरदाई के रासों में संयोगिता को पत्नीधर्म की शिक्षा देने के लिए विनय-मंगल मिलता नाम का एक अध्याय है जो स्पष्ट रूप से स्वतंत्र ग्रंथ है। तुलसीदास ने इस शैली को भी अपनाया। उन्होंने 'जानकी मंगल' और 'पार्वती मंगल' नाम के दो काव्य लिखे थे। इसी प्रकार उन दिनों साधारण जनता में प्रचलित सोहर, नहछू, गीत, चांचर, बेली, बसंत आदि रागों में भी उन्होंने रामकाव्य लिखे। इस प्रकार साधारण जनता में प्रचलित गीति पद्धति से लेकर शिक्षित जनता में प्रचलित काव्यरूपों को उन्होंने अपनाया।"

कहने का आशय यह कि तुलसीदास विविध कलाओं, विधाओं, काव्यशास्त्र, ज्ञान पद्धतियों, परम्परागत वाङ्मय, लोकजीवन आदि के मर्मज्ञ थे। फलत: वे रामविषयक वृत्त को ही श्रेष्ठतम काव्यवस्तु स्वीकारते हैं। उनके अनुसार राम के सम्बन्ध से कुकवियों की गुण रहित वाणी भी विद्वानों द्वारा समादृत होती है। वे अपनी समन्वयात्मक दृष्टि के बल पर काव्यवस्तु और काव्यशिल्प को समान महत्त्व देते हैं। वे माँ सरस्वती की कृपा से काव्य-रचना में प्रवृत्त होते हैं और मनुष्य की शाश्वत वृत्तियों का रसात्मक उद्‌घाटन करते हैं। अपने व्यापक सौन्दर्यबोध द्वारा काव्य-शिल्प को सुपरिणत रूप देते हैं।

तुलसी का समाजशास्त्रीय चिन्तन

गोस्वामी तुलसीदास का समाजशास्त्रीय चिन्तन बहुत व्यापक है। इस सन्दर्भ में मैंने अक्षरा प्रकाशित सामाजिक प्रतिबद्धता का लोकवृत्त शीर्षक शोध लेख में लिखा है

कि उनके सामाजिक सरोकार इतने गहरे हैं, उनमें लोक धर्म का आग्रह इतना प्रबल है कि भारतवर्ष की सम्पूर्ण सामाजिक संरचना उसके दायरे में आ जाती है। हम जानते हैं कि सामाजिक संरचनाएँ और सांस्कृतिक परम्पराएँ प्राय: साहित्यिक प्रवृत्तियों एवं परम्पराओं से अधिक शक्तिशाली होती है लेकिन तुलसी साहित्य की प्राणवत्ता और कालजयता इसी बात में है कि वह इनसे कहीं भी कमतर नहीं है। इसीलिए कहा जाता है कि भारतीय समाज और परम्परा में जो कुछ भी शुभाशुभ है वह उनके काव्य का उपजीव्य है। उनका यथार्थबोध इतना तीखा और आदर्श के प्रगति रूझान इतना प्रबल है कि उनका सम्पूर्ण सृजन मानवीय जीवन के महत्तर मूल्य-बोध का कभी न ख़त्म होनेवाला आविष्कार बन गया है।

तुलसीदास इस अर्थ में बहुत बड़े समाज-चिन्तक हैं कि वे कविता का सम्बन्ध रामचरित के अलावा समाज से भी जोड़ते हैं। उनका मानना है कि कविता सामाजिक प्रेरणा से उद्भूत होती है। उसका वर्ण्य-विषय भी समाज है। वह समाज के रंजन और हितसाधन के लिए 'सुरसरि सम सबकहँ हित होई' के विराट लक्ष्य से परिचालित होती है। कविता समाज रूपी दुर्ग का प्रवेश-द्वार है। वह समाज के निर्माण, संस्कार एवं उन्नयन में महती भूमिका अदा करती है। हर युग के समाज का वास्तविक स्वरूप कविता में निश्चित आकार एवं आयाम ग्रहण करता है। कविता का अस्तित्व समाज की सापेक्षता में है। दोनों एक-दूसरे पर अन्तरावलम्बित हैं। समाज और साहित्य दोनों ही एक-दूसरे के निर्माण एवं विकास में यथेष्ट भूमिका अदा करते हैं। तुलसी गहरे सामाजिक सरोकार के कवि हैं। वे व्यक्ति स्वातंत्र्य और सामाजिक दायित्व को परस्पर निर्भर सुसंगत एवं एक-दूसरे का पूरक मानते हैं। तुलसी ने रामराज्य के चित्रण द्वारा धर्म और दर्शन, व्यक्ति एवं समाज, साहित्य और कला, कानून और नीति, राजनीति और अर्थनीति, विज्ञान और प्रौद्योगिकी, प्रकृति एवं पर्यावरण, सामाजिक एवं सांस्कृतिक प्रवृत्तियों का एक उच्चतम मानक उपलब्ध कराया है जो केवल समाज सापेक्ष अथवा समय की माँग के अनुरूप न होकर सार्वभौम-शास्वत महत्त्व का अधिकारी बन गया है। वह अपने मनुष्यतापरक आदर्शों एवं लोक-मंगल के भाव के कारण हर युग एवं स्थान के लिए उपादेय तथा वरणीय भी है। वह समता, संगति सामंजस्य, सन्तुलन और समानुपात से सुपरिणत ऐसी अप्रतिम व्यवस्था है जिसका कोई सानी नहीं है। वह मध्यकालीन राजनीतिक एवं सामाजिक यथार्थ की भयावहता के समक्ष एक प्रति चिन्तन है। फलत: वे मुग़ल सरकार की प्रतिसत्ता के रूप में युगल सरकार की प्रतिष्ठा करते हैं। वे अपने समय के समाज के जटिल एवं बहुस्तरीय स्वरूप से भलीभाँति परिचित थे। फलत: वे तत्कालीन सामाजिक विसंगतियों पर काव्यात्मक आक्रमण करते हैं। यदि रामराज्य उनके समग्र आदर्शों, संकल्पनाओं एवं उपलब्धियों का समुच्चय है तो उनका कलिकाल-वर्णन मध्यकाल के भयावह यथार्थ का प्रतिचित्रण। मध्यकालीन सभ्यता की इतनी प्रखर-परिपक्व समीक्षा और

कहीं नहीं मिलेगी। यहाँ तुलसी का समाजबोध तत्कालीन जीवन के वैविध्यपूर्ण यथार्थ को जिस मर्मस्पर्शिता के साथ अनावृत करता है वह पाठक को दहला देनेवाला है।

गोस्वामी जी अपने समय एवं समाज के हर पक्ष, सामाजिक संरचना एवं गतिविधियों की गहन पड़ताल करते हैं। वे जिन शब्दों में अपने समय के पाखंडपूर्ण सामाजिक जीवन के कुत्सित पक्षों का चित्रण करते हैं वह अतिशय व्यंजनात्मक बन पड़ा है—

"कलिमल ग्रसे धर्म सब लुप्त भए सदग्रंथ।
दम्भिन्ह निज मत कल्पि करि प्रगट किए बहु पंथ॥"

ऐसे ढोंगियों, दम्भियों के वर्चस्व काल में जो अमंगल वेश-भूषण धारण करते हैं और भक्ष्य-अभक्ष्य सब कुछ खा लेते हैं, वे ही योगी और सिद्धपुरुष माने जाते हैं। वे ही कलियुग में सम्मानित होते हैं। तुलसी अपने समय के तथाकथित साधुओं, शासकों एवं समाज के संचालकों की करनी से दु:खी हैं। वे देखते हैं कि किसान, मज़दूर, सैनिक, गृहस्थ इत्यादि दरिद्र हैं और जो निकम्मे तथा राग रंग की सामग्री संचित करनेवाले हैं, वे सम्पन्न हैं—

"बहु दाम सँवारहिं धाम जती। बिषया हरि लान्हि न रहि बिरती॥
तपसी धनवंत दरिद्र गृही। कलि कौतुक तात न जात कही॥"

तुलसी देख रहे हैं कि चारों दिशाओं में सामाजिक मर्यादाएँ टूट रही हैं। मनुष्य रोगों से पीड़ित है, वह बिना कारण ही विरोध और अभिमान करता है। वह दस-पाँच वर्ष के छोटे से जीवन पर भी ऐसे घमंड करता है मानो कल्पांत तक उसका नाश नहीं होगा। आख़िर इससे ज़्यादा गर्हित सामाजिक स्थिति क्या हो सकती है कि सारे मानवीय एवं पारिवारिक रिश्ते तार-तार हो रहे हैं—

"कलिकाल बिहाल किए मनुजा। नहिं मानत क्वौ अनुजा तनुजा॥
नहिं तोष बिचार न सीतलता। सब जाति कुजाति भए मगता॥
इरिषा परुषाच्छर लोलुपता। भरि पूरि रही समता बिगता॥
दम दान दया नहिं जानपनी। जड़ता परबंचनत्राति घनी॥
तनु पोषक नारि नरा सगरे। परनिन्दक जे जग मो बगरे॥"

इस तरह तुलसीदास अपने समय एवं समाज के जीवन के सम्बन्ध में निरन्तर सक्रिय चिन्तन प्रस्तुत करते हैं। उन्होंने तत्कालीन बाह्य जीवन स्थितियों का जो वैविध्यपूर्ण चित्र खींचा है तथा जिन शब्दों में मध्यकालीन सभ्यता की तीखी समीक्षा की है वह प्रबुद्ध पाठक के लिए आकर्षण की वस्तु है। तुलसी सामन्ती व्यवस्था के शोषक चरित्र को जिस तल्खी के साथ उभारते हैं वह उनके लोकतांत्रिक चरित्र को उजागर करता है। आख़िर मध्यकाल के किस और कवि ने उस समय के पाप-परायण शासकों की इससे अच्छी ख़बर ली है—

"नृप पाप परायन धर्म नहीं। करि दंड बिडम्ब प्रजा नितहीं॥"

मध्यकालीन सामन्तवाद का मुखौटा उतारने का ऐसा प्रयास दूसरी जगह नहीं मिलेगा। तुलसी मूलत: सामाजिक कवि हैं अत: वे सर्वत्र बुराइयों को नकारते हैं। वे जातिगत कट्टरता पर कुठारघात करते हैं।

तुलसी सैद्धान्तिक धरातल पर जाति-व्यवस्था का केवल निषेध ही नहीं करते अपितु उसे लोक जीवन में आचारित भी करवाते हैं। वे 'रामलला नहछू' में पेशेवर मजदूरिनी स्त्रियों लोहारिन, अहीरिन, मालिन, बारिन, नाइन, तंबोलिन, दर्जिन तथा मोचिन आदि को लोक प्रतिष्ठा दिलवाकर ग्राम्य अर्थतंत्र में उनके अवदान को रेखांकित करते हैं। तुलसी के सारे आदर्श पात्र-राम, भरत, लक्ष्मण, वशिष्ठ इत्यादि निषाद, केवट समेत समाज के हर वर्ग को गले लगाते हैं। उनमें आत्म सम्मान और आत्मविश्वास का भाव भरते है। जाति-पाँति और अस्पृश्यता का खंडन करने के कारण तुलसी का सबसे ज़्यादा विरोध काशी के ब्राह्मणों और पंडितों ने किया। निराला के शब्दों में उनकी स्थिति 'ब्राह्मण समाज में ज्यों अछूत' वाली थी। जो लोग तुलसी पर ब्राह्मणपरस्त होने का आरोप लगाते हैं वे भूल जाते हैं कि भारतीय परम्परा में आध्यात्मिक दृष्टि से सर्वोत्तम ब्राह्मण परशुराम हैं और भौतिक समृद्धि तथा ऐश्वर्य के प्रतिमान पर रावण। परन्तु इन दोनों का सही मूल्यांकन तुलसी से अधिक किसने किया है?' लक्ष्मण जिस प्रकार परशुराम की खोज ख़बर लेते हैं और तुलसी जिस तरह क्षत्रिय राजकुमार से दुराचारी रावण का वध करवाते हैं वह कथित आरोप को ध्वस्त कर देता है। तुलसी ने न केवल तत्कालीन समस्याओं का विशद चित्रण किया है अपितु कथित समस्याओं के निदान का मार्ग भी बतलाया है। वे 'कवितावली' में जिस तरह यह बताते हैं कि शहरों के बाँके और गुण्डे विधवा के घर में दल-बल समेत घूम-घूमकर अतिचार में निमग्न हैं वह उनके लोक निरीक्षण और सामाजिक सजगता का सही परिचय है। तुलसी की सामाजिक प्रतिबद्धता जिस लोकवृत्त का निर्माण करती है वह ऐतिहासिक, समकालिक और बहुकालिक सरोकार का विषय है। उसके सामाजिक आशय अतिशय व्यापक, गहरे और सार्थक हैं। उनका समाजशास्त्रीय चिन्तन उनके काव्य को सृष्टिव्यापी कालजयता प्रदान करता है।

तुलसी की भाषिक चिन्तन

यह एक ऐसा विषय है, जिस पर यदि एक लेख ही नहीं एक स्वतंत्र पुस्तक भी अवश्य लिखा जा सकती है। जहाँ तक लोक भाषा का प्रश्न है तो यह उतनी पुरानी परिपाटी है जितना इस संस्कृत-साहित्य का लोकसाहित्य। यदि संस्कृत के लोकभाषा साहित्य का प्रथम ग्रंथ वाल्मीकीय रामायण है तो इस परम्परा की शुरुआत भी यहीं से होती है। जिसे प्राकृत, अपभ्रंश के अनेकानेक ग्रंथ परिपुष्ट करते हैं। तुलसी साहित्य की सफल योजना इसी परम्परा का स्वाभाविक विकास है।

तुलसीदास लोकजीवन या ऐसा कहें कि लौकिक मनोविज्ञान के अच्छे खासे ज्ञाता थे। फलत: उन्होंने लोकरुचि को परखकर उसके अनुरूप ही भाषा को प्रश्रय दिया। जैसा कि उन्होंने 'रामचरितमानस' में "भाषा भनिति शब्द का प्रयोग किया है फिर भी वे अपनी भाषा को ग्राम्य दोष से मुक्त रखने में सर्वथा सफल रहे हैं। वस्तुत: उन्होंने लोकरुचि को परखकर तद्नुसार लोक-भाषा को परिष्कृत करने का जो काम किया है, उसे भाषा-साहित्य में उनकी अनुपम देन कहा जा सकता है। जायसी ने जिस लौकिक एवं साहित्यिक अवधी-भाषा में रचना क्रम की नवीन योजना शुरू की थी उसे पूरा करने का काम तुलसीदास ने ही किया। इन्होंने अवधी का परिष्कार करते हुए उसे शास्त्रीयता प्रदान की। उसके मानक रूप की प्रतिष्ठा करते हुए उसमें विद्यमान सर्जनात्मक ऊर्जा का विशदन किया। इसे पूर्ण रूप से परिपक्व बनाया।

दूसरे कवियों की तरह तुलसी की आरम्भिक रचनाओं में भी भाषायी दोष कम नहीं है, पर धीरे-धीरे उनके रचना-कौशल्य के साथ-साथ उनकी भाषा भी प्रौढ़ होती गयी है, परिमार्जित होती गयी है। तुलसीदास ने यदि 'रामचरितमानस' में ग्राम्य और साहित्यिक अवधी के दोनों रूपों का मणिकांचन प्रयोग करके अभूतपूर्व सफलता अर्जित की तो परवर्ती रचनाओं 'कवितावली' और 'विनयपत्रिका' में ब्रजभाषा में उपस्थिति का डंका पीट दिया। ब्रजभाषा में मिल-गये यदा-कदा पूर्वी प्रयोगों और अवधी-ब्रज भाषा के सम्मिश्रण से सांकेतिकता, सूक्ष्मता और समय-समय पर माधुर्य एवं प्रसादगुण के कारण उनकी भाषा अत्यधिक शक्ति-शालिनी प्रतीत होती है। डॉ. उदयभानु सिंह ने "सटीक शब्द -निवेश को तुलसी की भाषा का सर्वश्रेष्ठ गुण कहा है। गोस्वामी जी ने शब्द की सही पहचान के कारण, विभिन्न पर्यायवाची शब्दों में अर्थ छाया की गहनता को अभिव्यक्त करनेवाले शब्द ही चुने हैं। शब्दचयन के साथ-साथ शब्दों के सटीक और यथास्थान प्रयोग में उन्होंने जो सावधानी बरती है उससे प्रबुद्ध पाठक को भी उसमें आकर्षण बोध होने लगता है, जिसमें उनकी शिल्पकारी की भी कुशलता विहित है।"

यह भी चिन्तनीय है कि जब तक किसी रचनाकार अथवा कवि की भाषा का व्याकरणिक भाषा वैज्ञानिक, कलागत और सामाजिक, सांस्कृतिक सन्दर्भों में विश्लेषण नहीं कर लेते तब तक उसके भाषायी गुण-दोषों पर टिप्पणी कर सकना कम से कम मुझे तो असम्भव सा दिखता है। ध्यातव्य है कि तुलसीदास ने एक से अधिक भाषाओं, बोलियों का प्रयोग किया है, जिससे उनके समक्ष व्याकरणिक संरचना में कठिनाई उपलब्ध थी। फिर भी तुलसीदास ने व्याकरण के विभिन्न अंगों और वाक्य रचना का साहित्यिक दृष्टि से अच्छी सीमा तक निर्वाह किया है। भाषावैज्ञानिक दृष्टि से देखा जाय तो तुलसीदास की शब्दावली में संस्कृत की तत्सम पदावली, अपभ्रंशादि मध्यकालीन भाषाओं से प्रभावित शब्द-समूह तथा हिन्दी भाषा-भाषी की विभिन्न बोलियों की पदावली का आनयन दिखाई पड़ता है।

इससे उनका अपना बृहतकोश ही तैयार हो जाता है। विदेशी शब्दों के ध्वनियों को उन्होंने अपने अनकूल परिवर्तित कर लिया है और कहीं उनका तद्भव प्रयोग भी किया है। प्रान्तीय भाषाओं में राजस्थानी (दारू, म्हाको), मेलना आदि गुजराती (जून दरिया लाथे आदि) बंगला (बैसा, लैसे, खटाइ), आदि तथा मराठी (पवाँरो, अवकलत) के शब्दों के प्रयोग भी तुलसीदास की रचनाओं में उपलब्ध होते हैं जो उनके भाषाज्ञान और बहुश्रुत होने का प्रमाण पेश करते हैं। इस तरह उनका भाषिक चिन्तन भी अतिशय व्यापक है।

यह भी चिन्तनीय है कि तुलसी मातृभूमि-प्रेम से भी गहराइयों तक अनुप्रामाणित थे तभी उन्होंने अवधी भाषा की सर्जनात्मक शक्ति का अधिकतम दोहन करते हुए विश्वप्रसिद्ध महाकाव्य 'रामचरितमानस' का सृजन कर उसे कलासिकी गरिमा प्रदान की। तुलसी ने कलासिकल कथा के अनुरूप संस्कृतिनिष्ठ अवधी का प्रयोग किया है। इनमें जायसी की तरह ठेठ अवधी अवधी नहीं मिलती। आख़िर 'नील-सरोरुह, नीलमणि, नील, नीरधर स्याम' में कितनी अवधी है। इसका कारण विषयवस्तु की भिन्नता है। इनमें जायसी की तरह अवध जनपद की ठेठ संस्कृति भी नहीं मिलती। अवधी भाषा की साहित्यिक प्रयुक्तियों की दृष्टि से इन दोनों महाकवियों के बीच भाषा प्रयोग के धरातल पर बड़ा अच्छा तुलनात्मक अध्ययन हो सकता है। तुलसी की शब्द सम्पदा नाना पुराण, निगम आगम से चयनित है। तुलसी में न्यूयपदत्त्व दोष नहीं मिलेगा। तुलसी की भाषा स्वच्छ निर्मल, प्रांजल तथा अपनी अभिव्यक्ति में अत्यन्त सटीक है।"

उनकी वाक्य रचना कितनी सुव्यवस्थित एवं निर्दोष है, इस सन्दर्भ में आचार्य रामचन्द्र शुक्ल लिखते हैं कि —'कहीं-कहीं तो ऐसा है कि पद में यहाँ से वहाँ तक एक ही काव्य चला गया है, पर क्या मजाल कि अन्त तक सर्वनाम में भी त्रुटि आन पावे।" भाषा पर जैसा अधिकार गोस्वामीजी का था, वैसा और किसी हिन्दी कवि का नहीं। पहली बात तो यह ध्यान देने की है कि अवधी और 'ब्रज' काव्यभाषा का दोनों का मेल है। कवितावली, विनयपत्रिका और गीतावली तीनों की भाषा ब्रज है कवितावली तो ब्रज की चलती भाषा का एक सुन्दर नमूना है। पार्वतीमंगल, जानकीमंगल और रामलला नहछू ये तीनों पूरबी अवधी में लिखे थे।

गोस्वामी जी की चलती हुई मुहावरेदार भाषा है, दो-चार उदाहरण देखकर विश्वास हो जाता है—

क. *बातचले बात को न मनिबों बिलग, बलि*
काकी सेवा रीझि के निवाजो रघुनाथ जू।

ख. *सब की न कहैं, तुलसी के मते उतनो जब जीवन का फल है*

ग. *प्रसाद राम राम नाम के 'पसरि पायँ सूति हों।*

घ. *माँगि कै खैबो मसीत को सोइबो लैबे को एक न दैवे को दोऊ।*

पर सबसे बड़ी विशेषता गोस्वामी जी की भाषा की सफाई और वाक्यरचना की निर्दोषता है, जो हिन्दी के और किसी कवि में ऐसी नहीं पाई जाती। यही दो बातें न होने से इधर के शृंगारी कवियों की कविता और भी पढ़े-लिखे लोगों के काम की नहीं हुई। हिन्दी का ही व्याकरण है, भाषा में भी वाक्यरचना के नियम हैं, अधिकतर लोगों ने इस बात को भूलकर कवित्त-सवैयों के चार पैर खड़े किए है। गोस्वामी जी के वाक्यों में कहीं शैथिल्य नहीं है, एक भी शब्द ऐसा नहीं है जो पादपूत्यर्थ रखा हुआ कहा जा सके। ऐसी गठी हुई भाषा किसी और की नहीं हुई।"

गोस्वामी तुलसीदास बहुभाषाविद थे। उन्होंने संस्कृत, अवधी और ब्रज तीनों ही भाषाओं में लेखन कार्य किया है। इस सन्दर्भ में मैंने लिखा है कि "तुलसी के समय तक ब्रजभाषा मुक्त रचना के सर्वथा अनुरूप अपनी क्षमता का प्रदर्शन कर चुकी थी। अत: उन्होंने मुक्तकों के लिए ब्रजभाषा को अपनाया। तुलसी ने ब्रजभाषा में भी काव्यात्मक उपलब्धि के अनेक शिखर पार किये और प्रतिपादित किया कि हिन्दी भाषा का क्षेत्र व्यापक है। वह कभी भी स्थानीकृत होकर क्षेत्रीयता के दबाव में नहीं आ सकती। उन्होंने ब्रजभाषा के दोनों रूपों बोलचाल और संस्कृतनिष्ठ का साधिकार प्रयोग किया। यदि 'कवितावली' की रचना बोलचाल की ब्रजभाषा में हुई है तो 'विनयपत्रिका' 'गीतावली' एवं 'श्रीकृष्ण गीतावली' संस्कृतनिष्ठ, परिनिष्ठित ब्रजभाषा में सृजित है। इसी तरह यदि 'रामचरितमानस' में पूर्वी अवधी और पश्चिमी अवधी का मणिकांचन संयोग उपस्थित हुआ है तो 'पार्वतीमंगल' जानकीमंगल ओर 'रामलला नहछू' विशेष रूप से पूर्वी अवधी में विरचित हैं। तुलसी की भाषा की एक महत्त्वपूर्ण विशेषता सूक्तियाँ हैं। जिस तरह अंग्रेज़ी में शेक्सपियर का साहित्य सूक्तियों से भरपूर है। ठीक उसी तरह तुलसीदास का साहित्य भी सूक्तियों का मनोहर कोश है। इनके साहित्य में विशेषकर रामचरित मानस में नीतिपरक सूक्तियों का अद्‌भुत काव्य कौशल प्रदर्शित हुआ है। वे किष्किंधाकांड में प्रकृति चित्रण (वर्षा-वर्णन) के प्रसंग में एक अद्‌भुत प्रयोग करते हैं। वे प्रत्येक चैपाई की प्रथम अर्द्धाली में प्रकृति का विलक्षण चित्र उपस्थित करते हैं और द्वितीय अर्द्धाली में उसके सादृश्य पर नीतिपरक सूक्तियाँ प्रस्तुत करते हैं।

इस तरह हम कह सकते है कि तुलसी का भाषिक चिन्तन अत्यन्त प्रौढ़ एवं सुव्यवस्थित है। उन्होंने अपने चिन्तन तथा भाव-बोध के अनुरूप भाषा का प्रयोग किया है। यहाँ हमारी स्थापना का उद्‌देश्य है कि हम गोस्वामीजी के भाषा-प्रयोग के इस वैशिष्ट्य से भलीभाँति परिचित हो सके। कवि की भाषा प्रयोग क्षमता किस तरह अनेकोन्मुखी कथ्य का प्रक्षेपण करते हुए बहुलार्थता को जन्म देती है, यह कोई तुलसी से सीखे।" इस तरह भाव का अनुगमन करती तुलसी की भाषा विविध रसों के परिपाक से समद्ध है। समूचे काव्य साहित्य में उनका कोई प्रतिद्वन्द्वी नहीं मिलता। वे भाषिक चिन्तन एवं अनुप्रयोग के धरातल पर भी हिन्दी के श्रेष्ठतम कवि हैं।

तुलसी का काव्यशास्त्रीय अवदान

सारांश यह है कि तुलसी का काव्यशास्त्रीय अवदान बहुआयामी और बहुस्तरीय है। उन्होंने काव्य के जितने पक्षों का उद्घाटन किया है वह विस्मयकारी है। वे काव्य सृजन और काव्यचिन्तन दोनों ही क्षेत्रों में उपलब्धियों के बड़े शिखर पार करते हैं। तुलसी के महत्त्व को स्पष्ट करते हुए आचार्य रामचन्द्र शुक्ल ने लिखा है कि भावों की व्यापकता और लोकमर्यादा की रक्षा के कारण वे बड़े कवि हो सके—"राम की लीला के भीतर वे जगत के सारे व्यवहार और जगत के सारे व्यवहारों के भीतर राम की लीला देखते थे।" उनका दृष्टिकोण आदर्शवादी था। वे लोक कल्याण के लिए ही की गई कविता को भली मानते थे—

कीरति भनिति भूति भलि सोई।
सुरसरि सम सब कह हित होइ॥

कोरे कागज़ पर अपनी अनुभूतियों का सत्य प्रकट करनेवाला कवि अपनी विनम्रता में ही यह लिख सकता है।

कवि न होऊँ नहिं बचन प्रबीन।
सकल कला सब विद्या हीनू॥
आखर अरथ अलंकृति नाना।
छन्द प्रबन्ध अनेक बिधाना
भाव भेद रस भेद अपारा।
कवित दोष गुन विविध प्रकारा।
कबित बिबेक एक नहिं मोरे।
सत्य कहउँ लिखि कागद कोरे॥

काव्य के विभिन्न अंगों यथा शब्द, अर्थ, अलंकार, छन्द, प्रबन्ध, मुक्तादि, भेद, भाव, रस, गुण और दोष जाति जो काव्यांग हैं उनके ज्ञान को तुलसीदास जी अपने में अस्वीकार करते हैं। जबकि हम जानते हैं कि वह अनुभूति के सत्य का महत्त्व बताने के लिए ही ऐसा कह रहे हैं। उनके लिए राम की भक्ति ही काव्य का सार है। इसी को स्पष्ट करनेवाली उनकी पंक्तियाँ निम्न हैं—

जदापि कलित रस एकौ नाहिं।
राम प्रताप वस्तु भलि बरनी।
रामकथा जग मंगल करनी॥

राम के प्रति अनन्य भक्ति ने ही उन्हें उच्च आसन पर प्रतिष्ठित किया। विश्वनाथ त्रिपाठी ने लिखा है—"तुलसी ने वाल्मीकि और भवभूति के राम को पुन: प्रतिष्ठित नहीं किया। उन्होंने रामचरितमानस में जिस राम को निर्मित किया वे ब्रह्म होते हुए भी ऐतिहासिक स्थितियों के आधार पर व्यक्ति हैं। वे अपार मानवीय करुणा वाले हैं, ग़रीब निवाज हैं, दरिद्रता रूपी रावण का नाश करनेवाले और वाड़वाग्नि से भी

भयंकर पेट की आग को बुझानेवाले हैं। तुलसी के राम तुलसी के व्यक्तिगत संघर्ष और उनके युग की विषमता के आलोक में प्रकाशित हैं।" तुलसी के काव्यशास्त्रीय अवदान पर विचार करते हुए डॉ. प्रेमशंकर ने लिखा है कि "तुलसी हमारे सर्वोपरि कवियों में हैं, पर उन्हें किसी भाववादी दृष्टि से देखना उचित नहीं होगा, स्वयं महकवि ने इसका निषेध किया है। उनका आग्रह विवेक पर है, जो विमल होना चाहिए हर दृष्टि से मंगलकारी है। जयशंकर प्रसाद ने अपने निबन्ध 'आरम्भिक पाठ्यकाव्य' में रामचरितमानस के धर्मग्रंथ के रूप में प्रचार को काव्य के सही विवेचन में बाधा माना है। अतिवादी दृष्टियों से मुक्ति के जो प्रयत्न आचार्य रामचन्द्र शुक्ल के बौद्धिक प्रस्थान के क्रम में हुए उससे तुलसी की रचनाशीलता को नई अर्थवत्ता प्राप्त हुई, इसमें सन्देह नहीं। यदि बहु प्रचलित सामयिक विवेचन के अनुशासन के माध्यम से कहा जाय तो उनमें समाजशास्त्र और सौन्दर्यशास्त्र की सर्वोत्तम सम्मिलित भूमि है, जिस निकष पर हम किसी महत्त्वपूर्ण रचना की परीक्षा कर सकते हैं। —काव्य प्रयोजन के साथ तुलसी ने अभिव्यक्ति की चारुता का संकेत भी किया जिसमें रामनाम एक पक्ष है। उन्होंने वस्तु और रूप का प्रश्न कई ढंग से उठाया है, पर इनके कलात्मक संयोजन से ही कविता प्रभावी बनती है। अन्तर्वस्तु अपने लिए सही माध्यम तलाशती है। तुलसी का काव्य इसे प्रमाणित करता है। यह इस द्वैत को पार करता है। विचार, जीवन-दृश्य आदि की सघन मैत्री और फिर से उसे प्रभावी-मार्मिक अभिव्यक्ति देने के लिए प्रासंगिक भाषा, मुहावरा तथा छन्दविधान तुलसी का काव्य कौशल है।—जहाँ तक भाषा शिल्प का प्रश्न है उनसे सीखा ही जा सकता है, विशेषतया उसके वैविध्य से। तुलसी उपमाओं से समृद्ध हैं और चित्र बनाने, बिम्ब रचने में सफल हैं। उनकी रुचि अर्थालंकारों में है, शब्दालंकारों में कम, जिसके लिए रीतिकालीन कवि याद किए जाते हैं। तुलसी में जो अनुप्रास की छटा है, वह स्वाभाविक ढंग से है, हठ करके नहीं। सहजता यदि काव्य का गुण है, तो तुलसी में उसे देखा जा सकता है, बिना किसी सरलीकरण का सहारा लिए हुए। तुलसी के कृतित्व को ध्यान में रखकर एक प्रश्न यह भी उठता है कि किसी महान प्रतिभा से सही संवाद के लिए क्या हर समय में किसी नये समीक्षा निकष की आवश्यकता होते हैं ताकि उसका आस्वाद नए ढंग से हो सके।"

इस प्रकार हम कह सकते हैं कि तुलसीदास एक बौद्धिक कवि हैं जिनका काव्यजगत कविता के उच्चतम प्रतिमानों का प्रतिष्ठापक होने के साथ-साथ काव्यचिन्तात्मकता का अपूर्व स्तवक है। उनका काव्यशास्त्रीय अवदान इस बात में है कि वे न केवल काव्यस्वरूप से लेकर काव्यशिल्प तक अपने चिन्तन का परिचय देते हैं अपितु अपने सम्पूर्ण काव्यचिन्तन को पूरे दायित्वबोध के साथ अपनी रचनाओं में चित्रित भी करते हैं। फलत: उनकी कृतियों में काव्यचिन्तन के अनमोल रत्न बिखरे पड़े है जिन्हें एक काव्य पारखी ही तलाश और तराशकर लोकोपयोगी

बना सकता है। उनके काव्यचिन्तन की मौलिकता हिन्दी का स्वायत्त काव्यशास्त्र निर्मित करने की दिशा में एक क्रोश-स्तंभ साबित हो सकती है।

निष्कर्ष

इस प्रकार स्पष्ट है कि गोस्वामी तुलसीदास मध्यकाल के ऐसे आचार्य कवि हैं जो न केवल कविता के क्षेत्र में सर्वोच्च शिखर पार करते हैं अपितु काव्यचिन्तन के क्षेत्र में भी उल्लेखनीय स्थापनाएँ करते हैं। उनके काव्यचिन्तन के वस्तुनिष्ठ विश्लेषण द्वारा हिन्दी काव्यशास्त्र की आधारशिला रखी जा सकती है। उनका युगद्रष्टा, समाज-सुधारक, लोकनायक कवि, भक्त और दार्शनिक रूप तो प्रभावशाली है ही, इसके साथ ही एक समन्वित विचारक और काव्यचिन्तक का रूप भी आकर्षक और चिन्तनीय है। यही कारण है कि वे कावयित्री और भावयित्री प्रतिभा के समन्वय से उद्भूत ऐसे रचनाकार हैं जिनसे प्रतिद्वन्द्विता नहीं हो सकती। इस दृष्टि से भी उनकी असाधारणता एवं महत्ता अक्षुण्ण है, चिरस्थायी है। इस क्षेत्र में उनकी उपलब्धियों पर खुला विमर्श एवं उनका पुनर्विश्लेषण समय की माँग है। प्रस्तुत विश्लेषण इस दिशा में एक विनम्र प्रयास है जिससे तुलसी के काव्यचिन्तन की नूतन अर्थवत्ता उद्भासित हो सकेगी। मैंने इस दृष्टि से तुलसी की सहज-संवेद्य चिन्तनात्मकता का एक नया पाठ तैयार किया है। तुलसी का काव्यचिन्तन मौलिक सर्वांगपूर्ण और लोकोपयोगी है। वे एक साथ गहन-स्तरीय एवं विराट-स्तरीय चिन्तक हैं जिनका रचनात्मक तथा आलोचनात्मक प्रदेय ऐतिहासिक महत्त्व का अधिकारी है। वे सच्चे अर्थों में आचार्य कवि हैं।

वैश्विक सन्दर्भ में गुरु जांभोजी की वाणी की प्रासंगिकता

वर्तमान वैश्वीकरण के युग में भक्ति काव्य और विशेष रूप से जांभोजी को लेकर एक खुला विमर्श आवश्यक है। उसमें अर्थ की ऐसी अनेक सुनी-अनसुनी अनुगूँजें हैं जिन्हें सुनने-सुनाने का कार्य उत्तर-आधुनिक समीक्षा पद्धति बखूबी कर सकती है। यह हिन्दी साहित्य के इतिहास का सर्वाधिक महत्त्वपूर्ण रचनात्मक आन्दोलन है। इसे भारत वर्ष का प्रथम नवजागरण भी माना जा सकता है। गुण और परिमाण दोनों ही दृष्टियों से यह साहित्य इतना उत्कृष्ट और विपुल है कि उसकी श्रेष्ठता को लक्षित करने के लिए स्वर्ण युग जैसे शब्द बन्ध का प्रयोग किया जाता है। इसमें नवजागरण की प्रतिध्वनि तथा दलितों-पीड़ितों, उपेक्षितों के प्रति अशेष संवेदनशीलता परिलक्षित होती है। भारतवर्ष के इतिहास का यह वह दौर है जब समाज के सबसे उपक्षित वर्ग के रचनाकार सृजन के क्षेत्र में विशेष रूप से सक्रिय दिखलाई पड़े। भक्तिकाव्य शास्त्रीय रूढ़ियों, सामाजिक वर्जनाओं, धार्मिक संकीर्णताओं के विरुद्ध लोकचेतना के स्वाभाविक उन्मेष का प्रतिफलन है। काव्य अपने समस्त भाव-वैभव और शास्त्र-सम्पन्नता के साथ इसमें ही प्रकट हुआ। इस काव्य में न केवल मध्ययुगीन समाज, संस्कृति, सामन्ती समाज की विसंगतियाँ, तत्कालीन भयावह यथार्थ की विद्रूपता, उच्चतम मानवीय मूल्यों की प्रतिष्ठा, लोकधर्म का सम्यक निर्वाह तथा साहित्य की अधिकतम प्रवृत्तियाँ मौजूद हैं अपितु इसमें युग-युगान्तर को प्रेरित-प्रभावित और रसमग्न करने की क्षमता भी है। इसकी विविधतापूर्ण सर्जनात्मक उपलब्धि जीवन और जगत के लौकिक-अलौकिक आयामों का चित्रण, जीवन-मूल्य, सन्देश तथा मंगलाशा सार्वभौम-शाश्वत महत्त्व के अधिकारी हैं। यहाँ दर्शन काव्य-सम्पत्ति बन गया है और दोनों का अन्तराल लगभग मिट गया है। यह हिन्दी कविता का प्रकर्ष है।

भक्तिकाव्य के अन्तर्गत संत कवियों में गुरु जांभोजी का नाम अत्यन्त महत्त्वपूर्ण है। इनका अवतार 1451 ई. में नागौर परगने के पीपासर नामक गाँव में हुआ। इनके द्वारा रचित सबदवाणी ऐतिहासिक महत्त्व का ग्रंथ है जो प्रकारान्तर से मानव-मात्र की आचार-संहिता है। इस ग्रंथ में कर्मसौन्दर्य, आत्मज्ञान और लोकमंगल की प्रतिष्ठा हुई है। जांभोजी अपने समय से बहुत आगे सोचनेवाले महापुरुष थे। यही कारण है कि इनके विचार और उपदेश वर्तमान समय में भी बेहद उपयोगी तथा प्रासंगिक हैं।

इन्होंने तत्कालीन मानव-जीवन के बहुस्तरीय यथार्थ के साथ-साथ सार्वभौम-शास्वत महत्त्व के विषयों को भी अपनी वाणी में समाहित किया। प्रकृति के बीच प्राप्त अनुभवों से इनकी ऋषि दृष्टि खुली जिससे प्रकृति के साथ सन्तुलन की अवस्था में जीने एवं विकसित होने का बोध प्राप्त हुआ। इस कारण आप परम्परा का अतिक्रमण करते हुए उससे प्राप्त ज्ञान एवं अनुभव में पर्याप्त मौलिकता का समावेश करते हैं। मनुष्य मात्र के समक्ष आदर्श एवं विकसनशील जीवन का विकल्प उपलब्ध कराते हैं। अपने अग्रगामी चिन्तन के कारण आपके विचार वर्तमान दौर में भी अत्यधिक प्रासंगिक हैं। उनकी उपादेयता लगातार बढ़ती जा रही है।

वर्तमान वैश्वीकरण के दौर में जब हम विश्व ग्राम के सपने को यथार्थ में परिवर्तित होते हुए देख रहे हैं और समूचा विश्व एक अंधीदौड़, भौतिक अर्थ-लिप्सा, अनिच्छित कष्टों और प्रौद्योगिकीय उपलब्धियों में आकंठ डूबा हुआ है तब जांभोजी के उपदेश अपेक्षाकृत ज़्यादा उपयोगी हो गए हैं। वे एक जलती मशाल की तरह तिमिराच्छन्न मानव-मन का मार्गदर्शन कर सकते हैं। इनके आध्यात्मिक चिन्तन के अन्तर्गत विष्णु के वैदिक स्वरूप की प्रतिष्ठा, अद्वैतवाद-अवतारवाद का स्वरूप-विश्लेषण, ब्रह्म, माया, जीव एवं जगत सम्बन्धी अवधारणा तथा बौद्ध एवं जैन दर्शन से सम्बन्धित मान्यताओं का समुच्चय हैं। वह एक समन्वित तथा संश्लिष्ट चिन्तन है। इन्होंने आध्यात्मिक विषयों पर भी अपने स्वस्थ, मौलिक, व्यावहारिक और स्वायत्त सोच को प्रश्रय दिया है। दूसरे संत कवियों की तरह इन्होंने भी गुरु महिमा और सत्संगति पर ज़ोर दिया है। जांभोजी ने मानव-मात्र के लिए स्वतंत्रता, समता, सहजता और शुद्धता जैसे मूल्यों का प्रतिपादन करके अपना विशिष्ट स्थान बनाया। हिन्दुओं और मुसलमानों के साथ-साथ मानव-मात्र की कुरीतियों का विरोध और उनके परिष्करण का सम्यक् उपाय बतलाकर जांभोजी ने समाज-सुधार का भी कार्य किया है। आपने हर प्रकार के भेदभाव का विरोध करते हुए मानव जाति के कुछ निश्चित दायित्व निर्धारित किए हैं। इन्होंने किसी-न-किसी रूप में लोकमंगल के निष्पादन को मानव-मात्र के लिए अनिवार्य माना है। जांभोजी ने भी दूसरे भक्त-कवियों की भाँति अहंकार का त्याग, कथनी और करनी में एकता तथा विष्णु जप का आदर्श रखा। साथ ही, पुनर्जन्म और कर्मफल पर अटल विश्वास रखते हुए जीवहत्या, पाखंड और मिथ्या आचरण पर प्रखर काव्यात्मक आक्रमण किया। आपके द्वारा मनुष्य जाति को सन्तुलित-सात्विक जीवन, यज्ञ-क्रिया तथा शिष्टाचार का सुव्यवस्थित पाठ पढ़ाया गया। आप मूलत: मानवतावादी चिन्तक एवं कवि थे जिससे प्राणिमात्र का कल्याण आपको विशेष रूप में प्रिय था। इन्होंने 29 सार्वभौम-शाश्वत नियमों का प्रतिपादन कर सम्पूर्ण विश्व के लिए एक आचारसंहिता निर्धारित कर दी। इन नियमों के अन्तर्गत प्रतिदिन प्रात:काल स्नान करना, 30 दिन तक जनन-सूतक मानना, 5 दिन रजस्वला स्त्री को गृहकार्य से मुक्त रखना,शील का पालन करना, संतोष रखना, बाह्य एवं

आन्तरिक शुचिता, तीन बार संध्या वंदन करना, सांध्यकाल में ईश्वर के बारे में चिन्तन करते हुए उसकी आरती करना, निष्ठा एवं प्रेमपूर्वक हवन करना, पानी ईंधन व दूध को छान-बीन कर प्रयोग में लेना, वाणी का संयम करना, दया-क्षमा धारण करना, चोरी, निन्दा, झूठ तथा वाद-विवाद का त्याग करना, अमावस्या के दिन व्रत रखना, विष्णु-भजन करना, जीवों के प्रति दया-भाव रखना, स्वयं रसोई बनाना, परोपकारी पशुओं की रक्षा करना, अमल, तम्बाकू, भाँग, मद्य तथा नील का त्याग करना, बैल को बधिया नहीं करवाना इत्यादि का समावेश है। यह सत्य है कि ये सारी भारतीय परम्परा का सारतत्त्व हैं जो मानवीय जीवन के सन्तुलित एवं सुपरिणत विकास के लिए आवश्यक है। यदि उनके बताए हुए मार्ग पर मनुष्य चलता है तो वह अनेक प्रकार की व्याधियों से छुटकारा पा सकता है। उसके तमाम दुख और संघर्ष ख़त्म हो सकते हैं। वह स्वस्थ एवं सुरक्षित जीवन जी सकता है।

आज जब समूचा विश्व पर्यावरण के भयावह ख़तरे का सामना कर रहा है तब गुरु जांभोजी का चिन्तन विशेष रूप से प्रासंगिक हो जाता है। प्रकृति और पर्यावरण के प्रति उनकी चिन्ता उन्हें आधुनिक और राष्ट्रप्रेमी बनाती है। आचार्य रामचन्द्र शुक्ल ने अपने निबन्ध में सच्चे देश-प्रेमी की पहचान बताते हुए लिखा है कि, यदि किसी व्यक्ति को अपने देश से प्रेम है तो उसे अपने देश के मनुष्य, पशु, पक्षी, लता, गुल्म, पेड़, पद्मो, वन, पर्वत, नदी, निर्झर सबसे प्रेम होगा, सबको वह चाहभरी दृष्टि से देखेगा, सबकी सुध करके वह विदेश में आँसू बहाएगा।" इस दृष्टि से जांभोजी महान देश-प्रेमी ठहरते हैं क्योंकि इनके काव्य में प्रकृति-चित्रण के साथ-साथ उसके संरक्षण की चिन्ता भी अभिव्यक्त हुई है। जांभोजी ने धर्म को पर्यावरण-संरक्षण से जोड़ा और प्राकृतिक आपदाओं से बचने का सूत्र उपलब्ध कराया। इन्होंने प्राणिमात्र, वृक्ष, वनस्पति और वन-सम्पदा के बीच एक अटूट पोष्य-श्रृंखला स्थापित की। इस धरती के समस्त जीव अपने भोजन के लिए किसी-न-किसी रूप में वन पर निर्भर हैं। इन्होंने वायुमंडल की शुद्धता के लिए सबदवाणी में नित्य-हवन का प्रादर्श उपस्थित किया। इनकी पर्यावरणीय चिन्ता वन्य जीवों की हत्या की घोर विरोधी है। इन्होंने तो यहाँ तक कहा कि पहले अपने पुत्र-पौत्र को मारो, फिर जाकर जीव का संहार करो—

पहले अपने पुत्र-पौत्र को मारो सौं पीछे जाए रुख जीव संघारो।

इनका मानना था कि ईश्वर हर जीव को देख रहा है। अत: उसका हत्यारा भी ईश्वर की दृष्टि से बच नहीं सकता। इसी तरह हरे-भरे वृक्ष न काटने पर आठों सिद्धियाँ और नौ निधियाँ द्वार पर उपस्थित रहती हैं। इन्होंने पशु-हिंसा का विरोध करते हुए काजी-मुल्ला को जमकर फटकार लगाई है—'चल फिर आवै सहज दुहावै, तिसका खीर हलाली।' अर्थात् जो पशु वन में चर कर आते हैं, दूध देते हैं, जो कि एक सहज प्रक्रिया है परन्तु, जिनका गला काटते हो, उसे किस आधार पर

न्यायोचित मानते हो। क्या कुरान शरीफ पढ़कर भी तुम उसके मर्म को समझ नहीं सके और अज्ञानी ही रह गए—

जिसके गले करद क्यूँ सारो, थे पढ़ सुण रहिया खाली।
महमद मरद हलाली होता, तुम ही भये मुरदारूँ।

कहने का आशय यह है कि पैगंबर मोहम्मद ने सन्मार्ग का प्रतिपादन किया था किन्तु तुम मुर्दाखोर मांसाहारी होकर उनके अनुयायी कैसे हो सकते हो? यह जांभोजी का दिया हुआ संस्कार ही था कि जब औरंगजेब के शासनकाल में जोधपुर के महाराजा अभयसिंह ने खेजड़ली गाँव से अपने महल-निर्माण के लिए हज़ारों मज़दूरों और सैनिकों को वृक्ष काटने के लिए भेजा, तब बिश्नोई समाज के पुरुष और महिलाएँ उन वृक्षों से लिपट गये। यह विश्व के इतिहास की विलक्षण घटना है कि उस दुर्घटना में गुरु जांभोजी की जय बोलते हुए कुल 294 पुरुषों और 69 महिलाओं ने वृक्षों से लिपटकर उनकी रक्षा के लिए अपना सर्वोच्च बलिदान दे दिया। यह सूचना जब राजा को मिली तो उन्होंने तुरन्त वृक्षों की कटाई रुकवा दी और बिश्नोई समाज को शपथ-पूर्वक ताम्रपत्र भेंट करके घोषणा की कि जहाँ-जहाँ बिश्नोई समाज के लोग रहते हैं वहाँ वृक्षों की कटाई और वन्य प्राणियों का शिकार नहीं किया जाएगा। उन शहीदों की याद में 363 वृक्ष लगाए गये। आज बिश्नोई समाज के लोग केवल अपने ही क्षेत्र में नहीं बल्कि पूरे विश्व में वृक्ष लगाने का कार्य कर रहे हैं। वे पर्यावरण संरक्षण के लिए सदैव साधना कर रहे हैं।

इसके अलावा जांभोजी का नारी-विषयक चिन्तन भी उन्हें प्रासंगिकता प्रदान करता है। इन्होंने नारी-जाति के अवदान उसके संघर्ष और महत्त्व को भी प्रतिपादित किया है। इनकी वाणी में स्त्री के शील व पवित्र-स्वरूप की प्रतिष्ठा की गई है। साथ ही, इन्होंने नशा मुक्ति पर ज़ोर देकर समाज को स्वस्थ मार्ग पर चलने का सन्देश दिया। संक्षेप में, जांभोजी का काव्य और सुरुचिपूर्ण जीवन-दर्शन मानव-मात्र का उन्नयन करता है। उसे उदात्त भावभूमि पर ले जाकर मनुष्यता के आदर्शों से परिचित कराता है। अत: जांभोजी के काव्य और सन्देश की प्रासंगिकता यथावत बनी हुई है। उसमें आगामी मनुष्यता के पथ-प्रदर्शन की असीम शक्ति विद्यमान है। इनका प्रकृति चित्रण तथा पेड़-पौधों और पशु-पक्षियों के साथ सम्बन्ध पाठक को मनुष्यता की उच्चतर भाव-भूमि पर ले जाता है। इन्होंने अपनी सजग दृष्टि और सहज जीवन-दर्शन द्वारा जो उपदेश दिए हैं वे वर्तमान दौर में अपेक्षाकृत अधिक प्रासंगिक एवं उपयोगी हो गए हैं। इस दृष्टि से जांभोजी सम्पूर्ण भक्तिकाल में विशिष्ट स्थान के अधिकारी हैं। आज सम्पूर्ण विश्व में जांभोजी के द्वारा प्रतिपादित नियमों के प्रचार-प्रसार द्वारा विश्नोई समाज लोकमंगल का विधायक बन रहा है।

भारतीय पर्यावरणीय दृष्टि और संत जाम्भोजी का चिन्तन

भारतीय परम्परा अनादि काल से ही प्रकृति और पर्यावरण के प्रति आस्थालु रही है। हमारे यहाँ सृष्टि के प्राचीनतम ग्रंथ 'ऋग्वेद' में ही 'माता भूमि: पुत्रोअहं पृथ्विव्याम्' अर्थात् धरती मेरी माता है और मैं इसका पुत्र हूँ' ऐसा कहा गया है। आकाश को पिता की संज्ञा दी गई है। साथ ही, पर्वत, नदी, वृक्ष-वनस्पतियाँ सब देवी-देवता माने गए हैं। हमारे आदिम पूर्वज समूची प्रकृति को देवरूप मानते थे। उनके प्रति गहरी श्रद्धा रखते थे। आज जब समूचा विश्व औद्योगिक सभ्यता, लोभवृत्ति, विज्ञान और प्रौद्योगिकी के द्वारा प्राकृतिक संसाधनों तथा भू-सम्पदा के अंधाधुंध दोहन के कारण पर्यावरणीय संकट का सामना कर रहा है तो हमें भारतीय पर्यावरणीय दृष्टि को नये सिरे से देखने की आवश्यकता है। यूरोप में 1890 के दशक में पर्यावरण की चिन्ता आरम्भ हुई जबकि हमारा देश अनादि काल से ही इस सम्बन्ध में अतिशय गम्भीर और संवेदनशील रहा है। आधुनिक विज्ञान ने जब प्रकृति के रहस्यों को खोलना शुरू किया तो इसमें भारतीय वैज्ञानिक डॉ. जगदीशचन्द्र बसु ने भी महत्त्वपूर्ण भूमिका निभाई है। उन्होंने प्रकृति को जीवित, चेतन एवं स्वतंत्र-सत्ता के रूप में प्रमाणित करते हुए उसका नया परिचय उपलब्ध कराया है। फलत: प्रकृति के रहस्यों के प्रति नई जिज्ञासा आरम्भ हुई। यूरोपीय देशों ने 1902 में एक अन्तरराष्ट्रीय शपथ-पत्र पर हस्ताक्षर करके पर्यावरण के प्रति अपनी प्रतिबद्धता दिखाई। सुप्रसिद्ध वनस्पतिशास्त्री ऑस्टिन ने पर्यावरण के घटक तत्त्वों के अन्तर्गत पदार्थ, परिस्थिति, ऊर्जा, प्राणी और समय का समावेश किया है जिसका सम्बन्ध मिट्टी-जल, ताप-प्रकाश, वायु-गुरुत्वाकर्षण, जीव-जंतु-मनुष्य तथा काल से है। सन् 1954 में डॉ. डॉरेन मिर ने मिट्टी, हवा, पानी, आग, ताप, प्रकाश व जीव-जंतु को पर्यावरण का घटक बताया। भारतीय चिन्तन पद्धति 'क्षिति, जल, पावक, गगन, समीरा' को अनादि काल से पर्यावरणीय चिन्तन के केन्द्र में रखकर चली है।

सन् 1992 ई. में पर्यावरण और विकास के मध्य सन्तुलन बनाने के लिए कार्यक्रम-21 जारी किया गया। यह पर्यावरण-प्रबन्धन की दिशा में एक बड़ा क़दम था। सन् 2000 में पेरिस में 'अर्थ चार्टर कमीशन' की बैठक सम्पन्न हुई जिसमें विश्व-भर के वैज्ञानिकों ने सहभागिता की। इस बैठक के तीसरे दिन भारतीय प्रतिनिधियों ने

'पृथ्वी सूक्त' की चर्चा की और यह प्रतिपादित किया कि भारत के पास पर्यावरण संरक्षण की प्राचीनतम परम्परा एवं प्रविधि है। ऋग्वेद के अनुसार सृष्टि के उषाकाल में प्रथम पुरुष ने जब अपने नेत्र खोले तो उसे सबसे पहले प्रकृति का ही प्रेम, साहचर्य और सहयोग प्राप्त हुआ। प्रकृति संसर्ग से ही उसकी चेतना का उन्मेष हुआ। उसकी ऋषि-दृष्टि उन्मीलित हुई। वैदिक ऋषियों ने प्रभावापन्न होकर इंद्र, वरुण, सोम, मरुत, मित्र, अग्नि, सिन्धु, पृथ्वी, आकाश आदि का जिज्ञासु भाव से चित्रण किया है। यजुर्वेद के एक लोकप्रिय एवं बहुचर्चित मंत्र में द्युलोक, अन्तरिक्ष और पृथ्वी से शान्ति की भाव-प्रवण प्रार्थना की गयी है। यथा :

'ॐ द्यौ: शान्तिरन्तरिक्ष: शान्ति:
पृथिवी शान्तिराप: शान्तिरोषधय: शान्ति:।
वनस्पतय: शान्तिविर्श्वेदेवा: शान्तिर्ब्रह्म शान्ति:
सर्वं शान्ति: शान्तिरेव शान्ति: सा मा शान्तिरेधि॥
ॐ शान्ति: शान्ति: शान्ति:!'

—यजुर्वेद

अर्थात् द्युलोक में शान्ति विद्यमान रहे, अन्तरिक्ष में शान्ति रहे, जल शान्ति दे, औषधियाँ और वनस्पतियाँ शान्ति दें। प्रकृति की शक्तियाँ अर्थात् विश्वदेव और विश्व की प्रत्येक वस्तु शान्ति युक्त रहे यानि सभी पदार्थ सुसंगत और शान्त रहें, ज्ञान में शान्ति रहे, सर्वत्र शान्ति हो, शान्ति भी हमें शान्ति दे। यहाँ शान्ति भी एक देवता है। इसी तरह ऋग्वेद के एक दूसरे मंत्र में हमारा वैदिक ऋषि प्रार्थना करता है। वह कहता है कि "अद्या देवा उदिता सूर्यस्य, निर हँस: पिपृता निरवदृयात! तन्नो मित्रो वरुणो मामहन्ता, मदिति: सिन्धु: पृथ्वी उतद्यौ:॥" ऋग्वेद, 3/115/11

मधुमय पर्यावरण वैदिक ऋषियों की सहज प्यास है। उनका मानना था कि शुद्ध और सन्तुलित पर्यावरण में ही मधुमयता है। ऋग्वेद में पृथ्वी एवं आकाश को मधुमय बताते हुए कहा गया है कि 'हे द्यावा, पृथ्वी, मधु मिमिक्षताम्।' वैदिक साहित्य में प्रकृति की सारी शक्तियों को एक सुनिश्चित विधान में दिखलाया गया है। उसमें नियमन है। उसके विराट एवं प्रशस्त रूप में चराचर जगत तथा गोचर और अगोचर ब्रह्माण्ड के समस्त उपादान समाहित हैं। इस नियमन को वैदिक भाषा में ऋत कहा गया है। ऋत नियमों से बड़ा कोई नहीं है। अग्नि प्रकृति की विराट शक्ति है। वे भी एतस्य क्षत्ता हैं। नदियाँ भी ऋतावरी हैं और नियमानुसार चलती है। भूमंडलीय ताप भी नियमबद्ध और सन्तुलित है।

जब प्रकृति की सारी शक्तियाँ नियमबद्ध हैं तो मनुष्य का आचरण नियमबद्ध होना चाहिए। वैदिक साहित्य में पृथ्वी के बाद पर्यावरण के अगले घटक तत्त्व के रूप में जल का निरूपण किया गया है। जल वर्षा है। वर्षा से अन्न है। अन्न से प्राणी हैं जिससे उनका पोषण होता है। जल से ही वनस्पतियाँ-औषधियाँ हैं। जीवन-जगत

के सभी प्रपंच जल-तरंग से जुड़े हैं। जल सुखी और समृद्ध जीवन का आधार है। वर्तमान समय में जल-संकट और जल-प्रदूषण दोनों ही चिन्ता का कारण बने हैं। वेदों ने पर्यावरण के अगले घटक तत्त्व के रूप में वायु की प्रतिष्ठा की है। वायु से आयु है। वायु प्रत्येक प्राणी का प्राण है लेकिन देवों का प्राण भी वायु ही है—'आत्मा देवानां।' यह हमारे लिए बेहद चिन्तनीय विषय है कि हम वैदिक संस्कृति के उत्तराधिकारी होने के बावजूद पश्चिमी सभ्यता के प्रभाव में देव-स्वरूप वायु को प्रदूषित कर रहे हैं। आज ध्वनि-प्रदूषण से मनुष्य तनावग्रस्त हो रहा है। इसी तरह वैदिक साहित्य में सूर्य, अग्नि एवं ताप (ऊष्मा अथवा ऊर्जा) के महत्त्व का भी रेखांकन किया गया है। यह हमारे लिए गौरव का विषय है कि वैदिक साहित्य में पर्यावरण-संरक्षण के सारे सूत्र हैं। हम वैदिक परम्परा और संस्कृति के साथ नए विज्ञान का समायोजन करते हुए विश्व-मनुष्यता और धरती को बचा सकते हैं। समूचे विश्व के पर्यावरण को सन्तुलित कर सकते हैं। सम्पूर्ण मानव जाति को प्रकृति के साथ सन्तुलन की अवस्था में रहने की कला सिखा सकते हैं। साथ ही, विश्व की लुप्तप्राय प्रजातियों को नवजीवन प्रदान कर सकते हैं।

हमारे कवियों और साहित्यकारों ने सदैव प्रकृति एवं पर्यावरण के प्रति अपनी संलग्नता का परिचय दिया है। भारतीय विश्व-दृष्टि प्रकृति और मनुष्य में, व्यष्टि-समष्टि में भेद नहीं करती है। हम मानते हैं कि बाहर जो सूर्य का प्रकाश है, वही भीतर ज्ञान का प्रकाश है। बाहर जो अन्धकार है, वह भीतरी भय है। इसी तरह तृण और वीरुध में जो ऊपर उठने तथा लहलहाने की प्रक्रिया है, वह हमारी आन्तरिक उमंग है। हमने मनुष्य-देवता, प्रकृति-पुरुष में स्वामी के बजाय सहकार भाव देखा है। इसलिए वे परस्पर एक दूसरे को प्रेरित-प्रकाशित और सम्पन्न करते हैं। फलत: वे युग्म परस्पर अपेक्षी हो जाते हैं। उनकी सहकारिता, सहस्थिति, अन्तरावलम्बन सामूहिक उत्थान में सुपरिणत हो जाती है। इस तरह पारस्परिक सामंजस्य और सहयोग पूर्ण अस्तित्व के ज़रिए परम सामंजस्य तथा पूर्णता तक पहुँचना ही भारतीय चिन्ता-धारा का केन्द्रीय वैशिष्ट्य है। गोस्वामी तुलसीदास ने तो राम को 'भूपाल चूड़ामणिम्' कहा है। उन्हें भूमि का पालन करनेवालों में शिखर पर रखा है। ऐसे नरेश ही धरती और मनुष्यता का उन्मेष कर सकते हैं। फलत: रामराज्य में पर्यावरण अत्यन्त सन्तुलित था। वस्तुत: मानव में प्रकृति-प्रेम का उन्मेष उसके उत्कर्ष का आधार है। वह व्यक्ति न केवल सांसारिक भोगों एवं प्राकृतिक वैभव के प्रति विवेकशील बुद्धि से काम लेता है, अपितु उनके उपभोग तथा प्राकृतिक संसाधनों के दोहन में भी औचित्य का आश्रय लेता है। मध्यकालीन साहित्य की अद्वितीयता को सही ढंग से विश्लेषित करने के लिए उसका पुनर्पाठ हिन्दी आलोचना की अपरिहार्य माँग है। हमें पाठ केंद्रित आलोचना पद्धति के आधार पर एक ऐतिहासिक रणनीति के अन्तर्गत इस पूरे साहित्य को नये सिरे से देखने की ज़रूरत है। भक्ति साहित्य और रीति साहित्य

दोनों ही हिन्दी काव्य-साहित्य की श्रेष्ठतम काव्यात्मक उपलब्धि हैं। हमें अब तक प्रतिष्ठित श्रेणीकरण के प्रतिमानों से मुक्त होकर इसमें अन्तर्निहित शक्तियों एवं सम्भावनाओं का निर्वचन करना होगा। यदि भक्तिकाव्य सार्वभौम-शास्वत मूल्यों की प्रतिष्ठा और सन्देशों के कारण कभी अप्रासंगिक नहीं हो सकता है तो रीतिकाव्य में भी युग-युगान्तर को प्रेरित-प्रभावित और रसमग्न करने की अपूर्व क्षमता है। रीतिकाव्य ने शृंगार, नीति और वीरता के जो सूक्ष्म भेदोपभेद तथा काव्य के समस्त पक्षों पर गहन एवं मौलिक विचार व्यक्त किया है वह काव्यशास्त्र और आलोचना के लिए अन्यतम उपलब्धि है। इसके अलावा जाम्भाणी साहित्य की तरह ऐसी अनेक इकाइयाँ हैं जिनका सम्यक् मूल्यांकन अभी शेष है। अत: सम्पूर्ण मध्यकालीन साहित्य को एक समग्र इकाई के रूप में देखकर यदि हम उसकी बहुस्तरीयता तथा कालजयता का वस्तुनिष्ठ विश्लेषण करते हैं तो सम्भव है कि हम बहुतेरे अद्भुत निष्कर्षों तक पहुँच जाएँ। इसके लिए वर्तमान पाठ-केन्द्रित उत्तर-आधुनिक समीक्षा पद्धतियाँ हमें मूल्यांकन का नया औज़ार उपलब्ध कराती हैं।

मध्यकालीन साहित्य शास्त्रीय रूढ़ियों, सामाजिक वर्जनाओं, धार्मिक संकीर्णताओं के विरुद्ध लोकचेतना के स्वाभाविक उन्मेष का प्रतिफलन है। यह कविता और काव्यशास्त्र की सबसे बड़ी प्रयोगशाला है। काव्य अपने समस्त भाव वैभव और शास्त्र-सम्पन्नता के साथ इसमें ही प्रकट हुआ है। इस काव्य में मध्ययुगीन समाज, संस्कृति, सामन्ती समाज की विसंगतियाँ, तत्कालीन भयावह यथार्थ की विद्रूपता, उच्चतम मानवीय मूल्यों की प्रतिष्ठा, लोकधर्म का सम्यक् निर्वाह, वीर एवं शृंगार की सूक्ष्म व्यंजना, प्रकृति एवं पर्यावरण की चिन्ता, काव्यचिन्तन की पराकाष्ठा और साहित्य की अधिकतम प्रवृत्तियाँ मौजूद हैं। यहाँ साहित्यिक रूपों का भी अद्भुत आयोजन परिलक्षित होता है। इसमें संत जाम्भोजी का काव्य अपने उनतीस नियमों, नारी विषयक विचारों तथा पर्यावरणीय चिन्ता के कारण आज और भी प्रासंगिक हो गया है। ऐसी स्थिति में मध्ययुगीन काव्य की बहुस्तरीय अर्थवत्ता पूर्वाग्रह मुक्त अपने पाठ के विखंडन की माँग करती है। यदि हम समकालीन सन्दर्भों एवं सरोकारों के अनुरूप उसका नया पाठ तैयार करते हैं तो इससे सम्पूर्ण मनुष्यता के कल्याण का मार्ग प्रशस्त हो सकता है।

मध्यकाल के सुप्रसिद्ध संतकवि जाम्भोजी ऐसे विलक्षण प्रतिभा के कवि हैं जो पर्यावरण की समस्या को बड़ी संजीदगी से उठाते हैं। प्रकृति और पर्यावरण के प्रति उनकी चिन्ता उन्हें आधुनिक और राष्ट्रप्रेमी बनाती है। उनकी चिन्ता व्यापक मनुष्यता तथा चराचर जगत के कल्याण की चिन्ता है। आचार्य रामचन्द्र शुक्ल ने प्रकृति प्रेम का सम्बन्ध देश-प्रेम से जोड़ते हुए लिखा है कि 'यदि किसी व्यक्ति को अपने देश से प्रेम है तो उसे अपने देश के मनुष्य, पशु, पक्षी, लता, गुल्म, पेड़-पत्ते, वन-पर्वत, नदी, निर्झर सबसे प्रेम होगा, सबको वह चाह भरी दृष्टि से देखेगा, सबकी वह सुध

करके विदेश में आँसू बहाएगा। इस आधार पर संत जाम्भोजी महान देश-प्रेमी ठहरते हैं क्योंकि इनके काव्य में प्रकृति के प्रति रागात्मक लगाव के साथ उसके संरक्षण-संवर्धन की व्यापक चिन्ता भी अभिव्यक्त हुई है। उन्होंने धर्म तथा पंथ का सम्बन्ध पर्यावरण संरक्षण से जोड़ते हुए कहा कि 'जीवों की रक्षा करो, उनके ऊपर दया करो। हमारे खेतों तथा नदी के किनारे पौधे लगाओ। ऐसा करने से मनुष्य प्राकृतिक आपदाओं से सुरक्षित रहता है। एक पर्यावरणविद की भाँति प्राणियों, वृक्षों, वनस्पतियों और वन-सम्पदा के बीच एक अटूट पोष्य-शृंखला प्रतिपादित की। इनका स्पष्ट अभिमत है कि इस धरती के समस्त जीव अपने भोजन के लिए किसी-न-किसी रूप में वन पर निर्भर हैं। अत: वन-सम्पदा को बचाने के लिए हमें एकजुट होकर प्रयासरत रहना चाहिए। इन्होंने वायुमंडल की शुद्धता के लिए 'सबदवाणी' में नित्य-हवन का प्रादर्श रखा। ये भलीभाँति जानते थे कि वन्यजीवों की भूमिका पर्यावरण संरक्षण में सर्वाधिक महत्त्वपूर्ण है। अत: वे वन्यजीवों की हत्या का घोर विरोध करते हैं। इन्होंने कबीर से भी अधिक आक्रामक स्वर में हिंसा का विरोध करते हुए कहा कि पहले अपने पुत्र-पौत्र को मारो, फिर जाकर जीव-हत्या करो। यह पहले भक्तकवि हैं जो सांसारिक जीवों के परस्परपूरकता को स्थापित करते हैं।

इनका मानना था कि ईश्वर हर जीव को देख रहा है। वह उसके हर कर्म का लेखा-जोखा रखता है। अत: उसका हत्यारा भी ईश्वर की दृष्टि से बच नहीं सकता। उनके अनुसार हरे-भरे वृक्ष न काटने पर आठों सिद्धियाँ तथा नौ निधियाँ द्वार पर उपस्थित रहती हैं। इन्होंने पशु-हिंसा का विरोध करते हुए काजी-मुल्ला को जमकर फटकार लगाई है। इसे गुरु जाम्भोजी का प्रताप ही कहा जाएगा कि पर्यावरण संरक्षण को लेकर विश्व का सबसे बड़ा बलिदान अमृता देवी के नेतृत्व में उनके अनुयायियों अर्थात् विश्नोई समाज ने दिया है। मुझे भी जोधपुर प्रवास के दौरान वृक्षों, वनस्पतियों और पर्यावरण की रक्षा हेतु विश्व इतिहास के सबसे बड़े बलिदान स्थल खेजड़ली देखने का सुअवसर मिला। इस गाँव में 1730 ई. में अमृता देवी बेणियाल के नेतृत्व में 363 स्त्री-पुरुषों ने वृक्षों को काटने से रोकने के लिए उनसे लिपटकर अपने प्राणों की आहुति दे दी थी। ध्यातव्य है कि जब अभय सिंह अपने पिता अजीत सिंह की हत्या करके जोधपुर के राजा बने तो उन्होंने अपने सेनापति गिरधर भंडारी के बहकावे में आकर खेजड़ली गाँव से वृक्ष काटने के लिए कुल्हाड़ी जैसे औज़ार के साथ अपने कारिंदों को भेजा। भंडारी चोर की तरह उनका नेतृत्व करते हुए खेजड़ली गाँव पहुँचा। इस बात की सूचना मिलते ही विश्नोई समाज के स्त्री-पुरुष वृक्षों से लिपट गए और वृक्षों पर कुल्हाड़ी पड़ने के पहले अपना सिर आगे कर देते थे। यह 1730 ई. के भादो महीने के शुक्ल पक्ष की 10वीं तिथि थी। इस दुर्भाग्यपूर्ण घटना में विश्नोई समाज के 363 स्त्री-पुरुष अपने प्राणों का उत्सर्ग कर देते हैं लेकिन वृक्षों को कटने नहीं देते। इसके बाद जब राजा अभय सिंह को

इसकी सूचना मिली तो वे स्वयं आते हैं और ताम्रपत्र पर लिखकर वचन देते हैं कि वे विश्नोई लोगों के इलाके में कभी वृक्ष नहीं कटवाएँगे। हमें विश्व इतिहास के इस सबसे बड़े बलिदान को प्रचारित-प्रसारित करने की आवश्यकता है। मैं उस कांकणी गाँव भी गया जिसके बारे में बताया जाता है कि अभिनेता सलमान खान ने यहीं पर चिंकारा और काले हरिण का शिकार किया था। आख़िर विश्नोई समाज ने उन्हें भी इसका समुचित दंड दिलवाया है। पर्यावरण के प्रति विश्नोई समाज को यह उत्सर्ग भाव महान संत जाम्भोजी के उपदेशों से मिला है। मुझे जाम्भोजी के मन्दिर में उनके आध्यात्मिक दर्शन का सौभाग्य भी प्राप्त हुआ। मैं उनके जन्म स्थान नागौर तथा उनके समाधि स्थल पर भी गया हूँ। संत जाम्भोजी ने जिस तरह से जल, जंगल, ज़मीन और प्रकृति के संरक्षण-संवर्धन का उपदेश दिया है वह उन्हें मध्यकालीन कवियों में आधुनिक बनाता है। उनका समूचा काव्य रीतिकाल का प्रतिसन्तुलन है। उसमें जिस संलग्नता के साथ वैश्विक पर्यावरण की चिन्ता प्रकट की गई है वह वैचारिक आग्रह से मुक्त होकर वर्तमान समय की प्रासंगिकता के अनुरूप पुनर्पाठ की माँग करता है। संक्षेप में, यदि हम वैदिक काल से लेकर संत जाम्भोजी तथा आधुनिक कवियों तक के विचारों का सम्यक् प्रचार करें तो पर्यावरण के वैश्विक समस्याओं का निदान प्रस्तुत कर सकते हैं। इस दृष्टि से भारतीय पर्यावरणीय दृष्टि और गुरु जाम्भोजी का चिन्तन सम्पूर्ण मनुष्यता के लिए दिशा-दर्शक हो सकता है। हमें अपनी इस गौरवशाली विरासत को सहेजने तथा संरक्षित करने के दायित्व को समझना होगा और उसके लिए व्यावहारिक तथा त्वरित समाधान ढूँढ़ने के लिए विश्च मनुष्यता को तैयार करना होगा।

वर्तमान परिदृश्य में संत वील्होजी के काव्य की प्रासंगिकता

संत काव्य को लेकर एक खुला विमर्श वर्तमान दौर की अपरिहार्य माँग है। संत काव्य हर प्रकार की संकीर्णता और कट्टरता पर चोट करता है और ऐसे समाज की संकल्पना करता है जिसमें न कोई हिन्दू हो और न मुसलमान, न पूजा हो, न नमाज, न पंडित हो न मुल्ला, सिर्फ इंसान हो। जो पूरी तरह मानवीय समता पर आधारित हो तथा जिसमें हरेक व्यक्ति को अपने सर्वांगीण विकास के अवसर उपलब्ध हों। इन कवियों ने सामन्तवाद की जकड़न पर करारा प्रहार किया। संत काव्य धार्मिक पाखंड, जाति-पाँति, शोषण तथा बाह्याडम्बर के विरोध द्वारा संस्कारिकता, संस्कृति एवं परम्परा से पलायन की उत्तराधुनिकता को बखूबी दिखाता है जो संत काव्य में निहित भाव, विचार, शिल्प, भाषा आदि सभी दृष्टियों में उभरकर उपस्थित होता है। संत कवि हर क्षेत्र में सर्वाधिकतावाद का विरोध करके स्वतंत्रता, समता, सहजता और शुद्धता जैसे मूल्यों का प्रतिपादन करते हैं जो प्रकारान्तर से उन्हें उत्तराधुनिक अवधारणाओं से जोड़कर अत्यधिक प्रासंगिक बनाती है। इसी क्रम में संत जाम्भोजी के प्रख्यात शिष्य संत वील्होजी हैं, जिन्होंने उनके चिन्तन को आगे बढ़ाने का कार्य किया। जब हम उनके काव्य की वर्तमान सन्दर्भों में व्याख्या करते हैं तो पाते हैं कि वह और भी प्रासंगिक हो उठा है।

भारत के मध्यकालीन संतों की एक सुदीर्घ परम्परा है जिसमें रामानन्द, नामदेव, कबीर, दादू दयाल, रैदास, मलूकदास, पलटूदास, पीपा, गुरु नानक देव, गुरु जाम्भोजी तथा संत वील्होजी का समावेश किया जाता है। इन संत कवियों ने तत्कालीन सामाजिक व्यवस्था को सुधारने का बीड़ा उठाया और समाज में व्याप्त बुराइयों पर प्रखर काव्यात्मक आक्रमण किया। इन कवियों ने हिन्दू-मुसलमान के बीच नफ़रत की दीवार तोड़कर उसमें व्यापक भारतीय संस्कृति की धारा प्रवाहित कर दी। इसी क्रम में संत वील्होजी ने लोक प्रचलित कथाओं के आधार पर अनेक काव्यों की रचना की। संत वील्होजी की दृष्टि शीतला के प्रकोप से जाती रही जो जाम्भोजी की कृपा से इन्हें पुन: प्राप्त हुई। वील्होजी ने कुल सोलह पुस्तकों की रचना की है जिनमें वील्होजी की वाणी इनकी सम्पूर्ण रचनाओं का संकलन है। इन्होंने दूसरे संत कवियों की तरह सतगुरु के महत्त्व

का प्रतिवादन किया है और अच्छे विचारों के प्रचार-प्रसार पर ज़ोर दिया है। इनका अभिमत है कि—

भेदी सरसौ भेदी, गोठि ग्यानी सूँ करीवै।
सुस बुध्य संध्य विचारि, पाप संगति परहरीजै।
झूठ मद अहंकार, कह तै कांठो लीजै।
ग्यान रतन कहे तास, जास मन्य घरो पतीजै।
अग्यानी सूं औलयजौ, काव्य काढ़ि टलि चालीयै।
वील्हवीचरण गोठडी, मन महलाहूं पालीयै। (1)

अच्छे विचारों का चिन्तन करके, ज्ञानियों की संगति करनी चाहिए। बुद्धिपूर्वक विचार करके पापियों की संगति को त्याग दीजिए। असत्य, विवाद एवं झगड़ों से दूर रहना चाहिए। ज्ञान रूपी रत्न को ही खरा मानकर ग्रहण करना चाहिए। अज्ञानी से दूर रहें और उनसे बचकर चलना चाहिए। कवि वील्होजी कहते हैं कि यह सज्जनों की गोठ है, इसमें अवश्य शामिल होना चाहिए एवं दुष्टों से अलग रहना चाहिए।

इस प्रकार स्पष्ट है कि संत वील्होजी दूसरे संत कवियों की भाँति मानव मात्र को सन्मार्ग पर चलने की प्रेरणा देते हैं। वर्तमान युग की सबसे बड़ी समस्या प्रकृति और पर्यावरण की गहराती समस्या है। मनुष्य अपने स्वार्थलिप्सा के कारण प्रकृति के साथ लगातार छेड़छाड़ कर रहा है। वह जिस तरीक़े से प्रकृति के उपभोग एवं प्राकृतिक संसाधनों के दोहन में लगा है उससे समूचा विश्व पर्यावरणीय असन्तुलन और ग्लोबल वार्मिंग से जूझ रहा है। संत वील्होजी ने सत्रहवीं शताब्दी में प्रकृति के प्रति अपनी संवेदनशीलता दिखाई थी और वृक्षों की रक्षा पर बहुत ज़्यादा ज़ोर दिया था। गुरु जाम्भोजी ने बिश्नोई धर्म में वन्य जीव संरक्षण एवं पर्यावरण रक्षा के लिए जो नियमन किया था, संत वील्होजी ने उसे पुरस्कृत किया। इन्होंने भेड़-बकरियों को न मारने, हरे वृक्षों को न काटने और जीव-जंतुओं की रक्षा करने पर विशेष ज़ोर दिया। इन्होंने ही वृक्षों की रक्षा के लिए दो बिश्नोई स्त्रियों की जिन्होंने अपना बलिदान दे दिया था, अपनी एक साखी में सर्वप्रथम उनकी चर्चा की है। इनके अनुसार कर्मा और गोरा ने वि.सं- 1661 में वृक्षों की रक्षा के लिए अपना बलिदान दे दिया था। वील्होजी अहिंसा पर बहुत ज़ोर देते हैं और उससे बचने के उपायों पर टिप्पणी करते हैं। इनके अनुसार—

अणछांण्यो पांणी वावरै, अवही पाप अनन्त करै।
अमष भषयो व बुध्यनास, मुवां पछै दोरमां वास।

बिना छाने हुए जल का प्रयोग करने से अनेक जीवों की हत्या होती है। इस पाप का कोई अन्त नहीं है। जो मनुष्य अपना उत्तम खाद्य पदार्थ छोड़कर मांस का भक्षण करता है, उसकी बुद्धि नष्ट होती है। वह मरने पर नरक में जाता है।

मही वीरोल्य धीरत संग्रहै, सवा घड़ी रस बाहरि रहै।
ता उपरान्ते तांवण्य करै, अनन्त जीव उपले अर मरै॥

दही को बिलौकर घी का संग्रह करना, उसे बिना तपे छोड़ना और उसे काफी देर से तपाना—इससे उसमें भी अनेक जीव उत्पन्न होकर मरते हैं। अत: बील्होजी द्वारा अहिंसा पर दिया गया विशेष जोर साहित्य के लोकमंगलकारी रूप का निर्वचन करता है।

इस प्रकार संत वील्होजी मानव मात्र में प्रकृति प्रेम का उन्मेष और उसमें अहिंसा का उन्नयन करना चाहते हैं जिससे वह बेहतर मनुष्य बन सकें। मेरा मानना है कि प्रकृति प्रेम मनुष्य के अभ्युदय तथा श्रेय-प्रेय का कारण है, जो उसमें और विश्वात्मा के बीच गुण एवं गुणी का सम्बन्ध बनाता है। प्रकृति प्रेम प्रकारान्तर से राष्ट्रप्रेम ही है। इस सन्दर्भ में आचार्य रामचन्द्र शुक्ल प्रकृति प्रेम और देश प्रेम को अभिन्न ठहराते हुए लिखते हैं कि 'यदि किसी को अपने देश से प्रेम है, तो उसे अपने देश के मनुष्य, पशु, लता, गुल्म, पेड़, वन, पर्वत, नदी, निर्झर सबसे प्रेम होगा, सबको वह चाहभरी दृष्टि से देखेगा, सबकी सुध करके वह विदेश में आँसू बहाएगा।' इस प्रकार संत वील्होजी विशुद्ध देश प्रेमी माने जा सकते हैं। आज के तेज भौतिकवादी एवं यांत्रिक जीवन में तरलता का एहसास जगाने का कार्य संत वील्होजी की वाणी करती है।

सारांश यह है कि संत वील्होजी की प्रासंगिकता इस बात में है कि उनकी वाणी में वह शक्ति विद्यमान है जो मानव जीवन में बढ़ रही संवेदनहीनता एवं गद्यात्मकता का अतिक्रमण करते हुए मनुष्य को जीवन के वास्तविक स्वरूप और आह्लाद से परिचित करा सकता है। वह मानवमात्र को त्याग, तप और समदृष्टि का पाठ पढ़ा सकता है, जिससे विश्व की अनेक समस्याओं का हल हो सकता है।

भक्तिकालीन कवियों का काव्य-चिन्तन

भक्तिकाल हिन्दी साहित्य का सबसे महत्त्वपूर्ण युग है। इसमें काव्य-सृजन एवं काव्य-चिन्तन दोनों ही अपने उत्कर्ष पर पहुँचते हैं। इसे हिन्दी साहित्य के स्वर्णयुग के नाम से भी जाना जाता है। इस युग में न केवल सार्वभौम शाश्वत मूल्यों के प्रतिष्ठाता कवि हुए अपितु गुण और परिमाण दोनों ही दृष्टियों से इस युग में इतने विपुल और बहुआयामी साहित्य की रचना हुई कि आज भी विस्मय होता है। भक्तिकाल मानव मन की शाश्वत बुभुक्षा एवं प्यास को शान्त करने की सामग्री उपलब्ध कराता है। इसमें युग-युगान्तर को रसमग्न करने की क्षमता है। जीवन और जगत् का कोई भी ऐसा क्षेत्र नहीं, कोई भी ऐसा कोना नहीं, कोई भी ऐसा बिम्ब नहीं जिसे भक्ति साहित्य में न प्रतिबिम्बित किया गया हो। भक्तिकालीन कवियों ने भले ही सुव्यवस्थित रीति से आचार्यों की भाँति काव्यचिन्तन न प्रस्तुत किया हो परन्तु जाने-अनजाने काव्य के स्वरूप, काव्य के उद्देश्य, काव्य की रचना प्रक्रिया तथा काव्य के प्रभाव के सन्दर्भ में जो विचार व्यक्त किए हैं वे आज भी मूल्यवान और स्पृहणीय हैं। भक्तिकालीन कवियों में काव्यांशों का स्वतंत्र प्रतिपादन रीति काल के कवियों के समान करने की प्रवृत्ति भले ही न रही हो परन्तु वे काव्यमूल्यों से अपरिचित नहीं थे। यह स्वीकार करने में कोई कठिनाई नहीं होनी चाहिए कि भक्तिकाल में शास्त्रीय परम्परा का अतिक्रमण नहीं हो सका। भले ही, वह पूर्ण रूप से लोकसापेक्ष आन्दोलन रहा। आलोच्यकाल के अधिकांश कवियों ने (केशवदास और न्यामत खाँ को छोड़कर) काव्यसिद्धान्तों का प्रतिपादन प्रकीर्ण रूप में किया है। सगुण-निर्गुण अथवा आलम्बन की भिन्नता के कारण इन कवियों के काव्य-चिन्तन में भी विविधता और मौलिकता की सम्भावनाएँ रही हैं। संक्षेप में, भक्तिकाल के प्रमुख कवियों का काव्यचिन्तन इस प्रकार है—

कबीरदास

चूँकि कबीरदास विधिवत शिक्षित नहीं थे अत: उन्होंने पुस्तकीय ज्ञान को हेय बतलाते हुए स्वानुभूत सत्य के उद्घाटन पर विशेष ज़ोर दिया। नई समीक्षा में जिसे अनुभूति की प्रामाणिकता कहा जाता है उसकी चर्चा सबसे पहले कबीर ने की। उन्होंने शास्त्र

के आतंक को चुनौती देते हुए उसके अनुशासन को मानने से इनकार किया परन्तु इनकी कविताओं में जहाँ भी कवित्व अपने प्रकर्ष पर पहुँचा हुआ है और जो कविताएँ उनके तन्मयीभाव की कविताएँ हैं, उन कविताओं में चाहे-अनचाहे काव्य की शास्त्रीय पद्धतियों का पालन हो ही गया है। कवि कैसा भी क्यों न हो यदि वह उत्कृष्ट अथवा लोकोपकारी कविता रचता है तो उसकी कविता स्वत: ही काव्य गुणों से युक्त हो जाती है। उसकी नैसर्गिक प्रतिभा और उसका अवचेतन मन इस दिशा में उससे वह लिखवा देता है जो काव्यत्व से भरपूर होता है और जिसमें प्रकारान्तर से ही सही कविता को जाँचने-परखने और समझने की दृष्टि आ जाती है। कबीर भी इस तथ्य का अपवाद नहीं बन सके। उनकी कतिपय उत्कृष्ट कविताएँ उन्हें एक समर्थ, सजग, चिन्तनशील और अपने ध्येय के प्रति समर्पित रचनाकार की छवि प्रदान करती हैं। उन्होंने पुस्तकीय ज्ञान को हेय बताया किन्तु शास्त्रीय पक्ष का उल्लंघन वे भी नहीं कर सके हैं। दोहों के शैलीगत निर्वाह में और कतिपय स्वाभाविक अलंकारों के उपयोग में उन्होंने शास्त्रीय परम्परा का पालन किया है, काव्यगुणों का सम्यक उपयोग किया है।

वैसे, सामान्य तौर पर उनके बारे में कहा जाता है कि "वे संत थे, कवि नहीं। उन्होंने जितना बल अनुभूति पर दिया है, उतना कलात्मक अभिव्यक्ति पर नहीं।" अत: काव्यशास्त्रीय मर्यादाओं के निर्वाह और उसके स्वरूप के स्पष्टीकरण के प्रति वे उदासीन रहे। उनका काव्य लोक-सत्य, जीवनादर्श, भक्त के संस्कार, भक्ति-विधि आदि के सम्बन्ध में तो मुखर है परन्तु काव्यांश के सम्बन्ध में प्राय: मौन है। "विद्या न पढ़उँ वाद नहीं जानौं, हरिगुण कथा सुनत बउरानौ" जैसी उक्तियाँ उनके यथाविधि काव्यशास्त्रज्ञ न होने का प्रमाण प्रस्तुत करती हैं, किन्तु विद्वत्ता, शौर्य, कवित्त आदि के सन्दर्भ में उन्होंने अहंकार-मति को अनुचित माना है—"पंडित गुनीं सूर कवि दाता एहि कहहि बड़ हमहीं।" चूँकि कबीर बहुश्रुत थे, इसलिए प्रचलित काव्य-परम्परा के सामान्य ज्ञान से वे अछूते नहीं थे। उनका काव्यादर्श स्वानुभूति का प्रकाशन था। उन्होंने अनुभूति को काव्य की मूल प्रेरक शक्ति माना है, किन्तु उसके लिए वे न तो दर्शनशास्त्र की परवाह करते हैं और न ही काव्य शास्त्र की। अनुभूति की प्रखरता के फलस्वरूप उनकी रचना में भावों का सहज उच्छलन होता है। उन्होंने आत्मविश्वासपूर्वक कहा है—"मैं कहता हूँ आँखिन देखी, तू कहता कागद की लेखी।" वास्तव में संत की साधना निजी अनुभूति है। यहाँ 'आँखिन देखी' से कबीरदास का आशय अनुभूति और ज्ञान से प्राप्त अनुभव से है। 'कागद लेखी' के प्रति अनास्था व्यक्त कर उन्होंने ग्रंथानुशीलन को काव्य-हेतु मानने का स्पष्ट विरोध किया है। इस सन्दर्भ में कुछ पंक्तियाँ दर्शनीय हैं—

(अ) *कवित पढ़े पढ़ि कविता मुए।*

(आ) *चारि वेद अरु सुंम्रित पुरानां, नौ व्याकरनां मरम न जांनां।*

(इ) *पोथी पढ़ि-पढ़ि जग मुआ पंडित भया न कोय।*

कबीरदास भले ही कविता के सर्जनात्मक पक्ष से निरपेक्ष रहकर सृजनरत रहे हों परन्तु वे काव्य की रचनात्मक शक्ति से परिचित अवश्य थे। उनकी दृष्टि में काव्य का प्रयोग अहंकार रहित होकर सहृदय के मन:प्रसादन के लिए करना चाहिए—

ऐसी बानी बोलिए मन का आपा खोइ।
अपनां तन सीतल करै औरां कौं सुख होइ॥

इस दोहे के पाठ का विखंडन करके इसके ध्वन्यार्थ को लोकव्यवहार और कवि कर्म दोनों के सन्दर्भ में समान रूप से विश्लेषित किया जा सकता है। काव्य के प्रति कबीर का निर्मल और निश्छल दृष्टिकोण ही उनकी शक्ति है। वे कलाकौशल और अभिव्यंजना सौष्ठव की तुलना में अनुभूति की ईमानदारी, भावों की गहराई तथा आन्तरिकता के उद्घाटन को ज़्यादा तरजीह देते हैं—

ऊपर की मोहि बात न भावै, देखै गावै तो सुख पावै।
कहै कबीर कछु कहत न आवै, परचै बिनां मरम को पावै॥

कहना न होगा कि कबीर का यह कथन कि सत्य के साक्षात्कार द्वारा ही मर्म की तलाश सम्भव है, कितना व्यंजनात्मक बन पड़ा है! इसी तरह कबीर ने जिस संलग्नता से साखियों, पदों और उलटबाँसियों का विलक्षण प्रयोग किया है वह उन्हें कुशल प्रयोक्ता और समर्थ कलाकार की गरिमा प्रदान करता है। उनकी कविता सोद्‌देश्य है।

इस प्रकार डॉ. हजारीप्रसाद द्विवेदी के शब्दों में कहा जा सकता है कि "कबीर पढ़े-लिखे नहीं थे, छन्द-शास्त्र और अलंकार के ज्ञान से भी वंचित थे। कविता करना उनका लक्ष्य भी नहीं था फिर भी उनकी उक्तियों में कवित्व की ऊँची से ऊँची चीज़ प्राप्य है। दोहे और पद उन्होंने पूर्ववर्ती साधकों से अपनाये थे पर इनमें अपनी छाप डाल दी। साधना के क्षेत्र में वे युग-गुरु थे और साहित्य के क्षेत्र में भविष्य द्रष्टा।" कहने का आशय यह है कि एक भविष्य द्रष्टा साहित्यकार सुचिन्तित दृष्टि के बिना रचनारत नहीं हो सकता। अत: कबीर की कविता एक सतर्क पाठ-विश्लेषण की अपेक्षा रखती है जिसमें निहित उनकी चिन्तनात्मकता का विरहस्यीकरण भी अतिशय रोचक है।

मलिक मुहम्मद जायसी

जायसी का कवि व्यक्तित्व कबीर की तुलना में ज़्यादा सतर्क और सजग था। उन्होंने शास्त्र, पुराण तथा ज्ञान-विज्ञान के दूसरे अनुशासनों से जानकारी अर्जित की थी। उनका विषय ज्ञान अत्यन्त प्रौढ़ और व्यापक रहा है उन्होंने गुरुकृपा, सत्संग, ग्रंथानुशीलन और लोकानुभव को विशेष महत्त्व दिया है। वे पद्‌मावत को एक रूपक के रूप में चित्रित करते हुए लिखते हैं कि—

तन चितउर मन राजा कीन्हा। हिय सिंघल बुधि पदमनि चीन्हा।
प्रेम कथा एहि भाँति विचारहु। बूझि लेहु जो बूझै पारहु॥

इसमें प्रबन्ध परम्परा निर्वाह और रूपक प्रयोग शास्त्रीय दृष्टि से उल्लेखनीय है। सिंहलद्वीप, जलक्रीड़ा, समुद्र, विवाह, युद्ध और नख-शिख वर्णन शास्त्रीय दृष्टि से द्रष्टव्य हैं। इसमें शृंगार अंगीरस के रूप में आया है और करुण, वीर, शांत तथा वीभत्स रसों का समावेश आवश्यकतानुसार किया गया है। जायसी अनुभूतिप्रवण मार्मिक कविता के पक्षधर हैं। उनके अनुसार कवि की जिह्वा से जो वाणी प्रकट होती है वह 'हिरवानी' तलवार जैसी होती है। वह अपने प्रखरतम रूप में असि के समान तीव्र होने के कारण युद्ध तथा पाठक के मन:प्रसादन का साधन होने के कारण शान्ति के प्रतिपादन में समान रूप से समर्थ हैं। वे लिखते हैं—"कवि कै जीभ खरग हिरवानी। एक दिसि आग दूसरे दिसि पानी॥" कहने का आशय यह है कि काव्याभिव्यक्ति में क्रान्ति एवं विद्रोह की आग के साथ-साथ मनुष्य को रसमग्न करने की शक्ति भी होती है। इसी तरह पद्मावती के दाँतों की शोभा के वर्णन में इसी तरह का काव्य गुण विशेष रूप से दर्शनीय बन पड़ा है—

"ससि मुख जबहिं कुछु कर नाता। उठत ओठ सूरज जस राता॥
दसन चसन सौं किरण जो फूटहिं। सब जग जनहुँ फुलझरी छूटहिं॥
चानहुँ ससि मह बीजु दिखावा। चौंधि परै किछु कहैं न आवा॥

जायसी की काव्य द्वारा अमर हो जाने की भावना भी संस्कृत काव्यशास्त्र से तुलनीय है। जहाँ यश प्राप्ति की बलवती आकांक्षा को प्रधान काव्यप्रयोजन माना गया है। उनका कथन है कि कविता की सृष्टि अमरयश प्राप्त करने की बलवती आकांक्षा के फलस्वरूप श्रमपूर्वक की जाती है—

कहं सुरूप पद्मावती रानी। कोई न रहा जग रही कहानी॥

साथ ही यह भी कि—

केइ न जगत जस बेंचा, केइ न लीन्ह जस मोल।
जो यह पढ़ै कहानी, हम्ह सँवरे दुइ बोल॥

जायसी की युक्ति अक्षरश: सत्य सिद्ध हुई। आज भी जायस के कंचाना मुहल्ले में जायसी का एक खंडहर जैसा मकान है जिसके दरवाज़े के सामने एक पत्थर पर अंकित उक्त दोहा उनके अमरत्व का उद्घोष कर रहा है। उसके सामने की सड़क का नाम 'मलिक मुहम्मद रोड' है जो उधर से गुज़रनेवाले को उनकी याद दिलाता रहता है। यह संस्कृत काव्यशास्त्र में बहुचर्चित 'काव्य यशसेऽर्थकृत' के अनुकूल है। जायसी ने यह आशंका प्रकट की कि उनकी कविता की सरसता को आँकनेवाले सामाजिक भी सहृदय हों। यह संस्कृत काव्यशास्त्र में रसिक सामाजिक की आवश्यकता बतलानेवाले ग्रंथों के अनुकूल हैं। इस सन्दर्भ में जायसी का स्पष्ट कथन है—

कवि विलास रस कँवला पूरी। दूरिहि नियर, नियर भा दूरी॥
नियरहिं दूरि, फूल संग काँटा। दूरि सो नियरैं जस गुर चाँटा॥

भँवर आई बन खंड सन, लेइ कमल की बास॥
दादुर बास न पावई, भलेहिं जो आछे पास॥

इसी तरह संस्कृत में भी प्राप्त होता है—

तत्वं किमपि काव्यानाम जानाति विरलो भुवि।
मार्मिक को मरन्दानामन्तरेण मधुव्रतम्॥

अत: यहाँ जायसी पर संस्कृत का प्रत्यक्ष प्रभाव परिलक्षित होता है। यह उनके शास्त्रज्ञान का प्रमाण है। पद्मावत में इतिहास, कल्पना, मिथक, कवि परम्परा, काव्यरूढ़ि, निजंधरी कथा, ज्योतिष गणना, शास्त्रज्ञान तथा लोकसंस्कृति एवं लोकजीवन के तमाम उपक्रमों का सम्यक नियोजन उनके अध्येता व्यक्तित्व का उद्घोष है। उनके जीवनानुभव एवं मननशील कविमन का परिचायक है। जायसी कबीर के रचनाकर्म से भी परिचित थे। उनकी दृष्टि में कबीर बहुत बड़े साधक और कवि थे। वे समूची कवि बिरादरी के लिए एक चुनौती के समान थे। जायसी का अभिमत है कि मैं अन्य कवियों की बात तो नहीं कर सकता परन्तु स्वयं को उसके समक्ष बहुत पराजित अवस्था में पाता हूँ। भले ही, इसे जायसी की विनम्रता क्यों न माना जाय परन्तु कवि परम्परा के सन्दर्भ में उनकी निम्न पंक्तियों की मूल्यवत्ता ख़ारिज नहीं की जा सकती जिसमें उनके हृदय का निश्चल भाव अपनी पूरी सदाशयता के साथ प्रकट हुआ है—

ना-नारद तब रोइ पुकारा। एक जोलाहे सौं मैं हारा॥
प्रेम तंतु निति ताना तनई। जप तप साधि सैकरा भरई॥

जायसी जैसे विनम्र कवि बड़ी मुश्किल से मिलेंगे। इसका एक कारण यह भी हो सकता है कि वे एक साथ संत, कवि और किसान थे। भारतीय किसान साधुता, सज्जनता और विनम्रता की प्रतिमूर्ति होता है जिसकी बड़ी गहरी छाप जायसी के व्यक्तित्व पर दिखाई देती है। वे अपने को विद्वानों का पिछलग्गू घोषित करते हुए कहते हैं—

हौं, पंडितन्ह केर पछलगा। किछु कहि चला तबल देइ डगा॥

इस प्रकार कहा जा सकता है कि अपने रागात्मक बोध, लोकनिरीक्षण, सौन्दर्य विवेचन, सृष्टिव्यापी प्रेमवेदना, भावनात्मक रहस्यवाद, रसिक सामाजिक की आकांक्षा और काव्य द्वारा अमर हो जाने की भावना तथा आलंकारिक अभिव्यक्ति की तुलना में स्वाभाविक अभिव्यक्ति की वरीयता इत्यादि जायसी के काव्यचिंतन के विशिष्ट आयाम हैं जिस पर संस्कृत काव्यशास्त्र की छाया भी परिलक्षित होती है। बावजूद इसके उनके विचारों, विशेषकर लौकिक प्रेम के माध्यम से अलौकिक प्रेम की व्यंजना, पारस रूप का चित्रण, लोक जीवन की मधुरतम और सूक्ष्मतम झाँकी, सामन्ती मूल्यों का निषेध, त्याग, तप और समदृष्टि उनके अवदान को गरिमा और व्याप्ति प्रदान करते हैं। जायसी से यह शिक्षा मिलती है कि कोई कवि सूक्ष्म लोकनिरीक्षण,

लोकहृदय की सही पहचान तथा लोकसम्पृक्ति के सहारे रचनात्मक उपलब्धि के बड़े शिखर पार कर सकता है। वे न केवल हिन्दी साहित्य अपितु समूचे भारतीय साहित्य में सांस्कृतिक सौमनस्य तथा संवादपरकता के कारण विशिष्ट स्थान के अधिकारी हैं। काव्य चिन्तन के क्षेत्र में उनके योगदान को इस रूप में देखना चाहिए। वे हिन्दी काव्य-परम्परा को इतिहास, मिथक, कल्पना, लोकसंस्कृति, पंथनिरपेक्षता तथा उदात्त प्रेम से समृद्ध करते हैं।

सूरदास

महाकवि सूरदास भक्तिकाल के कृष्णभक्ति धारा के सर्वोच्च कवि हैं। इन्होंने अपनी बन्द आँखों से श्रीकृष्ण और ब्रज मंडल के जीवन की जो झाँकियाँ प्रस्तुत की हैं वे न केवल काव्यसौष्ठव की दृष्टि से बेजोड़ और अप्रतिम हैं अपितु वे इन्हें एक सर्वगुण सम्पन्न कवि के रूप में प्रतिष्ठित करती हैं। ये उपमा अलंकार के चतुर चितेरे हैं। ये काव्य में वाग्विदग्धता तथा अपने कूट पदों के कारण मशहूर रहे हैं। इनका काव्य इस बात का साक्ष्य उपस्थित करता है कि इन्हें काव्यशास्त्र के समस्त आयामों की सम्यक जानकारी थी। भक्त कवि सूरदास जी काव्यशास्त्र के लक्षणों से परिचित अवश्य थे। इनके काव्य में भी अलंकारों, संयोग-वियोग और प्रकृति-चित्रण के उदाहरण प्राप्त होते हैं। यदि 'साहित्य लहरी' को इनकी ही रचना मानी जाय तब तो इनकी काव्यशास्त्रीय चिन्तनात्मकता एवं रचनात्मक प्रकृति और भी प्रौढ़ रूप में दिखाई देती है। आचार्य रामचन्द्र शुक्ल के अनुसार,, "साहित्य लहरी में नायिका भेद तथा अलंकारों के उदाहरण प्रस्तुत हैं, और यह साहित्य क्रीड़ा का ग्रंथ है।" डॉ. नगेन्द्र के अनुसार, "सूर का ग्रंथ 'साहित्य लहरी' दृष्टि कूट और चित्रालंकारों का चक्रव्यूह हैं, इसलिए एक तरह से वह रीति के अन्तर्गत अलंकार-परम्परा में आता है।" आलोचकों ने इनके काव्य में प्राप्ति रीति, रस और अलंकार निरूपण को युग प्रभाव माना है। अर्थात् भक्तिकाल में सूर के रचना काल तक शास्त्रीय पक्ष प्रबल हो चुका था। सूर के कूट पद इस दृष्टि से उल्लेखनीय हैं। इन्होंने वात्सल्य रस का सांगोपांग वर्णन किया है। यह वर्णन इतनी तल्लीनता से किया गया है कि इसके आधार पर वात्सल्य को एक भिन्न रस परिगणित किया जाने लगा। साथ ही सूर के काव्य में अलंकारों को भी स्थान दिया गया है जो काव्यशास्त्र के अनुकूल है यथा—

नील स्वेत पर पील लाल मिनी लटकन भाल रुराई।
सनि, गुरु, असुर, देवगुरु मिलि मनौ भौम सहित समुदाई॥

अंग और शोभा और वेश-भूषा आदि के वर्णन में सूर को उपमा देने की तीव्र इच्छा रहती है। साहित्य के प्रसिद्ध उपमानों को लेकर सूर ने बड़ी क्रीड़ाएँ की हैं।

गोपियों के कथन हमारे वाक्यों की पुष्टि करते हैं। इसी प्रकार से अप्रस्तुत प्रशंसा द्वारा राधा के अंगों का वर्णन दर्शनीय है। इनके अलंकारों के उदाहरण भी यह स्पष्ट करते हैं कि वे अलंकार तत्त्वों को सुन्दर रूप से ग्रहण कर सकते थे। कहने की आवश्यकता नहीं कि पूर्ववर्ती कवियों की तुलना में अलंकार शास्त्र से सूरदास का परिचय कहीं अधिक प्रत्यक्ष है। वास्तव में वैष्णव भक्ति-सिद्धान्तों और काव्यशास्त्रीय विचारों में समन्वय-सम्भावना की खोज ही उनकी मूल उपलब्धि है, जिससे उनके समकालीन और परवर्ती कृष्णभक्त कवि भी यथेष्ट लाभान्वित हुए। इस दृष्टि से 'साहित्य लहरी' को रीतिकाव्य का प्रवेश द्वार माना जा सकता है। इन्होंने संस्कृत काव्यशास्त्र में उपलब्ध नायक-नायिका भेद को राधा-कृष्ण के माध्यम से उपलब्ध कराया। सूरदास संगीत के महान आचार्य माने जाते हैं। हिन्दी कविता के इतिहास में शास्त्रीय संगीत की जानकारी रखनेवाला इनके समान दूसरा कवि नहीं हुआ है। आचार्य शुक्ल का मानना है कि "नादसौन्दर्य से कविता की उम्र बढ़ती है।" सूर के काव्य की यही सबसे बड़ी विशेषता है कि इनका समूचा काव्य ही नादसौन्दर्य का विराट एवं मुखर चित्र है। इनकी कविता सांगीतिक लय तथा गीतात्मकता का अपना प्रतिमान आप ही है। इन्होंने न केवल अपने समय में प्रचलित समस्त राग-रागनियों का प्रयोग किया है अपितु आवश्यकतानुसार नई राग-रागिनियों का प्रयोग किया है। इनका यही वैशिष्ट्य इनकी निजी सम्पत्ति है जो इन्हें समस्त कवि बिरादरी में अन्यतम स्थान प्रदान करती है। सूर की स्तुति में कई दोहे भी प्रसिद्ध हैं। इनमें से दो दोहे अतिशय व्यंजक बन पड़े हैं:—

"उत्तम पद कवि गंग के, कविता को बल वीर।
केशव अर्थ गँभीर को, सूर तीन गुन धीर॥

इसी तरह दूसरा दोहा भी चिन्तनीय बन पड़ा है—

"किंधौ सूर को सर लग्यो, किंधौ सूर को पीर।
किंधौ सूर को पद लग्यो, बेध्यो सकल सरीर॥"

इस तरह उक्त दोहे न केवल सूरदास की कवित्व शक्ति का उद्घोष करते हैं अपितु उनके काव्य-चिन्तन का भी निर्वचन करते हैं। उन्होंने 'साहित्य लहरी' के प्रणयन द्वारा हिन्दी काव्य-शास्त्र की विधिवत शुरुआत की है।

नन्ददास

कृष्ण भक्ति धारा के अष्टछापी कवियों में नन्ददास का महत्त्वपूर्ण स्थान है। गुण एवं परिमाण दोनों ही दृष्टियों से उनका कृतित्व अत्यन्त समद्ध है। इन्होंने 'रस मंजरी' और 'विरह मंजरी' की रचना में रीति काव्य प्रणाली का पालन करने के साथ-साथ लीलाकाव्य 'रास पंचाध्यायी' और प्रेमाख्यान काव्य 'रूपमंजरी' में भी काव्य-सिद्धान्त

का निरूपण किया है। जो काव्यचिन्तन के प्रति इनकी स्वाभाविक उन्मुखता और अपेक्षित सजगता का परिचायक है।

नन्ददास एक ऐसे भक्त कवि हैं जिनके काव्य में कृष्ण लीला के रसात्मक प्रसंगों की अवतारणा बड़े ही मनोरम ढंग से हुई है। इन्होंने अपने मित्र के कहने पर "रसमंजरी" नामक काव्यशास्त्रीय ग्रंथ का प्रणयन किया जिसमें नायिका भेद का वर्णन मिलता है। नन्ददास ने नायिका के स्वकीया, परकीया तथा सामान्या तीन रूप स्वीकार किए हैं और इन तीनों के मुग्धा, मध्या तथा प्रगल्भा नामक भेदों का निरूपण करने के साथ-साथ श्रृंगार रस के तमाम भेदोपभेदों का विस्तृत वर्णन भी किया है—

जग में जुवती त्रय परकार।
प्रथम स्वकीया पुनि परकीया। इस सामानि बखानि तिया।
ते पुनि तीनि तीनि परकार। मुग्धा, मध्या, प्रौढ़ा विहार॥

काव्यशास्त्र के अभाव की पूर्ति के लिए नन्ददास ने अनेकार्थ मंजरी तथा मंजरी दोहाकोष भी लिखे। आलोचकों ने 'रसमंजरी' की प्रशंसा इसलिए भी की है कि इसमें परिभाषा तथा उदाहरण दोनों एक ही पद में दिये गये हैं। इसके आरम्भ में प्रभु को ही रस का आधार कहा गया है—

है जो कुछु रस इहि संसार। ताकहुँ प्रभु तुम ही आधार॥
ज्यों अनेक सरिता जल बहै। आनि सबै सागर में रहै॥

नन्ददास ने रसात्मकता पर ज़ोर देने के अतिरिक्त काव्य-रसिक सहृदय सामाजिकों की आवश्यकता पर भी बल दिया है—

जाको जहँ अधिकार न होई। निकट ही वस्तु दूर हैं सोई॥
मीन कमल के ढिंग ही रही। रूप रंग रस मधु नहिं लही।
निकट की निरमोहिक नग जैसे। नैन हीन तिहि पावै कैसे।
तासौ 'नन्द' कहत तब उत्तर। मूरे हत जन मो मोहित दूतर॥

कवि और कविता के साथ प्रमाता की यह आवश्यकता शास्त्रीय दृष्टि से अवलोकनीय है और जायसी के भी ऐसे ही कथन से तुलनीय है। उन्होंने भी कहा कि "दादुर कमल के पास होते हुए भी उसकी सुगन्ध नहीं ग्रहण कर सकता है, वैसे ही जड़ व्यक्ति काव्य-सौन्दर्य परखने में पूर्णत: असमर्थ होता है। रसिक प्रमाता और रसलोलुप भ्रमर ही उसके सच्चे अधिकारी हैं।"

नन्ददास ने "विरहमंजरी" में विरह वर्णन को मुखरित किया है। इसे बारह भागों में विभाजित किया है। इसमें प्रत्यक्ष विरह, पलकान्तर विरह, वनान्तर विरह तथा देशान्तर विरह के अतिरिक्त बारहमासा को स्थान दिया गया है। यह हिन्दी की प्रकृति के अनुकूल वर्णन है।

उन्होंने अनेकार्थ ध्वनिमंजरी में पर्यायवाची शब्द दिये हैं। जहाँ खुसरो ने खालिकबारी में शब्द और अर्थ दिये थे, वहाँ इन्होंने पर्यायवाची शब्द प्रस्तुत किये

हैं। यथा—"जलज मीन, मोती जलज, जलज शंख अरु चन्द। जलज जु कमल किरावते, ब्रज आवत नन्द चन्द॥"

इस प्रकार नन्ददास ने श्रृंगार रस की महत्ता, नायिका भेद वर्णन, सहृदय सामाजिक की आवश्यकता पर बल तथा भाषा को समृद्ध करने की लालसा से पर्यायवाची शब्द प्रस्तुत करने में अपनी अभिरुचि का आभास दिया है जो कविकर्म और काव्यचिन्तन के प्रति उनकी सजगता का द्योतन करता है। कृष्ण भक्त कवियों में सूरदास तथा नन्ददास के अतिरिक्त मीराबाई, रसखान तथा परमानन्द दास की रचनाओं में भी काव्यशास्त्रीय महत्त्व की पंक्तियाँ यत्र-तत्र बिखरी हुई हैं। इन कवियों के अनुसार सहृदय को भक्त की तरह श्रद्धालु तथा कवि के समान कल्पना प्रवण और भावुक होना चाहिए। नन्ददास ने तो रसिकता को सहृदयी की अनन्य विशेषता के रूप में मान्यता दी है जो इनकी काव्यदृष्टि का परिचायक है। इनके सम्बन्ध में एक कहावत प्रसिद्ध है कि "और कवि गढ़िया, नन्ददास जड़िया।" इस तरह नन्ददास का रचनात्मक एवं चिन्तनात्मक दोनों ही क्षेत्रों में महत्त्वपूर्ण स्थान है।

कृपाराम त्रिपाठी

भक्तिकाल में काव्यशास्त्रीय ग्रंथ के निर्माता के रूप में कृपाराम त्रिपाठी का नाम लिया जाता है। उनकी "हित तरंगिणी" रस-नीति पर सर्वप्रथम उपलब्ध ग्रंथ है। यह ग्रंथ दोहा-छन्द में कवियों के हितार्थ लिखा गया है। आचार्य रामचन्द्र शुक्ल के अनुसार, "रीति या लक्षण ग्रंथों में यह बहुत पुराना है। कवि ने कहा है कि और कवियों ने बड़े छन्दों के विस्तार में श्रृंगार रस का वर्णन किया है पर मैंने 'सुघरता' के विचार से दोहों में वर्णन किया है। इससे जान पड़ता है कि इनके पहले और लोगों ने भी रीतिग्रंथ लिखे थे जो अब नहीं मिलते हैं। 'हिततरंगिणी' के कई दोहे बिहारी के दोहों से मिलते-जुलते हैं। पर इससे यह नहीं सिद्ध होता है कि यह ग्रंथ बिहारी के पीछे का है क्योंकि ग्रंथ में निर्माणकाल बहुत स्पष्ट रूप से दिया हुआ है—

"सिय निधि सिव मुख चन्द्र लखि माघ सुद्दि तृतियासु।
हिततरंगिनी हौं रची कवि हित परम प्रकासु॥"

दो में से एक बात हो सकती है—"या तो बिहारी ने उन दोहों को जानबूझकर लिया अथवा वे दोहे पीछे से मिल गए।"

इनके उदाहरण बहुत ही सुन्दर हैं और उदाहरण सुन्दर बनाने का उनका प्रयास भी स्पष्ट है—

रचैं ग्रंथ कविमत धरे, धरे कृष्ण कौ ध्यान।
राखे सरस उदाहरन, लच्छनजुत सज्ञान॥

कृपाराम के निम्नलिखित दोहों से स्पष्ट होता है कि इनके समय तक रस-रीति पर और भी ग्रंथ लिखे जा चुके थे किन्तु आज वे ग्रंथ अप्राप्त हैं—

बरनत कवि सिंगार रस, छन्द बड़े बिस्तारि।
मैं बरन्यो दोहानि बिच, याते सुघरि बिचारि॥
अक्षर थोरे भेद बहु, पूरन रस कौ धाम।
हिततरंगिनी मान कौ रच्यौ ग्रन्थ अभिराम॥

इस प्रकार कृपाराम की "हिततरंगिणी" की रचनातिथि संवत 1598 विक्रमी की माघ शुक्ल पक्ष की तृतीया ठहरती है और उस समय बड़े छन्दों में अन्य कवियों की रचनाएँ भी इस विषय पर होती थीं, पर उनकी अप्राप्ति की अवस्था में "हित तरंगिणी" को ही रस नीति पर सबसे प्राचीन उपलब्ध ग्रंथ मानना पड़ता है। यह ग्रंथ पाँच तरंगों में समाप्त हुआ है। यद्यपि नायिका-भेद का पूर्ण-विवरण है, पर सिद्धान्त निरूपण की दृष्टि से यह ग्रंथ साधारण है। कृपाराम भी नायिका भेदादि में स्वाधीन-पतिका इत्यादि का भेद करने में संस्कृत ग्रंथों पर निर्भरता दिखाते हैं जैसा कि डॉ. भगीरथ मिश्र ने कहा है, "इन्होंने भानुदत्त का भी सहारा लिया।" संक्षेप में कृपाराम त्रिपाठी ने न केवल सरस, भावपूर्ण एवं परिष्कृत भाषा में काव्य रचना की अपितु अपने काव्य चिन्तन से हिन्दी की काव्यशास्त्रीय परम्परा को समृद्ध भी किया।

निष्कर्ष

सारांश यह कि भक्तिकाल में सार्वभौम तथा सनातन मानवीय मूल्यों को देखकर हम उसकी प्रशंसा किये बिना नहीं रह सकते, फिर भी यह सत्य है कि उस युग में कला पक्ष भी प्रधानता प्राप्त करने के लिए आगे बढ़ रहा था। यह स्वाभाविक भी था। इस युग के कवियों ने विश्वमंगल और विश्वमानवतावाद तथा सर्वजनहिताय के महान लक्ष्य से संचालित होकर काव्य रचना की है। इन कवियों का काव्य चिन्तन इनकी सजगता और शास्त्रानुशीलन वृत्ति का परिणाम है। यह न केवल प्रतिभा सम्पन्न बड़े कवियों का युग है अपितु गुण और परिमाण दोनों ही दृष्टियों से हिन्दी काव्यसाहित्य के प्रकर्ष का युग है। इन कवियों की कविता भले ही स्वानुभूत सत्य के निश्छल उद्घाटन से प्रेरित प्रभावित रही हो परन्तु इनके काव्यादर्श अत्यन्त उत्कृष्ट और महान रहे हैं। इस काल में कवियों का उद्देश्य काव्यशास्त्रीय शैली में काव्य रचना की अपेक्षा प्रेम एवं भक्ति की पावन गंगा-यमुना में अवगाहन करना अधिक था, फिर भी, काव्य के विषय में उनके विचार कणों का वाणी के निर्मल उद्भास के रूप में स्वागत किया जाना चाहिए। इन कवियों ने शिल्प सम्बन्धी असावधानियों की ओर ध्यान न देकर सहज अभिव्यक्ति एवं सम्प्रेषणीयता को ही प्रमुख आधार बनाया है। भक्तिकालीन काव्य में काव्य विषयक चिन्तन पर विचार करने के उपरान्त हम इस

निष्कर्ष पर पहुँचते हैं कि हिन्दी साहित्य में आगामी युग का रीतिकाल होना साहित्यिक, सांस्कृतिक और ऐतिहासिक दृष्टि से स्वाभाविक, उपयुक्त और वांछनीय-सा प्रतीत होता है। भक्तिकालीन मेधा और काव्य चिन्तनात्मकता उसे इसी दिशा में अग्रसर कर रही थी। इसमें सन्देह नहीं कि रीतिकाव्य भक्तिकाव्य की सहजता, सरलता और लोकसम्पृक्ति तथा जनपक्षधरता का प्रति सन्तुलन है। उसका स्वाभाविक विकास है। चूँकि भक्तिकाव्य अपेक्षाकृत ज़्यादा जनोन्मुख एवं लोकवादी था, इसलिए रीतिकाव्य में लोक की तुलना में शास्त्र को मिलनेवाली प्राथमिकता सर्वथा स्वाभाविक मानी जाएगी। भक्तिकालीन कवियों के साहित्य और चिन्तन में न केवल उसके बीज विद्यमान हैं अपितु उसका स्फुरण भी इन कवियों के विचारों के प्रभातकालीन सुखद आलोक में हुआ। भक्तिकालीन कवियों का हृदय दर्पण की भाँति स्वच्छ था जिसके कारण उनके चिन्तन और सृजन दोनों में ही एक विशेष प्रकार की ईमानदारी तथा सच्चाई पाई जाती है। इन कवियों का पारदर्शी मन न केवल अपने समय की समस्त गतिविधियों को प्रतिबिम्बित करता है अपितु अपनी गहन चिन्तना एवं मेधाशक्ति द्वारा आगामी युगों को भी चिन्तन-मनन एवं बौद्धिक विश्लेषण के लिए रमणीय पर्यावरण उपलब्ध कराता है। भक्तिकालीन कवियों का काव्यचिन्तन इस दृष्टि से भी महत्त्वपूर्ण है कि यह हिन्दी का अपना काव्यशास्त्र निर्मित करने की दिशा में पहला प्रयास था जिसे जाने-अनजाने इन कवियों ने अपनी मेधा और प्रतिभा द्वारा संबल प्रदान कर ऐतिहासिक कार्य किया। यह प्रकारान्तर से हिन्दी साहित्य के इतिहास में एक विशेष कालखंड की माँग को पूरा करने का स्तुत्य प्रयास था जिसका पूर्ण प्रकर्ष आगे चलकर रीतिकाव्य के रूप में सामने उपस्थित हुआ। इस तरह हम कह सकते हैं कि भक्तिकालीन कवियों का काव्यचिन्तन रीतिकालीन कवियों के काव्य चिन्तन के लिए पूर्वपीठिका का कार्य करता है। इस दृष्टि से भी हिन्दी साहित्य के इतिहास में वह विशिष्ट स्थान का अधिकारी है।

रीतिकालीन कवियों का काव्य-चिन्तन

हिन्दी साहित्य के इतिहासकारों ने रीतिकाल का समय ई. सन् 1650 से 1857 तक माना है। यह युग हिन्दी कविता के इतिहास में एक विशिष्ट प्रवृत्ति के लिए जाना जाता है, वह है लक्षण ग्रंथ निर्माण की प्रवृत्ति। इस युग के अधिकांश कवियों ने अपनी प्रतिभा के कारयित्री और भावयित्री दोनों रूपों का प्रयोग किया। आलोच्यकाल में साहित्यकार संस्कृत ग्रंथों की छाया लेकर हिन्दी में लक्षण ग्रंथों का निर्माण कर रहे थे। इन रचनाकारों में मौलिक प्रतिभा और स्वतंत्र-चिन्तन का किंचित् अभाव रहा है और अनेक स्थानों पर इनकी स्थापनाएँ संस्कृत ग्रंथों का अनुवाद सदृश्य लगती हैं। ये साहित्यकार संस्कृत काव्यशास्त्रियों की उँगली पकड़कर आगे बढ़ रहे थे। लेकिन उनमें ग़ज़ब की अध्यवसायी वृत्ति थी जिसके बल पर वे काव्य रीति के किसी एक विशिष्ट क्षेत्र में बड़े गम्भीर और उल्लेखनीय प्रयास भी करते थे। उनमें मौलिकता प्रतिपादन का भी प्रयास झलकता है जो अनेक दृष्टियों से उपयोगी भी है क्योंकि यह हिन्दी का अपना काव्यचिन्तन है। भले ही उस पर संस्कृत काव्य-ग्रंथों के लक्षणों का परोक्ष अथवा अपरोक्ष प्रभाव परिलक्षित हो लेकिन इससे रीतिकालीन कवियों का अवदान पूरी तरह से नकारा नहीं जा सकता। आगे चलकर रीतिकाल में संस्कृत ग्रंथों का सहारा इतना नहीं लिया गया जितना कि भाषा कवियों का किन्तु भाषा कवि स्वयं संस्कृत से प्रभावित थे। इसलिए इन पर भी प्रकारान्तर से संस्कृत का प्रभाव बना रहा। यह इस युग का महत्त्वपूर्ण वैशिष्ट्य है कि इस युग के अधिकांश कवि, कवि और आचार्य दोनों रहे हैं। साथ ही, जिन कवियों ने लक्षण ग्रंथों का निर्माण नहीं किया उन्होंने भी जाने-अनजाने रीति परम्परा का सम्यक निर्वाह करते हुए काव्यानुशासनों का बखूबी पालन किया है।

रीतिकाल में हिन्दी साहित्य के लक्ष्य-लक्षण ग्रंथों के रूप में संस्कृत के काव्यशास्त्र की पुनरुद्धरिणी प्रस्तुत की गई। इस युग में काव्य प्रकाश की निरूपण शैली, शृंगार तिलक और रसमंजरी का शृंगार, रसमयी नायिका भेद वाली शैली तथा चन्द्रलोक की संक्षिप्त अलंकार निरूपण शैली प्राप्त होती है। इस युग में जो लक्षण ग्रंथ प्राप्त होते हैं उनमें से अधिकांश अलंकार ग्रंथ हैं। कुछेक ग्रंथ रसविवेचन से भी सम्बन्धित हैं। ऐसे ग्रंथ अत्यल्प मात्रा में ही हैं जिनमें काव्यशास्त्र के समस्त अंगों-उपांगों का विशद निरूपण हुआ। इन कवि आचार्यों ने ऐसे भी ग्रंथों की रचना की

है जिनमें सिर्फ़ शृंगार रस का विवेचन हो और उसके साथ नायिका भेद, नख-शिख वर्णन इत्यादि का सर्वांगपूर्ण निरूपण हो। यह शृंगार रस की गहनता और अलंकार प्रतिपादन के उत्कर्ष का काल है जो अनेक क्षेत्रों में संस्कृत काव्यग्रंथों से काफी आगे जाता है। इस युग के अधिकांश कवियों ने संस्कृत के लोकप्रिय ग्रंथों को ही अपना आधार बनाया है इस सन्दर्भ में 'काव्यविलास' के रचयिता प्रतापसाहि की आत्म-स्वीकृति दर्शनीय बन पड़ी है—

"मत लहि 'काव्य-प्रकाश' कौ, 'काव्य-प्रदीप' सँजोइ।
साहित्य-दर्पण' चित समुझि, 'रस-गंगाधर' सोइ॥
समुझि परै साहित्य को, जातै परम प्रकास।
सुकवि प्रताप विचारि चित, कीन्हों काव्य विलास॥

इस युग में संस्कृत के आचार्यों के अनुकूल केशव द्वारा अपनाई गई चित्रकाव्य शैली को भी स्थान दिया गया। सेनापति के चित्रकाव्य इसके उदाहरण हैं। रीतिकाल में रस-विषयक, अलंकार-विषयक, नायिका-भेद विषयक ग्रंथ और काव्यशास्त्रीय ग्रंथ प्राप्त होते हैं जिन पर संस्कृत काव्यशास्त्र का प्रचुर प्रभाव परिलक्षित होता है। परन्तु एक ही दिशा में प्रयोग की अतिशयता इनका अपना निजी वैशिष्ट्य है। आचार्य भिखारीदास सर्वाधिक मौलिक चिन्तक रहे हैं।

वैसे तो अनेक विद्वानों ने कवि एवं आचार्य केशवदास को भक्तिकाल में ही रखा है परन्तु काव्य-रीति निरूपण और रीतिबद्ध दृष्टि से काव्य सर्जन में भी भाग लेने के कारण मैंने उन्हें रीतिकाल में समाविष्ट करना विषयानुरूप उचित समझा है। इस काल की कविता में काव्य-चिन्तन का विवेचन इन्हीं कवि-आचार्यों के चिन्तन के आलोक में प्रस्तुत है।

आचार्य केशवदास

केशवदास रीतिकाल के युग-प्रवर्तक आचार्य हैं। आप संस्कृत के निष्णात विद्वान, राजमंत्री और नीतिज्ञ थे। आपको वैद्यक और ज्योतिष का भी सामान्य ज्ञान था। आप दर्शन, अध्यात्म के साथ-साथ संगीत के क्षेत्र में भी अप्रतिहत गति रखते थे। आपका बहुमुखी व्यक्तित्व अस्त्रों-शस्त्रों का भी ज्ञाता था। इन्होंने काव्यशास्त्र के सारे अंगों का विश्लेषण करके उसे व्यवस्थित रूप देने का ऐतिहासिक कार्य किया। चूँकि इनका समय भी महाकवि गोस्वामी तुलसीदास और सूरदास के सर्वव्यापी प्रभाव से आक्रान्त था। अत: रीति परम्परा को पुरस्कृत करना आसान नहीं था। इनके आचार्यत्व के आधारभूत ग्रंथ हैं—कविप्रिया, रसिकप्रिया और छन्दमाला। कविप्रिया में काव्य का स्वरूप और उसका उद्देश्य, कवि-भेद, कवि-रीति, काव्य के वर्ण्य-विषय, काव्य-दोष तथा अलंकार समेत अनेक पक्षों पर प्रकाश डाला गया है।

केशवदास हिन्दी काव्यशास्त्र के पहले आचार्य हैं जिन्होंने मुख्य रूप से काव्यशास्त्र पर लिखा। केशवदास रीतिकाल में रस सम्प्रदाय के प्रवर्तक कवि आचार्य हैं। इनकी रससम्बन्धी मान्यता इनके ग्रंथ 'रसिकप्रिया' में अभिव्यक्त हुई है। ये संस्कृत के निष्णात विद्वान माने जाते हैं और कदाचित अपने भाषा प्रेम तथा भाषा के ज्ञानभंडार को हिन्दी पाठकों के समक्ष रखने के उद्‌देश्य से ही इन्होंने हिन्दी में रचनाएँ प्रस्तुत कीं। यह कार्य इन्होंने अपने अहंकार और सम्मान की कीमत पर किया। जैसाकि इन्होंने 'कविप्रिया' में स्वयं ही अपनी स्थिति का निर्वचन किया है—

भाषा बोल न जानहीं, जिनके कुल के दास।
ते भाषा कविता करी, जड़मति केसवदास॥

इस स्थिति के बावजूद केशवदास ने कविप्रिया और रसिकप्रिया का प्रणयन कर हिन्दी साहित्य के इतिहास में रीतिपरम्परा का विधिवत सूत्रपात किया। इन्होंने अभिनवगुप्त के अभिव्यक्तिवाद के आधार पर रसनिष्पत्ति का संकेत किया है—

मिल अनुभाव, विभाव पुनि, संचारी सुअनूप।
व्यंग्य करै थिरभाव जो, सोई रस सुखरूप॥

केशवदास चमत्कार और आलंकारिक सिद्धान्त पर श्रद्धा रखनेवाले व्यक्ति थे। इन्होंने प्राचीन संस्कृत के अलंकारिकों भामह, दंडी, उद्‌भट और रुद्रट को अपने विवेचन का आधार बनाया। जबकि केशवदास के पश्चात् चिन्तनमणि के साथ-साथ जो परम्परा रीतिग्रंथकारों की चली उनके लिए आधार 'चन्द्रालोक', 'कुवलयानन्द', 'काव्यप्रकाश', 'साहित्यदर्पण' आदि ही थे। अत: प्रधानतया रीति-परम्परा ने केशव के द्वारा ग्रहण किया हुआ आधार स्वीकृत नहीं किया। आचार्य के रूप में केशव ने रस, नायिका भेद, काव्य-दोष, अलंकार, छन्द आदि काव्यांगों का प्रतिपादन किया है। केशव की मान्यता है कि कवि को अपनी रचना में काव्य गुणों, रमणीय अर्थों एवं उपयुक्त वर्णों के समावेश का यत्न करना चाहिए—

सगुन पदारथ अर्थजुत, सुबरनमय सुभ साज।
कंठमाला ज्यों कविप्रिया, कंठ करहु कविराज॥

केशव के काव्यशास्त्रीय ग्रंथों में रसिक प्रिया और कविप्रिया का नाम लिया जाता है। इन्होंने रसिक प्रिया का उद्‌देश्य बताते हुए लिखा है—

अति रति गति मति उक करि, विविध विवेक विलास।
रसिकन को रसिक प्रिया, कीन्हों केशवदास॥

केशवदास ने रसिक प्रिया के प्रारम्भ में गजानन्द की स्तुति करते हुए शास्त्रसम्मत ढंग से नव रसों को स्वीकार किया है और शृंगार को रस राज के रूप में माना है—

नवहू रस के भाव बहु, तिनके भिन्न विचार।
सबको केशवदास हरि नायक हैं श्रृंगार॥

इन्होंने रस की महत्ता प्रतिपादित करते हुए लिखा है—

ज्यों बिनु डीठि न, सौभिजै लोचन लोल विसाल,
त्यों ही 'केसव' सकल कवि, बिन बानी न रसाल॥

केशवदास ने श्रृंगार को प्रकाश और प्रच्छन्न भेदों में बाँटा है तथा श्रीराधिकाजू के प्रच्छन्न और प्रकाश श्रृंगार का उदाहरण भी प्रस्तुत किया है। इन्होंने काव्यशास्त्र के ही समान नहीं अपितु कामशास्त्र के समान भी नायिकाओं के वर्णन किये हैं। इसमें पद्मिनी, चित्रिणी, शंखिनी और हस्तिनीय स्वकीया, परकीया, सामान्या, फिर स्वकीया में मुग्धा के नवलवधू, नवयौवना, नवल-अनंगा, लज्जा-प्राय के आरूढ़-यौवना, प्रगल्भवचना, प्रादुर्भूत-मनोभवा, रतिविचित्रा तथा प्रौढ़ा के समस्त रसकोविदा, विचित्र विभ्रमा, अक्रामित प्रौढ़ा, लब्धामति और धीरा, अधीरा, धीराधीरा आदि प्रकारों का वर्णन है।

जैसा कि केशवदास ने स्वयं स्वीकार किया है कि उन्होंने कवि प्रिया की रचना सामान्य लोगों के लिए की है, जिससे काव्य का आनन्द शास्त्रीय ढंग से सब लोग प्राप्त कर सकें। "कवि प्रिया" में भाषा का कार्य और कवि की योग्यता, कविता का स्वरूप और उसका उद्देश्य, कवियों के प्रकार, काव्य रचना के ढंग, कविता के विषय, वर्णन के प्रकार, काव्य दोष तथा अलंकार का विवेचन किया गया है। इन्होंने काव्य में अलंकार को अतिरिक्त महत्त्व देते हुए लिखा है—

जदपि, सुजाति, सुलक्षणी, सुबरन सरस सुवृत्त।
भूषण बिनु न विराजई, कविता, बनिता मित्त॥

रीतिकाल में इन पंक्तियाँ की बड़ी धूम रही। इन्होंने अलंकार के साधारण और विशिष्ट दो भेद किये परन्तु, न तो उनकी परिभाषा गढ़ सके और न ही व्याख्या करते हुए उनका उदाहरण दे पाये। इनके अलंकारों पर संस्कृत काव्य ग्रंथों का बड़ा विशद् प्रभाव रहा है। इन्होंने बारहमासे का चित्रण करते हुए नख-शिख चित्रण में भी अपनी अभिरुचि का परिचय दिया है।

इस प्रकार हम देखते हैं कि केशवदास ने संस्कृत शास्त्र को भाषा में सर्वजन सुलभ बनाने का सराहनीय प्रयास किया है। उसमें उन्होंने आश्रयदाता की प्रशंसा करते हुए नायक, नायिका और श्रृंगारिक चित्रों को प्रस्तुत किया है। वे अधिकांश स्थलों पर पूर्व ध्वनिकाल के आचार्यों के अनुकूल रहे हैं फिर भी यत्र-तत्र उन्होंने उत्तरध्वनिकालीन आचार्यों के ज्ञान का परिचय भी दिया है। ऐसा करने से सम्भवत: उनके अहं को तुष्टि मिली है। इनके ग्रंथों में पाण्डित्य-दर्शन की मूसलाधार बरसात हुई है जिसके बीच में कहीं-कहीं श्रृंगारप्रियता और रसिकता की बिजली भी कौंध जाती है। भाव-विभाव आदि की परिभाषा देते समय इन्होंने यत्र-तत्र मौलिकता का

भी परिचय दिया है। कुल मिलाकर, इन्होंने हिन्दी कवियों को संस्कृत काव्यशास्त्र के अध्ययन की ओर तथा हिन्दी भाषा लक्षण निर्माण की ओर उन्मुख किया। जिसके प्रभाव से समूचा रीतिकाल आक्रान्त हो उठा। वह अपनी समूची शक्ति, लगन और साधना से लक्षण ग्रंथों के निर्माण में जुट गया जिससे हिन्दी साहित्य के इतिहास में एक युगान्तर उपस्थित हुआ। भारतीय परम्परा के अनुसार जो प्रस्थान-प्रवर्तक है वही आचार्य है। एक ऐसा व्यक्तित्व जो अतीत से लेकर वर्तमान तक को नूतन बना दे और भविष्य के लिए सन्देश छोड़ जाए। केशवदास ऐसे ही आचार्य थे। आपको कवि रूप में भले ही विशेष सफलता न मिली हो परन्तु एक आचार्य एवं शिक्षक के रूप में सदैव स्मरणीय रहेंगे। हिन्दी काव्यचिन्तन के क्षेत्र में आपका महत्त्व असन्दिग्ध है।

आचार्य चिन्तामणि त्रिपाठी

चिन्तामणि त्रिपाठी की गणना केशव के बाद के सबसे पहले बड़े आचार्यों में की जाती है। उनका जन्म हिन्दी के इतिहासकारों ने अनुमानत: 1666 वि. के लगभग और रचनाकाल 1700 वि. के लगभग माना है। साहित्य के इतिहास लेखकों ने इनके 'काव्य-विवेक', 'कविकुलकल्पतरु', 'काव्यप्रकाश', 'पिंगल', 'रामायण' और 'शृंगारमंजरी' नामक ग्रंथों का उल्लेख किया है। जिसमें 'कविकुलकल्पतरु' को सबसे ज़्यादा ख्याति मिली है। इसमें काव्यगुण, अलंकार, दोष, शब्द शक्ति जैसे महत्वपूर्ण काव्यांगों पर प्रकाश डाला गया है। इन्होंने काव्य की परिभाषा देते हुए लिखा है, "बात कहाऊ रसमै जुहै कवित कहावै सोय।" यह साहित्य दर्पण के "वाक्यं रसात्मकं काव्यम्" से स्पष्ट रूप से प्रभावित प्रतीत होता है। चिन्तामणि का रसनिरूपण संस्कृत काव्यचिन्तन के अनुकूल है। इनका स्पष्ट अभिमत है कि सामाजिक के हृदय में स्थित स्थायी भाव, विभाव, अनुभाव और संचारी भावों से सम्पुष्ट होकर रस रूप में पर्यवसित हो जाता है। इस स्थायीभाव का उदय सामाजिक के हृदय में वासना रूप में होता है तथा रस का स्वरूप आानन्दमय, उल्लासमय और सुखद होता है जिसके सेवन का लाभ कोई पुण्यात्मा ही ले सकता है—

गनि विभाव, अनुभाव अरु संचारीन मिलाई।
जिन थाई है भाव जो सो रस रूप गवाई॥
थाई सामाजिक हिय बसत वासना रूप।
व्यक्त विभावादिकनि मिलि रस ह्वै मिलत अनूप॥
महानन्द उल्लास वह सुकृती सेवत कोई।
सज्जन सुखद जु ग्रंथ में रस निरूपण सोई॥

इसी प्रकार मम्मट की उक्ति "तद् दोषौ शब्दार्थो सगुणालंकृति पुन: क्वापि" का सहारा लेते हुए वे कहते हैं—

सगुण अलंकारण सहित, दोष रहित जो होय।
शब्द अर्थ बारौ कवित विबुध कहत सब कोय॥

उल्लेखनीय है कि चिन्तामणि ने युग के अनुकूल अलंकार सहित रचना को काव्य कहा है। इसी भाँति इन्होंने मम्मट के समान तीन गुणों की ही सत्ता मानी है—

प्रथम कहत माधुर्य, पुनि ओज प्रसाद बखानि।
त्रिविधे गुन तिन में सबै, सुकवि लेत मन मानि॥

चिन्तामणि के विचार से शब्द और अर्थ दो प्रकार की गतियों के कारण शब्द और अर्थ दो प्रकार के अलंकार होते हैं—"शब्द अर्थ गतिभेद सों अलंकार द्वै भाँति।" इनके अलंकारों की परिभाषाएँ और उदाहरण दोनों ही स्पष्ट और सुन्दर हैं। वक्रोक्ति की परिभाषा दखिए—

और भाँति के बचन को और लगावे कोइ।
कै श्लेष कै काकु सों वक्रोक्ति हैं दोइ॥

इसी क्रम में कथित अलंकार का उदाहरण भी कितना सुन्दर बन पड़ा है—

गुरु परबस परदेश पिय, आयो ललित बसंत।
अलि कुल कोकिलता बिना, नहिं ऐहैं सखि कंत॥

चिन्तामणि त्रिपाठी का दूसरा उपलब्ध ग्रंथ 'शृंगार मंजरी' है। जिसका विहंगावलोकन करते ही संस्कृत काव्यशास्त्र का गहरा प्रभाव परिलक्षित हो जाता है। इस ग्रंथ में गद्यात्मक चर्चा भी है जो कवि की अपनी मौलिकता है। इन्होंने इस ग्रंथ में रस, नायिका-भेद आदि के सम्पूर्ण अंगों को चित्रित करने का प्रयत्न किया है। यह काव्य प्रकाश के अनुकूल है। इस प्रकार ये कथ्य एवं शिल्प की दृष्टि से संस्कृत काव्यशास्त्रियों पर अवलम्बित रहे हैं और यत्र-तत्र अपनी प्रतिभा के बल पर मौलिकता का भी परिचय देते रहे हैं। ये रीतिकाल के ऐसे आचार्य हैं जिन्होंने सुनियोजित तरीके से लक्षण-ग्रंथ लिखे।

कवितोष

कवितोष रीतिकाल के अन्य उल्लेखनीय काव्यचिन्तक हैं जिनका उपलब्ध ग्रंथ "सुधानिधि" है। "सुधानिधि" में कवितोष ने रस, रसाभास, हाव-भाव, दोष, वृत्ति और नायिका भेद का वर्णन किया है। यह ग्रंथ पर्याप्त सीमा तक संस्कृत काव्यशास्त्र पर आधारित प्रतीत होता है। फिर भी, इन्होंने काव्यांगों के बहुत अच्छे लक्षण और सरस उदाहरण दिये हैं। जिसके कारण हिन्दी काव्यचिन्तन के इतिहास में ये अनुपेक्षणीय बन पड़े हैं।

कवि बेनी

ऐसे प्रमाण प्राप्त होते हैं कि कवि बेनी ने भी नख-शिख, षट्ऋतु वर्णन और तत्सम्बन्धी विषयों पर पुस्तकें लिखी होंगी जिससे उनके काव्यविषयक चिन्तन का संकेत मिलता है। उनकी पुस्तक 'नवतरंग' में अज्ञात-यौवना का चित्र सुन्दर बन पड़ा है। वहाँ उसकी चेष्टाओं का वर्णन किया गया है। यथा—

कालि ही गूंथि बना किसौं मैं गजमोतिन की पहिरी अतिमाला,
आयी कहाँ ते इहाँ पुखराज की संग गई जमुना तट बाला।
न्हात उतारी होन न बैनी प्रवीणा हसे सुनी बैनन नैन रसाला।
जानति ना अंग की बदली सबसों बदली-बदली कहे बाला॥

महाराज जसवंत सिंह

आप हिन्दी साहित्य के प्रधान कवि आचार्य माने जाते हैं और इनका 'भाषा भूषण' ग्रंथ अलंकारों पर एक बहुत ही प्रचलित पाठ्यग्रंथ रहा है। एक ही दोहे में लक्षण और उदाहरण देकर इन्होंने जयदेव के चन्द्रालोक की शैली का अनुसरण किया है। ये साहित्य जगत के सजग पुजारी थे और इनमें प्रतिभा भी थी। इनका हिन्दी साहित्य को कविता, नाटक और शास्त्रीय ग्रंथ प्रदान करना निश्चित रूपेण उनकी महान प्रतिभा का परिचायक है। इनके 'भाषा-भूषण' में संस्कृत की सूत्रात्मक पद्धति का अनुसरण किया गया है और प्रतीत होता है कि यह एक प्रौढ़ ग्रंथ है। इनका 'शृंगारशिरोमणि' नामक ग्रंथ भी अपने शृंगार विवेचन के लिए प्रसिद्ध है।

इन्होंने विषय को कुवलियानन्द, चन्द्रालोक, साहित्यदर्पण एवं काव्यप्रकाश प्रभृति ग्रंथों से ग्रहण किया है। कहीं-कहीं इन्होंने नामों में परिवर्तन भी कर दिया है। कहीं एक अलंकार के कुछ भेद कम कर दिये हैं तो कहीं कुछ बढ़ा दिये हैं। इनके उदाहरण बहुधा बड़े सुन्दर बन पड़े हैं जो इस ग्रंथ की प्रसिद्धि के कारण हैं और लेखक की मौलिक कवित्व शक्ति के परिचायक भी। युद्धभूमि में शत्रु को कँपा देनेवाले व्यक्ति का ऐसे ग्रंथ प्रदान करना वास्तव में सराहनीय है। इनके ग्रंथों की टीकाएँ और तिलक भी लिखे गये तथा वंशीधर, प्रतापसिंह और श्री गुलाबराय ने टीकाएँ लिखीं। यह टीका लिखने की शैली संस्कृत काव्यशास्त्र के अनुकूल है।

मतिराम

मतिराम के प्रमुख ग्रंथों में 'रसराज', 'साहित्यसार' एवं 'शृंगार लक्षण' का उल्लेख मिलता है।

मतिराम रीतिकाल के प्रमुख कवि एवं आचार्य हैं। इन्होंने अलंकार पंचशिखा में संस्कृत के चन्द्रालोक के आधार पर लक्षण दोहों में और उदाहरण कवित्तों में दिये हैं। इनके उदाहरण मौलिक प्रतीत होते हैं। कवि का अपना मत है—

संस्कृत कौ अर्थ ले, भाषा शुद्ध विचारि
उदाहरण क्रम से किये, लीजै कवि सुधारि।

मतिराम के ग्रंथ इतने प्रसिद्ध हुए कि इन पर टीकाएँ लिखी गयीं। प्रतापसिंह ने सम्भवत: इस पर तिलक लिखा। ललित ललाम पर गुलाब राय ने ललित कौमुदी नाम की टीका का प्रणयन किया। रसराज में शृंगार और नायिका भेद का सफल चित्रण हुआ है। मतिराम शृंगार को रसराजत्व के सिंहासन पर प्रतिष्ठित करते हुए कहते हैं कि जो कविप्रवर नर-नारी के पारम्परिक रतिभाव का वर्णन करते हैं वे काव्य मर्मज्ञ सामाजिकों को आनन्द प्रदान करते हैं तथा रसराज शृंगार के चतुरचितेरे होते हैं—

जो बरनत तिय पुरुष को, कवि कोविद रतिभाव।
तासों रीझत हैं सुकवि, सो सिंगार रसराज॥

इन्होंने 'रसमंजरी' स्वकीया, परकीया और गणिका नामक नायिका भेद बतलाए हैं। इनके रसराज में नायिका वर्णन के पश्चात् नायक वर्णन ने भी स्थान प्राप्त किया है। इसमें उपपति का वर्णन भी है। सखी के काम निम्नलिखित बताये गये हैं—

मंडल अरु सिच्छाकरण, उपालंभ परिहास।
काज सखी के जानिये, औरो बुद्धि विलास॥

ललितललाम में इन्होंने रस और अलंकारों पर दृष्टिपात किया है। ललितललाम में 401 छन्द हैं जिनमें तीन सौ साठ छन्दों में अलंकारों का वर्णन है। इन अलंकारों की संख्या तथा इनका क्रम कुवलियानन्द के अनुकूल है किन्तु भेदों में अन्य पुस्तकों का सहारा लिया गया है। अलंकारों के लक्षणों पर चन्द्रालोक, कुवलियानन्द काव्य प्रकाश और साहित्य दर्पण के प्रभाव परिलक्षित होते हैं। इन्होंने संस्कृत ग्रंथों का सहारा लिया है और उन पर संस्कृत सिद्धान्तों की छाया युग प्रभाव और अन्य कवियों के माध्यम से भी पड़ी है। इनके उदाहरण कहीं-कहीं बड़े सुन्दर बन पड़े हैं, यथा—

तेरे अंग-अंग में मिठाई और लुभाई भरी।
मतिराम कहत प्रकट यह पाइये।
नायक के नैननि में नैन सदासौ सब—
सौतनि के लोचननी लोन सो लगाइउ।

इनके विवेचन के निष्कर्ष में हम डॉ. ओमप्रकाश के साथ कह सकते हैं कि "कवि का उद्‌देश्य अपने अन्नदाता को रिझाना प्रतीत होता है।" साथ ही इनका महत्त्व इस बात में है कि इन्होंने सहृदय सामाजिक की दृष्टि से काव्यस्वरूप और

काव्यप्रभाव पर विचार किया है जो इन्हें स्वच्छन्दतावादी ठहराता है। वैसे भी ये सम्पूर्ण रीतिकाव्य में अपने सौन्दर्यचेतना तथा ऐंद्रिक चित्रण के कारण दूसरों से अलग रहे हैं।

भूषण

कविवर भूषण रीतिकाल में वीर रस के ओजस्वी गायक रहे हैं परन्तु अपने युग के प्रभाव से वे भी नहीं बच सके। इन्होंने 382 छन्दों में 'शिवराज भूषण' की रचना की, जिससे 352 छन्दों में अलंकारों के लक्षण देकर उदाहरण शिवाजी से सम्बन्धित लिख दिये हैं। भूषण ने 'शिवराज भूषण' की रचना का उद्देश्य यह बताया है—

शिवचरित्र लिखियो भयो कवि भूषण के चित्त।
भाँति-भाँति भूषणविसौ भूषित करो कवित्त।

इसमें अर्थालंकारों के अंदर श्रद्धालंकार जिसमें चित्रालंकार भी है और सब संगर का विवेचन किया गया है। रुद्रट के समान वक्रोक्ति को काकु व श्लेष दो भेदों में बाँटा है—

जहाँ श्लेषसो काकुसो अर्थ लगावें और।
वक्र उक्ति वाकों कहत, भूषण कवि सिरमौर॥

ध्यातव्य है कि काकु और श्लेष दोष भेद तो रुद्रट के समान है किन्तु इसे अर्थालंकार मानना रुय्यक और अप्पय दीक्षित का प्रभाव है। इन्होंने उत्तम ग्रंथों का अध्ययन करके अपना मत प्रतिपादित करने की आकांक्षा प्रकट की। इनके ग्रंथों पर चन्द्रालोक का प्रभाव परिलक्षित होता है। भाविक छवि का लक्षण जयदेव के अनुकूल है पर उदाहरण में मौलिकता है। इनके वर्णन संस्कृत काव्यशास्त्रकारों से प्रभावित हैं और वीरता के उदाहरण इनके अपने हैं। वीर रस पर भी इनका अपना अधिकार है। जो इन्हें समूचे रीतिकाल में विशिष्ट छवि प्रदान करता है।

कुलपति मिश्र

इन्होंने 'रसरहस्य', 'द्रोणपर्व', 'युक्तितरंगिणी', 'नखशिख संग्रहसार' तथा 'गुण रहस्य' नामक ग्रंथों की रचना की है।

कुलपति मिश्र ने काव्यप्रकाश के आधार पर 20 गुणों में से 3 की ही सत्ता मानी है। जिस पर मम्मट का बहुत गहरा प्रभाव स्वीकार करना पड़ता है। आचार्य रामचन्द्र शुक्ल ने इनके रस रहस्य को मम्मट का छायानुवाद माना है। इन्होंने संस्कृत काव्यशास्त्र के अनुसार कहा है—

दोष रहित अरु गुण सहित कछुक अल्प अलंकार।
सबद अरथ सो कवित्त है ताकौ करो विचार।

इसकी इन्होंने साहित्य दर्पण के अनुसार आलोचना की और अपनी परिभाषा भी प्रदान की। काव्य की परिभाषा देते हुए यह कहते हैं—

जस सम्पत्ति आनन्द अति, दुरितन डारे खोय।
होत कवित से चातुरी, जगज राग बस होय॥

इस पर "काव्यम् यशसेऽर्थकृते, व्यवहारविदे" की शैली का प्रभाव है। यह रस, ध्वनि को प्रधान मानते हैं और साथ ही काव्य प्रकाश के अनूदित ग्रंथों से रस, विभावादि के उदाहरण भी देते हैं। इस तरह इनके ग्रंथ पर काव्यप्रकाश का प्रभाव निर्विवाद है।

सुखदेव मिश्र

इन्होंने 'छन्दविचार', 'रसार्णव', 'शृंगारलता' तथा 'अध्यात्मप्रकाश' नामक ग्रंथ लिखे। इनकी पुस्तक रसार्णव भी रस से सम्बन्धित है जिसमें मतिराम के समान रसों का उल्लेख किया गया है। यह पुस्तक रसमंजरी जैसी है। इन्होंने नायक, नायिका, शृंगार रस और विभावादि पर यथेष्ट प्रकाश डाला है। आचार्य रामचन्द्र शुक्ल ने इनके शृंगार वर्णन को बहुत ही सुन्दर घोषित किया है। ये छन्दशास्त्र के भी विद्वान माने गये हैं।

आचार्य देव

इनके रस विलास, अष्टयाम भावविलास, जातिविलास, भवानी-विलास, शब्द रसायन या काव्य रसायन आदि पर संस्कृत काव्यशास्त्रों का प्रभाव माना जाता है। काव्यपुरुष के रूपक में इन्होंने रीति को अंग स्थान कहा है जो शास्त्रानुकूल है। देव ने शब्द रसायन में रसवादी शास्त्रकारों के समान सहृदय सामाजिकों को ही काव्य को समझनेवाला माना है। इनके काव्य रसायन का आधार ध्वन्यालोक है। फिर भी, उन्होंने अंधानुकरण नहीं किया है। देव ने भवानी विलास में रस को राधा और कृष्ण से उद्‌भूत आनन्द के रूप में स्वीकार किया है। वे शृंगार को ही काव्य का मूल मानते हैं। इन्होंने रस निष्पत्ति के सम्बन्ध में शास्त्रकारों की व्याख्या तो नहीं की है किन्तु उसे रूपक के द्वारा समझाया है। ये प्रमाता के मन में अवस्थित आदिम वासना रूप में स्थायी भाव के रस रूप में परिणत होने की सम्पूर्ण प्रक्रिया को एक वृक्ष के रूपक के माध्यम से समझाते हुए लिखते हैं कि—

चिरस्थापित, थिरबीज विधि, होत अंकुरित भाव।
चित बदलित, दल फूलिफलि, बरसत सरस सुभाव॥"

खेत पात्र प्रारम्भ विधि, बीज सु अंकुर जोग।
सलिल नेह भाव सुविटप, छन्द पात्र परिभोग॥
अलंकार शब्दार्थ के फूल, फलनि आमोद।
मधुर सुजस रस अमर तरु, अमर अमी रस मोद॥

इन्होंने नाटयशास्त्रों के समान नाटकों में आठ रस और काव्य में काव्यशास्त्रों के समान नौ रस स्वीकार किये हैं। इन्होंने अलंकारों के 39 भेद किये हैं—

अलंकार मुख्य 39 हैं देव कहे ये ही पुरानी मुनि मतनि में पाइये।
आद्यि मक कवित के संगत अनेक
और इन्हीं के भेद और विवध बताइये॥

काव्य रसायन में इन्होंने काव्य का स्वरूप निर्माण किया है जो इस प्रकार है—

शब्द जीव तिहि अर्थ मन रसमय सुजस शरीर।
चलत वहै जुग छन्द गति अलंकार गम्भीर॥

इनकी दृष्टि में तीन रस प्रमुख हैं—

तीन मुख्य नव रसनि में द्वय द्वय प्रथम विलीन।
प्रथम मुख्य तिन तिहुन में दोऊ तिहि आधीन॥

इस प्रकार का वर्णन नाट्यशास्त्र पर आधारित प्रतीत होता है। इन पर नाट्यशास्त्र, भोज के ग्रंथ और रसरंगिनी का अधिक प्रभाव दिखाई देता है और चन्द्रालोक व काव्यप्रकाश का कम। इन्होंने रीति के भेदापभेद कर दिये हैं—नागर और ग्राम्य जो संस्कृत ग्रंथों में नहीं मिलते हैं। रसों को इस दूसरे के अधीन रखना भरत की शैली के अनुकूल है। इनके उदाहरणों में स्पष्टता और मौलिकता है। हिन्दी काव्य साहित्य में काव्य की रसात्मकता के प्रतिष्ठापक आचार्य के रूप में इनकी कीर्ति अक्षय है। ये इस मायने में अन्य रीतिकारों से अपने को अलगाते हैं कि जहाँ दूसरे रीतिकालीन कवि आचार्यों ने अलंकार पर अत्यधिक ज़ोर दिया है वहाँ इन्होंने रस निरूपण की दिशा में अपनी अभिरुचि का परिचय दिया है।

याकूब खाँ

याकूब खाँ के रस भूषण में अलंकार और नायिका भेद को साथ-साथ चित्रित किया गया है। क्योंकि—

अलंकार बिनु नायिका, शोभित कोई न आन।
अलंकारजुत नायिका, याते कहौ बखानि॥

तदन्तर उपमा का और नायिका का एक साथ वर्णन करते हैं—

पूरण उपमा जानि, चारि पदार्थ होइ जिहिं।
ताहि नायिका मानि, रूपवन्त सुन्दर सुछवि॥

उदाहरण है—

कर लोकल कंज से, ससि सों दुति मुख ऐन।
कंदन रंग पिक बचन से मधुरे जाने बैन॥

याकूब खाँ ने अपने ग्रंथ में रस, स्थायी भाव, विभाव, अनुभाव आदि का भी वर्णन किया है।

आचार्य श्रीपति मिश्र

आचार्य श्रीपति मिश्र ने अपने ग्रंथ "काव्य सरोज" में काव्य की परिभाषा इस प्रकार दी है—

शब्द अर्थ बिन दोष गुण, अलंकार रस बाण।
ताकों काव्य बखानिये श्रीपति परम सुजान॥

हिन्दी में अलंकारों के महत्त्व के कारण इन्होंने अलंकार रसवान कहा है। इनका कथन है कि—

तदपि दोष बिन गुण सहित, सबतन परमनूप।
तदपि न भूषण बिनु लसे, बनिता, बनिता रूप॥

इसके अतिरिक्त इन्होंने रस के महत्त्व को भी अपनी स्वीकृति प्रदान की है। इनका स्थायी भावों और व्यभिचारी भावों का विवेचन भरत के नाट्यशास्त्र के अनुकूल है। ये कहते हैं—

जो रस को उपजायि के भावित करै विशेष।
तासों कहै विभाव कवि श्रीपति नर मुनिलेष॥

आचार्य रामचन्द्र शुक्ल ने इसे बहुत ही प्रौढ़ ग्रंथ कहा है। जो 'काव्यसरोज' के सम्बन्ध में बड़ी ही सटीक, गम्भीर और वैज्ञानिक टिप्पणी मानी जा सकती है।

सोमनाथ

सोमनाथ के ग्रंथ का नाम "रसपीयूषनिधि' है। इन्होंने मम्मट के आधार पर काव्य की परिभाषा देते हुए कहा है—

सगुन पदार्थ दोष बिनु, पिंगल मत अविरुद्ध।
भूषण जुत कवि कर्म जो सो कवि कवित्व कहि बुद्ध॥

तदन्तर यश, धन, आनन्द और मंगल को काव्य का प्रयोजन बताया गया है। जो "काव्यंयशसेऽर्थकृते' पर आधारित है। ये संस्कृत के ध्वन्यालोक और काव्यप्रकाश के अनुकूल व्यंग्य की महत्ता प्रतिपादित करते हैं। इनका ध्वनि विवेचन काव्यप्रकाश पर आधारित है। इन्होंने अलंकार विवेचन में अन्य आचार्यों के मत उद्धृत किये हैं।

उदाहरणार्थ काव्यलिंग अलंकार में इन्होंने लक्षण दोहों में और उदाहरण छन्दों में दिये हैं। इसकी आलोचकों ने बहुत प्रशंसा की है। इनके उदाहरण भी बहुत सुन्दर माने गये हैं। इन्होंने प्रकारान्तर से रीतिकालीन काव्यचिन्तन को समृद्ध करते हुए न केवल अपनी चिन्तनात्मक प्रतिभा का परिचय दिया अपितु दूसरे कवियों के समक्ष प्रयोगशीलता का आदर्श भी रखा।

आचार्य भिखारीदास

आचार्य भिखारीदास रीतिकाल के श्रेष्ठतम आचार्य माने जाते हैं। इन्होंने परम्परागत सिद्धान्तों के व्यवस्थित प्रतिपादन के साथ-साथ नवीन सिद्धान्तों की स्थापना की दिशा में भी अपनी गति का परिचय दिया है। इन्हें काव्यशास्त्र का गम्भीर ज्ञान था।

ये उत्तर प्रदेश के प्रतापगढ़ जनपद के निवासी थे। इनके व्यक्तित्व में कवित्व एवं आचार्यत्व का विलक्षण सामंजस्य पाया जाता है। इनके काव्य में आचार्यत्व के साथ सरस कवित्व के भी दर्शन होते हैं। इनके द्वारा विरचित ग्रंथों में 'काव्य निर्णय', 'शृंगार-निर्णय', 'छन्दोर्णव-पिंगल', 'रस सारांश', 'विष्णु पुराण', 'नाम प्रकाश', 'अमरकोश', 'अमर-तिलक', 'तेरिज रस सारांश' और 'तेरिज काव्यनिर्णय' आदि को माना जाता है। इन्होंने काव्यशास्त्र के विभिन्न अंगों—काव्यप्रयोजन, गुण, पदार्थ, तुक, काव्यदोष, छन्द, रस, अलंकारों का विवेचन किया है। नायिकाभेद पर इन्होंने रसिकतापूर्वक दृष्टिपात किया है। इन्होंने संस्कृत के विभिन्न काव्यशास्त्रीय ग्रंथों का कार्य करने के उपरान्त ही अपने ग्रंथों का निर्माण किया। इनके काव्यनिर्णय और अध्यापन संस्कृत के काव्य प्रकाश में परस्पर निकट साम्य प्राप्त होता है। इन्होंने अलंकारों का आधार ढूँढ़कर उन्हें वर्गों में बाँटने का मौलिक प्रयास किया है। इन्होंने रस और अलंकारों के समन्वय का सुन्दर प्रयास किया है। यथा—

अनुप्रास उपमादि जे, शब्दार्थालंकार।
ऊपर तैं भूषित करैं, जैसे तन को हार॥
अलंकार बिन रसहु है, रसौं अलंकृत छंडि।
सुकवि-वचन-रचनान सौं, देत दुहुँन को मंडि॥

इस प्रकार आचार्य दास ने संस्कृत ग्रंथों का अनुवाद अथवा छायानुवाद करते हुए अपना मत भी उद्धृत किया है। इन्होंने लक्षण ग्रंथ संस्कृत शैली में लिखने का प्रयत्न किया है जिसमें युगीन प्रवृत्ति के अनुसार शृंगार को अत्यधिक महत्त्व दिया गया है। यही कारण है कि इनके वर्णन बड़े सुन्दर बन पड़े हैं, परन्तु कई स्थानों पर उनमें अश्लीलता भी दिखाई देती है। इन्होंने आचार्यत्व एवं कवित्व के एकीकरण का प्रयास किया था। हिन्दी में तुक वर्णन करनेवालों में वे अग्रगण्य

माने जाते हैं। इनकी एक विशेषता यह भी रही है कि इन्होंने भाषा की रुचि के अनुकूल अपने मत को प्रतिपादित किया है। जो समूचे रीतिकालीन काव्यचिन्तकों में इन्हें अन्यतम स्थान प्रदान करता है। आप काव्यांगों के समग्र विवेचन में प्रवृत्त होनेवाले एकमात्र आचार्य हैं। इन्होंने न केवल संस्कृत काव्यशास्त्र का विधिवत ज्ञान प्राप्त किया था अपितु अपनी स्थापनाओं में मौलिक एवं स्वायत्त सोच को विशेष महत्त्व दिया है। यदि इनके मौलिक चिन्तन से प्रेरित होकर दूसरे आचार्यों ने भी प्रेरणा ली होती तो सम्भव है कि आज हिन्दी का अपना काव्यशास्त्र निर्मित हो गया होता।

पद्माकर

रीतिकाल के अन्तिम कवियों में अपनी कवित्व शक्ति के कारण पद्माकर को अत्यधिक ख्याति प्राप्त हुई। इनके सुप्रसिद्ध ग्रंथ 'जगद्विनोद' में रस, भाव और नायिका पर विचार किया गया है। इनका पद्माभरण अलंकार पर आधारित ग्रंथ है जिसे दो प्रकरणों में विभाजित किया है इनके लक्षण कुवलियानन्द, काव्यप्रकाश तथा साहित्य दर्पण से प्रभावित हैं। साथ ही यत्र- तत्र कवि ने मौलिकता का भी प्रयास किया है। किन्तु उसमें एकाधिक ग्रंथों का अनुकरण और कतिपय लक्षणों को ग्रहण करने से ही प्रकट हो सके हैं।

अन्य कवि - बिहारी

यद्यपि बिहारी ने रीतिकाल के अन्यान्य कवियों की तरह लक्षण ग्रंथों का स्वतंत्र रूप से निर्माण नहीं किया परन्तु उनके काव्य में काव्यशास्त्र के समस्त नियमों का अत्यन्त सुन्दर विनियोग हुआ है। वे काव्य-रीति की सिद्धावस्था के कवि हैं, कदाचित इसीलिए उन्हें रीतिसिद्ध कवि की संज्ञा से अभिहित किया गया है। उन्होंने अपना मन्तव्य इस प्रकार व्यक्त किया है—

मानहु विधि तन अच्छ छवि एवच्छ राखी बेकाज।
दृग पग पौंछन को कियौ भूषण पायन्दाज॥

इससे प्रतीत होता है कि चमत्कारों को इतनी महत्ता देनेवाले कवि बिहारी भी नायिका के सौन्दर्य को अधिक महत्त्व देते हैं—भूषण को तो पायन्दाज मानते हैं। बिहारी सतसई को कतिपय विद्वानों ने रीति काव्य ही माना है जिसके सम्बन्ध में यह दोहा प्रचलित है—

जो कोऊ रस रीति को, समुझे चाहै सारु।
पढ़े बिहारी सतसई, भरी अनेक संवाद॥

यहाँ 'संवाद' शब्द का अभिप्राय कतिपय विद्वानों ने रसास्वादन के सन्दर्भ में लेकर बिहारी को रसवादी सिद्ध करने का प्रयास किया है जो ठीक नहीं है। वस्तुत: बिहारी ध्वनि सिद्धान्त के सिद्धहस्त कवि हैं। आचार्य आनन्द वर्धन ने अपने प्रख्यात ग्रंथ 'ध्वन्यालोक' में ध्वनि को इस प्रकार परिभाषित किया है "जहाँ अर्थ स्वयं को तथा शब्द अपने अभिधेयार्थ को गौण करके प्रतीयमान नवीन व्यंग्य अर्थ को प्रकाशित करें, उसे ध्वनि कहते हैं।" काव्य में विद्यमान इस व्यंग्यार्थ (ध्वनि) की उपमा शास्त्रकारों ने कामिनी के अर्धआवृत्त उरोजों से दी है। काव्य के आचार्यों ने ध्वनि के दो भेद किए हैं—1. लक्षणामूलाध्वनि, 2. अभिधामूलाध्वनि। लक्षणामूलाध्वनि में व्यंग्यार्थ की लक्ष्य के उपरान्त प्रतीति होती है। आचार्यों ने लक्षणामूलाध्वनि के भी दो भेद किए हैं—1. अत्यन्त तिरस्कृत वाच्यध्वनि तथा 2. अर्थान्तर संक्रमित वाच्यध्वनि। प्रथम में व्यंग्यार्थ से नितांत भिन्न होता है और द्वितीय में वाच्यार्थ का स्वत्व सुरक्षित रहता है। बिहारी के काव्य में इन दोनों प्रभेदों के बड़े ही रमणीय उदाहरण मिलते हैं जो इस प्रकार हैं—

तंत्री-नाद, कवित्त-रस, सरस-राग, रतिरंग।
अनबूड़े बूड़े तिरे, जे बूड़े सब अंग॥
कौन भाँति रहिहे विरद, अब देखिबो मुरारि।
बीधे मासों आइ कै, गीधे गीधहिं तारि॥

दूसरी तरफ़ अभिधामूलक ध्वनि में व्यंग्यार्थ सीधे वाच्यार्थ से उद्‌भूत होता है और किसी भी रूप में लक्षणाशक्ति का उपयोग नहीं होता है। इसके भी दो भेद किए गए हैं—1. संलक्ष्यक्रमध्वनि, 2. असंलक्ष्यक्रमध्वनि। इनमें से प्रथम के अन्तर्गत वस्तु ध्वनि तथा अलंकार ध्वनि का समावेश किया जाता है जबकि द्वितीय के अन्तर्गत रस ध्वनि की चर्चा की जाती है। बिहारी इतने सिद्धहस्त कलाकार हैं कि उनके द्वारा विरचित निम्न दोहे में वाच्यार्थ से अनेक व्यंग्यार्थों की सुन्दर ध्वनि निकलती है जो वस्तु ध्वनि का श्रेष्ठतम उदाहरण है—

घाम घरीक निवारियै, कलित ललित अति पुंज।
जमुना तीर तमाल तरु, मिलत मालती कुंज॥

इसी तरह बिहारी सतसई में अलंकार ध्वनि के भी श्रेष्ठ उदाहरण उपलब्ध होते हैं। ऐसा ही एक उदाहरण विशेष रूप से अवलोकनीय है—

अजौं तर्यौना ही रह्यौ, श्रुति सेवत इक रंग।
नाक बास बेसरि लह्यौ, बसि मुकुतन कै संग॥

जहाँ तक रस ध्वनि का सवाल है तो यह बिहारी सतसई का प्रमुख वैशिष्ट्य ही है। निम्नलिखित दोहे में स्थायी भाव, विभाव, अनुभाव तथा संचारीभाव से पुष्ट शृंगार रस की बड़ी ही मनोरम छटा दर्शनीय है—

मैं मिसहा सोयौ समुझि, मुंह चूम्यौ ढिग आइ।
हंस्यो खिस्यानी गल गह्यौ, रही गले लपटाइ॥

बिहारी सतसई में उपलब्ध ध्वनिपरक विशेषताओं के आधार पर यदि बिहारी को ध्वनि सिद्धान्त से सन्दर्भित किया जाए तो कोई अतिशयोक्ति न होगी। उनका काव्य ध्वनि सिद्धान्त के प्राय: सभी अभिलक्षणों को बखूबी रूपायित करता है। इसलिए उन्होंने जाने-अनजाने काव्यचिन्तन की भारतीय परम्परा को समृद्धि प्रदान की है। कदाचित् उनकी इन्हीं विशेषताओं को लक्षित करके आचार्य रामचन्द्र शुक्ल जैसे शिखर आलोचक को भी यह लिखना पड़ा कि "बिहारी ने यद्यपि लक्षण ग्रंथ के रूप में अपनी 'सतसई' नहीं लिखी है पर 'नखशिख' 'नायिकाभेद' 'षटऋतु' के अन्तर्गत उनके सब शृंगारी दोहे आ जाते हैं— दोहों को बनाते समय बिहारी का ध्यान लक्षणों पर अवश्य था।"

सेनापति

सेनापति के काव्य में श्लेष चमत्कार देखने योग्य है। जिसके सभंग और अभंग दोनों ही रूप प्राप्त होते हैं। "कवित्त रत्नाकर" की दूसरी तरंग में शृंगार वर्णन, नख-शिख, उद्दीपन, भाव और वय: संधि आदि को स्थान दिया गया है। सेनापति का कथन है कि—

मूथन को आगम, सुगम एकता को,
जाकी सीखन विमल विधि
बुद्धि है अथाह की।"

—कवित्त रत्नाकर

इस कथन पर—"विमल प्रतिमान शालि हृदय" के लक्षण का प्रकटीकरण उल्लेखनीय है। इनकी रीति सम्बन्धी धारणाएँ भी आलोचकों ने खोज निकाली है।

घनानन्द

विवेच्य युग में घनानन्द स्वच्छन्दतावादी रहे हैं फिर भी उन्होंने 'सुजान सागर' में सवैया पद्धति से शृंगार, नायक-नायिका और उद्दीपन आदि का सुन्दर चित्र प्रस्तुत किया है। उन्होंने अपनी कविता में छन्दों से सुन्दर चित्र प्रस्तुत किये हैं। उदाहरण के लिए निम्नांकित सौन्दर्य-वर्णन दर्शनीय है—

लाजति लेपटी चितवन भेद भाव भरि।
लसति ललित लील चख तिरछानि में॥
छवि को सदन गोरी वदन रुचिर भाल।
रस निचुरत मीठी मृदु मुसक्यानि में॥

इन्होंने भाव, अनुभाव, संचारी भाव तथा वियोग आदि के बड़े ही मर्मस्पर्शी चित्र खींचे हैं। इनका हृदय तो सुजान प्रेम-पीड़ा से चीत्कार कर उठा है जिससे इनकी कविता में भाव-सबलता अनिवार्य रूप से पायी जाती है। फिर भी इनके कलापक्ष को कम करके नहीं आँका जा सकता है क्योंकि वे साहित्यिक ब्रजभाषा और उसके लालित्य के उत्कृष्ट प्रयोक्ता रहे हैं। भाषा के क्षेत्र में घनानन्द रीतिकाल के सर्वाधिक सशक्त कवि हैं। इन्हें तो विरोधाभास अलंकार का सम्राट भी माना जाता है। साथ ही, ये अपनी वाग्विदग्धता और निश्चल हृदय की मार्मिक अभिव्यक्ति के कारण भी याद किए जाते हैं।

उक्तियाँ और निर्णय

रीतिकाल में टीकाओं और तिलक के अतिरिक्त कवियों के सम्बन्ध में उक्तियाँ भी प्राप्त होती हैं। ये उक्तियाँ या तो किसी प्रसिद्ध ग्रंथ से ले ली जाती हैं अथवा इनके निर्माता अज्ञात ही रहते हैं। जिस तरह संस्कृत साहित्य में अनुभूति एवं निर्णय प्रधान उक्तियाँ मिलती हैं वैसे ही उन उक्तियों में भी अनुभूति और निर्णय पाये जाते हैं। जैसा कि संस्कृत में बहुप्रचलित है—

पुष्पेषु चंपा, नगरेषु लंका,
स्त्रीषु रम्भा, पुरुषेषु विष्णु:।
नदीषु गंगा, राजेषु राम:
काव्येषु माघ: कवि कालिदास: ॥

इसी तरह - उपमा कालिदासस्य, भारवी अर्थ गौरवम्" अथवा "बाणोच्छिष्ट जगत्सर्वम" जैसी उक्तियाँ भी मिलती हैं। इसी तरह के प्रयोग हिन्दी में भी किए जाने लगे जो काफी समय तक जनमानस में सुरक्षित रहे। जैसा कि "काव्यनिर्णय" में कहा गया है—

तुलसी गंग दुऔ भये, सुकविन के सरदार।
इनकी कवितन में मिलत, भाषा विविध प्रकार॥
सूर केसी मंडन विहारी कालिदास ब्रह्म।
चिन्तामणि मतिराम भूषण से जानियै॥

इसी प्रकार निम्नलिखित उक्तियाँ भी बहुत प्रसिद्ध हुईं—

सूरदास के समय में, जो कवि भये महान।
तिन सबसे बदि के सबै, इन्हें करत सम्मान॥
विद्यापति आदिक कवि, जितने भये सुजान।
काव्यभाव में सूर सम, तुलसी एक प्रमान॥
सूर सूर तुलसी ससी, उडगन केसवदास।

अब के कवि खद्योत सम, जहँ-तहँ करत प्रकास॥
कविता कर्ता तीन हैं, तुलसी केसव सूर।
कविता खेती इन लुनी, सीला बिनत मजूर॥
सतसइया के दोहरा, ज्यों नावक के तीर।
देखन में छोटे लगें, घाव करें गम्भीर॥
उत्तम पद कवि गंग के, कविता को बलवीर।
केसव अर्थ गम्भीर कौ, सूर तीन गुन धीर॥
किन्धौं सूर को सर लग्यो, किन्धौं सूर की पीर।
किन्धौं सूर को पद लग्यो, बेध्यो सकल सरीर॥

इस प्रकार उपर्युक्त उक्तियाँ निर्णयात्मक शैली एवं अनुभव प्रकाशन दोनों ही दृष्टियों में से संस्कृत की ऐसी ही उक्तियों से तुलनीय है। इनका उत्स संस्कृत में ही दिखायी देता है। जो परम्परा, जनमानस एवं लोकव्यवहार में जीवित रही हैं और युगानुकूल अपने आपको परिवर्तित, परिष्कृत एवं परिवर्धित करती रही हैं। इससे कविता का सामान्य पाठक भी कवियों के महत्त्व से परिचित हो जाता है।

निष्कर्ष

सारांश यह कि रीतिकालीन काव्यशास्त्रीय ग्रंथों पर संस्कृत के काव्यशास्त्र का प्रचुर प्रभाव 'अन्य देहिवत्' विद्यमान है। अब तक आदिकाल के रासों ग्रंथों और विद्यापति के काव्य में प्राप्त शृंगारिक वर्णन बहुत आगे बढ़ गया था जो कभी-कभी तो अश्लीलता की सीमा को छूने लगा। आश्रयदाताओं की प्रशंसा में भी ग्रंथ लिखे गये। भूषण ने तो छन्द रचकर उन्हें रीतिबद्ध कर दिया। लक्षण देने के बाद ऐसे वर्णन किये जो उनके उदाहरण बन गये। लक्षण लिखकर अपनी ही रचनाओं के उदाहरण देने की शैली पंडित राज जगन्नाथ के अनुकूल मानी जा सकती है। इसे अपनाने से कई कवियों को राजा की प्रशंसा करने का और लक्षण लिख देने दोनों का ही सौभाग्य प्राप्त हो गया। जिसे प्रकारान्तर से 'एक तीर के दो शिकार' कहा जा सकता है।

इस युग में संस्कृत के अनुकूल रहते हुए और पर्याप्त सीमा तक उसकी परम्परा का पुरस्करण करते हुए भी यत्र-तत्र विषय विस्तार अथवा संकोच मिलता है। संस्कृत काव्यशास्त्रकारों के अनुकूल काव्यपुरुष की कल्पनाएँ की गईं जिनमें अधिकांशत: संस्कृत की पुन: सृष्टि परिलक्षित होती है। कुलपति मिश्र ने ऐसा ही किया है। काव्यपुरुष की कल्पना में ही नहीं, विषय निरूपण की शैली पर भी संस्कृत का प्रभाव देखा जा सकता है। यदि कहीं शृंगारतिलक और रसमंजरी के अनुकूल नायिका भेद का निरूपण किया गया है तो कहीं काव्यप्रकाश की शैली

को आधार बनाकर काव्यांशों का विवेचन हुआ है। चन्द्रालोक और कुवलियानन्द की शैलियों ने तो हिन्दी रीतिसाहित्य को गहराइयों तक प्रभावित किया और उसके निर्माण में बतौर पृष्ठभूमि कार्य किया है। यदि कहीं कुवलियानन्द के समान लक्षण और उदाहरण अलग-अलग दिये गये हैं तो कहीं चन्द्रालोक के अनुकरण पर एक ही छन्द में लक्षण और उदाहरण प्रस्तुत कर दिये गये हैं। साहित्य दर्पण और काव्य प्रकाश आदि ग्रंथों के मानों कहीं-कहीं अनुवाद ही कर लिए गये हैं। कभी-कभी अनेक ग्रंथों की विवेचन प्रणालियों को भी एक कर देने का चमत्कारिक प्रयास भी इन कवि-आचार्यों के विवेचन में देखा जा सकता है। समूचे रीतिकाव्य में रस की अपेक्षा अलंकार पर ज़्यादा विचार-विमर्श हुआ जिससे भावपक्ष की तुलना में कलापक्ष महत्त्वपूर्ण हो गया।

विवेच्यकाल में कवियों के सम्बन्ध में निर्णयात्मक और इच्छा के अनुकूल उक्तियाँ भी मिलती हैं जो संस्कृत की प्रसिद्ध उक्तियों की शैली के अनुरूप हैं। इस दृष्टि से काव्यनिर्णय का उल्लेख किया जा सकता है। इस काल में टीका पद्धति का भी अनुसरण किया गया और संस्कृत, पालि, प्राकृत तथा अपभ्रंश के अनेक महत्त्वपूर्ण काव्य एवं लक्षण ग्रंथों पर उल्लेखनीय टीकाएँ लिखी गयीं। कुल मिलाकर, यह कहना असंगत न होगा कि शायद ही किसी अन्य भाषासाहित्य के युग-विशेष में इतने विस्तृत परिमाण में लक्षण ग्रंथों का निर्माण किया गया हो। भले ही रीति युग के काव्यशास्त्रीय ग्रंथों एवं लक्षण ग्रंथों पर संस्कृत काव्यशास्त्र की छाया रही है फिर भी, उनका महत्त्व इस बात में है कि वे इतिहास के एक विशिष्ट काल-खंड को भरने का काम करते हैं। उसकी माँग को पूरा करते हैं। आचार्य भिखारीदास की स्थापनाएँ पर्याप्त मौलिक एवं गम्भीर है। रीतिकालीन कवियों के काव्यचिन्तन के सम्यक अध्ययन द्वारा ही हम उसमें विद्यमान गतिमान मूल्यों का सन्धान कर सकते हैं और अपने समय तथा साहित्य की जरूरतों के मुताबिक उसमें से सारगर्भित सामग्री का चयन कर सकते हैं। यह चिन्तन अपने समय और समाज के सभ्यता और संस्कृति की गहरी समीक्षा उपलब्ध कराता है क्योंकि इसके सम्पर्क में आने के उपरान्त हमारे समक्ष तत्कालीन इतिहास की वह सचाई प्रस्तुत हो जाती है जिसके चलते उस समय कलापक्ष और कलामूल्यों को इतना ज़्यादा महत्त्व मिला। वह युग ही कला के विकास और उत्कर्ष का युग था। जिससे न केवल स्थापत्य कला, संगीत कला एवं चित्रकला के क्षेत्र में कतिपय महत्त्वपूर्ण उपलब्धियाँ अर्जित कीं अपितु काव्यकला के क्षेत्र में प्रयोगों की ऐसी प्रयोगशाला उपलब्ध कराई कि आज भी आश्चर्यचकित हो जाना पड़ता है।

रीतिकालीन काव्यचिन्तन इस दृष्टि से भी महत्त्वपूर्ण माना जा सकता है कि इसने न केवल हिन्दी की काव्यशास्त्रीय परम्परा को गति प्रदान की अपितु उसमें एक शास्त्रीय विमर्श का वह ज़ज़्बा भर दिया जिसके कारण वह समस्त आधुनिक

भारतीय भाषाओं में नेतृत्वकारी भूमिका में आ गयी। इस क्षेत्र में कोई भी भारतीय भाषा उसके समकक्ष नहीं ठहरती क्योंकि गुण और परिमाण दोनों ही दृष्टियों से विशिष्ट दिशाओं में जिन लक्षणग्रंथों का निर्माण हुआ वे अपना प्रतिमान आप ही हैं। उन्हें चुनौती देनेवाला दूसरी भाषा में कोई भी रीतिकाव्य अथवा शास्त्रीय चिन्तन नहीं है। यह काव्य शृंगारिकता, अलंकारप्रियता, राधाकृष्ण मिलन, दूतीवाक्य, काम-कल्पना तथा उहात्मक वर्णन की दृष्टि से अपने प्रकर्ष पर पहुँचा है। इन कवियों के काव्यचिन्तन का एक महत्त्वपूर्ण वैशिष्ट्य यह भी है कि इन्होंने जिन लक्षणग्रंथों का अथवा सिद्धान्तों का निर्माण किया उनके आधार पर ही लक्ष्यग्रंथों की रचना भी की। यह अपने ढंग का अनूठा प्रयास था जब साहित्य सिद्धान्त और साहित्य सृजन के मध्य अद्‌भुत सामंजस्य दिखलायी पड़ा। इस दृष्टि से भी इसके ऐतिहासिक महत्त्व को एक़दम से ख़ारिज नहीं किया जा सकता।

मनीषी परम्परा के साहित्यिक आचार्य नित्यानन्द शास्त्री

आचार्य नित्यानन्द शास्त्री भारतवर्ष की मनीषी परम्परा के साहित्यिक हैं। आप सच्चे अर्थों में आचार्य कवि हैं। एक बहुभाषाविद् के रूप में आप संस्कृत और हिन्दी एवं अंग्रेज़ी के अधिकारी विद्वान रहे हैं। आपने संस्कृत और हिन्दी जैसी दो बड़ी भाषाओं में महाकाव्य लिखने का अप्रतिम कार्य किया है। भारतीय मनीषा सदा-सर्वदा से प्रतिभा को कारयित्री एवं भावयित्री के रूप में विभक्त करती आयी है। आमतौर पर कारयित्री प्रतिभा को सर्जनात्मक लेखन तथा भावयित्री प्रतिभा को आलोचनात्मक लेखन से जोड़कर देखा जाता है; परन्तु, जैसाकि इलियट का अभिमत है कि, 'कारयित्री और भावयित्री' प्रतिभाएँ परस्परपूरक होती हैं तथा सच्चा आलोचक वही हो सकता है जो मूलरूप से कवि है। क्योंकि कवि ही काव्य की रचना-प्रक्रिया का सही और समर्थ व्याख्याता हो सकता है।" यह बात आचार्य नित्यानन्द शास्त्री पर पूर्णत: घटित होती है। इन्होंने प्रत्यक्ष और परोक्ष दोनों ही दृष्टियों से कारयित्री और भावयित्री प्रतिभा के अन्तरावलम्बन का प्रमाण दिया है। वस्तुत: काव्यशास्त्र के निर्माण और विकास में कवि एवं काव्यों का महत्त्वपूर्ण स्थान रहा है। यह बात प्रत्यक्ष अनुभव के आधार पर भी कही जा सकती है और ऐतिहासिक विकास के आधार पर भी आचार्य नित्यानन्द शास्त्री ने गुण और परिमाण दोनों ही दृष्टियों से अतिशय महत्त्वपूर्ण रचनात्मक एवं आलोचनात्मक लेखन किया है। एक ओर आपने जहाँ रचनात्मक साहित्य की चरम सिद्धि के रूप में संस्कृत और हिन्दी में क्रमश: श्री रामचरिताब्धिरत्नम् तथा श्रीरामकथा कल्पलता जैसे महाकाव्य लिखे हैं तो वहाँ दूसरी ओर लघुश्छन्दोऽलंकार-दर्पण, ॠतुविलास तथा मुक्तक-कविता-कलाप जैसे लक्षण ग्रंथों की सृष्टि भी की है। इनकी अनुभूतिजन्य स्पष्टता तथा प्रामाणिकता खुले विमर्श की माँग करती है। भारतीय परम्परा में आचार्य वही होता है जो 'प्रस्थान' प्रवर्तक होता है। जिसकी अपने क्षेत्र में युगान्तरकारी भूमिका होती है। आचार्य नित्यानन्द शास्त्री ऐसे ही आचार्य हैं जिन्होंने अपनी काव्य-रचना में प्रासंगिक रूप में काव्यचिन्तनात्मकता को भी व्यंजित किया है।

शास्त्रीजी भारतीय काव्य एवं काव्यशास्त्रीय परम्परा के उद्‌भट विद्वान रहे हैं। अत: आपकी रचनाओं में निहित विश्वदृष्टि, जीवनदृष्टि तथा काव्यदृष्टि की गहन पड़ताल ज़रूरी है। तभी हम उनकी स्थापनाओं के मूल मर्म को उद्‌घाटित कर सकते

हैं। इनकी कतिपय स्थापनाएँ काव्यचिन्तन की सैद्धान्तिकी बन सकती हैं। इनका मानना है कि महान प्रतिभा से संचलित कवि ही महाकाव्यकार हो सकता है। जिसमें महाकाव्य की पीड़ा समो लेने की शक्ति होती है वही महाकाव्य रच सकता है। यही कारण है कि महाकाव्य में एक समूचा युगजीवन अपनी जटिलता में उपस्थित होता है। महाकाव्य की रचना-प्रक्रिया से परिपूर्ण कवि ही उसकी चुनौतियों को भलीभाँति समझ सकता है। ज़ाहिर है कि संस्कृत और हिन्दी जैसी दो विराट एवं समृद्ध भाषाओं में महाकाव्य रचने वाले आचार्य नित्यानन्द शास्त्री ही ऐसी पंक्तियाँ लिख सकते थे—

"महाकाव्य रच देना कोई हँसी-खेल की बात नहीं,
राम-कृपा यदि साथ रही तो कवि-प्रतिभा हो ज्ञात नहीं।
कवि-प्रतिभा चाहे न ज्ञात हो, राम-कृपा ही ज्ञात सही,
राम-कृपा को गौरव देते कवि ही की गुरु बात रही।"

इस तरह शास्त्री जी की दृष्टि में महाकाव्य का उद्‌भव दैवी-कृपा या दैवी-प्रेरणा से होता है। भारतीय मनीषा के रससिद्ध मनीषी आचार्य नित्यानन्द शास्त्री की यह मान्यता कि 'ईश्वर-अनुग्रह से ही कवित्व-शक्ति प्राप्त होती है और उसी के द्वारा कवि-कर्म के मार्ग में आनेवाली बाधाओं का शमन होता है—सही मायने में भारतीय परम्परा का पुरस्करण है। आचार्यजी ने न केवल अपनी भक्ति को बल पर राम-कृपा का प्रसाद पाया था अपितु प्रतिभा, व्युत्पत्ति तथा अभ्यास का अतिशय सुष्ठ एवं सुपरिणत रूप अपनी संस्कृत की ग्यारह तथा हिन्दी की नौ रचनाओं द्वारा उपलब्ध कराया है। साहित्यिक परम्परा इस बात का साक्ष्य देती है कि कोई भी बड़ा रचनाकार अपने-आपमें परम्परा के सर्वोत्तम एवं वरेण्य पक्षों को आत्मसात कर लेता है। आचार्य नित्यानन्द जी भी भारतीय जनमानस में परिव्याप्त रामकथा-परम्परा को विधिवत पी गए थे। वे इस तथ्य से भलीभाँति परिचित थे कि मूल्यों एवं मर्यादाओं का प्रतिनिधित्व करनेवाले राम के चरित्र ने इस देश की जनता में उच्चादर्शों के प्रति गहरी आस्था जगायी है। रामकथा के आदि प्रणेता महर्षि वाल्मीकि ने अपनी प्रतिभा के द्वारा एक ऐसी कथा का सूत्रपात कर दिया जिसमें सहस्त्र युगों को आकर्षित कर रसमग्न, प्रेरित तथा प्रभावित करने की उसमें विलक्षणशक्ति है। वाल्मीकि रामायण के बालकांड में एक श्लोक है—

"कुरु रामकथा पुण्याँ श्लोकबद्धां मनोरमाम्।
यावद् स्थास्यन्ति गिरय: सरितश्च महीतले॥
तावद् रामायणकथा लोकेषु प्रचरिष्यति।
यावद् रामस्य कथा त्वत्कृता प्रचरिष्यति॥"

अर्थात् राम की मनोरम पुण्यमयी कथा का गान करो। हे मुनि! जब तक इस भूभाग में पर्वत गर्वोन्नत भाव से खड़े रहेंगे और सरिताएँ इसी प्रकार प्रवहमान होंगी तब तक (तुम्हारी रची हुई) राम-कथा भी लोक में संचरित होती रहेगी।

रामकथा की लोकप्रियता के बारे में ब्रह्मा का वाल्मीकि को दिया हुआ यह वरदान सर्वथा सार्थक सिद्ध हुआ है। रामकथा की विश्वव्यापी लोकप्रियता इस बात का स्वयंसिद्ध प्रमाण है। वाल्मीकि ने राम की जिस पुण्यमयी कथा का गान किया वह भारतीय मनीषा से लेकर लोक जीवन तक में व्याप्त हो गयी। संस्कृत के काव्यसाहित्य और नाटकों में राम की कथा बार-बार दुहरायी गयी है। देश के कितने ही मन्दिरों में रामकथा के विविध प्रसंग भित्तिचित्रों में उत्कीर्णित हैं। मधुबनी और अन्य लोकचित्र कलाओं तथा राजस्थान, कांगड़ा और पहाड़ी शैली के लघुचित्रों में ही नहीं आधुनिक चित्रकारों द्वारा भी रामायण के घटना प्रसंगों और पात्रों को चित्रित किया गया है। इसके अलावा देश-भर के लोकगीतों, लोकनाटकों, गाथाओं और लोकनृत्यों में राम और सीता का आख्यान बार-बार अनेक रूपों में दुहराया जाता है। राम के अवतारी रूप की प्रतिष्ठा हो जाने के कारण सभी प्रादेशिक भाषाओं में रामायण की रचना की गयी। इस कारण देश के कोने-कोने में रामकथा का प्रसार हो गया। आज रामकथा उर्दू, अंग्रेज़ी समेत प्राय: हरेक भारतीय तथा विदेशी भाषाओं में उपलब्ध है। यह उसकी अनवरत, बढ़ती लोकप्रियता तथा जनसमुदाय द्वारा उसके प्रति बढ़ते रुझान का प्रतीक है। यदि आज उसे दूरदर्शन तथा उपग्रह चैनल जैसे अधुनातन प्रचार माध्यमों में धारावाहिक, चलचित्र तथा एनिमेशन फ़िल्मों के रूप में नवीनतम पद्धति से स्वीकृति मिल रही है तो यह उसके देश-काल निरपेक्ष होने का सबसे बड़ा सबूत है। हिन्दी का सौभाग्य यह है कि उसे रामकथा के प्रणेता के रूप में महान भक्त और लोकनायक गोस्वामी तुलसीदास प्राप्त हुए जिन्होंने 'रामचरितमानस' के सृजन तथा रामलीला के शुभारम्भ द्वारा रामकथा को युग-युगान्तर के लिए प्रतिष्ठित कर दिया। इस परंपरा को केशवदास की रामचन्द्रिका, मैथिलीशरण गुप्त के साकेत तथा नित्यानन्द शास्त्री कृत रामकथा कल्पलता से विशेष पोषण प्राप्त हुआ। रामकथा कल्पलता भारतवर्ष के सांस्कृतिक एवं आध्यात्मिक-वैभव से पाठक को सम्पन्न बनाती है।

शास्त्री जी ने रामकथा को भले ही वाल्मीकि और तुलसी से उठाया हो परन्तु उसे 'कल्पलता' के गौरव से मंडित करने का कार्य उनकी सर्जनात्मक प्रतिभा ने ही किया है। इनके कल्पनाशील मन तथा चारुता के आग्रही मस्तिष्क ने उसे भक्ति, कविता एवं अध्यात्म की त्रिवेणी बना दिया है। रामकथाकल्पलता 24 प्रतानों में विभक्त होकर महाकाव्य की कथावस्तु को साकार करती है। इन्हें महाकाव्य की सर्गबद्धता के रूप में देखा जा सकता है। कवि ने महाकाव्य का शुभारम्भ मंगल दोहावली से किया है। इसे मंगलाचरण का पर्याय कहा जा सकता है। शास्त्रीजी ने अपनी मौलिकता का परिचय देते हुए वैदिक मंत्र 'विश्वानि देव सवितर् दुरितानि परासुव। यद् भद्रं तन्न आसुव।' के प्रथम अक्षर को आधार बनाकर 24 दोहों की रचना की है। यह कवि के वैदिक एवं शास्त्रीय ज्ञान का परिचायक भी है। तदुपरान्त

कवि श्रीराम-जानकी की वंदना करता है। कवि आत्मगौरव से प्रेरित होकर दधीचि कुलदेवी दधिमथि की वंदना भी करता है। शास्त्री जी संस्कृति एवं परम्परा से शक्ति अर्जित करके रामकथाकल्पलता को काव्यशास्त्र की प्रयोगशाला बना देते हैं। यही कारण है कि यह महाकाव्य केवल वैचारिक ऊर्जा से ही दीप्त नहीं है अपितु पाण्डित्य, चमत्कार वृत्ति तथा काव्य के कलागत उपकरणों से पूर्णत: लैस है। शास्त्री जी काव्यशास्त्र के मर्मी कवि हैं। रामकथाकल्पलता काव्यकला की दृष्टि से भी इतना विविधतापूर्ण और बहुआयामी ग्रंथ है कि उसमें काव्यशास्त्र की समस्त परम्पराओं का प्रतिबिम्बन दिखाई पड़ता है। शास्त्री जी पाठक को संवेदना का भरपूर देने के साथ-साथ उसे दर्शन की चिन्तनात्मक भावभूमि पर भी ले जाते हैं। कल्पलता की कथावस्तु सुनियोजित और सुसंघटित है। इसमें रचनाकार का समूचा अध्ययन एवं अनुभव अपनी समस्त छवियों और आयामों में रूपायित हुआ है। कवि की लेखनी ने समस्त सूत्रों को भक्ति के धागे में बड़ी सावधानी से पिरोया है। इसके कथानक में कतिपय प्रसंग ऐसे हैं जहाँ कथावस्तु नदी के वेगपूर्ण धारा के समान गतिशील है। जबकि ऐसे मार्मिक स्थल भी मौजूद हैं जहाँ कथानक मन्दगति वाले महानद की भाँति पाठक को गहराई का अहसास कराता है। इस दृष्टि से कल्पलताकार का बाललीला वर्णन विशेष रूप से मर्मस्पर्शी बन पड़ा है। इस ग्रंथ में राजस्थान की स्थानीय प्रकृति, वनस्पति, पशु-पक्षी, तीज-त्यौहार, लोकाचार, पर्वोत्सव, मानवीय सम्बन्ध आदि सब दृश्य की तरह उपस्थित हैं। कवि ने ग्राम्य-जीवन का सर्वाधिक उपयोग लोकजीवन से प्राप्त उपमानों तथा प्रकृति-दृश्यों के चित्रांकन में किया है। शास्त्री जी सच्चे अर्थों में राष्ट्रीय कवि हैं। इनका देश-प्रेम सांस्कृतिक राग से अनुप्राणित है। इन्होंने जिन शब्दों में मारवाड़ की महिमा का बयान किया है वह इनके राष्ट्रप्रेम को अर्थदीप्ति और विश्वसनीयता प्रदान करता है।

आचार्य रामचन्द्र शुक्ल ने सच्चे देश-प्रेमी की पहचान बताते हुए लिखा है कि, "यदि किसी को अपने देश से प्रेम है तो उसे अपने देश के मनुष्य, पशु, पक्षी, लता, गुल्म, पेड़, पत्ते, वन, पर्वत, नदी, निर्झर सबसे प्रेम होगा, सबको वह चाहभरी दृष्टि से देखेगा, सबकी सुध करके वह विदेश में आँसू बहायेगा।" देश-प्रेम के प्रतिमान पर कल्पलता की निम्नलिखित पंक्तियाँ विशेष रूप से चिन्तनीय बन पड़ी हैं—

"प्रथम रवि ही नहीं निकला, परन्तु ज्ञान भी उजला
जहाँ पर शील है पहला, हमें है मान भारत का।
जहाँ के विज्ञ हैं नामी उन्होंने क्या रखी खामी?
पथिक भी हो रहे थामी, हमें हैं मान भारत का।
जहाँ की राम ने लीला, रही जो भूमि जयशीला
वहाँ जन क्यों न फुर्तीला हमें है मान भारत का।"

कवि देशवासियों को उद्‌बोधित करते हुए उनमें कर्म-सौन्दर्य की प्रतिष्ठा करता है—

"अहो! वीरो! उठो, आओ, कमर कस काम जुट जाओ।
जयश्री को लिवा लाओ, हमें है मान भारत का।"

इसके अनंतर वह देश के शूर-वीरों के उनके व्रत एवं ध्येय का स्मरण कराता है—

"कहाते वीर भारत के, धरों पथ वीरता-व्रत के
न भूलो भाव निज पथ के, हमें है मान भारत का।"

इस तरह कल्पलताकार अपने कवि कर्म के प्रति अतिशय सतर्क एवं सजग है। वह अपने कवित्व द्वारा 'श्रेय' एवं 'प्रेय' को एक साथ साधता है। वह संस्कृत और हिन्दी काव्यपरम्परा का विलक्षण अध्येता भी है। वह रस, छन्द, अलंकार के धरातल पर पर्याप्त वैविध्य का परिचय देता है। कल्पलता में कवित्व की मार्मिक उक्तियाँ उसकी कवि-प्रतिभा का विरहस्यीकरण करती है।

भारतीय परम्परा काव्य को विद्या और कला को उपविद्या मानती रही है। यहाँ काव्य को समस्त कलाओं से श्रेष्ठतर माना गया है। उसे चैंसठ कलाओं से बाहर रखा गया है। राजशेखर ने भी 'काव्य-मीमांसा' में काव्य को विद्या कहा है। वस्तुत: काव्य एक व्यापक विधान है। उसमें जीवन और जगत् को समग्रता में दुबारा रचा जाता है। काव्य में सम्पूर्ण जीवन व्यंजित होता है जबकि कला में जीवनांश। कला में जीवन के कुछेक पक्ष ही प्रतिबिम्बित होते हैं। काव्य को विद्या की गरिमा तक ले जानेवाली कवि-प्रतिभा होती है। आचार्य नित्यानन्द शास्त्री इसी ढंग के कवि हैं जिन्होंने कल्पलता में न केवल रामकथा का विस्तृत-विधान किया है बल्कि अपने समय के प्रश्नों को भी सांकेतिक रूप में व्यंजित किया है। शास्त्रीजी हर बड़े कवि की भाँति अपने समय के प्रति सजगता का परिचय देते हैं। वे अपने समय के साहित्यिक आन्दोलनों से भी पूर्णत: परिचित रहे हैं। इन्होंने स्वयं लिखा है कि—

"छायावाद रहस्यवाद जिनके सन्दर्भ का स्वाद है,
मेरा है अभिवाद पूर्ण उनको, मेरी कथावाद है।
मैं तो वाद-विवाद बादल गिटा स्वीयान्तराकाश में,
सीताराम गुणानुवाद रचता भावदरोल्लास में।"

इस तरह कवि अपने को वाद-निरपेक्ष रूप में उपस्थित करता है। वह तत्कालीन काव्यांदोलनों को अपनी शुभासंशा देने के बावजूद साहित्य को चौखटों में बाँधकर नहीं देखना चाहता। यह उसके खुले और व्यापक दृष्टिकोण का परिचायक है। साहित्य की सार्थकता विश्वमानवतावाद तथा सर्वमंगलाशा की सिद्धि में है। रामकथाकल्पलता का साक्ष्य यही है। उसमें भक्ति, अध्यात्म और कविता की त्रिवेणी तो है ही। इसके साथ काव्यशास्त्र की परिपाटी का सम्यक् निर्वाह तथा युगीन सन्दर्भों का विशिष्ट चित्रांकन भी उसका अभिप्रेत रहा है। कवि शास्त्रीय परिपाटी का अनुपालन करते हुए धर्म,

अर्थ, काम और मोक्ष को महाकाव्य की सिद्धि के रूप में लक्षित करता है। साथ ही, भक्ति को पंचम पुरुषार्थ के रूप में प्रतिष्ठित करता है। संक्षेप में, रामकथाकल्पलता केशवदास के रामचन्द्रिका की परम्परा का महाकाव्य है जिसका कलात्मक वैभव विशेष रूप से दर्शनीय बन पड़ा है। अपने उच्चतर मानवीय मूल्यों, सांस्कृतिक निष्ठा, राष्ट्रीय दृष्टिकोण, भक्ति की प्रतिष्ठा, काव्यशास्त्रीय एवं ज्ञान पद्धतियों के सम्यक् निर्वाह के कारण रामकथा-कल्पलता ऐतिहासिक महत्त्व का महाकाव्य है। यह अपने ढंग का एकान्तविरल और अनूठा महाकाव्य है। यह जरा-मरण के भय से परे हिन्दी साहित्येतिहास का अविच्छिन्न अंग है। इसमें धर्म, दर्शन, भक्ति, सामाजिक चिन्ता तथा काव्यशास्त्रीय मान्यताओं को जिस कला चातुरी के साथ प्रस्तुत किया गया है वह शास्त्री जी को मनीषी परम्परा का साहित्यकार बना देता है।

आचार्य नित्यानन्द शास्त्री का अगला महत्त्वपूर्ण काव्यग्रंथ 'श्रीरामचरिताब्धिरत्नम्' है जो संस्कृत महाकाव्यों की गौरवशाली परम्परा का पुरस्करण करता है। स्वयं कवि ने इसे महाकाव्य के साथ-साथ चित्रकाव्य भी कहा है। बीसवीं शताब्दी के आरम्भ में अंग्रेज़ी कविता में बिम्बवादियों की धूम रही है। सुप्रसिद्ध बिम्बवादी कवि एजरापाउन्ड ने तो यहाँ तक कह दिया था कि यदि आप अपने जीवन में बहुत सारे काव्यग्रंथों की सृष्टि करने के बजाय एक विलक्षण बिम्ब का निर्माण भी कर लेते हैं तो भी अपूर्व यश के अधिकारी हैं। बिम्बवादियों ने अपने काव्यात्मक-सृजन को चित्रकाव्य भी कहा था। इसके बरक्स जब हम 'श्रीरामचरिताब्धिरत्नम्' पर विचार करते हैं तो पाते हैं कि शास्त्री जी ने अपनी मूर्तिविधायिनी कल्पना के बल पर बिम्बात्मक महाकाव्य ही रच दिया है। ज़ाहिर है कि आशुकवि नित्यानन्द शास्त्री जैसा शब्द शिल्पी ही ऐसा कार्य कर सकता है। मैंने पहले भी कहा है कि शास्त्री जी गोस्वामी तुलसीदास की अपेक्षा आचार्य केशवदास की परम्परा के सृजेता हैं। इनकी अलंकार-प्रियता जगजाहिर है। आपने अपनी लेखनी रूपी तूलिका द्वारा रामकथा के फलक पर ऐसा चित्रकाव्य मूर्तिमान किया है कि पाठक हतप्रभ-सा निरखता रह जाता है। यह महाचित्रकाव्य शाब्दिक चमत्कारों तथा अभिव्यक्तिगत कौशलों के साथ-साथ संस्कृत भाषा पर कवि के असाधारण ज्ञान का भी उद्घाटक है। शास्त्री जी ने समुद्र-मंथन से उद्भूत चैदह रत्नों के आधार पर महाकाव्य के चतुर्दश सर्गों का विनियोग किया है। इस तरह प्रस्तुत ग्रंथ काव्य सम्पत्ति के साथ-साथ भारतीय संस्कृति का एक महत्त्वपूर्ण अध्याय बन जाता है। कवि ने क्रमानुसार कल्पवृक्ष, कामधेनु, धन्वंतरि, धनुः, श्री, रम्भा, विष्णु, चन्द्र, मदिरा, ऐरावत, उच्चैःश्रवा, कौस्तुभमणि, शंख तथा सुधा नामक समुद्रमंथन द्वारा निःसृत चतुर्दश रत्नों के अभिधान पर चौदह सर्गों का महाकाव्य निर्मित किया है। शास्त्री जी ने मर्यादा पुरुषोत्तम भगवान राम के महासागरीय गहराई वाले चरित की विभिन्न घटनाओं को रत्न रूप में वर्णित करके इस अपूर्व और प्रतीकात्मक महाकाव्य की सृष्टि की है। यहाँ चतुर्दश संख्या राम के

चौदह वर्षीय वनवास की भी द्योतक है। यह सर्वविदित है कि राम का चौदह वर्षीय वनवास ही विश्व की सबसे बड़ी आततायी शक्ति के सर्वनाश तथा रामराज्य जैसी श्रेयस्कर व्यवस्था की प्रतिष्ठा का हेतु बनता है।

इस प्रकार स्पष्ट है कि शब्द शिल्पी नित्याानन्द जी ने बड़े ही कलात्मक कौशल से 'रामचरिताब्धिरत्नम्' की सृष्टि की है। यह अपने ढंग का अनुपम अलंकृत महाकाव्य है। इसमें शास्त्रज्ञ पाठकों को बुद्धिविलास का अक्षयकोष मिलेगा। इसका छन्दोवैविध्य दर्शनीय बन पड़ा है। इसकी चित्रोपमता इसे बीसवीं शताब्दी के श्रेष्ठतम चित्रकाव्य का गौरव प्रदान करती है। डॉ. सत्यव्रत शास्त्री ने इसका अंग्रेज़ी अनुवाद करके विश्वस्तर पर इसकी महिमा की प्रतिष्ठापना की है। संक्षेप में, इस महाकाव्य में पाठक को रसमग्न करनेवाले मार्मिक-प्रसंग तथा संवेदनात्मक औदात्य भले ही एकान्त-विरल हों परन्तु इसका कलात्मक वैभव अप्रतिम है। काव्यकला की सूक्ष्मातिसूक्ष्म अन्तर्वृत्तियों के निर्वाह की दृष्टि से यह महाचित्रकाव्य काव्यरसिकों के लिए रमणीय वस्तु है।

इसी क्रम में शास्त्री जी की अगली महत्त्वपूर्ण काव्यकृति 'हनुमद्दूतम' के रूप में सामने आती है। यह कालिदास के 'मेघदूतम्' की प्रेरणा पर समस्यापूर्ति के रूप में लिखा है। सर्वप्रथम कवि ने सुधी पाठकों के लिए इसे संस्कृत में लिखा। लेकिन जब उसे यह अहसास हुआ कि यह काव्यग्रंथ जनसाधारण की पहुँच से बाहर रह जाएगा तब उसने स्वयं ही इसका हिन्दी काव्यानुवाद करके एक महनीय कार्य किया है। यह अपने कवि-कर्म के प्रति कवि की सजगता का द्योतक है। शास्त्रीजी ने संस्कृत-कवियों का गहन अनुशीलन किया था। यह स्वाभाविक ही है कि कविकुलगुरु महाकवि कालिदास तथा मेघदूत की महिमा ने उन्हें आकृष्ट किया हो। यह अपनी गौरवशाली कवि-परम्परा से आत्यन्तिक जुड़ाव का परिचायक है। शास्त्रीजी ने मेघदूतम के अनुरूप 'हनुमद्दूतम' के पूर्वार्द्ध में 68 और उत्तरार्द्ध में 57 मन्दाकान्ता छन्द निर्मित किये हैं। कवि ने कविता के प्रति अपने विशिष्ट आकर्षण का परिचय देते हुए संस्कृत और हिन्दी में प्रस्तावना भी कविता में प्रस्तुत की है। कवि अतिशय विनम्र है। वह विश्व के श्रेष्ठतम महाकवि कालिदास के प्रति आदरभाव व्यक्त करता है। उसके अनुसार जिस तरह सुरसरिता में मिलकर सारी नदियाँ शुचिता की धारा बन जाती हैं उसी तरह उनकी कविता भी कालिदास की सुकविता से मिलकर पवित्र यश की अधिकारिणी बन जाएगी। इसी भावना को लक्षित करके शास्त्री जी ने प्रत्येक पद्य से चतुर्थ पंक्ति ज्यों की त्यों रख दी हैं। इस तरह समस्यापूर्ति काव्य परम्परा में प्रस्तुत लघुकाव्य एक अद्वितीय उदाहरण बनकर उपस्थित होता है।

कवि ने कथा के पूर्वार्द्ध में राम के वनगमन प्रसंग से काव्यारम्भ किया है। शास्त्री जी ने प्रणव गिरि से लेकर लंका तक के मार्ग में आनेवाले तमाम पर्वतों, नदियों और राज्यों का गगनावलोकन प्रस्तुत किया है। कवि ने प्रकृति के मनोरम दृश्यों की जो

रमणीय छटा प्रस्तुत की है वह सहृदय पाठक के लिए आकर्षण की वस्तु है। इसी तरह काव्य के उत्तरार्द्ध में लंका के महल, उद्यान, उपवन, तड़ाग, बाज़ार आदि का मनोहारी चित्र उपस्थित किया गया है। कवि ने अपनी मूर्ति-विधायिनी कल्पना के बल पर चित्रों का ऐसा मनोहर वितान-ताना है कि पाठक चित्र-लिखित सा निहारता रह जाता है। यहाँ कवितापन अपने उत्कर्ष पर पहुँचा है। कवि ने सीता के विरह की भी अतिशय मार्मिक व्यंजना की है। उसने राम-सीता के साथ हनुमान के चरित्र का भी विशेष रूप से उन्नयन किया है। जब हनुमान अपने दौत्य-कर्म का समुचित निर्वाह करके राम तक सीता का सन्देश लाते हैं तब राम प्रसन्न होकर 'कल्पवृक्ष सम', 'कार्यसिद्धि में वीर' जैसे गौरवशाली संबोधन से अभिहित करते हैं। संक्षेप में, महावीर हनुमान के दौत्यकर्म पर यह एक उत्कृष्ट काव्य-ग्रंथ है जिसमें शास्त्री जी की काव्य प्रतिभा का एक उत्तमांश लक्षित किया जा सकता है। इस प्रकार स्पष्ट है कि आचार्य नित्यानन्द शास्त्री एक चिन्तक एवं सर्जनात्मक प्रतिभा से ओत-प्रोत कवि हैं जिन्होंने हिन्दी तथा संस्कृत दोनों ही भाषाओं में अपनी अनमोल कृतियाँ दी हैं। आप सच्चे अर्थों में भारतवर्ष की मनीषी परम्परा के साहित्यकार हैं जिन्होंने अपने प्रातिभ कौशल से संस्कृत एवं हिन्दी दोनों ही भाषाओं के साहित्य को सम्पन्न किया है।

मराठी रामकाव्य का स्वरूप

मराठी रामकाव्य का स्वरूप : रामायण और महाभारत भारतवर्ष के सांस्कृतिक व्यक्तित्व के निर्धारक आर्ष महाकाव्य हैं। संस्कृत के अलावा समस्त भारतीय एवं वैश्विक भाषाओं में इनके प्रभाव सन्दर्भ एवं प्रेरणा से अनेक ग्रंथों की रचना हुई है। जहाँ तक मराठी रामकाव्य का सवाल है तो यह पर्याप्त समृद्ध है। उस पर वाल्मीकि रामायण की गहरी छाप है। मराठी भाषा एवं साहित्य के उदय के साथ ही राम उसके उपजीव्य बनते हैं। चूँकि रामकथा से सम्बद्ध घटनाओं के सक्रिय साक्षी स्थान महाराष्ट्र में भी अच्छी संख्या में हैं अत: उनके प्रति यहाँ के जनमानस में झुकाव स्वाभाविक है। महाराष्ट्र के पंचवटी के पास ही अगस्त्य मुनि का आश्रम है जहाँ पर उन्होंने राम को अग्निशिला में बनाए गए दिव्यास्त्र भेंट किए थे। वस्तुत: पंचवटी पीपल, बरगद, आँवला, बेल तथा अशोक से समन्वित वृक्षों का वन-क्षेत्र है जहाँ पर राम वनवास के अन्तिम चरण में ठहरे थे। यहाँ पर सीता सरोवर, रामकुंड और निकट ही त्रयंबकेश्वर जैसे तीर्थ स्थल हैं। राम की जटायु से मित्रता मृगव्याधोश्वर नामक स्थान पर हुई थी। इगतपुरी के पास सर्वतीर्थ नामक स्थान पर रावण से सीता को बचाने के प्रयास में जटायु घायल हुए थे जिनका मृत्यु के उपरान्त राम ने अपने पिता के समान अन्तिम संस्कार किया था। इसके अलावा राम-लक्ष्मण शबरी आश्रम की ओर सम्पूर्ण महाराष्ट्र की धरती को पार करने के उपरान्त ही बढ़ते हैं। मराठी रामकाव्य के उद्‌भव का दूसरा कारण यह था कि अयोध्या, काशी, प्रयाग जैसे तीर्थ स्थलों पर देश भर से हिन्दू आते थे जिनमें महाराष्ट्र के तीर्थ यात्रियों की संख्या सर्वाधिक होती थी। फलत: वे राम चरित से विधिवत सुपरिचित रहते थे। लोक का सामूहिक अवचेतन मराठी रामकाव्य में भी पल्लवित-पुष्पित होता रहा है।

सर्वप्रथम संत नामदेव भले ही निर्गुण पंथी के रूप में हमारे सामने आते हैं परन्तु वह भी राम के देश एवं लोकव्यापी स्वरूप की उपेक्षा नहीं कर पाते हैं। वे भले ही राम कथा पर विधिवत लेखन नहीं करते और राम को अपना प्रिय स्वामी बतलाते हैं। वे राम के लिए ही रच-रचकर श्रृंगार करते हैं। वे राम के प्रति पूर्णत: समर्पित हैं और राम नाम की खेती करते हैं। इसके उपरान्त संत एकनाथ आते हैं जिनका 'भावार्थ रामायण' तुलसीदास के 'रामचरितमानस' के प्रभाव-सन्दर्भ का विस्तार प्रतीत होता

है। ऐसा उल्लेख मिलता है कि संत एकनाथ गोस्वामी तुलसीदास के समकालीन थे। वे तीन बार काशी की यात्रा पर गए थे और तुलसीदास एवं रामचरितमानस की महिमा से सुपरिचित थे। यह भी सम्भव है कि वे तुलसीदास से मिले भी हों। उनके 'भावार्थ रामायण' पर गोस्वामी तुलसीदास के रामचरितमानस की गहरी छाप है। हिन्दी साहित्य में जो स्थान रामचरितमानस को प्राप्त है वही स्थान मराठी साहित्य में 'भावार्थ रामायण' को मिला है। मराठी समीक्षक यह मानते हैं कि रामचरितमानस की प्रेरणा ने ही उन्हें रामकथा के प्रणयन के लिए उद्यत किया था। एकनाथ की रामायण पर वाल्मीकि रामायण, अध्यात्म रामायण, आनन्द रामायण, अद्भुत रामायण, अग्निपुराण, शिवपुराण, सेतुबन्ध रामायण, श्रीमद् भागवत पुराण, महाभारत, नारद पुराण, पउमचरिउ और रामचरित मानस का प्रभाव है। भावार्थ रामायण भी रामचरित मानस की भाँति सात कांडों में विरचित है। कवि ने तुलनात्मक रूप से अनेक ग्रंथों के आधार पर 'भावार्थ रामायण' में प्रचुर ऐतिहासिक सामग्री प्रस्तुत की है। इसमें भी रामचरितमानस की भाँति तत्कालीन राजनीतिक एवं सामाजिक स्थितियों पर प्रखर काव्यात्मक आक्रमण एवं व्यंग्य किया गया है। संत एकनाथ जब युद्धकांड की रचना कर रहे थे तभी स्वर्गवासी हो गए। उनके उपरान्त इस अधूरे काव्य को गाबना नामक उनके शिष्य ने उन्हीं की भाषा-शैली में पूरा किया।

संत एकनाथ के भावार्थ रामायण में राम कथा एवं ब्रह्मकथा समानान्तर चलती है। इनकी कथा का उद्देश्य साधारण जनता को लौकिक एवं अलौकिक सुख पहुँचाना रहा है। इस ग्रंथ की रचना सामान्य जनता के समक्ष आदर्श नीति का उदाहरण प्रस्तुत करने के उद्देश्य से की गई है। इसमें न केवल राम के सम्पूर्ण चरित का गान किया गया है अपितु लक्ष्मण जैसे चरित्रों के माध्यम से जन-मन में आत्मविश्वास का संचार किया गया है। सम्पूर्ण कथा को 40000 अभंगों में पिरोया गया है। भारतीय महाकाव्य के प्रतिमानों जैसे मंगलाचरण, गणेश वंदना, शारदा की स्तुति, कथा-विन्यास में आदि, मध्य एवं अन्त का सुन्दर विनियोग हुआ है। इसके लिए कवि ने मुख्य आधिकारिक कथा के साथ-साथ प्रासंगिक कथाओं का भी सुन्दर विन्यास किया है। फलत: एकान्विति में शैथिल्य भी आ गया है। एकनाथ ने कथा का आरम्भ सीधे राजा दशरथ के जीवन परिचय से किया है। इसके अन्तर्गत उनके द्वारा आखेट के समय शब्दभेदी बाण से दुर्घटनावश श्रवणकुमार का वध, उसके पिता द्वारा दिया गया श्राप, देवासुर संग्राम में कैकेयी द्वारा उनकी प्राण रक्षा, पुत्रेष्टि यज्ञ द्वारा चार पुत्रों की प्राप्ति इत्यादि का चित्रण हुआ है। इसके साथ ही राम-लक्ष्मण द्वारा ताड़का, सुबाहु का वध, अहिल्या का उद्धार, शिवधनुष भंजन, चारों भाइयों का विवाह इत्यादि वाल्मीकि रामायण जैसा ही है। साथ ही, वाल्मीकि रामायण के अनुसार ही राम विवाहोपरान्त जब बारातियों सहित अयोध्या लौटते हैं तब मार्ग में परशुराम के साथ राम-लक्ष्मण की नोक-झोंक होती है। परशुराम राम को अवतारी

पुरुष के रूप में पहचान जाते हैं और शान्त होकर लौट जाते हैं। अयोध्या में बारात का भव्य स्वागत होता है।

भावार्थ रामायण में राजा दशरथ राम को लोकतांत्रिक तरीके से युवराज पद देने का उपक्रम करते हैं। वे मांडलिक राजाओं और प्रतिष्ठित प्रजाजनों की सभा का आयोजन करके उनकी सहमति प्राप्त करते हैं। राम के राज्याभिषेक के समाचार से इन्द्रादिक देवता चिन्तित हो जाते हैं। उनके आग्रह पर ब्रह्मा विकल्प को बाधा डालने के लिए भेजते हैं। वह मंथरा की मति फेर देता है। फलत: राम वनगमन की प्रक्रिया सम्पन्न होती है। एकनाथ ने पंचवटी प्रसंग में मौलिकता का परिचय दिया है। इनके अनुसार राम अगस्त्य मुनि से पूछकर अरुणा-वरुणा के संगम पर पंचवटी में पर्णकुटी बनाकर रहने लगते हैं। यहाँ पर कवि ने लक्ष्मण के अखंड ध्यान का वर्णन किया है। राम स्वयं उनके विकार रहित मन की प्रशंसा करते हैं। पंचवटी के वन में लक्ष्मण द्वारा शूर्पणखा-पुत्र का वध हो जाता है। इस समाचार के ज्ञात होने पर शूर्पणखा लंका से पंचवटी आती है। वह छल-बल द्वारा लक्ष्मण से बदला लेना चाहती है। फलत: वह विवाह का प्रस्ताव करती है। राम के संकेत पर लक्ष्मण उसे नासिका विहीन कर देते हैं। एकनाथ रामचरितमानस के विपरीत यह दिखाते हैं कि विवाह का प्रस्ताव छल-मात्र था।

सीता-हरण के बाद से युद्ध सम्पन्न होने तक अधिकांश प्रसंग रामचरितमानस के समान हैं। मसलन, श्रीराम शबरी को नवधा भक्ति का उपदेश देते हैं और उसे मोक्ष भी प्रदान करते हैं। यथा—

"श्रीराम दृष्टि पुण्य परिपूर्ण। देह दहने दैदीप्यमान॥
शबरी पावली अक्षय स्थान। गमनागमन जेथ नाहीं ॥"

इसी तरह बालि वध के प्रसंग में राम जो बात रामचरितमानस में कहते हैं। वही बात एकनाथ भी कहलवाते हैं। राम बालि-वध को न्यायोचित ठहराते हुए कहते हैं कि—

"अनुज वधू भगिनी सुत नारी। सुनु सठ ए कन्या सम चारी॥
इन्हहि कुदृष्टि विलोकइ जोई। ताहि वधे कछु पाप न होई॥"

ठीक यही बात भावार्थ रामायण में भी आती है। वे कहते हैं कि—

"कन्या, भगिनी भातृपत्नी। कन्ये समान या तिन्हीं॥
ते बन्धुभार्या त्वां हिरोनी। अनुदिनीं भोगिसी॥"

भावार्थ रामायण का उत्तर कांड वाल्मीकि रामायण का काव्यानुवाद है। एकनाथ ने महाराष्ट्र में प्रचलित अनेक रीति-रिवाजों का भी यथास्थान चित्रण किया है। चूँकि वे कीर्तनकार और उपदेशक कवि हैं। फलत: वे रामकथा को अत्यधिक रोचक बनाकर प्रस्तुत करते हैं। रामचरितमानस की भाँति भावार्थ रामायण का भी सबसे बड़ा वैशिष्ट्य उनके समय एवं समाज के अनुरूप प्रसंगोद्भावना है। जिस तरह रामचरितमानस में आसुरी शक्तियों के दमन हेतु राम के लोकरक्षक स्वरूप की

प्रतिष्ठा की गई है। उसी तरह भावार्थ रामायण में भी कवि ने तत्कालीन उत्पीड़नकारी शासकों से प्रतिशोध लेने के लिए महाराष्ट्र की जनता को जगाने का कार्य किया है। उसे शोषण एवं दमन के विरुद्ध तैयार किया।

इसके उपरान्त कृष्णदास मुद्गल कृत सम्पूर्ण रामायण आता है जो वीर रस प्रधान उक्तियों से परिपूर्ण है। यह परमाल रासों का स्मरण कराता है। शिवाजी के गुरु भक्त रामदास ने अपने ग्रंथों 'दासबोध' और 'आत्माराम' में रामकथा का वर्णन किया है। वे अपने द्विकांडात्मक लघु रामायण में अकर्मण्यवादी हिन्दुओं को प्रयत्नवाद की शिक्षा देते हैं। वे उनमें आत्मविश्वास का संचार करते हैं। वे महाराष्ट्र और पूरे भारत में धार्मिक स्वतंत्रता चाहते थे। इसके लिए वे मुगल सत्ता रूपी रावण का अन्त करने के लिए सामान्य किसानों की सेना में उत्साह और जोश भरते हैं। वे क्षात्र धर्म को जगाते हुए यह स्थापित करते हैं कि योद्धा बनकर मरने से मोक्ष की प्राप्ति होती है। इस तरह अन्याय के विरुद्ध जन-संगठन करनेवाले संतों में समर्थ रामदास का नाम बहुत ऊपर है। इन्होंने राम-राज्य की प्रतिष्ठा को अपने जीवन का उद्‌देश्य बनाया जिसे छत्रपति शिवाजी महाराज ने पुरस्कृत करने का प्रयास किया। समर्थ रामदास ने रामकथा के महत्त्व का प्रतिपादन करते हुए लिखा है कि—

'असो हे कथा बोलिली राघवाची।
जनी सर्वदा ऐकती धन्य त्यांची।
कथा ऐकता महादोष ते जाती।
दुरूखे नासती लोक ते धन्य होती ॥ '

कहने का आशय यह है कि समर्थ रामदास ने तुलसी की भाँति राम-राज्य की लोककल्याणकारी राज्य के रूप में परिकल्पना की थी। वे महाराष्ट्र में रामराज्य लाना चाहते थे। वे जन-मानस में वीर-भाव जगाते हुए कहते हैं कि वीरों की सर्वत्र जय-जय कार होती है। उन्होंने अपने पाठकों में महान सामाजिक प्रेरणा भरी। उनमें उत्साह और उमंग का संचार करने के लिए वीर एवं भयानक रस का चित्रण किया। शिवाजी के व्यक्तित्व निर्माण में इनकी ऐतिहासिक भूमिका सर्वविदित है। यह भी ऐतिहासिक तथ्य है कि इनके उपदेशों के कारण मुगल सत्ता महाराष्ट्र में अपनी जड़ें नहीं जमा सकी। इसके लिए राम द्वारा वानरों की सेना द्वारा विश्व के सबसे शक्तिशाली सैन्य बल के पराभव को प्रेरणा के रूप में प्रतिपादित किया। इस तरह समर्थ रामदास ने जातीय गौरव की प्रतिष्ठा तथा राष्ट्रीय भावों के उन्नयन के लिए राम कथा का आश्रय लिया। आपने एक कठिन समय में भारतीय सभ्यता, संस्कृति, धर्म-दर्शन, जाति-समाज तथा भारतीयता की मूल प्रकृति के संरक्षण हेतु राम काव्य को अभिव्यक्ति का माध्यम बनाकर महाराष्ट्र के जन-मन में राष्ट्रीय चेतना का अमर मंत्र फूँकने का कार्य किया। आप सम्पूर्ण हिन्दू समाज को एकजुट करनेवाले लोकनायक के तौर पर उभरते हैं। वे अपने समय की माँग के अनुरूप सृजन करते

हैं जो उनके गहन दायित्वबोध का परिचायक है। रामदास की शिष्या बेणाबाई तथा शिष्य गिरधर स्वामी की रामायणें भी महाराष्ट्र में लोकप्रिय हैं। इसके अलावा माधव स्वामी की निरोष्ठ्य रामायण भी प्रसिद्ध है। मोरोपंत ने सौ रामायणों की रचना करके राम काव्य परम्परा में अपना स्थान सुरक्षित कर लिया है। इसके अलावा श्रीधर स्वामी और अमृत राव ओक की रामायणें भी उल्लेखनीय हैं।

इसी क्रम में अगले महत्त्वपूर्ण ग्रंथ के रूप में चिन्तामणि विनायक वैद्य का 'श्रीराम चरित्र' आता है। इसके लेखक का मानना है कि उसने वाल्मीकि रामायण की कथा को ही गद्य में प्रस्तुत किया है। महाराष्ट्र के सामान्य और अनभिज्ञ पाठक भी रामकथा से परिचित हो सकें, इस हेतु जनसुलभ मराठी में इसकी प्रस्तुति हुई है। यह सरल, सुबोध भाषा के कारण विशेष रूप से पठनीय बन पड़ा है। वैद्यजी ने सम्पूर्ण ग्रंथ को उपोद्घात, बालकांड, अयोध्या कांड, अरण्य कांड, किष्किन्धा कांड, सुन्दर कांड, युद्ध कांड, उत्तर कांड तथा उपसंहार में विभाजित किया है। इस ग्रंथ का सबसे बड़ा वैशिष्ट्य राम कालीन परिस्थितियों का चित्रण और राम चरित्र के रहस्य शब्द-चित्र प्रदान करना है। इसके अलावा महाराष्ट्र के कथा वाचकों, कीर्तनियों ने भी राम कथा को लोक कंठ में सदा-सर्वदा के लिए बसा दिया है। इस गायन परम्परा को सशक्त बनाने में 'एकनाथी भागवत' और 'भावार्थ रामायण' का विशेष योगदान रहा है। वारकरी संतों ने राम-कृष्ण, हरि-विट्ठल के मंत्रों एवं कीर्तनों को महाराष्ट्र के गाँव-गाँव में गुंजरित किया। महाराष्ट्र में गणेशोत्सव की भाँति राम लीला की भी अत्यन्त समृद्ध परम्परा रही है। अकेले मुम्बई महानगर विकास प्राधिकरण क्षेत्र में ही दो दर्जन से अधिक राम लीलाएँ हर वर्ष आयोजित होती हैं। इस समय तो बिरला मातुश्री वातानुकूलित सभागार में नई तकनीक के साथ राम लीला प्रस्तुत की जाती है। अब वास्तविक और डिजिटल राम लीला के समन्वय से बेहद प्रभावशाली प्रस्तुति देखी जा सकती है। राम कथा के प्रचार-प्रसार में बॉलीवुड द्वारा निर्मित फिल्मों एवं धारावाहिकों की भी ऐतिहासिक भूमिका रही है। हम सब उसकी सीमाहीन लोकप्रियता से परिचित हैं। संक्षेप में, हम कह सकते हैं कि महाराष्ट्र में राम कथा बदलते माध्यमों तथा प्रौद्योगिकीय उपलब्धियों के साथ समायोजन करते हुए आगे बढ़ रही है।

सारांश यह है कि मराठी रामकाव्य परम्परा अत्यन्त प्रदीर्घ एवं समृद्ध है। वह सरल और आदर्श जीवन की प्रतिष्ठा का बड़ा साधन रही है। यहाँ के लोक जीवन और लोक कंठ में उसकी व्याप्ति स्थायी है। महाराष्ट्र के कवियों ने समय-समाज एवं देश की परिस्थितियों के अनुरूप उसे प्रासंगिक बनाया है। सभी कवियों ने अपने समय के बोध को ग्रहण करने के बावजूद उसे राम राज्य की तुलना में हेय और अपर्याप्त माना है। इन कवियों ने मध्यकालीन शासकों की हिंसक और आक्रामक वृत्ति तथा धर्मांधता, दंड-विधान तथा नारी विरोधी चरित्र के विरोध में राम को स्वतंत्र

मानवीय व्यक्तित्व प्रदान करते हुए उनके लोक रक्षक स्वरूप की व्यंजना की है। इनमें राष्ट्रीय एवं जातीय प्रश्नों की विशद व्याख्या भी समाहित है। इन कवियों ने समय एवं स्थान के अनुरूप उसे लोकशैलियों से रंजित किया है। उसे लोक संगीत से जोड़कर लोकजीवन के साथ एक रस कर दिया है। मराठी रामकाव्य इस अर्थ में विशिष्ट पहचान रखता है कि उसका सृजन विदेशी शासन से त्रस्त जनता को प्रेरित और प्रभावित करने तथा उनके भीतर राम राज्य जैसी लोक कल्याणकारी व्यवस्था की भावना भरने के लिए हुआ है। इसमें तत्कालीन राजनीतिक विसंगतियों को उभारने एवं सम्यक् जीवन सूत्रों की तलाश करने के लिए भक्ति, धर्म, नीति एवं दर्शन का सुदृढ़ आधार निर्मित किया गया है। इन कवियों ने तत्कालीन शासकों के स्वार्थ, भ्रष्टाचार, शोषण, अनीति और भोगलालसा पर प्रखर काव्यात्मक आक्रमण किया है। इस तरह मराठी कवियों ने अपने कवि-कर्म को सार्थक बनाने के लिए अपनी लेखनी चलाई है। फलत: वह सोद्‌देश्य है और उसकी महत्ता असन्दिग्ध है। मराठी रामकाव्य परम्परा में नवीनतम उपलब्धि डॉ. नराले ने हिन्दी-संस्कृत एवं अंग्रेज़ी में त्रिभाषिक 'संगीत श्री रामायण' की रचना की है जिसमें संगीत के राग-रागिनियों का भी उल्लेख किया गया है। इसके अलावा डॉ. नराले ने दोहा छन्द में 'संगीत रामायण दोहावली' की भी उक्त तीन भाषाओं में रचना की है। डॉ. नराले मराठी भाषी रचनाकार हैं जो टोरंटो, कनाडा में रहकर साधनारत हैं। इन्होंने पुस्तक भारती संस्थान की स्थापना करके हिन्दी-संस्कृत के प्रचार-प्रसार का बीड़ा उठाया है। इस तरह मराठी रामकाव्य परम्परा आज भी अविरल प्रवहमान है। हिन्दी जगत मराठी के इस अद्‌भुत प्रदेय से परिचित हो सके, इसी लक्ष्य को ध्यान में रखकर मैंने यह विश्लेषण प्रस्तुत किया है। हम हिन्दी रामकाव्य और मराठी रामकाव्य के तुलनात्मक अध्ययन द्वारा भी अनेक महत्त्वपूर्ण निष्कर्ष निकाल सकते हैं। हम इसके पुनर्पाठ द्वारा इसकी रचनात्मक शक्ति एवं सम्भावनाओं के बीच एक सम्बन्ध स्थापित कर सकते हैं।

अयोध्या कालयात्री है

अयोध्या विश्व की सबसे प्राचीन पुरियों में से एक है। इसका वर्णन भारत के प्राचीन वाङ्मय, ग्रंथों, महाकाव्यों, श्रुतियों, पुराणों, इतिहास में लगातार मिलता है। यह भारत के सांस्कृतिक विकास की सहयात्री रही है। ऐसा माना जाता है कि ब्रह्मा से सृष्टि की उत्पत्ति हुई है। उनके पुत्र मरीचि, मरीचि के पुत्र कश्यप एवं कश्यप के पुत्र मनु हुए। मनु के वंशज मानव कहलाए। मनु ने सर्वप्रथम मानव सभ्यता एवं संस्कृति की राजधानी के रूप में अयोध्या नगरी को बसाया। मनु के दस पुत्र हुए जिनमें इच्छ्वाकु सबसे यशस्वी थे। राम इच्छ्वाकु वंशी थे। इनके प्रतापी पूर्वजों में सगर, भगीरथ, दिलीप, रघु, हरिश्चन्द्र इत्यादि विश्व इतिहास की अप्रतिम विभूतियाँ हैं। राजा दशरथ अयोध्या के 63 वें शासक थे। राम और कृष्ण भारतवर्ष के सांस्कृतिक व्यक्तित्व के निर्धारक हैं। ये हमारी अस्मिता के प्रतीक हैं। इनके बिना भारतीय समाज की परिकल्पना ही सम्भव नहीं है। जब तक यह धरती एवं ब्रह्मांड है तब तक इनका नाम अमर और अविस्मरणीय है। ये विश्व साहित्य तथा इतिहास के श्रेष्ठतम चरित नायक है। भगवान राम ने लम्बे समय तक शासन करने के उपरान्त अयोध्या का राज्य अपने और भाइयों के पुत्रों में विभाजित कर दिया था। शतपथ ब्राह्मण तथा पाणिनि द्वारा वर्णित महाजनपदों में कोसल एक समृद्ध राज्य रहा है। ईसा पूर्व सातवीं शताब्दी तक गंगा-यमुना और घाघरा नदियों के तट पर महानगरों के बसने के प्रमाण मिलते हैं। इसी दौरान कोसल की प्रतिष्ठा महाजनपद से कोसल साम्राज्य के रूप में हुई। महात्मा बुद्ध और महावीर स्वामी के समय श्रावस्ती एवं साकेत की गणना प्रतिष्ठित नगरों में होती थी। अयोध्या में 'कोट रामचन्दर' के उत्खनन से जो दुर्ग-प्राचीर मिला है वह इस बात का साक्ष्य देता है कि कोसल काशी राज्य से लगातार युद्ध में उलझा रहा है। यह भी इतिहास सिद्ध है कि प्रसेनजित ने काशी को जीतकर उसे कोसल में मिला लिया था। चूँकि प्रसेनजित एवं मगध नरेश बिम्बिसार के सम्बन्ध बेहद आत्मीय थे तब तक कोसल स्वतंत्र रहा किन्तु बिम्बिसार के पुत्र अजातशत्रु ने काशी और कोसल को मगध साम्राज्य में मिला लिया था।

मौर्य साम्राज्य के सांध्य चमक के दिनों में रचित 'युगपुराण' में इस बात का उल्लेख मिलता है कि यूनान, मथुरा और पांचाल के शासकों ने 190 ई॰पू. में अयोध्या

पर सामूहिक रूप से अधिकार कर लिया था। अयोध्या का शुंग अभिलेख के अनुसार मौर्य साम्राज्य के अन्तिम शासक वृहद्रथ को सत्ताच्युत करनेवाले पुष्यमित्र शुंग ने धन नामक अपना सामन्त साकेत में नियुक्त किया था और उसे ब्राह्मण धर्म-संस्कृति का केन्द्र बनाया था।

विश्व के श्रेष्ठतम महाकवि कालिदास कृत 'रघुवंशम्' एक कालजयी महाकाव्य है। इस ग्रंथ में इक्ष्वाकुवंशी राजाओं के वृत्त को जिस सुन्दरता से कालिदास ने चित्रित किया है वैसा अन्यत्र नहीं मिलता। इस महाकाव्य के सोलहवें सर्ग में राम और उनके भाइयों के पुत्रों का वर्णन है। राम ने अपने बड़े बेटे कुश को 'कुशावती' नामक राज्य सौंपा था। रघुवंश के सभी सात भाइयों ने अलग-अलग राज्यों पर शासन तो किया पर वो सबके सब रघुकुल की रीति के अनुरूप अपने सबसे बड़े भाई कुश को अपना प्रधान और पूज्य मानते थे।

इस प्रकार राज्य करते हुए एक दिन आधी रात के समय जब सारा संसार सो रहा था, कुश के शयनागार में मन्द प्रकाश था। सहसा उन्होंने देखा कि उनके शयन कक्ष का द्वार अंदर से बन्द होने के बावजूद एक स्त्री उसके अंदर आयी हुई है। कुश ने उस स्त्री को इसके पूर्व कभी नहीं देखा था। उसकी स्थिति देखकर कुश को लगा कि शायद यह कोई विरहिणी स्त्री है। ऐसी विरहिणी जिसका पति लम्बे समय से परदेश में रह रहा हो। उस स्त्री ने देखा कि कुश सोये नहीं जगे हुए हैं तो वह उनके समक्ष हाथ जोड़कर खड़ी हो गयी। फलत: कुश ने उस स्त्री से आश्चर्य के साथ पूछा—

'शुभे! आपको देखने से यह तो प्रतीत नहीं होता कि आप कोई योगिनी हैं। आपके मुख पर गहन निराशा और उदासी छाई हुई है। बताइये कि आप कौन हैं? और आपके पति का नाम क्या है? आप इस आधी रात में इस तरह और किस प्रयोजन से आई हैं? उत्तर देने से पूर्व इस बात का ध्यान रखना कि आप एक रघुवंशी राजा के सम्मुख खड़ी हैं। हम रघुवंशियों का चित्त कभी भी पराई स्त्रियों की ओर नहीं जाता और न ही वह हमारे लिए ग्राह्य होती है।

उस स्त्री ने उत्तर देते हुए कहा कि मैं आपके जनक 'राम के अयोध्या की अधिष्ठात्री देवी' हूँ। राम के युग में अथवा उसके पूर्व भी यहाँ का राज्य बहुत ही अच्छा था। मैं उस युग में ऐश्वर्यशालिनी मानी जाती थी। यहाँ तक कि अलकापुरी की शोभा भी मेरे सम्मुख फीकी मानी जाती थी। जो राम के बैकुंठ गमन के बाद से ही अनाथ पड़ी हूँ। राम के बिना सैकड़ों अट्टालिकाओं से युक्त होने के बावजूद मेरी अयोध्या ऐसी उदास लगती है मानो सूर्यास्त के बाद की डरावनी संध्या। जब राम थे तो मेरी अयोध्या अपने ऐश्वर्य में कुबेर की अलकापुरी को भी मात देती थी। किन्तु आज उसी रघुकुल के प्रतापी राजा के रूप में तुम्हारा राज है फिर भी मेरी जैसी दशा हो गयी है उसे तुम देख ही रहे हो।

रात के समय पहले अयोध्या की जिन सड़कों पर चमकते और मधुर ध्वनि करते हुए नूपुरवाली अभिसारिकायें चलती थीं वहाँ आजकल सियारिनें घूमतीं हैं जिनके मुख से चिल्लाते समय चिंगारियाँ निकलती है। राम से सूनी हुई अयोध्या में न तो अब मोर नाचते हैं, न वहाँ मृग भ्रमण करते हैं। कमल के ताल में खेलनेवाले हाथी भी नहीं हैं। नगर की जिन बावड़ियों का जल पहले जल-क्रीड़ा करनेवाली सुन्दरियों से सँवरता था, आज वहाँ जंगली भैंसे दौड़ते हैं। वह कहती है कि 'मैं क्या क्या बताऊँ।' जिन भवनों पर कभी मोती की माला के समान शुभ्र चाँदनी चमका करती थी उन पर अब चाँदनी भी नहीं चमका करती। क्योंकि बहुत दिनों से उनकी मरम्मत न होने के कारण कोठों के चूने का रंग काला पड़ गया है और उन पर जहाँ-तहाँ घास उग आयी है। यह सब कहकर उस स्त्री ने कुश से निवेदन किया कि राम न सही तो कम से कम हे जानकीनन्दन कुश ! आप तो अयोध्या चलें। कुश ने प्रसन्नतापूर्वक उस स्त्री की प्रार्थना स्वीकार कर ली और 'राम की अयोध्या' के परित्राण के लिये अयोध्या की ओर चल पड़े। वस्तुत: यह एक प्रकार का आन्तरिक विचार था, राजा कुश जिसपर रात भर विचार करते रहे। उन्होंने प्रात: काल सभा भवन में उपस्थित होने के उपरान्त ब्राह्मणों के समक्ष इस बात को प्रकट किया। यह सुनकर ब्राह्मणों ने राजा कुश से कहा कि वे बहुत सौभाग्यशाली हैं जिन्हें नगरदेवी के इस प्रकार दर्शन हुए। ब्राह्मणों का अनुमोदन प्राप्त होने पर राजा कुश ने कुशावती नगरी ब्राह्मणों को सौंपकर शुभ मुहूर्त में अपने दल-बल के साथ अयोध्या के लिए प्रस्थान किया। कुशावती से अयोध्या के मार्ग पर चलते हुए कुश तथा उनकी सेना ने स्थान-स्थान पर विश्राम किया, विन्ध्य की उपत्यकाओं का आनन्द लूटा और अन्त में सरयू तट पर जा पहुँचे।

कुश के अयोध्या पहुँचने की स्थिति का वर्णन करते हुए महाकवि कालिदास लिखते हैं कि 'अयोध्या के उपवन की वायु ने फूल से आच्छादित वृक्ष की डालियों को थोड़ा हिलाकर और सरयू के शीतल तरंगों का स्पर्श करके सेना के साथ थके हुए कुश का स्वागत किया'। शत्रुविनाशक, प्रजा हितैषी, राजा ने फहराती हुई ध्वजा वाली अपनी सेना को नगर के आस-पास के स्थानों में ठहरा दिया। फिर जिस प्रकार इंद्र की आज्ञा से बादल जल बरसाकर गरमी से तपी पृथ्वी को हरा-भरा कर देते हैं वैसे ही कुश की आज्ञा से कारीगरों ने अपने यंत्रों की सहायता से रघुवंशियों की अयोध्या का कायापलट कर दिया। मुनियों को बुलवाकर पहले तो पूरी अयोध्या नगरी की पूजा करवाई। फिर वहाँ नगर रचना के दूसरे काम किये जिसके बाद वो नगरी ऐसी लगने लगी मानो 'सारे शरीर में आभूषण धारण की हुई कोई सुन्दर स्त्री' हो। वही अयोध्या अब ऐसी हो गई कि मिथिलेशकुमारी के पुत्र कुश को फिर न तो इंद्रलोक की कामना रही, न स्वर्ग के वैभव की और न ही असंख्य रत्नों वाली अलकापुरी की'[1] और इस तरह 'जानकीनन्दन कुश' ने खुद

को भारत के इतिहास में अमर कर लिया। ऐसा माना जाता है कि 'अयोध्या जिसे चुनती है समझो स्वयं सौभाग्य उसका वरण करता है' और जो अयोध्या को पूजता है उसके लिये स्वर्ग में बैठे देवता भी कहते हैं कि देखो, इसके पूर्व जन्म के संचित कर्म कैसे उत्तम हैं कि इसे उस अयोध्या के वंदन का सौभाग्य मिला है जिसकी गोद में खेलनेवालों ने 'गंगा' को धरती पर अवतरित किया था, जिसकी मिट्टी को 'विष्णु अवतार श्रीराम' ने स्वर्ग से भी बढ़कर बताया था। जहाँ रघु, दिलीप, सगर और दशरथ जैसे महान कीर्ति वाले राजा हुए थे, जो वशिष्ठ और विश्वामित्र जैसे ऋषियों के आशीर्वाद से निर्मित हुई थी और जहाँ की पवित्र विश्वरम्भा ने माँ जानकी को अपनी गोद में समा लिया था।

'अयोध्या की अधिष्ठात्री देवी' अपनी अयोध्या की दशा से विकल होकर सबके पास नहीं जाती। वो उनको ही अपनी अयोध्या के पुन: कायाकल्प और इस पावन नगरी के पूजन का अवसर देतीं हैं जिनके अन्तस्थ में श्रीराम से अगाध प्रेम हो और जिनके लिये प्रभु श्रीराम केवल राजनीति और सत्ता साधने मात्र का जरिया नहीं बल्कि सबके आराध्य हैं। ऐसा माना जाता है कि समुद्रगुप्त के शासनकाल में साकेत सीधे पाटिलपुत्र के अधीन था। तदनन्तर चन्द्रगुप्त विक्रमादित्य के शासन काल में जब चीनी यात्री फाह्यान अयोध्या आया तो उसे वहाँ कोई बौद्ध प्रभाव नहीं दिखाई दिया। इसमें सन्देह नहीं है कि गुप्तकाल में अयोध्या को पुन: उसकी स्वाभाविक गरिमा प्राप्त हुई थी। ह्वेनसांग के अनुसार हूणों को पराजित करनेवाले स्कंदगुप्त विक्रमादित्य ने अयोध्या को अपनी राजधानी बनाकर उसका पुनरुद्धार किया था।

अयोध्या का मन्दिर इस बात के लिए भी विश्व में अनूठा होगा कि उसके लिए प्रजा ने पाँच शताब्दियों तक लड़ाई लड़ी है। इसके लिए असंख्य बार, असंख्य वीरों ने धर्म के हवनकुण्ड में अपने जीवन की आहुति दी है—बार बार पराजित हुए, गिरे, पर फिर उठ कर खड़े हुए और लड़े—और अन्तत: जीते। भगवान राम ने स्वयं अपने भक्तों पर असीम अनुकम्पा की।

अयोध्या ने सिद्ध किया है कि धर्म की लड़ाइयाँ पाँच सौ वर्षों के बाद भी जीती जा सकती हैं। हमें बस अपने मार्ग पर चलते रहना है। आज के समय में किसी क्षणिक पराजय के बाद ही लोग हतोत्साहित हो कर विलाप करने लगते हैं कि 'सब समाप्त हो गया, हमें कोई बचा नहीं सकता—' अब ऐसे समय में अयोध्या का मन्दिर ऊर्जा देने का काम करेगा कि हम पराजित नहीं हो सकते—अन्त में धर्म ही जीतेगा। जो ख़तरे में आ जाए वह धर्म नहीं हो सकता। धर्म न संकट में पड़ता है, न समाप्त होता है। वह मानव जीवन के साथ निरन्तर अग्रसर रहता है।

नियति का खेल भी विचित्र होता है। मौर्यकाल से गुप्तकाल तक अयोध्या मगध के अधीन रही। यह भी उल्लेख मिलता है कि कन्नौज नरेश हर्षवर्धन के

समय भी अयोध्या नगरी की महिमा यथावत थी। तदुपरान्त गाहरवाल वंशीय राजा चन्द्रदेव (1090-1103) ने मथुरा, काशी, इंद्रप्रस्थ के साथ-साथ अयोध्या को भी विशेष संरक्षण प्रदान किया।[2] मुसलमानों की सत्ता स्थापित होने तक गाहरवाल वंशीय राजाओं ने अयोध्या में मन्दिरों, घाटों आदि का निर्माण करवाया जिसका उल्लेख 'रूद्रयामल तंत्र', 'स्कंद पुरण', 'पद्मपुराण' जैसे ग्रंथों में हुआ है। यह भी प्रमाणित तथ्य है कि गाहरवाल वंशीय राजा गोविन्दचन्द्र (1113-1154) के अयोध्या स्थित सामन्त सलक्षण वर्मन द्वारा उत्कीर्णित अभिलेख में विष्णुमन्दिर के निर्माण की जानकारी दी गई है। यह वही मन्दिर है जिसे तोड़कर बाबर के सरदार मीरबाकी ने मस्जिद का निर्माण करवाया था। शेरशाह सूरी के बाद हेमचन्द्र विक्रमादित्य (1556 ई.) दिल्ली की सत्ता पर आसीन हुए। उनके बाद सन 2014 में पहली बार भारत की केन्द्रीय सत्ता पर कोई ऐसा व्यक्ति पहुँचता है, जिसे स्वयं को हिन्दू कहने में लज्जा नहीं आती। वह निकलता है तो भगवान शिव की नगरी बनारस से—वह तिलक लगाता है, भगवा पहनता है—उसके दो वर्षों बाद ही उत्तर प्रदेश के सिंहासन पर एक साधु को बैठाता है। भारत में किसी साधु के राजा होने की यह अद्‌भुत घटना थी। राजा तो ऐसे अनेक हुए हैं जो किसी कारण से बाद में संन्यासी बन गए हों। फलत: वर्षों से जातियों के नाम पर टूटी जनता धर्म के नाम पर एक साथ उठ खड़ी होती है, और तब आता है सन 2020—अचानक सब कुछ आसान लगने लगता है। दोनों पक्ष ही कहने लगते हैं कि मन्दिर बनना चाहिए—और—माननीय उच्चतम न्यायालय के सर्वसम्मति से दिया गया निर्णय विश्व के इतिहास का अद्‌भुत कीर्तिमान बन गया है। अब समय ने तय कर दिया कि मन्दिर की ईंट भारतीय जनता के प्रतिनिधि प्रधानमंत्री श्री नरेन्द्र मोदी और एक सन्त के हाथों रखी गई है।

वर्तमान भारत को स्मरण है कि दो हजार वर्ष पूर्व महाराज विक्रमादित्य ने अयोध्या का पुनरुद्धार किया था, और भव्य मन्दिर बनवाया था। भारत को यह भी याद है उस प्राचीन मन्दिर का भव्य पुनर्निर्माण कन्नौज नरेश महाराज विजयचन्द्र ने कराया था। जब 1528 ई. में मन्दिर को तोड़ा गया तब से अब तक एक दीर्घ संघर्ष चला है जो इस बात का साक्ष्य है कि अयोध्या केवल कालयात्री ही नहीं बल्कि संघर्षयात्री भी है।

भविष्य का भारत भी पूरी श्रद्धा के साथ स्मरण रखेगा कि आधुनिक युग में मन्दिर का निर्माण नरेन्द्र मोदी और गोरक्षपीठाधीश्वर योगी आदित्यनाथ जी के काल में हुआ। अयोध्या का अर्थ ही है जिसे युद्ध में कोई जीत न सके, जो युद्ध से परे है। हिमालय की गोद में अठखेलियाँ खेलती हुई पुण्य-सलिला सरयू अविरल चट्टानी रास्तों को तोड़कर मैदानी क्षेत्रों को तृप्त करती चली आ रही हैं। वैदिक काल से आज तक निरन्तर चला आ रहा यह पुण्य प्रवाह अपने अंदर भारत राष्ट्र

के सहस्राब्दियों पुराने सांस्कृतिक इतिहास को संजोए हुए है। इसी पतित पावनी नदी 'सरयू मैया' के किनारे मर्यादा पुरुषोत्तम श्रीराम की क्रीड़ास्थली अयोध्या नगरी बसी है। यही राम की जन्मस्थली है। राम भारतीय संस्कृति की सशक्त और चिरन्तन अभिव्यक्ति हैं। भारतवर्ष की सांस्कृतिक अस्मिता के प्रतीक हैं। इसलिए अयोध्या भी इस मृत्युंजय संस्कृति का एक अमिट हस्ताक्षर है। राम और अयोध्या परस्पर पर्याय हैं। एक दूसरे के पूरक हैं। अयोध्या की कालयात्री राम की महिमा का भी उद्घोष करती है।

दशरथनन्दन राम के जन्म के उपरान्त तो अयोध्या का सम्बन्ध सम्पूर्ण सृष्टि के साथ जुड़ गया। संसार के प्राणी मात्र के लिए स्वर्ग का द्वार बन गई अयोध्या। विश्व के प्राचीनतम उपलब्ध ज्ञान के भंडार वेद के रचियता ने अयोध्या के महात्म्य को निम्नलिखित श्लोक में प्रकट किया है—

अष्ट चक्रा नव द्वारा देवानां यू: अयोध्या।
तस्या हिरण्यमय: कोश: स्वर्गो ज्योतिषावृत: ॥[3]

(अथर्व वेद, 10-2-32)

भारत और भारतीय जीवनमूल्यों के गगनस्पर्शी ध्वज यदि राम हैं तो अयोध्या को इस ध्वज (भारतीय संस्कृति) का ध्वजस्थान मान लेना कोई अतिशयोक्ति नहीं होगी। अत: राम, अयोध्या और भारत यह तीनों ही एक ही भावधारा को प्रकट करते हैं और तीनों ही अविजित अर्थात परास्त नहीं किए जा सकते। इन तीनों में भारतीय संस्कृति और परम्परा का सर्वोत्तम सुरक्षित है।

हिन्दू समाज जिन सात तीर्थों को मोक्षदायिनी पुरियों के रूप में मानता है उनमें अयोध्या पहले क्रमांक पर है। इसे सर्वश्रेष्ठ मानकर इसकी यात्रा को अपना अहोभाग्य मानता है। जिनकी यात्राओं को मोक्ष प्राप्ति हेतु आवश्यक समझा जाता है, उनमें अयोध्या की गणना सर्वोपरि है। अयोध्या को भगवान विष्णु का शीर्ष कहा जाता है। अयोध्या को महाऋषियों ने मोक्षदायिनी कहा है।

अयोध्या मथुरा माया, काशी कांची अवंतिका।
पुरी द्वारावतीश्चैव सप्तैता मोक्षदायिका: ॥[4]

समस्त भारत के आध्यात्मिक जीवन के साथ अयोध्या का इतिहास भारत के सांस्कृतिक राष्ट्र जीवन की निर्विवाद अभिव्यक्ति है। भारत राष्ट्र का वैभव और पराभव अयोध्या के उत्थान और पतन के साथ जुड़ा हुआ है। राम इसी राष्ट्र जीवन के नायक हैं। जैसे राम और अयोध्या को बाँटा नहीं जा सकता, उसी प्रकार राम और राष्ट्र को बाँटा नहीं जा सकता। राम भारत के राष्ट्र जीवन की सरल, स्पष्ट और अद्वितीय परिभाषा हैं। अयोध्या इसी राष्ट्र जीवन (राम) की जन्मस्थली है। इस जन्मस्थली पर श्रीराम का भव्य मन्दिर पहले भी था, अब भी है और आगे भी रहेगा।

मर्यादा पुरुषोत्तम श्रीराम ने भारत की सांस्कृतिक मर्यादा के अनुरूप जिस रामराज्य की स्थापना की वह सम्पूर्ण विश्व में अपना सानी नहीं रखता। एक आदर्श एवं लोककल्याणकारी राज्य का ऐसा वैभव जहाँ सभी सुखी हों, निरोग हों, समान हों। यहाँ तक कि प्रकृति और पर्यावरण भी पूर्णत: सन्तुलित था। आख़िर 'माँगे वारिधि देहिं जल रामचन्द्र के राज' की प्रतिस्पर्धी व्यवस्था क्या हो सकती है?

महाराज कुश ने सभी प्रमुख प्रशासनिक अधिकारियों से वार्तालाप करके श्रीराम की स्मृति में एक भव्य स्मारक/मन्दिर बनाने का निर्णय लिया। महाराज कुश की देखरेख में कसौटी के 84 खम्बों पर भव्य श्रीराम मन्दिर निर्मित हो गया। चैत्र शुक्ल नवमी पर मन्दिर में भगवान राम की प्रतिमा की प्राण प्रतिष्ठा की गई। इस मन्दिर में कसौटी के जिन 84 खम्भों को लगाया गया था, इनकी चर्चा आज तक किसी न किसी रूप में चल रही है—लोमस रामायण में वर्णित बालकांड के अनुसार यह खम्भे श्रीराम के पूर्वज महाराजा आरण्यक के आदेश पर विश्व प्रसिद्ध शिल्पी विश्वकर्मा के द्वारा गढ़े गए थे।

सूर्यवंश के पूर्व पुरुष महाराजा इक्ष्वाकु के समय से ही भारत पर राक्षसों के आक्रमण होने प्रारम्भ हो गए। यह आक्रमण लंका की ओर से समुद्री मार्ग से होते थे जो पीढ़ी दर पीढ़ी होते रहे। लंका के प्रत्येक राजा को रावण की उपाधि दी जाती थी। अत: इक्ष्वाकु वंश की 64 पीढ़ियों ने लंका के लगभग इतने ही रावणों से अयोध्या की लगातार रक्षा की थी। महाराज कुश ने जब अयोध्या में मर्यादा पुरुषोत्तम श्रीराम के मन्दिर का प्रस्तावित नक्शा सबके सामने रखा तो सभी ने एक स्वर में कहा कि श्रीराम का मन्दिर सम्पूर्ण राष्ट्र के गौरव का प्रतीक होगा। भारत ने संसार में राक्षसी वृत्ति को समाप्त करने हेतु लंका के साथ सैकड़ों वर्षों तक जब युद्ध लड़ा तो उसकी विजय का श्रेय श्रीराम को जाता है। श्रीराम का मन्दिर किसी एक वंश, जाति, पंथ और विचारधारा का न होकर सारे राष्ट्र की विजय का प्रतीक होगा। इस मन्दिर में इन्हीं कसौटी के खम्भों को स्तम्भों के रूप में जड़ना चाहिए जिन्हें श्रीराम लंका से वापस लाए थे। राम मन्दिर के आधार के यह खम्भे राष्ट्र मन्दिर के आधार स्तम्भ माने जाते रहे हैं।

इस प्रकार राम मन्दिर के निर्माण को राष्ट्रीय कार्य घोषित करके महाराज कुश ने कसौटी के इन 84 खम्भों के ऊपर एक भव्य राममन्दिर का निर्माण करवाया था। यह कार्य चैत्र शुक्ल नवमी के शुभावसर पर सम्पन्न हुआ। कुश के द्वारा रामनवमी को राष्ट्रीय पर्व घोषित कर दिया गया था। अत: यह मन्दिर राम और राष्ट्र का अन्तरावलम्बन है। आज इसी स्थान पर भव्य मन्दिर का पुनर्निर्माण हिन्दू समाज के दीर्घकालीन आकांक्षा की प्रतिपूर्ति है।

श्रीराम जन्मभूमि के साथ भारत की अस्मिता और हिन्दुओं का सर्वस्व जुड़ा है। यही कारण है कि रावण से लेकर बाबर तक जिस भी विदेशी और अधर्मी आक्रान्ता

ने रामजन्मभूमि को अपवित्र करने का जघन्य षड्यंत्र रचा, हिन्दुओं ने तुरन्त उसी समय अपने प्राणों का उत्सर्ग करते हुए अपने इस सांस्कृतिक प्रेरणा केन्द्र की रक्षा की। जन्मभूमि पर महाराजा कुश के द्वारा बनवाया गया मन्दिर भी आक्रान्ताओं का निशाना बनता रहा। यह मन्दिर अपने बिगड़ते-सँवरते स्वरूप में सदियों पर्यन्त आघात सहन करता रहा, परन्तु इसका अस्तित्व कोई नहीं मिटा सका। अब इसके पुनरुद्धार से यह भावना और भी बलवती हो गयी है।

रामजन्मभूमि मन्दिर के ऊपर विदेशियों के आक्रमण यूनान के यवनों के साथ शुरू हुए थे। ईसा से तीन शताब्दी पहले ग्रीक से यवन आक्रान्ता भारत आए। राष्ट्रीय अस्मिता के प्रतीक इस मन्दिर पर पहला विधर्मी आघात ईसा से 150 वर्ष पूर्व हुआ। एक विदेशी यवन आक्रान्ता ने भारत पर अपनी सत्ता जमाने के उद्देश्य से अयोध्या पर आक्रमण कर दिया। उसने समझ लिया था कि रामजन्मभूमि पर बने मन्दिर को तोड़े बिना भारत की शक्ति को क्षीण नहीं किया जा सकता। इस प्रकार के आध्यात्मिक एवं सांस्कृतिक केन्द्र ही हिन्दुओं को शक्तिशाली बनने की प्रेरणा प्रदान करते हैं। इस विधर्मी सेनापति ने एक प्रबल सैनिक टुकड़ी के साथ महाराजा कुश द्वारा निर्मित मन्दिर को भूमिसात कर दिया था।

हिन्दू समाज के प्रबल विरोध के बावजूद वह अपनी विशाल सैनिक शक्ति के बल पर जीत तो गया, परन्तु इस विजय के बाद तीन मास के भीतर ही उसे हिन्दुओं की संगठित शक्ति के आगे झुकना पड़ा। शुंग वंश के पराक्रमी हिन्दू राजा द्युमदसेन ने अपनी प्रचंड सेना के साथ उसे घेर लिया। इस वीर राजा ने न केवल जन्मभूमि को ही मुक्त करवाया, अपितु मिलेन्डर की राजधानी कौशांबी पर अपना अधिकार जमाकर उसकी सारी सेना को समाप्त कर दिया। मिलेन्डर को भी यमलोक पहुँचाकर द्युमदसेन ने हिन्दू समाज की संगठित शक्ति का परिचय देकर राममन्दिर के अपमान का बदला ले लिया। यह विदेशी आक्रान्ता की भयावह पराजय थी। अत: मन्दिर तो मुक्त हो गया परन्तु उसके जीर्णोद्धार की कोई व्यवस्था नहीं हो सकी। विदेशी आक्रमणों से जूझते रहने के कारण हिन्दू राजा इस ओर ध्यान नहीं दे सके। बावजूद इसके मन्दिर के खंडहरों में ही गर्भगृह स्थान पर एक पेड़ के नीचे हिन्दू अपने आराध्य देव की पूजा करते रहे।

ईसा से पूर्व उज्जैन के राजा विक्रमादित्य ने श्रीराम जन्मभूमि पर फिर से वैभवशाली मन्दिर बनाने का बीड़ा उठाया। विदेशी आक्रान्ता शकों को पूर्णतया परास्त करके उन्हें भारत की सीमाओं से बाहर खदेड़ने का कार्य सम्पन्न करने के पश्चात् शकारि विक्रमादित्य ने अयोध्या की प्राचीन सीमाओं को ढूँढ़ने के लिए एक सर्वेक्षण दल की स्थापना की थी। प्राचीन ग्रंथों को आधार मानकर रामजन्मभूमि का वास्तविक स्थान खोज पाना बहुत कठिन काम था। प्राचीन शास्त्रों के आधार पर जन्मभूमि के निकटवर्ती शेषनाथ मन्दिर की कँटीली झाड़ियों के मध्य में से इस स्थान को खोज

लिया गया। फलत: जब शास्त्रों में वर्णित मार्गों को नापा गया, तब स्वत: रहस्य खुलते चले गए और राम जन्मभूमि के वास्तविक जगह की पहचान हो गयी। अयोध्या में लक्ष्मण घाट के निकट एक ऊँचे टीले की खुदाई की गई, उत्खनन कार्य से प्राचीन मन्दिर के अवशेष मिलते चले गए। साथ ही, भूगर्भ में समा गए मन्दिर के कसौटी के 84 खम्भे भी प्राप्त हो गए। इन्हीं खम्भों को आधार स्तम्भ बनाकर विक्रमादित्य ने एक अति विशाल राम मन्दिर का निर्माण करवा दिया। भारत का विराट राष्ट्रपुरुष फिर से स्वाभिमान के साथ मस्तक ऊँचा करके खड़ा हो गया। फलत: विक्रमादित्य की योजनानुसार भारत के प्रत्येक पंथ, जाति और क्षेत्र के सहयोग से अनेक मन्दिर बनने प्रारम्भ हो गए। आज भी अयोध्या में इन हज़ारों मन्दिरों को देखा जा सकता है। वहाँ हर घर एक मन्दिर है।

सम्राट विक्रमादित्य ने सम्पूर्ण भारत को एक सूत्र में पिरोकर राष्ट्रीय एकता का अद्‌भुत एवं सफल प्रयास किया जिसका वर्णन कालिदास के साहित्य में बार-बार आता है। अयोध्या सम्पूर्ण भारत का एक मूर्तिमान स्वरूप बन गई। अयोध्या और रामचरित को वैश्विक व्याप्ति प्रदान करनेवाले और मध्य काल के भयावह दौर में भारतीय समाज को एकजुट रखनेवाले विश्व के सबसे लोकप्रिय महाकवि गोस्वामी तुलसीदास की याद में एक विश्वस्तरीय तुलसी शोध पीठ की स्थापना हो यह भी ज़रूरी है। हमारे साहित्य, लोकजीवन और सृष्टि के कण-कण में सिया राम की छवि को निर्मित करने और उसे पहचानने का श्रेय महाकवि तुलसीदास को ही है। भारतीय संस्कृति में निहित विविधता में एकता का प्रतीक अयोध्या आज भी अपने इस एकत्व भाव के साथ भारत के एक राष्ट्र होने का प्रमाण प्रस्तुत कर रही है, भारतवर्ष की भावनात्मक एकता को बल दे रही है। अयोध्या के मध्य में राम का मन्दिर और चारों ओर भारत के सभी सम्प्रदायों के मन्दिर, पूजास्थल और अखाड़े इसी तथ्य को सारे संसार के समक्ष उजागर करते हैं कि सभी पंथों के आदि महापुरुष श्रीराम भारत के राष्ट्रजीवन के प्रतीक हैं। इस सम्पूर्ण राम तीर्थ क्षेत्र के विकास से अयोध्या को विश्वपटल पर यश मिलेगा।

अत: अयोध्या में कारसेवकों द्वारा बनाए गए अस्थायी एवं साधारण मन्दिर को भव्य स्वरूप देना हमारे राष्ट्र की एकता, अखंडता और भारतीय संस्कृति के परम वैभव की प्रतिपूर्ति है। आज माननीय प्रधानमंत्री श्री नरेन्द्र मोदी जी के कर कमलों द्वारा विश्वस्तरीय मन्दिर का शिलान्यास एक ऐतिहासिक घटना है। साथ ही, उनका ओजस्वी और प्रेरक वक्तव्य भी देशवासियों को बल देनेवाला है। उनके भीतर आत्मविश्वास एवं संघर्ष से जूझने की शक्ति देनेवाला है। आज यह स्पष्ट हो गया है कि अब विश्वस्तरीय राम मन्दिर के निर्माण के साथ ही अयोध्या का भी चतुर्दिक विकास होगा। जिससे अयोध्या अपने प्राचीन गौरव को पुन: प्राप्त कर सकेगी। वह एक उज्ज्वल एवं गौरवशाली भविष्य की ओर बढ़ रही है। संक्षेप में, अयोध्या का

अतीत, वर्तमान और भविष्य सुनहरे अक्षरों में अंकित रहेंगे। इस मोक्षदायिनी पुरी को कालयात्री के साथ-साथ संघर्ष यात्री कहना भी श्रेयस्कर रहेगा। इसमें सन्देह नहीं है कि अब अयोध्या का सर्वतोन्मुखी विकास होगा और यह विश्व-विश्रुत नगरी अपने वास्तविक गौरव को पुन: प्राप्त करेगी।

सन्दर्भ

1. रघुवंश, कालिदास, पृ. 114-116
2. अयोध्या, भाग-दो, हैंस टी-बेकर, पृ. 256
3. अथर्ववेद, 3-2-32
4. स्कंदपुराण, अयोध्या माहात्म्य

❂❂❂